破产法新视野

（第一卷）

New Perspectives on Bankruptcy Law

张 谷 任一民 主 编
马 骏 何鑑文 石一峰 副主编

法律出版社
LAW PRESS·CHINA
北京

图书在版编目（CIP）数据

破产法新视野. 第一卷 / 张谷，任一民主编 ；马骏，何鑑文，石一峰副主编. -- 北京 ：法律出版社，2024.
ISBN 978 – 7 – 5197 – 9497 – 2

Ⅰ. D922.291.924

中国国家版本馆 CIP 数据核字第 20240N7Y68 号

破产法新视野（第一卷）
POCHANFA XINSHIYE(DI – YI JUAN)

张　谷　任一民 主　编
马　骏　何鑑文　石一峰 副主编

责任编辑 郑怡萍
装帧设计 贾丹丹

出版发行 法律出版社
编辑统筹 法律教育出版分社
责任校对 王　丰　郭艳萍
责任印制 刘晓伟
经　　销 新华书店

开本 710 毫米 × 1000 毫米　1/16
印张 20.25　**字数** 332 千
版本 2024 年 11 月第 1 版
印次 2024 年 11 月第 1 次印刷
印刷 北京新生代彩印制版有限公司

地址：北京市丰台区莲花池西里 7 号（100073）
网址：www.lawpress.com.cn
投稿邮箱：info@lawpress.com.cn
举报盗版邮箱：jbwq@lawpress.com.cn
销售电话：010 – 83938349
客服电话：010 – 83938350
咨询电话：010 – 63939796

书号：ISBN 978 – 7 – 5197 – 9497 – 2　**定价**：65.00 元

作者简介

主　编

张　谷

浙江大学光华法学院教授,博士生导师,破产法研究中心学术委员会主任。曾于国际统一私法协会、德国柏林洪堡大学访问研究。校勘梅仲协先生《民法要义》、芮沐先生《民法法律行为理论之全部》等汉语民商法学经典著作,自著有《商法,这只寄居蟹》《自治还是管制,的确是个问题》等数十篇深具影响力的论文。

任一民

浙江京衡律师事务所管理合伙人,浙江大学光华法学院破产法研究中心副主任,浙江大学光华法学院硕士研究生实务导师。长期专注于破产领域的实务与研究,具有丰富的破产法律服务经验。先后担任浙江省破产管理人协会会长,浙江省法学会破产法研究会常务副会长,浙江省法学会首席法律咨询专家等。

副主编

马　骏

国浩律师（杭州）事务所资深合伙人，浙江大学光华法学院破产法研究中心副主任。具有三十余年执业经验，专注于企业破产清算与重整重组、重大商事争议解决等法律服务领域。先后担任杭州市破产管理人协会会长、浙江省法学会破产法学研究会副会长、浙江省破产管理人协会副会长、杭州市律师协会副会长等。

何鑑文

北京大成（杭州）律师事务所合伙人、管委会委员，浙江大学光华法学院破产法研究中心副主任。具有三十余年执业经验，从事过诉讼与非诉讼多个法律服务领域，具有丰富的法律服务经验。曾任北京（大成）律师事务所中国区董事、大成中国区争议解决委副主任、浙江省律师协会理事、浙江省律师协会执业权益保障委员会委员等。

石一峰

浙江大学光华法学院副教授，硕士研究生导师，浙江大学光华法学院破产法研究中心副主任。曾任浙江大学民商法研究所执行所长，海德堡大学外国与国际私法及经济法研究所客座研究员等。在《法学研究》等期刊上发表数十篇学术论文；出版著作《强制性规定识别方法研究》，参编破产法、商法习题等多部教材。

前　言 Foreword

自改革开放以来，中国经济实现了跨越式发展，取得了举世瞩目的进步。特别是民营经济的蓬勃发展，不仅为国家和社会的经济增长注入了强劲动力，而且在促进就业、保障民生、激发创新活力、优化资源配置等方面发挥了不可替代的作用。

在经济的快速发展中，企业与个人等市场主体的努力不可或缺，但同样，各类市场主体也可能面临发展过程中的困境。对于这些困境，需要在法律制度上予以回应。其中破产法的作用尤为重要，破产法律制度旨在保护企业和个人，在他们面临经济困境时，在规范的程序之下，以公平、有序的方式处理债务问题，同时促进经济资源的合理配置和市场秩序的稳定。随着时代的发展，破产法律制度在经济的新周期和新形势下，迎来了改革和完善的契机。

破产法律制度未来的改革方向，将依赖于学术界与实务界的共同作用。基于此，浙江大学光华法学院于2019年12月8日成立了破产法研究中心，专注于破产法的实践与理论研究。研究中心由来自学术界、法院系统、律师界的优秀代表组成，汇聚了破产法领域的学术界和实务界的中坚力量。研究中心的使命是总结破产实践经验，推动对破产法进行深入、系统的研究，通过理论与实践的互动融合，打造国内破产法研究的高地，为我国破产法律制度的进一步完善作出贡献。在研究中心的成立和发展过程中，我们得到了浙江省高级人民法院、浙江省破产管理人协会以及全省多个法院、高校、破产管理人的大力支持。全省从事破产法理论与实务研究的法官、学者、律师等纷纷率先响应加入，浙江京衡律师事务所、国浩律师(杭州)事务所、大成(杭州)律师事务所等机构，为研究中心的成立和可持续发展提供了强有力的支持和慷慨赞助。

浙江大学光华法学院破产法研究中心自成立以来，坚持以问题为导向，紧紧围绕破产法实践和前沿理论开展研究。我们希望搭建更广阔的讨论与沟通平台，以促进更多理论界和实务界的人士对破产法的理论与实务进行研讨。未来，我们希望不仅能集合破产法的研究力量，也能整合传统民法、诉讼法、公司法、资本市场法等各部门法的研究力量,共同推动我国破产法的研究,并促进社会经济的改革和发展。

以此为契机,浙江大学光华法学院破产法研究中心推出"破产法新视野"系列丛书。学术与实务相辅相成,以多元视角观察破产领域,欲达"实务为学术提供思路,学术为实务解答疑惑"之功效。本丛书第一卷以"破产重整制度的革新"为主题,立足破产实务焦点问题,探讨"重整与公司治理结构"、"重整中的金融工具"、"特殊类型企业重整"、"预重整"等破产法领域前沿问题,畅谈重整制度革新的各种可能性。本卷不仅有理论学者,更有实务人士踊跃来稿。第一卷除主题研讨外,更设有"实务争鸣"、"破产学园"、"域外来鸿"等丰富栏目,满足不同读者人群的阅读需求:"实务争鸣"为实务工作者展现原汁原味的破产实践操作指引;"破产学园"旨在帮助法科学子加深对法律规则之理解;"域外来鸿"分享比较法上破产领域的重要文献,为破产法学者开拓视野。

我们希望"破产法新视野"系列丛书能够搭建起学术与实务交流对话之平台,分享破产实务和理论的前沿动态、学术观点以及实务操作,为中国破产法的发展,为中国经济和民生的改革提供绵薄之力。

浙江大学光华法学院破产法研究中心

目　录 Contents

主题研讨 | 破产重整制度的革新

破产学园

域外来鸿

主题研讨 | 破产重整制度的革新

子主题一：重整与公司治理结构

公司资本制度在破产法上的诠释：以破产企业出资义务和出资责任为视角

韩　骏　胡　敏*

引言：公司资本制度在破产实践中遇到的问题

基于公司资本在增加公司信用、保障公司经营、塑造股东及公司行为模式、维护股东平等、保护公司债权人利益方面不可替代的作用，[1]我国公司法资本制度虽经历次重大变革，仍坚持了资本确定原则、资本维持原则以及资本不变原则的基本原理，并未否定股东出资义务和出资责任。

在设立公司和维持公司正常运营阶段，公司资本制度相关规则对商事主体的交易行为起着引导与规范作用；股东破产后，资本交易制度与破产法发生交叉，同样深刻影响着破产法的实践。例如，未履行或未全面履行出资义务的股东破产时，被投资公司是否有权申报债权？股东破产时其出资义务未届履行期的，其出资义务是否要加速到期？申报债权是公司的权利还是义务？谁有权向管理人申报债权？又如，上市公司关联股东违规占用上市公司资金的，是否构成抽逃出资？构成抽逃出资的范围如何认定？抽逃出资可以表现出什么样的行为样态？出资行为的瑕疵对债务人股权投资财产的处置有何影响？投资人受让破产企业瑕疵股权投资的对价在被投资公司、股权质押权人和破产企业其他债权人之间如何分配？再如，股东破产时，能否要求减资或解散被投资公司？为实现债务人财产最大化，希望继

---

* 韩骏，浙江京衡律师事务所高级合伙人、企业重整重组专委会副主任，浙江大学法学学士；胡敏，浙江京衡律师事务所律师，浙江大学法学硕士。

〔1〕 冯果：《慎重对待“资本维持原则”的存废》，载《中国法律评论》2020年第3期。

续保留股权投资时,被投资公司与其他同一顺位债权人的不公平清偿问题如何处理?

上述问题部分源于公司资本制度项下相关概念本身有待厘清,部分源于现有公司法规则难以适应商业实践的变化,部分源于具有特别价值取向的破产程序与公司法之间缺少有序的衔接。本文不揣浅陋,从破产企业管理人的视角,结合对公司资本制度有关规则的理解,回应破产法实践中对上述问题的疑问。

一、公司资本制度的理论渊源和规范基础

作为一种资本集合的形式,与其他企业组织相比,公司最显著的特征是具有区别于其股东而独立存在的法律上人格。[1] 公司人格的独立性使得公司能够意思自治、享有独立的财产权。人格的分离让公司股东从投资对象的无限责任中脱离出来,仅以认缴的出资额对公司承担有限责任。观察公司资本制度的理论渊源及其世界范围内的演进路径有利于正确评价我国公司法现行公司资本制度,明晰其发展和改进方向,解决破产法实践中的具体问题。

(一)公司资本制度的理论渊源及其演进

1. 公司资本制度的理论渊源

公司资本制度是关于公司资本形成、维持和退出的一系列制度安排,学者将前述制度安排创造性地归纳和总结为资本三原则:[2]资本确定原则要求公司设立时确定注册资本额度,且股东应当按照法律规定或章程约定的方式和期限履行出资义务;[3]资本维持原则是指公司在存续过程中,应当始终保持与其资本额相当的财产,以具体的财产充实抽象资本,防止公司股本遭到股东的无谓侵蚀;[4]资本不变原则要求公司资本未经法定程序,不得任意变更。

公司资本制度的理论本源是公司与股东人格分离及股东有限责任,突出价值是保护债权人利益。股东对公司的出资构成公司责任财产最直接、最原始的来源,一定价值的独立财产是公司展开稳健经营的物质基础,也是公司信用的表征。同

---

〔1〕 施天涛:《公司法论》(第3版),法律出版社2014年版,第4-5页。

〔2〕 赵万一:《资本三原则的功能更新与价值定位》,载《法学评论》2017年第1期。

〔3〕 学术概念上,以公司资本是否必须在设立时足额认缴,区分法定资本制、授权资本制与折中资本制;以是否允许分期缴纳,区分实缴资本制和认缴资本制。

〔4〕 冯果:《论公司资本三原则理论的时代局限》,载《中国法学》2001年第3期。

时,“资本显著不足”是否认公司人格的重要考察因素之一。[1] 股东的有限责任固然能够锁定股东投资风险、刺激市场活力,但客观上造成了经营损失向债权人方向进行转移的后果。研究发现,在公司资本结构中,股东向公司投资的资本越高,越能减少债权人在债权授信前评估项目商业风险的信息费用及债权授信后防止股东道德风险或机会主义行为的监督费用。[2]

随着商业实践的进一步发展,传统的、严格的法定资本制度在正当性、必要性和可操作性层面都受到巨大冲击。一是资本信用并不能产生预期中理想的债权人利益保护效果。这是因为公司资本与公司资产存在脱节,申言之,公司资本是公司设立时抽象的、静态的数额,仅体现公司设立时最原始的资产状态;而随着公司交易行为的开展,公司财产的来源更加多元、财产价值变动也更加复杂,例如,公司可能因债权授信取得财产、公司在经营过程中也可能出现亏损或盈利。而公司信用是公司所有责任财产的总和,公司清偿能力还与公司的财务结构、现金流量、利润水平等公司资本难以体现和控制的因素相关,这使得以债权人利益保护为目标而对公司资本进行严格监管不再具有实际意义。二是严格的公司资本制度正当性开始受到质疑。极高的投资门槛和难以操作的退出路径,既会对投资人投资积极性造成打击,也会歧视和剥夺穷人的投资机会。此外,严格的资本制度是对公司意思自治空间的侵蚀,并不符合效率原则。与公司自主决定其资本需求相比,强制的、法定的资本规则增加了公司筹资成本,限制了公司的灵活性和机动性,造成了资源的浪费。三是商业实践的发展变化使得公司资本制度可操作性趋弱,例如,无面值股票、出资形式的多元化、授权资本制等商业实践的发展使得公司资本三原则在某种程度上被架空。

2. 公司资本制度的演进路径

随着公司商业理念层面“从资本信用到资产信用”[3]的全面转向,以及全球化

---

[1] 朱慈蕴、梁泽宇:《“资本显著不足”的适用与研判:理论、实证与规则》,载《法学评论》2021 年第 3 期。

[2] 陈实:《交易费用与公司资本制度的意义》,载《北京大学学报(哲学社会科学版)》2008 年第 6 期。

[3] 赵旭东:《从资本信用到资产信用》,载《法学研究》2003 年第 5 期。

竞争的深入带来的规则竞争,[1]各国普遍掀起对公司资本制度进行改革的浪潮,对公司、对股东分配行为进行规制的法律规则逐渐成为公司资本制度的核心。公司资本制度对资本的规范主要分为两个环节:一个是财产基于投资行为从股东流向公司的公司设立和出资环节,另一个是财产基于所有者分配从公司流向股东的分配环节。

各国公司资本制度在出资环节的改革具有共性,这种共性体现在放松对出资环节的管制,无论是大陆法系国家还是英美法系国家均普遍取消或放松了最低资本额要求,缓和不得折价发行规则,放松了对出资形式、作价规则及验资程序的要求。

在公司向股东分配环节的规则改造不同国家则呈现出差异化的路径选择。《美国示范公司法》对公司资本制度的改革是最为深入和彻底的。鉴于公司资本在债权人利益保障方面的单薄作用,它抛弃了传统的"资本"概念转而采用一种广义的"大分配"概念,认为所有实质上减少了公司资产且没有改变股东在公司中的比例性利益的从公司到股东的单向财产流动都具有相同的经济效用。不再区分该种流动是基于资本返还、股份回购还是非法利润分配,只要没有对公司的清偿能力造成不利影响,公司享有所有形式的分配自由。公司董事会对公司分配行为符合偿债能力测试负有责任。偿债能力测试从公司现金流(又称衡平测试)和资产状况(又称资产负债表测试)的角度反面限制了会触发如下情形的分配行为:(1)分配后公司无法偿还正常经营过程中的到期债务;(2)分配后公司总资产少于总负债与公司所需金额之和(除非公司章程另行约定),后者如优先股。新西兰、加拿大、澳大利亚公司法均引入了上述标准。[2] 与《美国示范公司法》不同,以英国、德国为代表的大陆法系国家则坚持了原有的资本维持制度。例如,德国资本维持规则要求:公司不得将维持基本资本金数额所需资产、维持法律和章程规定储备金所需的

---

[1] 规则竞争的理论基础是:应该由市场来决定最佳的、最有效的规则。其前提条件是,公司发起人或管理者能够自由选择设立公司所依据的法律并且能够评估不同国家法律规则之间的差异。规则竞争导致的结果是:各国为了吸引或留住投资人在本国设立公司而不得不放开对公司资本的严格管制。德国在规则竞争的挑战下颁布《对有限责任公司法进行现代化改革和反滥用的法律》即受到欧盟公司法领域横向竞争的影响。参见[德]托马斯·莱赛尔、吕迪格·法伊尔:《德国资合公司法》(第6版),高旭军等译,上海人民出版社2019年版,第96页。

[2] 朱慈蕴:《中国公司资本制度体系化再造之思考》,载《法律科学(西北政法大学学报)》2021年第3期。

资产分配给股东。[1] 论者认为，前述路径差异一方面与各国商业实践中应对“法定资本”空洞化的具体方式相关，如英国、德国等公司法通常建立在相对保守的会计实物基础上，这使传统公司法下的“资本维持”基本上具有真实意义；另一方面从制度改革的成本和收益层面进行分析，尚无法对不同路径给出孰优孰劣的最终结论。[2]

（二）我国公司资本制度规范基础

我国现行《公司法》并未采用《美国示范公司法》的激进路径，而是采用了相对保守的改良路径。我国《公司法》在2023年修订前分别在2005年和2013年经历了两轮较大修改，2013年的改革更是大刀阔斧地取消了最低资本额的限制，从有限制的认缴制走向无限制的认缴制，同时取消了法定验资程序。综观我国现行《公司法》资本制度，法定资本制度本身虽得到了一定程度的修正、完善，但其根基仍未被动摇，“资本”概念仍然存在，股东仍对公司负有出资义务，在其出资义务履行存在瑕疵时，同样应当依法承担出资责任。[3]

在股东出资环节，公司资本与股东出资仍构成公司资本的两面，股东仍对公司负有出资义务。法定最低资本额被取消、无限制的认缴资本制被确立后，公司可以根据参与商业实践的实际需求自我决定所需要的公司资本数额及股东应当缴纳出资的时间。但股东同样按照认缴的出资额对公司负有出资义务，股东出资义务呈现出两个鲜明的特点：其一，股东出资义务不仅来源于公司合同的约定，也因为涉及第三人利益、具有法定的公示效力而具有法定性。股东出资义务首先是约定义务，公司设立协议、认股数、公司章程等文件体现出股东自愿设立公司并为此投入认缴的出资额，这种约定对股东构成拘束。公司的注册资本被国家机关登记后，产生法定的公示效力，公司外部的债权人将对公司注册资本产生合理信赖并影响其对公司信用的判断、对交易对象的选择。因此为保护交易安全和债权人，股东的出资义务产生不同于一般合同义务的法定性，股东出资义务的范围不得随意变更并应当履行到位。其二，因认缴出资制度的修改，股东出资义务不必即时履行，在出

---

〔1〕［德］托马斯·莱赛尔、吕迪格·法伊尔：《德国资合公司法》（第6版），高旭军等译，上海人民出版社2019年版，第96页。

〔2〕刘燕：《公司法资本制度改革的逻辑与路径——基于商业实践视角的观察》，载《法学研究》2014年第5期。

〔3〕赵旭东：《资本制度变革下的资本法律责任——公司法修改的理性解读》，载《法学研究》2014年第5期。

资期限届满前,股东出资义务处于暂时的不可被请求状态。

就股东未履行或未全面履行出资义务的法律责任而言,现行法通过最高人民法院《关于适用〈中华人民共和国公司法〉若干问题的规定(三)》(以下简称《公司法解释三》)第13条作出如下规定:(1)股东对公司的责任:公司或者其他股东可以请求该股东向公司依法全面履行出资义务;(2)股东对债权人的补充赔偿责任:公司债权人可以请求未履行或者未全面履行出资义务的股东在未出资本息范围内对公司债务不能清偿的部分承担补充赔偿责任;(3)其他主体的连带责任:股东在公司设立时未履行或者未全面履行出资义务,公司的发起人与该股东承担连带责任,股东在公司增资时未履行或者未全面履行出资义务,未尽忠实、勤勉义务而使出资未缴足的,董事、高级管理人员承担相应责任。

在公司向股东分配环节,资本维持原则发挥着限制作用,突出表现为禁止股东抽逃出资。《公司法解释三》第12条勾勒出股东抽逃出资行为的典型表现形式:(1)制作虚假财务会计报表虚增利润进行分配;(2)通过虚构债权债务关系将其出资转出;(3)利用关联交易将出资转出;(4)其他未经法定程序将出资抽回的行为。

就股东抽逃出资的法律责任而言,现行法通过《公司法解释三》第14条确认了抽逃出资的股东对公司返还出资本息的责任,对公司债权人在抽逃出资本息范围内对公司债务不能清偿的部分的补充赔偿责任以及协助抽逃出资的其他股东、董事、高级管理人员或者实际控制人的连带责任。

(三)小结

公司资本制度起源于公司独立人格,旨在修正股东有限责任的负外部性以实现对债权人利益的保护。晚近公司资本制度的改革本质上仍从上述两点核心理论基础出发,一方面尊重公司意思资质,放松对公司资本的管制、激发市场活力;另一方面以形式重于实质为原则,对公司债权人采取更切实、更有效的保护。

我国现有公司资本制度改革与我国公司实践整体上看仍属于早期、尚未完全理顺和成熟的发展阶段是相适应的。当前,公司资本制度在维护股东平等关系、昭示公司信用、塑造股东及公司行为模式以及债权人利益保护方面仍有其不可替代的价值。这也意味着讨论公司资本制度在破产法领域的具体诠释仍具有相当的现实意义。在出资环节,我们仍需讨论股东破产后对于被投资公司出资义务的履行、股东破产后出资责任的承担等具体问题,也需具体到破产法这个有特殊目的和复杂实践的领域,讨论该等出资义务与出资责任如何与破产法公平清偿债权、最大化破产财产价值的基本原则兼容,观察其在具有复杂利益格局的破产程序这一极端环境中的样态及改进空间。

同时,纵观国内外公司资本制度演进历史,我们可以发现现有的公司资本制度规则绝不是我国公司资本制度改革的终点,相关配套措施的跟进、公司资本制度的继续全面深化改革,仍需以尊重并允许公司自我决定、将对债权人的保护落到实处为指引和出发点。该演进规律也将为处理公司资本制度与破产法交叉领域的复杂疑难问题提供思路和指引。

下文从破产企业管理人的视角,按照实务中管理人审查破产企业因出资义务、责任而享有的债权,处置破产股东股权投资财产的逻辑顺序,展开论述。

二、债权申报:被投资公司对破产债务人股东的权利

如前文所述,彻底的认缴制改革完成后,被投资公司基于出资关系对破产债务人股东的请求权在三重意义上产生:股东出资义务到期后,公司的出资催缴权;股东抽逃出资的,公司要求返还抽逃出资本息的请求权;股东出资义务未到期时,公司在特殊情况下的出资催缴权利。在股东破产后,所有单个清偿行为均为法律所禁止,所有向股东要求财产利益的主张均需通过向管理人申报债权并通过破产程序中概括清偿的方式受偿。随之而来的问题是:公司对股东的上述权利是否为债权?公司的债权是否因股东陷于破产而加速到期?申报债权是公司的权利还是义务?除公司外,还有谁可以向管理人申报债权?

(一)被投资公司对破产股东基于股权投资关系享有的权利

在民法的概念体系中,一方当事人得向他方当事人请求特定行为(给付),此种特定人之间得请求特定给付的法律关系,是为债之法律关系。其中得请求给付的一方当事人,享有债权,成为债权人,对其负有给付义务的另一方当事人,成为债务人。[1] 就债的发生原因而言,既有基于法律行为的意定之债,也有基于法律规定而发生的法定之债,前者如契约,后者如无因管理、不当得利以及侵权行为。

在大陆法系公司法理论中,公司章程又称为公司合同,股东在初始章程或增资合同中作出的认缴意思即债之发生原因,系负担行为的设立。此后,股东成为公司的债务人、公司对股东享有出资债权。认缴制下,出资时间可由当事人自由约定,

---

〔1〕 王泽鉴:《债法原理》,北京大学出版社2009年版,第3-4页。

股东由此对出资债务的履行享有期限利益;对公司而言,出资期限届满之前,其出资债权系未到期债权。因此,在股东破产时,公司得以其出资债权为基础向管理人申报债权。

就(公司)非破产情形下未到期出资债权是否应当加速到期问题,学理上多有争议。[1] 基于突破股东的出资利益缺少法律依据、债权人行使代位权缺少请求权基础、缺乏侵权制度中主观过错、公司出现破产原因时应保护全体债权人的公平清偿利益等原因,[2]现行法仅创设了三种例外:(1)公司破产后,管理人要求出资人缴纳所认缴的出资,不受出资期限的限制;(2)公司作为被执行人的案件,人民法院穷尽执行措施而无财产可供执行,已具备破产原因,但不申请破产的,债权人可以公司不能清偿到期债务为由,请求未届出资期限的股东在未出资范围内对公司不能清偿的债务承担补充赔偿责任;(3)债务产生后,公司恶意地延长出资期限。[3] 虽股东破产时,其对公司的出资义务是否应当加速到期法律并未明确规定,但根据《企业破产法》第46条的规定,债务人破产后,未到期的债权在破产申请受理时视为到期的规定,公司可以就出资债权向破产股东管理人申报债权。对于出资期限不明的出资债权,依照债权制度一般法理,债权人即可在催告后的合理期限届满时要求债务人履行债务,故出资期限不明的出资债权在申报操作上与未到期出资债权并无不同。

在股东抽逃出资的场合,出资债权因公司的实际履行行为而消灭,对于嗣后股东又从公司取得不正当给付时,公司对股东享有什么性质的权利,理论研究上缺乏定论。德国法上主要存在两种进路:第一,相关行为因违反法律禁止性规定而无效。申言之,因违反了公司法上关于资本维持原则的规定,相关的义务性合同无效,公司享有民法上的不当得利请求权;如果认为相关的履行行为也因违法而无效,则根据物权行为无效性规则,公司同时还享有所有物返还请求权。第二,德国司法机关选择了另一种独立请求权的路径。具体而言,因公司法明确引入了股东

---

〔1〕 陈妮:《非破产下股东出资期限利益保护限度实证研究》,载《法学评论》2020年第6期;蒋大兴:《论股东出资义务之"加速到期"——认可"非破产加速"之功能价值》,载《社会科学》2019年第2期;钱玉林:《股东出资加速到期的理论证成》,载《法学研究》2020年第6期;王建文:《再论股东未届期出资义务的履行》,载《法学》2017年第9期。

〔2〕 江苏省高级人民法院民二庭课题组、夏正芳、史留芳:《公司设立、治理及终止相关疑难法律问题研究》,载《法律适用》2016年第12期。

〔3〕 后两种情形具体规定参见《全国法院民商事审判工作会议纪要》(法〔2019〕254号)第6条。

接受禁止给付的责任,股东负有禁止接受给付的义务,公司享有拒绝给付的权利。如果公司履行了一项法律禁止的给付,则法律赋予公司一种公司法上的独立的返还请求权,此时,民法中有关所有物的返还请求权和不当得利的返还请求权的规定不再适用,同样股东也不享有民法上的有关不当得利已消灭的抗辩。我国有从事公司法研究的学者认为,抽逃出资的本质是对公司财产的侵占,[1]因此基于股东的侵权行为,公司得以向股东管理人申报债权。无论是基于法律行为无效的请求权、基于侵权行为的请求权还是公司法上独立的返还请求权,认可公司基于民法上的债权或公司法上的独立请求权可以向股东管理人申报债权应当是没有问题的。

(二)申报债权是被投资公司的权利还是义务?

如上文所述,公司对未履行、未全面履行或抽逃出资的股东存在受法律保护的债权,公司享有的此项权利与其他债权有何不同?该种权利能否被放弃?股东破产时,向管理人申报债权是公司的权利还是义务?除了公司,谁还可以申报债权?

对于股东未履行或未全面履行出资义务时的催缴问题,有学者认为,公司注册资本因经法定登记机关向外公示而具有对世性、法定性,不再是局限于公司与股东的私人自治的契约安排。因此,从维护公示登记的权威、保护债权人的利益角度,股东出资义务不得免除,公司应当严格按照章程的规定向未出资的股东进行催缴,如不催缴,则需要承担法律责任。[2] 有学者从公司内外部关系角度出发,对上述问题进行了更细致的界分处理,具体而言:出资关系本是存在于股东与公司之间的具有相对性的契约安排,公司具有独立法人人格,对自己的债权财产享有处分权,但正如普通债权关系中的债权人不能随意免除债务人的债务一样,这种自治权限不能损害以债权人为主的公司外部第三人的利益。区分内外部关系的标准是:公司是否确实需要股东事先承诺的出资以用于承担对公司债权人的清偿责任。在公司对自身债权具有清偿能力的场合下,应由公司根据自身运营需求自主判断是否需要获取股东出资并向股东进行催缴。在公司已经丧失清偿能力的情况中,如果公司应催而不催,则公司、公司董事、高级管理人员或实际控制人应当承担不利后

---

〔1〕 樊云慧:《从"抽逃出资"到"侵占公司财产":一个概念的厘清——以公司注册资本登记制度改革为切入点》,载《法商研究》2014 年第 1 期。

〔2〕 丁勇:《认缴制后公司法资本规则的革新》,载《法学研究》2018 年第 2 期。

果;同时,债权人也可以代位催缴。[1]

从兼顾尊重公司意思自治和保护债权人的公司资本制度价值取向来看,本文认为上述更为细致的观点更具有合理性。第一,实践中确实存在大量的空壳公司、储备公司。这些公司自成立时起直到终止,并无营业或并无资产、债务,在股东破产后,大概率需要进行清算、注销。对这类公司,无须再完成公司催缴、股东出资、公司注销、所有者权益返还的全流程。第二,对于公司资金需求的判断应当是具体的、个性化的,严格的资本变更程序不等于禁止资本变更,即便是股东已经因为资不抵债而陷入破产,公司如果放弃申报债权,依法其债权将在分配完成后法定免除的情况下,公司也可根据法律规定完成减资程序,并不必然会对债权人利益造成损害。第三,即便公司作出了不适当的放弃债权、暂缓催缴债权的决定且实际上对公司经营和债权人受偿造成了不利影响,法律上妥善的应对办法也应当是增补设定相关主体(一般为股东或董事会)相应义务及个人责任的规则,而不是直接禁止出资债权的免除或者为破产法关于债务免除的规则创设例外。

在股东抽逃出资的场合,如何解决上述问题我国规范和学理上尚无讨论,从德国法相关规定来看,法律在此时对公司自治采取了更严格的限制措施。根据《德国有限责任公司法》的规定,股东违反资本维持原则的要求收受给付时,公司的返还请求权一经产生便立即生效和到期,且不得被免除。[2] 因为与纯粹的无力履行出资义务相比,股东抽逃出资的行为违反了诚实信用的基本原则,构成对社会和债权人的欺骗,击穿了商业社会公司投资人应有的道德底线,[3]更具主观恶性。

(三)除被投资公司外,谁可以申报债权?

明确了公司对出资的催缴权,下一步的问题是,谁可以催缴出资或者说谁可以向管理人申报债权。

从现行法律规定来看,法律没有坚持公司对瑕疵出资股东第一位的权利主体身份,当股东未履行或未全面履行出资义务时,公司、其他股东可以直接申报债权;公司债权人在公司不能清偿债务时,也可以申报债权;公司发起人、董事、高级管理人员承担责任后,可以基于追偿权申报债权。当股东抽逃出资时,公司和其他股东

---

〔1〕 袁碧华:《"认"与"缴"二分视角下公司催缴出资制度研究》,载《中国法学》2019 年第 2 期。

〔2〕 [德]托马斯·莱赛尔、吕迪格·法伊尔:《德国资合公司法》,高旭军等译,上海人民出版社 2019 年版,第 747 - 748 页。

〔3〕 冯果:《慎重对待"资本维持原则"的存废》,载《中国法律评论》2020 年第 3 期。

可以直接申报债权,公司债权人在公司不能清偿债务时,也可以申报债权。有观点认为,当股东出资存在瑕疵时,现行法允许除公司外的其他主体直接对瑕疵出资股东进行催缴的做法违背了公司法上公司具有独立人格、对自身财产享有专有处分权的组织法原理。将未瑕疵出资股东置于多重请求和诉讼风险之下,也增加了当事人讼累和交易成本,不仅难以保证判决统一,也加剧了股东间对抗的复杂程度、搅乱了正常的公司治理,本质上是将公司降格为合伙的"开倒车"做法。[1] 多重申报主体的规则设计确实某种程度上加重了破产管理人处理破产企业债权申报工作的难度。当然,根据破产法原理,上述申报主体所申报的债权不能重复受偿。

三、债权审查:破产实务中抽逃出资行为认定

(一)抽逃出资行为性质

我国《公司法》关于抽逃出资行为认定规则集中体现于《公司法解释三》第12条,该条列举了虚增利润进行分配、虚构债权债务关系转出出资、利用关联交易转出出资以及未经法定程序抽回出资的行为。但这种列举式的规定既无法帮助司法实践准确识别和认定抽逃出资,也无法涵盖所有抽逃出资行为的样态。试举一例说明现有抽逃出资规则在实务适用中的困境:

假设:A公司认缴500万元出资额投资B公司,一期出资400万元,出资期限届满且A公司已经实际履行出资义务,二期出资100万元,出资期限尚未届满。一年后,A公司从B公司转出资金500万元,B公司当年经审计的资产负债表中,反映股东对公司资产剩余所有权的所有者权益栏项下各会计科目记载如下:实收资本500万元、资本公积100万元(为A公司缴付的超出其认缴资本金所形成的资本溢价)、盈余公积200万元、未分配利润200万元。

问:A公司是否构成抽逃出资?如构成抽逃出资,抽逃出资金额为多少?

理论上可能存在的答案有:(1)抽逃A公司认缴出资金额500万元;(2)抽逃A公司实缴出资金额和资本公积合计500万元;(3)抽逃A公司实缴出资金额400万元;(4)抽逃资本公积100万元;(5)A公司资金转出行为尚未侵蚀公司资本,A公司行为不构成抽逃出资。

---

[1] 丁勇:《认缴制后公司法资本规则的革新》,载《法学研究》2018年第2期。

精准界分抽逃出资与其他未侵蚀公司资本的分配行为当然是很有必要的，主要体现在两个方面：(1)行为效力和法律责任方面，如是合法的利润分配行为则转出行为有效；如是轻微瑕疵的利润分配行为，则应允许公司采取嗣后的补正措施（如通过法定决策程序对分配事项予以追认）；如是严重违法的分配行为（如抽逃盈余公积，我国《公司法》禁止补亏和提取法定公积金前向股东进行利润分配）则股东应当退还分配所得；如已构成对公司资本的侵蚀则构成抽逃出资这一严重违法行为，股东应当按照《公司法解释三》第 14 条的规定承担法律责任。(2)瑕疵继受方面，根据《公司法解释三》第 18 条的规定，股权流转时，有限责任公司股东未履行或未全面履行出资义务的瑕疵行为还将造成被转让股权本身的瑕疵，也即有限责任公司的股东未履行或者未全面履行出资义务即转让股权，受让人对此知道或者应当知道，公司、公司债权人对出让人的请求权将附属于相关股权，直接指向受让人（连带责任）。最高人民法院通过判例将受让股东承担连带责任情形由"未履行、未全面履行出资义务"扩展至"抽逃出资"，在原股东抽逃出资情况下，法院通常参照该规定判令受让股东与原股东承担连带责任。[1] 因此在破产法实务中，是否构成抽逃出资的认定对于债务人股权投资财产的处置具有重大影响。因管理人负有对债务人财产进行全面调查的义务，会在处置时声明标的股权存在瑕疵，重整投资人收购债务人持有的股权时，通常很难主张对抽逃出资行为"不知情或不应当知情"。因此，破产股东抽逃出资行为为受让人附加的偿还抽逃出资本息的义务将会构成收购的潜在成本，影响投资人对标的资产的估值和报价。

抽逃出资与分配行为分享共同的经济实质——公司的财产无对价地流向股东，[2]我国公司法立法缺乏对抽逃出资行为"侵蚀公司资本"这一核心要素的揭示，也缺少对分配概念的整体把握。这客观上造成了"抽逃出资"认定的泛化，也引起了商事行为操作上的迷惑和法律后果上的不确定性。有学者为此构建了能够区分公司与股东之间权益性交易行为[3]的分析框架，殊值参考：在所有者权益的完整框架下，基于公司向股东输送利益所依附的不同资金来源，可以区分"抽逃出资/

[1] 最高人民法院民事判决书，(2020)最高法民申 3426 号；最高人民法院民事判决书，(2019)最高法民申 624 号。

[2] 张保华：《分配概念解析——兼评〈公司法司法解释（三）〉中的抽逃出资》，载《政治与法律》2011 年第 8 期。

[3] 权益性交易在公司会计实务上又叫资本性交易，是指所有者权益的增（减）量变动或者不同所有者内部存量的变动。本文主要指前一种情形，即公司所有者（股东）以其所有者身份与公司之间的交易。

返还资本”与“分配”,前者指向公司资本,后者指向公司利润。其中,“分配”包括合法分配与违法分配,违法分配又可以进一步细分为仅违反程序性规则的违法分配与超出法律规定的分配基础、损害债权人利益的实质违法分配。构成“抽逃出资”的前提是公司从股本中向股东进行分配,或者在公司法明确禁止的前提下从资本公积中向股东转移财产。此外,符合法律规定的减资和股份回购行为构成抽逃出资的例外。从抽逃出资、实质性违法利润分配、程序性违法利润分配至合法的利润分配,股东有关行为违法性逐渐减弱,其应当承担的法律后果从重至轻。基于“疑罪从无、从轻”的现代司法理念,当缺少诸如通过利润分配程序进行分配、转出的财产刚好为能够特定化的股东实物出资等足够的外部证据去判断股东行为的目的时,应当按照法律责任从轻到重的顺序对股东有关行为的性质进行法律推定。[1]

回归到上文所举之例,因无足够的外部证据辅助判断,应当按照法律责任从轻到重的顺序进行推定,即A公司转出未分配利润200万元的部分不构成抽逃出资;鉴于盈余公积源于公司以前年度的利润,因此A公司转出盈余公积200万元的部分,不应构成抽逃出资;对于因资本溢价形成的资本公积是否构成抽逃出资我国法律没有明确规定,但从司法判例来看,最高人民法院是认可抽逃资本溢价形成的资本公司构成抽逃出资的。[2] 因此,本例中,应认定A公司抽逃出资金额为100万元。此外,第一种认为未实缴出资也能涵盖在抽逃出资范围内的答案与我国公司会计实务不符,学理上,未实缴的出资因尚不构成公司资产,也自然无法被“抽逃”。

(二)抽逃出资行为的表现形式

以反映公司财产状况的资产负债表来观察抽逃出资行为的表现形式。资产负债表遵循“资产=负债+所有者权益”这一平衡等式,抽逃出资行为将导致所有者权益中股本(实收资本)科目的减少,为使等式重新回到平衡状态则必然伴随公司资产的相应减少或者公司负债的相应增加。

在公司资产减少方面,资本维持原则体现为用于维持公司股本所必需的资产不得被支付给股东,包括单方面的金钱给付、实物给付、豁免或减少股东对公司的债务。

在公司负债增加方面,资本维持原则体现为禁止公司清偿股东债务、用公司资产

---

〔1〕 刘燕:《重构“禁止抽逃出资”规则的公司法理基础》,载《中国法学》2015年第4期。

〔2〕 参见最高人民法院民事判决书,(2013)民提字第226号;最高人民法院民事判决书,(2018)最高法民终393号。

为第三人对股东的债权或股东对第三人的债权设定担保。对于设定担保本身是否已经可以视为引起公司股份受损的支付尚存在争议,因为担保设定时尚无法肯定能否执行担保,在公司资产负债表中,尚未对担保予以考虑或体现。[1]

与直接财产给付或债务设定相比,实务中更难以处理的是隐性的抽逃出资。隐性的抽逃出资通常具有经营性交易行为的外观,例如,低价销售、高价购买等公司与股东之间不等值的经营性交易,公司向同时为股东的高管支付过高的薪金,股东向公司贷款等。对于经营性交易,德国法上的判断标准是公司在同等条件下是否会向第三方给予同类的给付。而对于股东向公司的贷款,判断该行为合法性的核心要素是:公司因贷款行为而享有的返还贷款请求权是否足值。

综上所述,《公司法解释三》第12条对抽逃出资行为的定义和描述是不精准、不全面的。应当以资产负债表中资产、负债的变动为观察视角,按照实质重于形式的标准区分公司与股东的经营性交易和权益性交易,以“对公司股本的侵蚀”为标准构建抽逃出资行为与其他分配行为的边界。

(三)抽逃出资与上市公司大股东违规占款/违规担保

1. 两个不同领域概念的交叉

随着上市公司及其母公司破产重整实践的逐步展开,上市公司监管规则与公司法资本制度(主要是抽逃出资禁止规则)的矛盾和冲突开始浮现,并严重困扰着破产法实践。基于上市公司壳资源的稀缺性,破产法实践中,债务人持有的上市公司股权往往是最重要、最核心的重整资源或偿债资源之一,梳理清楚上市公司关于关联方资金占用或违规担保监管规则与公司资本制度的关系因此显得尤为重要。

上市公司违规占款/违规担保问题是中国上市公司长久以来的顽疾,这引发监管层面的重点关注和从严监管。根据证监会发布的《2020年度证券审计市场分析报告》,71家上市公司非标事项涉及关联方资金占用或违规担保,较2019年增加9家。资金占用的主要方式包括资金拆借、无商业实质的预付采购款或工程款、对外投资或合作开发等。[2] 大股东违规占款数额巨大、屡禁不止,上市公司俨然成为控股股东的“提款机”,这与上市公司第一大股东持股比例集中程度、股东的控制方

[1] [德]托马斯·莱赛尔、吕迪格·法伊尔:《德国资合公司法》,高旭军等译,上海人民出版社2019年版,第745页。

[2] 中国证券监督管理委员会:《2020年度证券资产评估市场分析报告》,载中国证券监督管理委员会网2021年9月10日,http://www.csrc.gov.cn/guestweb4/s。

式及产权性质有关。[1] 证监会为解决此问题专门出台了监管规定——中国证券监督管理委员会(可简称中国证监会)、国务院国有资产监督管理委员会(可简称国资委)《关于规范上市公司与关联方资金往来及上市公司对外担保若干问题的通知》。

根据上述规定,上市公司与控股股东或其他关联方的如下资金往来被认为不合规:(1)控股股东及其他关联方与上市公司发生的经营性资金往来中,应当严格限制占用上市公司资金。控股股东及其他关联方不得要求上市公司为其垫支工资、福利、保险、广告等期间费用,也不得互相代为承担成本和其他支出。(2)上市公司不得以下列方式将资金直接或间接地提供给控股股东及其他关联方使用:其一,有偿或无偿地拆借公司的资金给控股股东及其他关联方使用;其二,通过银行或非银行金融机构向关联方提供委托贷款;其三,委托控股股东及其他关联方进行投资活动;其四,为控股股东及其他关联方开具没有真实交易背景的商业承兑汇票;其五,代控股股东及其他关联方偿还债务;其六,中国证监会认定的其他方式。

同时,上市公司对外担保尤其是为关联方提供担保的行为也受到严格限制,中国证券监督管理委员会、国务院国有资产监督管理委员会《关于规范上市公司与关联方资金往来及上市公司对外担保若干问题的通知》要求:上市公司不得为控股股东及本公司持股50%以下的其他关联方、任何非法人单位或个人提供担保。对前述规定之外的主体提供担保的,担保总额不得超过最近一个会计年度合并会计报表净资产的50%,并履行严格的审批程序,且要求被担保方提供反担保并要求被担保方的实际履行能力等。

上市公司监管规则层面的违规占款/违规担保与公司法上的抽逃出资、违法分配是在两个不同语境中使用但存在交叉的概念。将二者进行对比可以发现以下差异:其一,规则保护范围更加广泛。监管机构对上市公司资产的保护范围不限于股本(实收资本)、净资产(含未分配利润在内的全部所有者权益),而是扩张到了整个上市公司资产层面。无论占用上市公司资金的行为是否构成对上市公司股本的侵蚀、所占用资金是否来源于可以分配的利润,也不论上市公司是否因资金占用或违规担保取得足值的对待给付,有关行为一律受到监管规则的严格禁止。其二,规

---

〔1〕 李增泉、孙铮、王志伟:《"掏空"与所有权安排——来自我国上市公司大股东资金占用的经验证据》,载《会计研究》2004 年第 12 期。

则规制对象的扩张。与抽逃出资、利润分配指向公司所有股东不同,上市公司监管规则主要拘束上市公司大股东且规制对象不限于股东。根据相关会计准则,[1]关联方是指:在上市公司财务和经营决策中,有能力直接或间接控制、共同控制上市公司或对上市公司施加重大影响的主体,这种控制或影响力并不必然来自股权投资关系,如满足其他条件时,承包方在承包期间也能对被承包方实施控制。其三,规则规定的行为样态更加多元。与《公司法解释三》第 12 条所列举的四种抽逃出资行为表现形式相比,上市公司监管规则中包括了为股东设定担保、具有经营性行为外观的资金拆借、委托投资以及代为清偿股东债务等。从这个意义上来讲,《公司法》上所缺少的、待完善的规范公司向股东单方面的财产给付行为的系列分配规则通过上市公司监管规则得到了完善,现行《公司法》存在的缺漏通过上市公司监管实践得到了填补。显然,当违规占款/违规担保发生在股东与上市公司之间,且造成了对上市公司资本的侵蚀时,违规占款/违规担保概念与抽逃出资概念将出现交集,例如,股东无偿占用上市公司资金,金额较大,侵蚀上市公司股本的;公司为股东提供担保且该担保责任被触发,造成上市公司损失以至于侵蚀了上市公司股本等。

在违规占款/违规担保行为法律后果方面,证券监管部门也延续了其一贯的严格思路,这与公众公司监管规则保护中小股东利益、规范资本市场秩序的特别价值目标有关。具体而言,中国证券监督管理委员会、国务院国有资产监督管理委员会《关于规范上市公司与关联方资金往来及上市公司对外担保若干问题的通知》规定:上市公司董事会应当针对历史形成的资金占用、对外担保问题,制定切实可行的解决措施,保证违规资金占用量、对外担保形成的或有债务,在每个会计年度至少下降 30%;上市公司被关联方占用的资金,原则上应当以现金清偿,在符合现行法律法规的条件下,可以探索金融创新的方式进行清偿,但需按法定程序报有关部门批准;关联方拟用非现金资产清偿占用的上市公司资金,应当遵守以下规定:(1)用于抵偿的资产必须属于上市公司同一业务体系,并有利于增强上市公司独立性和核心竞争力,减少关联交易,不得是尚未投入使用的资产或没有客观明确账面净值的资产;(2)上市公司应当聘请有证券期货相关业务资格的中介机构对符合以资抵债条件的资产进行评

[1] 财政部:《企业会计准则——关联方关系及其交易的披露》问题解答,财政部会计司 2000 年 1 月 1 日发布。

估,以资产评估值或经审计的账面净值作为以资抵债的定价基础,但最终定价不得损害上市公司利益,并充分考虑所占用资金的现值予以折扣。审计报告和评估报告应当向社会公告等。

2. 是偿债资源分配问题还是评估/定价问题?

在存在股权质押的情况下,股权质押权人往往对股权收购对价的分配存在质疑,因监管机构对上市公司违规占款/违规担保解决的高标准、严要求,使这一问题在被质押股权时上市公司股权表现得更为突出。

收购对价上市公司及其母公司破产实务中,往往有"谁取得上市公司控股权,谁负责解决违规占款/违规担保问题(而无论其股权的来源和取得方式)"的说法。乍听之下,上市公司违规占款/违规担保领域的瑕疵继受规则似乎走向了一条"从财产到身份"道路,即与《公司法》为对原股东抽逃出资行为知道或应当知道的股权受让人设定连带责任不同,上市公司监管领域则直接将(连带)责任指向了上市公司新的控股股东。这种理解与作为民商法基本理念的"自我决定、自我负责"精神不符,且有以结果倒推原因之嫌。事实上,从监管规则的表述[1]来看,负有解决违规占款/违规担保问题义务的主体仅为上市公司和实施违规行为的股东或其他关联方。因此,从法律层面而言,即便上市公司的控制权因股权让与行为而转让,解决违规占款/违规担保义务也不因此而必然地、全部地转移至受让方。唯根据监管规则,违规占款/违规担保行为或将导致12个月内上市公司融资申请不被受理或其股票被实施其他风险警示(Special Treatment,ST),这客观上将影响投资人通过取得上市公司控制权所要追求的商业目标的实现。因此,本文对前述说法理解为:证券监管机构通过限制上市公司融资机能或其他方式,引导上市公司投资人在商业理性的

---

〔1〕 中国证券监督管理委员会、国务院国有资产监督管理委员会《关于规范上市公司与关联方资金往来及上市公司对外担保若干问题的通知》第4条规定,依法追究违规占用资金和对外担保行为的责任:(1)中国证监会与国资委等部门加强监管合作,共同建立规范国有控股股东行为的监管协作机制,加大对违规占用资金和对外担保行为的查处力度,依法追究相关当事人的法律责任。(2)上市公司及其董事、监事、经理等高级管理人员违反本通知规定,中国证监会将责令整改,依法予以处罚,并自发现上市公司存在违反本通知规定行为起12个月内不受理其再融资申请。(3)上市公司控股股东违反本通知规定或不及时清偿违规占用上市公司资金的,中国证监会不受理其公开发行证券的申请或其他审批事项,并将其资信不良记录向国资委、中国银行业监督管理委员会和有关地方政府通报。国有控股股东违反本通知规定的,国有资产监督管理机构对直接负责的主管人员和直接责任人依法给予纪律处分,直至撤销职务;给上市公司或其他股东利益造成损失的,应当承担相应的赔偿责任。非国有控股股东直接负责的主管人员和直接责任人违反本通知规定的,给上市公司造成损失或严重损害其他股东利益的,应负赔偿责任,并由相关部门依法处罚。构成犯罪的,依法追究刑事责任。

驱使下以符合监管要求的方式解决既存的违规占款/违规担保问题。而因原股东通常已经因失去偿付能力而破产,经过一系列连锁反应,解决上述问题的主体在结果上最终呈现为:取得上市公司控制权的投资人,最终解决了上市公司的违规占款/违规担保问题。至于该违规行为是否系上市公司现有投资人作出、现有投资人是否应当为此承担责任等法律层面上的问题,则从始至终不在“谁取得上市公司控股权,谁负责解决违规占款/违规担保问题”说法的讨论之列。

在上市公司股东破产时,真正需要厘清的法律问题是,上市公司股东的违规占款/违规担保为上市公司设定担保的行为是否构成以及在什么范围内构成抽逃出资。必要性主要体现在如下两个方面:首先,对其中构成抽逃出资的部分,在股权转让方与受让方不存在其他约定的情况下,受让股东可以在解决违规占款/违规担保后,向原股东追偿(向破产股东管理人申报债权)。其次,在破产股东对上市公司股权被质押的情况下,抽逃出资同时成为附属于被质押股权的瑕疵,该瑕疵的存在将造成质押股权价值的减损。而根据《民法典》物权编有关规定,质押权人仅得在被质押的特定财产价值范围之内得到担保,故股票质押权人仅得在名义收购对价扣除瑕疵消除资金范围内优先受偿。

破产法实务中,上述问题却更为复杂和棘手。对于重整投资人而言,解决违规占款/违规担保、偿还抽逃出资本息的成本是概括在收购上市公司股权成本范围内笼统考虑的,投资人通常将收购对价不加区分地写入投资方案[或表述为:股权收购对价 P(含偿还违规占款/违规担保资金 Q)]并报送管理人。此时,如何分配偿债资源成为一个极为容易引发争议的问题。再假设,经分析,认定偿还违规占款/违规担保资金 Q 中同时构成抽逃出资的范围为 M。理论上,根据交易的实际情况并探究投资人本意,应当是以(P－Q)资金额为对价取得存在违规占款/违规担保问题的上市公司股权,以 Q 为预计成本去处理违规占款/违规担保问题(是否追偿取决于投资人与原股东约定,但破产情形中通常不为破产股东附加义务),Q 中相当于 M 金额的资金在“观念上”被析出去解决抽逃出资问题。因 M 被包括在 Q 中,而 Q 本来就不是瑕疵股权的收购对价组成部分,故质押权人仅得在(P－Q)的范围内优先受偿。

这样的处理方式往往受到股票质押权人的强烈质疑,因为从外观上看,似乎处理违规占款/违规担保问题的全部巨额成本均由质押权人实际负担了。除非有证据证明投资人具有相反意愿,则管理人上述资金用途分配方式至少没有合法性层面的问题，设想一种极端情况以辅助理解，即因无法定义务，投资人可以不向第三方披露其是否要解决违规占款/违规担保问题，而是选择在事前或事后进行场外消化，股票质押权人无从得知，亦无从异议。

因此，股票质押权人的前述质疑实质上应当被理解为：(P－Q)作为被收购股权的对价是否公允合理？此问题在重整程序中尤难回答。这是因为重整所需的抵押物、质押物客观上无法用拍卖或变卖等传统担保物权方式单独处置，且现行破产法缺少债务人财产评估、定价的法定标准和异议程序，这让债权人关于破产财产评估、定价问题的质疑无法客观上得到严肃法律程序的回应，有关争议无法终极性地得到平息，更糟糕的是，让管理人责任诉讼异化为债权人宣泄不满情绪的工具。客观上来讲，作为上市公司未来的实际控制人，投资人大概率更倾向于投入更多的资金用于上市公司未来经营，而非用于清偿原股东的债权人。加之上述关于定价公允性、合理性问题客观上确实难以通过法律程序得到解决，实务中，管理人通常转而通过谈判磋商的方式，协调投资人或股票质押权人达成妥协。

四、债权清偿：债权公平清偿与债务人股权投资的处理

(一)出资/瑕疵出资债权的另一种属性：附“解除条件”的债权

公司法的组织法属性使得出资债权的存在具有不确定性，股东出资债务的实际履行与股东资格的分离，让破产企业管理人需要同时面临公司债权的处理和债务人股权投资财产处理两项相互缠绕的问题。先判断破产企业股权投资的价值，适时通过管理人对股权投资财产的处理而消解债务人的出资义务和出资责任，有利于简化上述困境。

债务人财产的处置应当遵循有利于债务人财产最大化的原则，管理人需前置性地判断“出资/瑕疵出资债权清偿成本”与“股权处置所得(假设处置成本为0)”孰多孰少。对破产企业股权投资价值的判断应以被投资公司的财产状况为依据，如破产企业对被投资公司具有控制权，可由管理人代行股东权利，委托审计、评估机构对该公司进行评估；如破产企业对被投资公司持股比例不高，被投资公司往往不愿意配合提供有关资料，此时或可通过股东行使股东知情权获取相关资料以辅助判断股权投资价值。经评估研判，债务人股权投资财产的价值较高或对重整债务人的未来经营有价值，则可考虑保留股权投资或通过股权转让并约定由受让人负担清偿公司债权的义务。若债务人股权投资财产价值较低甚至被投资公司已经

资不抵债,则应根据实际情况,考虑通过减资、股权/股份回购、解散或请求法院解散被投资公司处理。

除选择主动退出公司外,破产股东对被投资公司负有的出资义务或出资责任还可能被动地消失。例如,根据《公司法解释三》第 17 条的规定,有限责任公司的股东未履行出资义务或者抽逃全部出资,经公司催告缴纳或者返还,其在合理期间内仍未缴纳或者返还出资,公司以股东会决议解除该股东的股东资格。法定减资程序或第三人缴纳相应出资并取得股东资格后,破产企业对被投资公司的出资债务消灭。又如,虽股东不得以对公司的债权抵销其出资债务,但法律并未完全禁止公司主动抵销,当股东进入破产程序、偿债能力明显不足时,公司对股东享有的出资债权与股东对公司享有的债权经济上会出现不等值的情况,因此,符合破产法关于抵销的规定的,应当例外地允许公司行使抵销权。抵销后,公司对股东的出资债权归于消灭。

破产程序中,如存在上述公司对破产企业的债权可能归于消灭情形,应当参照适用《企业破产法》第 117 条的规定。具体而言,管理人应当将公司相应债权分配额提存。管理人提存的分配额,在最后分配公告日,解除条件成就的,应当分配给其他债权人;在最后分配公告日,解除条件未成就的,应当交付给债权人。

(二)股权保留需求与公平清偿原则

破产实务中,管理人也常会碰到这样两难困境:债务人的股权投资系预计有较大的升值空间的优质资产,应当保留该部分的股权投资以最大化债权人财产价值或提升债务人重整后的持续经营能力。但在债务人清偿能力有限时,囿于破产法公平清偿规则,公司对债务人的出资/瑕疵出资债权预计难以得到全部清偿。在不破坏破产法公平清偿规则的前提下,管理人在实务中探索出共益债、债权转让及债务加入的迂回做法。

公平清偿是破产法不容突破的底线,公司对破产股东的债权并无清偿顺位上的法定优先性。破产法的核心功能之一是将困境企业有限的责任财产按照法律规定的顺序公平地分配给全体债权人。当企业严重资不抵债时,破产程序中的分配与其说是债权清偿,毋宁说是损失分担。鉴此,公平清偿是破产法永恒的主题。对破产企业的所有债权都应当按照破产法的规定进行申报并按照《企业破产法》第 113 条规定的顺序进行清偿。因法无特殊规定,公司对破产股东基于出资关系或抽逃出资行为的债权亦不例外。基于债务人股权投资特殊价值、公司出资债权的

资产属性,有如下几种路径可供探讨:

1. 共益债路径

共益债路径通常操作为由管理人向第三方引入借款,[1]该笔借款被定向用于清偿被投资公司对破产股东基于投资关系或股东抽逃出资行为的债权。鉴于上述清偿能够使得破产企业股权投资价值提升,股票质押权人、普通债权人将因此获益,故引入的借款构成共益债务,并可以在上述债权人受益范围内优先受偿。现行破产法规则下,共益债路径的证成难度较大,主要体现在以下几个方面:其一,共益性证成难度大,除非是股权价值变动能够通过交易市场直接观察到的上市公司或为全体债权人分享股权投资未来收益设置特殊渠道,否则债权人受益的具体数额、时间难以量化,"为全体债权人的共同利益发生"之共益性证成难度极大;其二,非《企业破产法》第42条列举的6种共益债务类型,在观念保守地区,不易为法院、债权人等接受;其三,最高人民法院《关于适用〈中华人民共和国企业破产法〉若干问题的规定(三)》第2条设定借款目的为"为债务人继续营业而借款",但何为债务人的营业并无准确解释,尤其对以股权投资为主业自身并无实际对外业务的集团公司而言,直接为个别债权清偿而进行的借款适用此条存在困难;其四,上述规定第2条在改变清偿顺位方面的效力仅保证融资债权优先于普通破产债权,而实务中资金融出方往往需要更强的资金退出保障,说服前顺位优先权人让渡利益难度大。

2. 债权转让路径

如前文所述,股东出资义务和出资责任的反面是公司的出资债权。因法律并未禁止出资债权的处分,即如同公司享有的其他债权一样,出资债权本身便构成公司财产,具有财产属性。即便掺入公司债权人利益保护因素进行考量,当公司能够对出资债权的处分获得足值的对价给付的情况下,同样不会损害债权人的利益。债权转让后,债权受让人对破产股东取得等同于公司的法律地位,因公司已经因债权出让获得了足额资本,故原有资本维持原则下的各项规则不再适用,即受让人与

---

[1] 在债务人尚有能够全额偿付的资金时,似无必要另付融资成本进行借款。但因该行为在外观上表现为具有偏颇清偿个别债权,实务中发现有关利害关系人接受此种操作的难度更高于融资模式。

股东进行债权抵销、允许股东延期履行以及直接减免股东债务等行为均不受限制。[1] 在股东破产情形下,因受让人已经向被投资公司完成了给付,代替被投资公司承担了债权无法全额受偿的风险,且破产股东股权投资财产瑕疵被涤除,优质的股权投资得以被完整地保留在破产财产中,这显然并不违反破产法公平清偿规则。

3. 债务加入路径

实务中,存在被投资公司形成债权转让意思表示时间长、决策难的细节问题,根据《民法典》第552条、最高人民法院《关于适用〈中华人民共和国民法典〉有关担保制度的解释》第12条和第18条的规定,债务加入不以债权人的明示同意为要件,但在实际承担责任后,同样能起到对债务人代位享有原债权人权利的效果。因此,债务加入路径相较于债权转让路径简化了债权人决策流程和决策风险。

五、结语

商法的生命在于便利而不是阻碍商业的发展,商法内容和精神实质上的独立性表征为商事主体意思形成自主意义上的自治,即规范创制与争议解决机制上的自治。[2] 在公司资本制度相关规则的完善、解释和适用过程中,应当为商业主体自由意志的行使创造更大的空间,以更注重实质而非形式的方式对债权人利益实施保护。具体到破产法领域,公司基于出资关系和股东的抽逃出资行为对公司享有意定债权或法定债权,作为该债权的唯一权利方,应当尊重公司根据自身需求在不违反法律禁止性规定的情形下对其财产进行处分的权利。现有公司资本制度缺少关于抽逃出资行为“侵蚀公司资本”本质和对分配概念体系的整体把握,对破产法实践造成困扰,未来应明确抽逃出资行为与违法分配行为的边界,并填补现行法在违法分配规则方面的空白。[3] 上市公司违规占款/违规担保监管规则与禁止抽逃出资规则的目标价值虽然并不完全重合,但基于商业实践的监管规则对后者实质上构成了补充。在公司对破产股东基于出资关系的债权进行清偿的层面,公司债权的处理和债务人股权投资财产处理相互缠绕,为经济和效率考虑,应当先行判

〔1〕 [德]托马斯·莱赛尔、吕迪格·法伊尔:《德国资合公司法》,高旭军等译,上海人民出版社2019年版,第585-586页。

〔2〕 张谷:《商法,这只寄居蟹:兼论商法的独立性及其特点》,载《东方法学》2006年第1期。

〔3〕 虞政平:《违法分配公司利益的责任追究》,载《法律适用》2003年第3期。

断和评估债务人股权投资财产的价值和处置方式。有价值的股权投资对债务人财产价值的最大化和重整后运营能力的提升均有意义，应当关注并允许共益债、债权转让及债务加入等不违反破产法公平清偿原则但能够实现股权投资保留功能的创新实践的展开。

子主题二：重整中的金融工具

企业重整中债务豁免所得税收问题的规则检视与应对

——以法际交集中的冲突解决为视角

陈江刚*

重整制度作为《企业破产法》确定的一项重要的，甚至可以说是企业破产程序的核心制度，为处于困境中的企业"涅槃重生"提供了制度支持，其确立也进一步完善了我国的社会治理体系与市场经济体制。[1] 该制度的确定与运行至今虽不过短短十几载，但所取得的良好社会效果让该制度获得了社会普遍认可。以最高人民法院及地方法院公布的典型破产重整案件为例，该等案件在资源盘活、金融风险化解、社会治理等方面取得了良好效果，并在当地乃至全国范围内产生深远影响。同时，在法治化处于不断完善的当下，重整制度的运行离不开其他领域制度的保障，破产重整中的税法规则作为保障制度的重要内容，对重整制度的保障力度，直接关系单个重整案件的成败，甚至影响重整制度在司法实践运行中的功能效果。以 2021 年 8 月 18 日全国人民代表大会常务委员会执法检查组经实地检查和调研破产法实施后出具的《关于检查〈中华人民共和国企业破产法〉实施情况的报告》为说明，该报告明确指出当前"税收对重整激励不足"，主要表现为税法因未设有适用破产重整专门的税法规范，导致税务机关出于防范借破产逃税的考虑，一般会参照企业重组的税法规范来对破产重整中的税收问题加以规制和解决，然该种不作

---

* 陈江刚，国浩律师（杭州）事务所有限合伙人，中南财经政法大学法律硕士。

〔1〕 汪世虎：《我国公司重整制度的检讨与建议——以债权人利益保护为视角》，载《现代法学》2006 年第 2 期。

区分的规制并不能解决重整中的债务豁免所得税收问题,甚至会增加重整的成本和风险,导致重整的失败,并影响了重整制度作用的充分发挥。[1]

重整程序中债务豁免所得的税收问题,是破产法与税法两套法律规范在运行中发生交集且规则适用上发生冲突所致。诚如学者所述,单一部门(领域)法律运行的前提假设为该部门法为该领域内的法律问题均提供了妥善解决的规则或原则,[2]但实践中诸多法律问题并不单一适用特定部门的法律规范,相反,部门(领域)间的法律规范交集更是一种常态。不同法律规范交集中的法律问题,如无法协调交集中不同法律的逻辑与规则,最终会走向失序的状态。[3] 具体到重整实践中,重整企业虽根据《企业破产法》所设定的重整制度获得重整成功,但因重整计划一般都涉及债务豁免的内容,此时税法会将重整中债务豁免认定为应税行为,重整后的企业也势必会被税务机关所关注并被要求申报高额的企业所得税。重整后的企业不仅未能实现轻装上阵、重新出发,而且还面临沉重的税务负担。对此,重整投资不仅会让投资人望而却步,即便重整投资人按照《企业破产法》的规定开展重整,最后也不得不走上"二次破产"的境地。显然,重整程序中债务豁免所得的税收问题的解决依赖税法规范与破产法的规则协调与互认,但走向何种形式、程度的协调与互认是该问题的核心。"领域法学"[4]的分析视角为处于法际交集中的问题提供了一种阐述和理解框架,亦为不同领域法律规范发生冲突的处理提供解决路径。[5] 本文亦尝试运用"领域法学"对法际交集中问题的解决逻辑,在梳理重整程序中债务豁免所得的税收所引发的冲突并分析其实质的基础上,为重整程序中债务豁免所得税收问题的解决提供可行的参考意见。

---

〔1〕《全国人民代表大会常务委员会执法检查组关于检查〈中华人民共和国企业破产法〉实施情况的报告》,2021 年 8 月 18 日在第十三届全国人民代表大会常务委员会第三十次会议,http://www.npc.gov.cn/npc/kgfb/202108/0cf4f41b72fe4ddeb3d536dfe3103eb3.shtml。

〔2〕王池:《法际交集中的重整企业所得税:理论协调与制度重构》,载《法学评论》2020 年第 6 期。

〔3〕周刚志:《论部门法规范冲突的宪法调适》,载《法商研究》2011 年第 3 期。

〔4〕领域法学是以问题为导向,以特定经济社会领域全部与法律有关的现象为研究对象,融经济学、政治学和社会学等多种研究范式于一体的整合性、交叉性、开放性、应用性和协同性的新型法学理论体系、学科体系和话语体系,是新兴、交叉领域"诸法合一"的有机结合,与传统部门法学同构而又互补,具体参见刘剑文:《论领域法学:一种立足新兴交叉领域的法学研究范式》,载《政法论坛》2016 年第 5 期。

〔5〕叶熙昊:《破产重整企业债务豁免所得税规则的检视及其优化》,载《湖南税务高等专科学校学报》2020 年第 1 期。

一、重整程序中债务豁免所得税的产生与适用冲突

(一)重整程序中债务豁免所得税的产生

债务豁免作为重整程序中通常的做法,一定程度上减轻了重整企业的债务负担,也给困境企业的重整再生提供了可能。同时,债务豁免作为一种财务处理,势必会引起税法层面对该豁免行为的评价,即债务豁免是否构成《企业所得税法》上应税行为。

1. 重整程序中的债务豁免安排

根据《企业破产法》第 81 条的规定,债权分类、调整与受偿作为重整计划的重要组成部分,在这一程序中债权人通常都会作出一定的债权让渡。极少有重整案件中债权是按照全额获得清偿,换言之,在多数的重整案件中,债务豁免是作为重整计划的重要内容。[1] 《企业破产法》第 94 条虽免除了重整企业"按照重整计划减免的债务",但是该条并未就债务豁免在税法等其他法律规范层面的法律效果作出明确规定。与此同时,税法层面也没有为破产意义上的该等债务豁免是否属于应税行为以及是否属于减免的情形予以明确,为了谨慎考虑,税务机关一般参照重组中债务豁免规定,将该行为认定为应税行为。在不存在税收减免优惠政策情形之下,重整程序中的债务豁免也难逃被征收所得税。

2. 债务豁免中所得税的产生

根据《企业所得税法》第 22 条之规定,企业所得税是根据企业应纳税所得额、税率、可减免和抵免的税额后的余额进行计算得出,而企业应纳税所得额由企业在纳税年度内的收入和不征税收入、免税收入、各项扣除、允许弥补的亏损计算得来。对于企业收入、不征税收入、免税收入,《企业所得税法》第 6 条、第 7 条、第 26 条、第 27 条等进行了规定,此外《企业所得税法实施条例》第二章的第二节就《企业所得税法》第 6 条的"收入"进一步明确了范围,其中"债务的豁免"作为"企业取得收

---

〔1〕 虽然部分上市公司通过以股抵债方式进行清偿,并按照重整计划中设定的抵债流通股的价格,对对应债权进行全额清偿,但由于对应抵债流通股实际价值与重整计划中价格并不一致,也导致对应债权实际清偿率并未达到 100%。最高人民法院关于重整计划中债转股的处理意见认为,以债权"交易"出资人权益的一种法律行为,是破产程序分配债务人财产的一种方式,并非单纯的代物清偿或者抵销行为。由于重整程序中的债转股具有用出资人权益(股权)"清偿"债务的性质,故应根据股权价值来确定债权人的受偿率,即如股权价值实际低于重整计划设定的价格,则仍存在剩余未清偿的情形。参见贺小荣主编:《最高人民法院第二巡回法庭法官会议纪要》(第 3 辑),人民法院出版社 2022 年版,第 52 页。

入的货币形式”一种,“确实无法偿付的应付款项”则构成了企业所得税法第 6 条第 9 项所称其他收入等,该等税法上的规定都明确将“债务豁免”作为企业“收入”予以认定,且也无法归入到“不征税收入”[1]“免税收入”[2]的范畴,故根据税法的规范“债务豁免”构成了应税行为,如各项扣除、允许弥补的亏损也无法覆盖该等收入,债务豁免则会产生所得税。

(二)重整程序中债务豁免所得税所引发的冲突

1. 权益的冲突:重整资金应由谁来享有?

重整投资作为投资人的一项商业行为,该行为基于投资人的商业判断作出,即重整程序中投资人会对重整企业的重整价值作出判断,并在这一基础上确定重整投资方式、重整投入的具体金额(包括重整资金投入以及重整成本的投入)等,而一旦重整投资人所需支付的重整投入明显高于重整企业的重整价值,或重整行为存在巨大隐性风险,作为“经济理性人”的重整投资人会选择放弃该重整投资。投资人通常只关心投资行为所带来的收益与成本,而重整资金由谁来分享,如不会直接影响重整后重整投资人的正常经营(重整行为的成本与收益),该问题并不足以引起其关心与关注。但如果重整资金由谁来分享的问题会直接影响该商业投资行为所带来的收益或所需承担的成本,重整投资人就不得不在作出重整投资决定时,要求管理人或债务人对“重整资金应由谁来享有”这一问题进行明确并以消除该风险的方式予以处理,即消除重整投资人及重整后企业法定上的清偿义务。因《企业破产法》明确规定的重整后企业不再承担减免的债务,税法层面重整企业仍作为纳税义务主体需要缴纳企业所得税,两套规则的适用之下也促使重整投资人在重整投资时更为关注企业所得税的问题,甚至个别重整案件中企业所得税的解决构成了重整投资人投资的先决条件。

“重整资金应由谁来享有”的问题基于破产法规范来回答并不难,即应由债权人来享有,因为这是债务人资产处置所获得的对价,该等对价应用于债务清偿。但如此至少会产生如下两个方面问题:一是重整程序中债务豁免新生税款是否属于

---

[1] 《企业所得税法》第 7 条规定了 3 种不征税收入,分别为:(1)财政拨款;(2)依法收取并纳入财政管理的行政事业性收费、政府性基金;(3)国务院规定的其他不征税收入。

[2] 《企业所得税法》第 26 条规定了 4 种情形的免税收入,分别为:(1)国债利息收入;(2)符合条件的居民企业之间的股息、红利等权益性投资收益;(3)在中国境内设立机构、场所的非居民企业从居民企业取得与该机构、场所有实际联系的股息、红利等权益性投资收益;(4)符合条件的非营利组织的收入。

前述债权的概念？如属于,这则与《企业破产法》关于债权的规定相违背;如不属于,又应该作何种关系的认定抑或应由谁来承担？因重整程序中债务豁免所产生的新生税款并不是投资行为直接产生,破产费用或共益债务均难以涵盖。[1] 二是重整投资如采取的资产收购方式,根据《企业破产法》第41条规定,产生增值税等税负为破产费用并无争议;但是若采取的股权投资,根据税法的规定,该重整投资行为因不属于重整企业的资产变价处置行为,不会产生增值税等税费,如参照股权转让只产生印花税,因印花税金额较低,将该等印花税纳入破产费用一般不会遭到质疑,[2] 投资行为本身并不会直接产生所得税,而只是重整计划投资行为之后作出的债务豁免安排产生了所得税,故税务机关基于重整安排产生的所得税来与债权人分享重整资金并无法律依据,也不合理。如投资人在该笔投资之后不会追加新的投资,也就是该投资行为对应的投资资金必须要解决重整程序中需要清偿的所有债务问题时,就势必会产生税务机关与其他债权人争夺重整资金的局面。综上,"重整资金应由谁来享有"的问题则可以简化为重整资金是由破产债权人享有还是税务机关享有的问题。

这一问题通常会让重整陷入一种两难的境地,具体表现为:(1)如重整资金是由税务机关分享,那么意味着债权人所分享的就会减少,甚至有时都无法达到破产清算条件下的债权清偿比例,此时债权人同意重整计划的可能性极低,享有强制批准权利的法院也失去强制批准的基础。举例来说,重整企业A企业债务规模为1000万元,资产的清算价值为400万元,重整价值为500万元,投资人重整投资投入480万元。此时A企业的债务豁免为520万元,按照一般企业所得税率25%,且A企业如果不存在各项扣除、允许弥补的亏损以及对应优惠政策,A企业将产生所得税130万元,如果投资人投入的480万元需要先清偿所得税则用于债权清偿的资金只为350万元,此时重整程序中债权人获得的债权受偿率低于清算程序下的清偿率,这与《企业破产法》第87条第3项、《全国法院破产审判工作会议纪要》第18条的规定相悖,即"各表决组中反对者能够获得的清偿利益不低于依照破产清算程序所能获得的利益"。(2)如重整资金由债权人分享,虽然税务机关不能直

---

[1] 罗敏:《破产程序新生税费之性质省思及税务处理调适》,载《财会月刊》2021年第6期。

[2] 承债式重整虽然在外在表现形式上与股权转让类似,但由于该股权变更是根据法院批准的重整计划内容执行,通常法院也会出具相应的股权变更裁定和协助执行通知书,故部分地区税务局认为该股权变更不同于一般的股权转让,不属于印花税纳税范围。

接分享投资人在本次重整程序中投入的重整资金,但作为国家机关的税务部门,仍会对该笔税款进行征收,即便根据《企业破产法》第 94 条的规定,债权人的债权在重整计划执行完毕后得到了豁免,但由于重整程序中企业的主体在法律意义上是存续的,税务机关所认定的债务豁免所得税收的义务主体还是重整后的企业,重整企业的纳税义务未能获得免除。这显然就会与重整投资人的投资意向相冲突,甚至让重整投资人望而却步,导致重整失败或无重整投资人愿意参与。

2. 功能的落空:重整再生或为负重前行?

重整的价值在于通过制度的安排,让具备经营价值的企业获得新生,资源获得盘活,各方权益在博弈之间实现最优。重整程序中债务豁免所得如被认定为应税行为,且难以适用税法中关于税收优惠政策的,重整后的企业势必须承担高额的企业所得税。将这种债务豁免所得税收强加给重整后的企业,对于投资人来说并不公平,也无法实现重整后的企业新生和资源盘活。

相比于清算程序来说,重整制度的社会效益更为明显,当破产企业存在一定的经营价值情形下,无论是对于资产的盘活还是社会的稳定,重整都如同社会的缓冲器,起到了良好的作用。但正如上文所述,如在重整程序中不解决债务豁免的所得税问题,重整的功能就会落空。特别是采取存续型重整模式的重整案件,重整企业如没有足够的可弥补亏损或明确得到税务机关的减免政策,重整的可能性较低,即便重整投资人加入进来,后续如果面临高额的所得税,也会再次进入破产。

与之相对的税法上的功能也会因此而被削弱,诚如学者所述,公平取得财政收入并非所得税制度的唯一目的,税收政策理论认为税收政策应作为实现特定社会经济目标的激励政策予以看待。[1] 以重整企业的税收政策为例,对重整企业的税收政策如不作出调整,势必会形成对破产法制度的冲击,也难以与破产制度形成社会治理的合力。具体到社会经济发展的层面,确保对重整后企业的所得税征收,虽然可以满足对应财政收入的取得,但企业难以存续,这对于长期财政收入保障也是不利的。

3. 破产≠亏损:债务豁免所得难以冲抵

当前税法规则及税收政策为重整程序中债务豁免所得税收问题的解决提供了一种可能的解决路径,即重整企业可运用处于弥补期间的亏损来进行冲抵所得,即

---

〔1〕 刘佐:《对税收支出问题的再探讨》,载《税务研究》2003 年第 3 期。

如果破产企业有相当的亏损,最终也不会产生企业所得税。但税法的该等规定是建立在破产企业一定享有可冲抵所得税的亏损的假设之上,假设并不准确,也不符合现实,理由主要包括:其一,企业进入破产程序与企业产生亏损并不存在必然联系,根据《企业破产法》第 2 条的规定,破产原因是指企业不能清偿到期债务,并且资产不足以清偿全部债务或者明显缺乏清偿能力的,抑或企业不能清偿到期债务且有明显丧失清偿能力可能的,这些破产原因并不意味着破产企业就一定存在可弥补亏损,例如,企业进入破产程序只是遇到突发性的债务危机或者企业投资失败等,这些并不必然产生亏损,甚至个别破产企业在破产前,可用的可弥补亏损都已经使用完;其二,即便破产企业存在亏损,如亏损已经超过可弥补的期间或亏损金额难以和豁免所得相当,也无法解决重整程序中的债务豁免所得问题,[1] 例如,根据《企业所得税法》第 18 条的规定,企业纳税年度发生的亏损,准予向以后年度结转,但结转年限最长不得超过五年,这也就意味着,如果发生在五年之前的亏损就无法弥补所得。

从对破产原因与亏损的理解来看,破产原因是触发企业进入破产程序的事件,通常包括债券违约、资金链或担保链断裂等;亏损则是指企业一定期间内经营投入和收益的关系,体现为一种净损失,包括企业应收账款成为坏账,存货、固定资产、无形资产、长期投资因发生永久或实质性损害而产生的损失等,企业亏损是引发企业进入破产程序的重要原因,但并非必要的条件,二者并不存在必然的关联,因为破产企业可能受到非亏损的原因而进入破产程序,例如对外承担高额的财务成本陷入的债务危机等。故现行税法规范设计的亏损冲抵所得的解决规则,所基于的一种破产原因与亏损的正关联的假设并不完全正确。

二、既有研究综述与实践应对之梳理分析

(一)既有研究综述

重整程序中债务豁免的所得税问题由来已久,也备受理论学界和实务领域的讨论与关注。因重整程序中债务豁免所得税属于税法规范与破产法规范交集区间的调整事项,破产法与税法两个领域的学者从各自理论视角出发,对该问题进行理解、阐述与分析,并针对性提出解决方案,主要如下:

---

[1] 张艳丽:《破产重整制度有效运行的问题与出路》,载《法学杂志》2016 年第 6 期。

部分学者从破产法规范与理论视角对重整程序中债务豁免问题进行剖析。一是从重整程序中债务豁免的行为本质出发，主张认为重整程序中债务豁免的所得税并非破产债权，也非重整投资行为产生的税负，不应也无法参与到重整程序中对重整企业资产的分配。[1] 税法规范中债务豁免的所得税产生是基于公平交易市场情形下对交易行为作出的应税(纳税属性)的评价，即债务豁免亦属于其中应税交易行为的一种形式，因为企业通过该交易行为免除了应付债务，从资产端来看实际等同于获得相当收入。但认识到公平交易市场中的债务豁免与重整程序中的债务豁免存在质的差异，后者并非基于公平市场的交易，而是债权人迫不得已的让渡或放弃，且豁免的债务本身并不能让重整投资人在资产端获得实际收益，故凭行为的外观相似来适用税法关于债务豁免的所得规范，规则的适用基础较为薄弱。[2] 二是有观点从重整制度的价值与目的出发，对重整程序的债务豁免是否应作为“应税行为”考虑进行分析，主张重整程序具有独立价值，其除债务清偿外，许多破产法律制度是其他立法所不具备，也无法容纳的，主要体现在破产程序是涉及有限破产财产的执行分配，并不是以解决法律关系实体争议为核心目的，故表现出更多的为同质性而非对抗性，破产程序为众多的利益相对方增加了更多的调和与博弈空间，以实现相互之间的合理协商与平衡。[3] 此外，破产程序中首先是实现债权人利益最大化，对于债权人之外主体利益诉求是次之考虑对象。三是基于对债务人企业存续权的角度进行解释和阐述，该观点认为虽然破产企业属于法律拟制状态，在实质上不享有自然人的生存权，但因其具备了法律独立的人格，相对于国家公权力来说，企业法人因其属于私权主体和纳税人的地位，应享有最低限度的存续权，该等存续权是以宪法基本理念与价值为根基，是在宪法基本权基础上产生的。同时研究者从《企业破产法》第 73 条、第 75 条等关于债权人债权的限制的规定中抽象和提炼这一存续权的范畴，[4] 并以此对重整程序中债务豁免所得的税收应让渡于企业存续进行解释。除了上述从权利内部构造的层面对重整程序中债务豁免所得是否构成应税行为作出分析外，也有观点基于对不同破产程序的横向比较加以分析，

---

[1] 戴芳、朱哲：《论破产程序中新生税款的税法治理》，载《河南财政税务高等专科学校学报》2022 年第 1 期；徐战成：《企业破产程序中新生税款应如何定性》，载《中国税务报》2018 年 10 月 17 日，B3 版。

[2] 叶熙昊：《破产重整企业债务豁免所得税规则的检视及其优化》，载《湖南税务高等专科学校学报》2020 年第 1 期。

[3] 范志勇：《论企业破产与税收征管程序的调适》，载《河北法学》2018 年第 9 期。

[4] 高军：《纳税人基本权研究》，中国社会科学出版社 2011 年版，第 50 - 52 页。

《企业破产法》规定清算、和解与重整三种程序,从债务豁免的角度来说,三种程序均涉及债务豁免,但在对应处理上却存在天壤之别,难言公平。以清算程序为例,清算程序中未获得清偿的债务随着企业主体的注销而无法进行追索,最终放弃追索;重整程序中则因主体的存续,而将该税款追索延伸到重整后,这种差别化的对待主要以对应主体的存续作为区分,并不有利于重整程序的功能发挥,甚至会形成"清算"驱逐"重整"的现象。[1] 另外,学者将研究的视角拓展到美国、欧共体等境外法域,境外法域的自然研究对关于重整程序中的债务豁免不予计列规则与理论基础提供了参考。[2]

部分学者则从税法层面对重整程序中债务豁免问题展开讨论:一是从税款征收的原则与理论基础出发,解释重整程序中债务豁免所得引发的税法规范内的冲突、税法与破产等其他规范间的冲突根源,并从不同规范的协调与程序调适角度,以解释论的方式理解重整程序中债务豁免的纳税属性及减计规则,并建议通过对破产法的权益主体参与程序进行改造,削弱不同规范目的的冲突。[3] 二是引入"课税特区理论",主张税捐之课征应遵循量能课税原则,具体到重整程序中,对征税权在实体与程序上的限缩进行解释和分析,破产企业的债务重组收益虽可为会计上确认之收益,但不应归入企业所得税法之应税所得。[4] 三是通过税收之债学说,对税法研究范式进行改造,以此厘清重整程序中各权益的衡量与比较,并最终在一种利益衡量的角度为问题解决提供路径。税收之债学说最大的意义在于将私法制度引入税收实体法与征管法中,这一税法研究范式的变革是彻底的,不仅引入私法实体性规范,还涵盖了私法权利的司法保障手段。税收之债理论为税务机关参与到重整程序之中及税收之债与其他权益的博弈提供了理论支持,也将税务机关诉求置于破产程序中作出统一处理,而不是游离于破产程序之外寻求解决,以致增加破产的成本,乃至增加社会的治理成本。[5] 四是有观点通过梳理和探求税收优

---

〔1〕 杨忠孝:《破产法上的利益平衡问题研究》,北京大学出版社2008年版,第152页。

〔2〕 王文娟:《欧共体债务豁免所得税规则及其启示》,载《发展》2021年第7期;[美]大卫·G.爱泼斯坦、史蒂夫·H.尼克勒斯、詹姆斯·J.怀特:《美国法律文库:美国破产法》,韩长印等译,中国政法大学出版社2003年版,第24-26页。

〔3〕 范志勇:《论企业破产与税收征管程序的调适》,载《河北法学》2018年第9期;王池:《法际交集中的重整企业所得税:理论协调与制度重构》,载《法学评论》2020年第6期。

〔4〕 徐阳光:《破产程序中的税法问题研究》,载《中国法学》2018年第2期。

〔5〕 施正文:《税收债法论》,中国政法大学出版社2008年版,第7、129页;范志勇:《论企业破产与税收征管程序的调适》,载《河北法学》2018年第9期。

惠政策的法理基础,以回应重整程序中的债务豁免所得问题,该观点认为,税收优惠本质是国家为实现宏观调控目的,对特定纳税人减免纳税义务而作出的间接财政支出行为,其实质是一种财政支出。该优惠政策立足于社会经济的总体效率,以社会利益为根本出发点。即便某些特定的经济活动不利于个体或团体效率,但有利于社会总体效率,国家也会用税收优惠作为调节手段加以鼓励和提倡,这点实际与重整制度的法益保护理念是共通的。同时税收优惠应遵循比例原则,保持必要的克制,具体到重整程序中的债务豁免所得税收的处理问题上,提出解决方案应根据重整企业是否具有"合理的商业目的",形成特定情形的不征税、必要的递延纳税等应对方案。[1]

值得关注的是,有观点跳开单一理论的研究进路,借助交叉法学研究的方法,首先从税法和破产法两套规则的逻辑进路去理解和解释重整程序中的债务豁免所得税收的冲突及深层原因,并对法际交集中的冲突协调的核心要素进行分析,即对重整程序中的债务豁免所得税收问题协调核心问题、协调策略、协调的可能成本与法律后果等要素作出分析,最终提出目前特定年限内的递延纳税规则并不是一项稳定的法际融合成果,而应相应调减重整企业的纳税属性。同时,为了避免实践中纳税人利用重整期间递延纳税的福利寻求可能的税收利益,以达税收规避之目的,破产法规范上应强化税务机关参与权,弱化其非合意诉求者角色。[2]

(二)实务中对债务豁免所得税的应对

在税法规范层面未就重整程序中债务豁免的所得税问题作出明确规定之前,重整实务中则通过调整重整模式或在重整计划中运用非直接确定损失的清偿方式来予以规避债务豁免所得税收问题,具体如下:

1. 存续型重整模式中的解决方案

(1)对于采取存续型重整模式的重整,通常借助税法规则中可弥补亏损的方案。该方案上文已经分析,其前提在于重整企业必须有可弥补的亏损,且该亏损尚在可弥补期间内。实务中对于财务规范的企业来说较容易达成此方案,但多数破产企业因财务的不规范等原因,该路径较难实现。特别说明的是,税法规范所规定

---

〔1〕 刘继虎:《税收优惠条款的解释原则——以我国〈企业所得税法〉相关条款的解释为例》,载《政法论坛》2008 年第 5 期;乔博娟:《企业破产重整税收优惠政策研析》,载《税务研究》2014 年第 3 期;王霞:《税收优惠法律制度研究:以法律的规范性及正当性为视角》,法律出版社 2012 年版,第 12 – 13 页。

〔2〕 王池:《法际交集中的重整企业所得税:理论协调与制度重构》,载《法学评论》2020 年第 6 期。

的特殊性税务处理也是为了解决存续型重整模式中所得税的问题,甚至可以认为是该方案法际融合的过程,但特殊性税务处理并不免除所得税缴纳义务,相反,特殊性税务处理是基于承认该债务豁免的纳税属性基础上,对符合特定条件的企业纳税义务进行了时间上的延后,即该等企业可享受五年所得递延确认的待遇。这一特殊性税务处理在实务中也遭受质疑,一是适用的条件过高,二是适用的结果与破产法的目的可能相冲突。[1]

(2)另一种解决路径则是在重整计划中运用非直接体现损失的方式,如通过债转股或全部债务留债清偿的方式规避所得税问题,实践中也有不少重整案件采取该等方式。从已有的重整案件可以看出,全部债务留债清偿或债转股方式对重整企业、债权人的要求一般较高,特别是在债权人并不希望成为股东或者重整企业清偿率较低的情形下,该种方式难以适用。

2. 非存续型重整模式的运用

(1)运用分离式重整模式规避所得税问题。因债务豁免的所得税问题主要是因为破产企业负债无法全额清偿产生,难以避免,此时投资人重新考虑之后不再需要这个企业,并将债务人企业的核心资产转让给重整投资人,就可以不用再担心所得税的问题。

这一方式虽然解决了重整投资中的企业所得税的问题,但同时也会面临以下两个方面的难题:一是对于重整企业的价值主要体现为那些无法转让且属于企业核心的资产,分离式重整难以完成。例如,特定行业内企业重整案件中,附着在债务人上的资质等资产,难以通过资产转让方式完成,以及债务人企业原有的无形资产等。二是如果直接将整体核心资产转让给投资人,无形中会加大资产处置中的税收成本,其实与一般清算程序并无差异。实践中通过将核心资产以注册资本的方式设立子公司,再以股权转让的方式将投资人所希望获得的核心资产转让给投

〔1〕 根据《关于企业重组业务企业所得税处理若干问题的通知》(财税〔2009〕59号)第5条、第6条规定,特殊性税务处理需要满足的条件较为严苛,包括:(1)具有合理的商业目的,且不以减少、免除或者推迟缴纳税款为主要目的;(2)被收购、合并或分立部分的资产或股权比例符合本通知规定的比例;(3)企业重组后的连续12个月内不改变重组资产原来的实质性经营活动;(4)重组交易对价中涉及股权支付金额符合本通知规定比例;(5)企业重组中取得股权支付的原主要股东,在重组后连续12个月内,不得转让所取得的股权。同时,要求企业债务重组确认的应纳税所得额占该企业当年应纳税所得额50%以上。参见叶熙昊:《破产重整企业债务豁免所得税规则的检视及其优化》,载《湖南税务高等专科学校学报》2020年第1期。

资人。但也需看到的是,这种方式将所得税问题遗留在原公司名下,税务机关会对上述资产的处置的商业正当性产生怀疑,认为该种资产的处置操作不符合特殊性的税务处理,从而对资产的处置进行依法征收相应税款。

(2)运用反向分离式重整模式来解决所得税问题。反向分离式重整是指将破产企业的债务、非核心资产剥离到壳公司内部,保留重整资产在原公司,这一模式中将债务转移到壳公司名下,最终债务豁免发生在壳公司,而一旦壳公司后续进行清算处理,债务豁免所得税也就难以追索。

同样这种重整模式至少面临两大问题:一是重整程序中债务转让的合法性问题,根据民法的一般规定,合同契约义务的转让必须获得对应权利人的同意,《企业破产法》规定的多数决并不能对债务转让进行表决,[1] 即该多数决并不能直接适用每一笔债权转让,如单个债权人不同意变更债务人主体,则这种债务剥离无法操作;二是即便债务、非核心资产顺利剥离到壳公司,税务机关也难以认可原企业的所得税事项转让到壳公司,因为该资产剥离和债务剥离的商业正当性缺乏基础,甚至有学者指出,该等壳公司实际是为"死亡"而设立或存续。[2]

三、重整程序中债务豁免的纳税属性考察与利益分析

(一)纳税属性的考察:问题解决的逻辑起点

1. 税法层面的考察

税收的本质属性在不同法律逻辑下呈现一定差异性。从行政法的角度来看,税收作为一种公共政策,系国家基于特定的经济目标实现、宏观管理需要,基于其公共权力对于人民财产和收益实施的强制征收。[3] 从民法逻辑来理解,税收是一种财产权的让渡,是纳税人为其私人权益获得国家的安全保障服务以及国家向其提供私人财富创造必备的基础公共工程等外部环境所支付的对价。前文提及的税收之债学说,则是对税法研究范式进行的改造,是对税收问题的民法逻辑思考。[4]

---

[1] 王萍、曹滢钰:《破产和解语境中债转股的规范和实践——以庆盛控股等7公司破产清算转和解案为样本的考察》,载《法律适用》2019年第20期。

[2] 徐战成:《破产重整中债务重组的企业所得税处理规则》,载微信公众号"天同诉讼圈"2019年6月6日,https://mp.weixin.qq.com/s/HxMt84e0tfRwBU2ichTamw。

[3] 赵立新:《税收本质的法律阐释》,载《江汉大学学报(人文科学版)》2005年第1期。

[4] 王冬:《税收法律关系性质之再研究——以对"债务关系说"的反思为进路》,载《财政监督》2013年第19期;赵立新:《税收本质的法律阐释》,载《江汉大学学报(人文科学版)》2005年第1期。

另外,税法上的规则与原则,也大量借用民法范畴,例如,作为纳税环节的各种法律行为有效性的认定、作为税基的所得和财产的识别等,都存在对民法借用的要素与成分。税收并非一项无故的财产征收或财产让渡,其产生需满足特定的税收构成要件,即征税权主体基于税法规范对纳税主体与税收客体的特定要求,对交易行为作出税法上的评价与处理,即纳税属性的判断。纳税属性作为判断交易行为是否应税、应税类别的基础,重要性不言而喻。

根据税法的相关规定,债务豁免意味着债务人企业无须支付应付债务,分解该交易行为,包括债权人的债务豁免行为与债务人取得无须支付债务的收益,受益的一方对应的债务豁免行为与直接获得收入相当,应作为收入认定,这也与税法对于收入的认定保持一致。同时,重整程序中的债务豁免不能归入税法层面的不征税收入、免税收入。

从债权人角度可对债务豁免的纳税属性[1]进行理解,破产程序中债权人如无法全额受偿,未获得清偿的部分,债权人也可申请损失,进而减免的部分不计入收入,最终对应的所得税无须缴纳。从税法的角度来看,该笔税收的损失应有所对应,也就是与重整企业收入对应,债权人损失无须缴纳相应税费,从市场交易的角度来看,该交易行为已经完成,此时作为原本收入的一方债权人因存在损失而被免除了相应的纳税义务,而该损失对应的受益部分由重整企业获得,相应该部分被免除的纳税义务应转移至重整企业身上。从企业存续的角度来看,虽然企业进行了重整,但是外观视角企业仍然存续,纳税义务主体并未发生变更,而重整企业作为受益的一方,其收入应进行纳税并无障碍。

上述是基于正常企业视角对债务豁免行为的纳税属性的考察,如企业进入破产程序,上述考察的逻辑则面临如下两个方面的问题需要解决:一是重整程序中的债务豁免是否应认定为真实“收入”或与一般情形的债务豁免是否存在本质差异?二是重整程序中的债务豁免最终的受益方与正常企业是否一致?如果重整程序中的债务豁免不认定为真实的“收入”或者认定为收入但是受益方与正常企业存在不一致性,那么税法基于正常企业视角对债务豁免属性认定就无法直接推至重整企

---

〔1〕 Tax Attribute,又称为纳税属性,亦称为计税属性。计税基础是所得税中最常见的纳税属性,计税基础是与资产相联系的纳税属性。股息分配限额、为弥补亏损是与企业或法人相联系的纳税属性。See Howell – Smith,L. , *Just in Time for the Economic Downturn – Proposed Regulations on S Corporation Reduction of Tax Attributes Under Code Sec* 108(*b*),Journal of Pass through Entities,2008,p. 45 – 50.

业上，税法则需对该债务豁免作出重新判断和评价。

2. 破产法层面的考察

作为《企业破产法》规定的债务豁免，因《企业破产法》第 94 条并未规定该债务免除在其他法律层面的效果，也并不能直接得出该债务免除同样意味着税法上所得税纳税义务的免除。但从重整制度实质分析角度可以对重整程序中的债务豁免实质有更全面的理解：

一是重整程序中的债务豁免并没有让重整后的企业获得实际收入，虽然重整企业名义上存续，但是其内部结构（治理、利益分配等）已经发生变化。以企业的最终受益主体为例，进入破产程序后，企业的剩余控制权实际从原公司股东变为债权人，从这一角度可以认为重整后的企业并没有让作为重整企业的原受益主体（股东）获得相应收入，对于是否债权人受益的问题，从权利义务的履行来看，债权人看似获得了收益，但是这种收益却为迫不得已之选择。从整体来看，作为受益的主体一方，债权人实际仍承担了相应的损失，即重整计划中被豁免的负债构成债权人的损失。

二是从重整的制度价值和逻辑来看，《企业破产法》所希望达到的是，重整后的企业可以轻装上阵，而非背负另外一种形式的负债。对于重整企业来说，重整企业所有的负债都应在重整计划中作出安排，显然这一负债并不能归入到破产债权中，同样也无法归入到破产费用和共益债务中。从《企业破产法》的规定来看，该等税收所得也不能作为重整后企业的新生负债，否则也将与《企业破产法》的宗旨与规定本身相违背。

三是从不同破产程序的比较来看，《企业破产法》规定了清算、重整与和解三种程序，清算程序中如果债务人完成资产变价处置，即便存在债务豁免，最终企业也因无可供清偿债务的资产，而无须支付该等税费。那么对应的和解、重整程序是否应为同样对待？如果不能被同等对待，并认为债务豁免所得只是限定在重整或和解程序中，那么重整并无清算制度的优势，至少在债权人保护层面，重整程序让债权人承担了更多。且税收清偿优先于债权人的债权清偿，无形中创设了税收的“超级优先权”[1]，于法无据。而规范层面如无法进行公平对待，则会产生清算与重整规则的运行成本差异明显，拯救企业的“重整”工具易由此被束之高阁。

---

〔1〕 罗敏：《破产程序新生税费之性质省思及税务处理调适》，载《财会月刊》2021 年第 6 期。

回归到上述税法层面对于重整程序中债务豁免的纳税属性分析问题上,按照正常企业的纳税属性认定逻辑并不能解释上述提出的两个问题,而需要在破产语境中对债务豁免的纳税属性作出重新判断和评价,即考虑调减重整程序中的债务豁免的纳税属性,已有学者提出的破产"课税特区"理论实质是对重整程序中债务豁免纳税属性作出了重新思考。[1] 域外方面对于重整程序中的债务豁免处理也值得借鉴,《美国国内税收法典》第 108 节则为破产程序设置了例外规则,[2] 该法规定债务豁免是因为法院的批准或法院批准的计划实施内容的,那么债务人无须将该等豁免额计入当年度的纳税总收入中。同时,该法对于债务人存在的损失等也进行相应的调减,通过纳税属性的调整,免除了债务人因债务豁免产生的所得税。

(二)利益的分析:问题协调的权益冲突所在

在重整程序中债务豁免所得的纳税属性分析基础上,不难发现重整程序中债务豁免所得问题的核心在于"由谁最终承担债务豁免所得税收"。将重整程序中债务豁免所得不作为"收入"认定,也就意味着该所得的成本应由税务机关或者国家财政来负担,故整个程序中实际可能承担的主体包括:税务机关或国家财政、非税收债权人、投资人。故需从承担的义务以及承担的后果进行逐一分析。

1. 由税务机关或国家财政承担的分析

重整程序中债务豁免所得并非税收债权,如破产企业并不存在欠税情形,税务机关可能都无法参与到重整程序之中,更不存在作为权利人在程序中与其他权利人进行讨价还价。一项债务的承担需要基于承担主体可以就债务承担作出相应判断或具备讨价还价的能力,例如重整程序中的债权人之间,通过参与到重整程序中进行讨价还价,最终与其他权利人达成权益的均衡。再者,虽然债务的承担直接主体为税务机关,但税收其实作为一项财政收入,最终的受益主体实际是国家财政,在法律未就该债务作出明确的免除规定情形下,让税务机关主动去承担这一债务难以实现。正如上文所述,从《企业破产法》的规定虽无法直接推出该等税收成本应由税务机关或国家财政承担的结论,但因为《企业破产法》关于重整企业的债务安排是明确的,从重整的制度价值来看,重整投资行为本身也不应被强加额外的税

[1] 徐阳光:《破产程序中的税法问题研究》,载《中国法学》2018 年第 2 期。

[2] 《美国国内税收法典》第 108 节(d)(2)。

务负担。

从承担的后果来看,由税务机关或国家财政承担了该笔税收意味着税务机关或国家财政存在收入的损失,这必然会引起税务机关以及税法学者的关注。甚至有学者认为,如果直接规定由税务机关或国家财政承担了该笔税收成本,破产制度则会被部分市场主体所利用,对于国家的税收制度以及经济形成冲击。[1] 但也有学者指出,放水养鱼远好于竭泽而渔,从长远来看,当期的该笔税收损失可能会带来长期的税收收入,诚如多数的税收政策理论家们所认同的,税收政策具有服务组织财政收入和形成社会经济政策的双重目标,特殊的税收激励措施虽作为一项税收支出,但这一措施可以促成特定社会经济目标的达成。[2] 例如,更加激励自然资源的有效利用、环境保护等。退一步来说,如只关注税务机关或国家财政承担了债务豁免所产生的税收,应先反思如将重整的路径封闭,迫使企业进入清算程序,这是否就意味着税务机关或国家财政无须再承担该笔税收?显然对这一问题的回答将会产生矛盾局面。从经济学的角度来看,"囚徒困境"[3]可以较好地解释该问题,参与博弈的各方都非常清楚进行重整使重整企业获得再生是该困境的最优解决方案,但因为债务豁免所得税收问题的存在却将参与博弈的各主体从最优结果引导至非最优的结果中。

2. 由债权人承担的分析

债权人重整程序中的重要参与者,《企业破产法》更是将"债权人权益"保护置于核心地位,[4]例如,《企业破产法》第 1 条开宗明义地确定了"公平清理债权债务,保护债权人合法权益"作为该法的宗旨目的。在具体的条款设置上,也重点保护和保障债权人的权利实现,例如重大事项需获得债权人表决通过等。以重整程序为例,重整计划的表决通过受债权人所决定,如果最终让债权人放弃对重整资金的权益,债权人可能更倾向选择清算程序,而不是重整。虽然法院享有对重整计划

---

[1] 王池:《法际交集中的重整企业所得税:理论协调与制度重构》,载《法学评论》2020 年第 6 期。

[2] 王池:《法际交集中的重整企业所得税:理论协调与制度重构》,载《法学评论》2020 年第 6 期。

[3] 囚徒困境(Prisoner's Dilemma)是博弈论的非零和博弈中具代表性的例子,反映个人最佳选择并非团体最佳选择。具体到出资人权益调整中,博弈的双方为出资人和债权人,双方作为理性人,根据效用最大化原则可以推出合理的利益让渡是双方最优决策行动。而同时双方也可以依据"占优策略"原则推出均不让渡权益才是双方最优决策行动,最终陷入囚徒困境。参见刘小山、唐晓嘉:《基于囚徒困境博弈的理性、信息与合作分析》,载《西南大学学报(社会科学版)》2019 年第 1 期。

[4] 王池:《法际交集中的重整企业所得税:理论协调与制度重构》,载《法学评论》2020 年第 6 期。

的最终批准权力,但是法院进行强制批准有一定的条件限制,根据《企业破产法》第87条的规定,普通债权所获得的清偿比例,不低于其在重整计划草案被提请批准时依照破产清算程序所能获得的清偿比例。一旦债务豁免所得税收需要从重整资金中支出,按照一般企业的所得税的25%税率计算,该等用于支付所得税收的资金会侵蚀用于清偿普通债权的资金,甚至清偿所得税后无可用于普通债权清偿的资金。此外,从《企业破产法》的规定来看,债权人承担该税收的法理基础并不存在:首先,破产程序中的债务人财产(破产财产)应用于清偿破产费用、共益债务及债权人的债权,债务豁免产生的所得税不属于破产费用和共益债务,也不是破产企业的债权,故将原本应由债权人享有的权益分配支付给该等所得税,不符合破产法的规定及目的;其次,从债务豁免所得的产生机理也可以看出,债务都没有获得清偿并不能确定豁免所得,将形成靠后的负债提前到顺位在先债务前进行清偿,不符合法理,更无法操作。

重整程序中,债权人已是整个程序中的最大受害者,特别是普通债权人,而该等债权人之所以选择重整程序而非清算程序,也是“两害相权取其轻”,是债权人迫不得已而作出的选择,如此时再让债权人承担该等税收,并不合理。虽然债权人在重整程序中未能获得受偿的部分可以向税务机关申报损失,进而减免相应地所得税支出,但即便如此债权人也并未受到相应收益。举例说明:

情形一:债权人A对企业B享有债权100,企业B无其他收入、成本、可弥补亏损、扣除事项等影响所得税的其他内容。如企业B向A全额偿付了该等债权,那么A收入为100,扣除所得税25后,A最终收益为75。

情形二:债权人A对企业B享有债权100,企业B无其他收入、成本、可弥补亏损、扣除事项等影响所得税的其他内容。企业B进入重整程序,根据重整计划安排,A可以从重整企业B处获得债权受偿金额40,故债权豁免金额60。如A按照债权100进行缴纳税款,则A的实际收益为15,因为债权豁免金额作为A的损失,该部分的损失不应再计算所得,故A损失的60缴纳的所得税应减免,最终A的实际收益为30。

在情形二中,A损失的债权金额60看似获得了金额为30的收益,但其中减免的15可能最终不能构成A的实际收益,因为该减免产生的收益是因税负上的安排让A损失的60而计算得出的。实践过程中A后续如有交易行为发生,根据税法安排在该交易行为对应的企业所得税纳税年度，A 需要缴纳相应的税款，因为 A 在重整程序中有该笔损失，税法又作出了可以将该笔损失进行申报，冲抵当年整体的收入以减少当年年度的所得税金额。如果 A 在损失产生的对应年度本身就不需要缴纳所得税，该笔损失只能到下一个年度使用，而不能将原本多缴纳的税款退回。故对于情形二中，A 的最终收益有可能是 30，也有可能为 15。在这种情况下，让债权人继续承担该笔税收成本，不仅会让重整变得微乎其微，也会加大债权人的损失，对于那些将全部资产都投入到重整企业的债权人来说，如此会让债权人陷入困境。

3. 由重整投资人承担的分析

从上文对重整投资人的分析可以看出，如要解决企业所得税问题的同时实现债权人的利益诉求，投资人所付出的成本将远高于重整企业的重整价值，此时，放弃投资或者等待重整企业进行清算处理成为投资人的最优选择。因为债务豁免所得并不是投资人的投资行为直接导致，故投资人不作为该笔税收的法定义务主体，但重整后的企业有可能被认定作为该笔税收的承担者，此时投资人可以用是否投资来决定其是否愿意承担该笔税收成本。

从合理性的角度来看，投资人投资债务人企业作为一项商业行为，该行为之所以被多数债权人所认可，是因为投资人投入的金额与对应获得重整范围内的资产及风险相当，即投资人的利益与债权人利益在作为商业行为的重整投资上实现了平衡。对于投资人来说，所豁免的债务并不构成重整后企业的收入，投资人也没有因该债务豁免而获得收入，相反，该等债务豁免正是重整投资的对价，否则投资行为难以成为可能。即便规范层面讲重整程序中的债务豁免所得规定由重整后的企业来承担，其实质就是规定由投资人来承担，只是投资人在出资的范围内承担责任，但这会让投资人投资重整企业获得收益的目的落空，一旦该承担的义务明确为重整后的企业，后续重整程序将变得举步维艰，重整制度的功能也将落空。

四、不同法律规范的协调：法际交集领域治理的逻辑

“领域法学”理论的提出有助于调和税法与破产法的理念分歧，且“领域法学”在解决法际交集中的冲突事项方面，问题研究和分析进路归纳为三个方面：一是确定中心问题及对应问题所在不同规范中的评价与处理；二是综合比较不同规范的价值取向和逻辑脉络，提炼不同规范研究的“养分”，并在比较中寻求协调的可能性

与可行性;三是不同部门法在冲突事项上可能的协调结果的价值分析与比较,且该协调结果所获得的理论支持,以实现协调结果的稳定性。[1] 结合上述"领域法学"的研究逻辑,针对法际交集中的冲突事项协调,协调需要考察如下三个方面内容:(1)确定法际交集的范畴、冲突内容及实质;(2)确定法际协调的方法与策略;(3)分析法际冲突的后果,法际协调的成本、收益,以及成本与收益优化的方式。[2]

(一)法际交集的焦点与冲突:内容与形式

不同法律规范因目的及逻辑进路不完全一致,导致处于不同法律规范交集间的事项会发生冲突。以破产法和税法为例,破产法通过将败局成本外化给非交易关系的投资人或属于劣后地位的债权人甚至一些特定的外部人,由此寻求债务人的更生或盘活债务人营业资产的机会,以实现债权人利益最大化。故破产法遵循的是一种外部见诸内部的逻辑进路,债务人败局控制的公共政策行为借助于债权人的讨价还价私行为。企业所得税法则相反,企业所得税的逻辑出发点是关涉纳税人的基础民商事行为及其定性,由此判断纳税人是否具有足够的营业利润,再进一步展开政府与企业之间的互动,即政府加诸纳税人从其营业利润中缴纳足够所得税款的公共义务。故企业所得税法是沿着商主体行为引致公共行为的轨迹展开,是一种内部见诸外部的逻辑进路。[3]

从两部规范的逻辑来看,重整程序中债务豁免所得问题的冲突在于以下两点内容:

1. 认定为应税行为还是特别行为予以处理?

上述从税法以及破产法对债务豁免所得的纳税属性予以分析可以看出,债务豁免的纳税属性在重整程序中应进行调减,具体理由在上文基于破产法的角度对债务豁免纳税属性分析部分已经说明,但这种纳税属性的调减是绝对还是相对,即是否存在例外的情形则是需要慎重考虑的问题。法际交集中冲突事项的处理也存在两种不同的策略和方法,具体可见后文法际协调的方法与策略部分内容的分析。

2. 债务豁免发生中各权益方的角色内容应是什么,是否存在讨价还价[4]的可

---

[1] 刘剑文:《论领域法学:一种立足新兴交叉领域的法学研究范式》,载《政法论丛》2016 年第 5 期。

[2] 佘倩影:《"领域法学":法理视野与话语共建》,载《法学论坛》2018 年第 4 期。

[3] 王池:《法际交集中的重整企业所得税:理论协调与制度重构》,载《法学评论》2020 年第 6 期。

[4] "债权人讨价还价"理论是从商业法律背景下发展出来的一种破产分析方法。See Jackson, *Bankruptcy, Non - Bankruptcy Entitlements, and The Creditors Bargain*, The Yale Law Journal, 1982, p. 857.

能空间?

从应然层面来看,如破产法或税法的规范层面对债务豁免所得的行为作出绝对的认定,所讨论的讨价还价空间则不存在;如规范层面不作认定或作出相对的认定,相应地讨价还价空间则存在。当前处于规范层面对于债务豁免未作出认定状态,但实践中这种空间却严重压缩,具体表现为重整程序中,债权人的参与一般有破产程序的保障,但是税务机关、投资人难以参与其中,特别是当重整企业不存在欠税时,税务机关难以和债权人形成有效的"讨价还价",投资人更是无法参与重整程序中进行"讨价还价"。[1]

(二)法际协调的方法与策略:绝对与相对

两套规范适用中发生冲突的解决策略和方法,包括两种:一是绝对适用,即通过适用其中一套规范,同时解释该适用法律规范目的而不再适用另外一套法律规定。以税务申报为例,则是采取了适用破产法的规范,即重整企业不再是按照税法上的规定向税务机关申报,而是由税务机关根据《企业破产法》的规定向管理人申报债权。二是相对适用,即在两套法律规范中寻求平衡点,如确定一般原则,再根据不同规范设置相对应的例外规则。相对适用因考虑到极端或者特殊情形下规则的适用,此作为法际协调的常用策略和方法。[2]

(三)法际协调的效果:结果正当性和经济效益

采用不适用其中一套规范的操作,可明确重整程序中债务豁免所得税收问题的解决,但所引发的法律后果有所差异:

一是明确重整程序中债务豁免为应税行为,那该等所得税则从重整投资人提供的重整资金中支出或由重整投资人额外承担。如果投资人的投资金额是固定的,且投资人作出投资时提出投入的重整资金必须先解决债务豁免所得税问题,此时,债务豁免所得税收从重整资金中予以支付,实际承担的主体为债权人;如重整投资人在重整投资时并无上述条件要求,或者即便重整的债务豁免所得税收能够按照特殊性税务处理享有递延待遇,此时,是让重整后的企业来承担,实际最终的承担方为重整投资人。关于由债权人和投资人承担的分析本文在利益的分析部分已经作出阐述,本部分不再赘述,但需补充的是,无论是投资人还是债权人承担,最

---

〔1〕 范志勇:《论企业破产与税收征管程序的调适》,载《河北法学》2018年第9期。

〔2〕 徐阳光:《破产程序中的税法问题研究》,载《中国法学》2018年第2期。

终都无法在该两类主体间达到平衡。

二是明确重整程序中债务豁免不为收入的,不认定为应税行为的,此时,公共财政则成为最终的承担者。这对于重整的功能实现有益,但这种税收免除的正当性是否充分则需要进行论证。同时,该认定是否会被利用而成为逃税的路径?关于正当性的问题在税收政策的理论界争议较久,这是由税收政策多重目的之间的紧张关系所致,即公平保障财政收入与实现社会其他经济目标之间的紧张关系所决定。[1] 上述第二个问题实际关于税收免除正当性的具体标准问题,即是否存在税收免除的例外。基于对债务豁免的纳税属性分析不难看出,较之正常企业的债务豁免的差异,重整程序中债务豁免因受益方发生了实质变化,该等豁免的纳税属性才作出的调减,但若重整程序中受益方未发生变化,例如,重整企业最终通过自救或者让渡部分股权引入投资人的方式完成重整,重整后企业股东仍为原来的股东,此时债务豁免所得则应作出区别调整。区别调整可通过最终债务豁免受益的分配计算确定,即计算债务豁免所得在不同主体上的受益比例,以此确定债务豁免所得税收在原应承担该等税收义务主体上的分配。举例来说:

C是重整企业D的100%股东,E是重整企业B的债权人,其对B享有债权100,重整企业B价值为40。企业B通过自救方式新增投入40完成对企业的重整。根据重整计划安排,C继续作为重整企业D的100%股东,E可以从重整企业B处获得债权受偿金额50,故债权豁免金额50。此时对于债权豁免产生的50,如按照上述区分的原则,应先计算收益的比例,债权人受益比例=50/80,出资人受益比例=30/80,那该等出资人最终豁免金额=50×30/80=18.75,该等豁免所得应可在该等出资人的后续经营中予以征收。

五、基于法际交集领域治理逻辑之上的规则解释与优化

重整程序中债务豁免的税收问题作为法际交集领域内冲突事项,其处理需回归到适用发生冲突的不同法律规范中,在对规范的目的、逻辑及适用效果进行综合分析比较后寻求法际协调的路径。

[1] 刘佐:《对税收支出问题的再探讨》,载《税务研究》2003年第3期。

(一)不认定为纳税收入的原则与例外规则

基于上述对税法和破产法两套规范适用的比较与分析之上,可以看出重整程序中的债务豁免与一般企业的债务豁免因发生机理、权益分配等方面都存在实质性的差异,加上当前税法规范并无针对重整程序中的债务豁免税务处理规则,而破产法较为明确的"债权人和债务人利益"保护目的及债权豁免的明确安排规则,故需要在税法规范层面明确重整程序中的债务豁免不应直接适用一般正常企业的债务豁免所得税收处理规则,而原则上将重整程序中的债务豁免不作为纳税收入予以认定,即调减《企业破产法》第94条所规定的债务豁免纳税属性。[1] 关于纳税属性的调减建议是在《企业所得税法》的规定中予以明确,参考在《企业所得税法》中明确破产程序中的债务豁免为法院的批准或法院批准的计划实施内容的,破产企业无须将该等豁免额计入当年度的纳税总收入中。同时,如果原来企业存用于冲抵所得的亏损,重整后的企业也不应再继续使用并冲抵所得。调减纳税属性可以减少司法实务中"象征性债转股"[2]的发生,对债权人的保护更为有利。

因无法排除部分企业借助破产程序规避税务抑或债务豁免所得的受益方未发生变化等情形,故有必要设置例外规则,即对于重整计划中出资人未作调整或者债务豁免的受益方未发生变化的,重整后的企业在原受益方就本次债务豁免受益范围内继续承担相应的所得税纳税义务,如重整后企业符合特殊性税务处理,可允许进行递延处理。

(二)权益方参与程序的完善与保障

因法际协调采用的是相对适用的策略和方法,故需要为参与的各权益方提供"讨价还价"的博弈规则,因《企业破产法》为债权人参与程序提供了组织、程序上的保障,[3]故参与程序主要是为税务机关、投资人在重整程序中债务豁免所得事项是应适用"不作为纳税收入"的原则还是例外规则提供保障。

一是税务机关如作为重整程序中的债权人身份参与,那么税务机关在关注税款债权及普通债权的审查确认与债权清偿是否符合《企业破产法》的规定外,还需

[1] 徐阳光:《破产程序中的税法问题研究》,载《中国法学》2018年第2期。

[2] 如果无法适用特殊性税务处理,债务豁免所得则无处递延,债务人通过债转股特殊性税务待遇所获取的税收利益,要大于债务豁免,这会引导重整计划往债转股的方向走,即现金清偿后剩余的债权不是予以确认豁免,而是以象征性(比如持有极小比例的股权)转股的形式进行处理。

[3] 范志勇:《论企业破产与税收征管程序的调适》,载《河北法学》2018年第9期;王池:《法际交集中的重整企业所得税:理论协调与制度重构》,载《法学评论》2020年第6期。

要对重整计划中重整投资的方式予以关注,如符合上述例外规则,税务机关可通过税务辅导的方式介入,对重整后的企业税务予以指导。如税务机关不作为重整企业的债权人,税务机关在管理人主动联系或者通过府院联动机制的方式介入进行税务辅导。此外,应设定一定期限的观察期,税务机关对于适用“不作为纳税收入”原则情形的,如在观察期内发现实际出资人为原出资人或关联方,则可以启动适用例外规则的审查。该等期限应适中,结合重整计划执行期间予以确定,如以重整计划执行完毕之日起一年为观察期。针对特殊性税务处理的应用,基于法际融合而不是确认某部门法无效的策略下,税务机关可以预先裁定重整计划草案中的特殊税务事项是否符合商业正义的要求,是否具备合理的商业目的,在税务机关预先裁定的基础上,再由法院对重整计划草案进行裁判。[1]

二是如果企业重整是通过引入外部投资人的方式来完成,且外部投资人也并非原出资人的关联方,此种情形下应适用“不作为纳税收入”的原则,故投资人也无须就该事项进行“讨价还价”。但若是采用债务人自救或者债务人的原出资人和外部投资人共同投资等方式,则需要将适用例外规则完整告知投资人,并由债务人的原出资人和投资人进行相应税务筹划。

(三)激励和惩罚措施的综合运用

针对上述区分适用可能产生的道德风险,有效的激励、惩罚措施配套出台和实施则有助于该问题的解决,具体包括:

一是激励措施主要针对适用重整程序中债务豁免所得例外规则情形的重整企业,根据上述例外规则的内容,如重整后的企业出资人或实际控制人未发生变化,该等债务豁免所得税收不应免除,如此规定可能会阻碍出资人或者相关方拯救破产企业的意愿,如果该等出资人是诚信主体的话,显然会与重整制度的目的相背离。如此可以对诚信且愿意通过自身的努力拯救重整企业的出资人出台奖励机制和措施,具体给予该等重整企业一定的所得税政策优惠,通过减免其相应的所得税收,鼓励出资人或关联方积极采取企业拯救措施。例如,对于愿意继续出资的方式来拯救企业的,可借助招商引资的税收减免政策予以鼓励。

二是惩罚措施主要是针对利用规则恶意逃税的情形,例如,出资人之所以选择进入重整程序,主要是想利用重整制度实际获得债务豁免所得收益的,如在设置的

---

[1] 王池:《法际交集中的重整企业所得税:理论协调与制度重构》,载《法学评论》2020 年第 6 期。

观察期内被税务机关检查发现或者经其他相关方提出异议后核查属实,应对恶意的相关主体追缴税收并实施相应罚款。[1]

六、余论

重整程序中债务豁免所得税收问题应遵循法际交集领域冲突事项处理的一般逻辑,即经过规范的比较与分析寻求协调的可能,并对协调策略与方法予以优化。综合来看,将重整程序中债务豁免原则上不作为年度收益,调减该行为的纳税属性,既符合商业正义的目的,也符合破产重整制度的功能要求。通过设置例外规则,并辅之不同权益方的参与程序的规则保障以及有效的奖惩措施,也会将上述原则内容可能产生的负相关后果降到低值,如此可同时达到税法和破产法的规范目的,也能解决两个规范就该问题所引发的由公至私与由私至公的逻辑进路的冲突。但需要看到的是,重整程序中债务豁免所得例外规则在适用的过程中会产生例外标准模糊问题,并引发实务中税务机关与法院、管理人在理解与操作上的差异,故如果按照该进路进行规则改造,那么后续进一步的规则完善则需结合司法实务中的操作难点问题,重点关注具体标准的确定。

---

〔1〕 叶熙昊:《破产重整企业债务豁免所得税规则的检视及其优化》,载《湖南税务高等专科学校学报》2020年第1期。

上市公司破产重整中债转股定价机制研究

夏　煦　何明珠*

一、前言

广义的债转股是指将债权转为股权，早在20世纪90年代末，我国企业债务重组中关于债转股的实践就已开始探索，最早见于商业银行联合资产管理公司就债务过重的国有企业实行了政策性债转股，后期随着市场化经济的发展，市场化债转股也开始运行。2007年，上市公司河北宝硕股份有限公司（股票代码600155）在破产重整中首次运用债转股方案化解债务危机，[1]随后十几年的上市公司破产重整实践中，债转股往往是通过资本公积转增股本或者原股东让渡股票的方式，将股票抵偿给债权人进行清偿，该方案作为一种常见且有效的手段被广泛使用。但截至目前，我国《企业破产法》、《公司法》、证券市场监管规则等相关法律法规中对破产重整中的债转股方案的特殊性规定极少，理论界也鲜有论述，由此导致实务中存在诸多争议。

笔者通过查阅和梳理我国自2007年《企业破产法》施行以来进行重整的上市公司的相关公开披露信息发现，截至2021年12月31日，可查询到92家上市公司被法院裁定批准了重整计划。其中1家未能查询到明确的清偿方案，其他91家明确披露清偿方案的公司中，55家重整计划涉及通过股票的方式清偿普通债权，占比为60.44%。而最近5年通过的上市公司重整计划中，涉及债转股清偿债权的占

---

* 夏煦，浙江京衡律师事务所律师，约翰斯·霍普金斯大学金融数学硕士；何明珠，浙江京衡律师事务所律师，中南财经政法大学法学学士。

〔1〕 张文鑫、崔征、杜勇波：《“宝硕股份”、“沧州化工”破产重整案评析》，载《证券法苑》2009年第1期。

比更是达到85.71%。[1] 显然,在目前的上市公司重整中,债转股方案发挥着重大和显著的作用,日益成为债权清偿的常态化手段。

进一步的研究发现,上市公司重整中,债转股方案能够成功运用,真正发挥破产重整功能,并且得到债务人、投资人、债权人等多方主体认可的核心,在于偿债股票定价机制及其配套措施是否合理和完善。偿债股票的定价机制,即债权人的债权和可分得的股票价值之间以何依据确定对应关系,并由此发展出债权人可以按照什么样的比例将债权转换为股权、债权人可以实际获偿多少股股票等一系列问题。而与定价机制相关的信息披露及配套措施,包括股票的限售期限设定、股东的业绩承诺等举措,能够为抵债股票的定价提供有力的支撑,因而不仅能够推动多方达成一致,更能为重整方案实操落地保驾护航。因此,本文着重就上市公司破产重整中,采取债转股方式所涉及的股票定价机制的发展历程、现状与问题进行研究和分析。

二、上市公司破产重整中债转股的常见定价方式及特征

根据目前国内外上市公司破产重整的理论发展和实践案例研究,目前债转股的常见股权定价方式主要有五种:

(一)市场价格法

市场价格法指采用股票在某一基准日的市场价格作为以股抵债的价格。基准日的选择并没有统一的标准,可以为股票停牌前最后20个交易日的加权平均值,如上海华源企业发展股份有限公司(股票代码600757)、深圳市深信泰丰(集团)股份有限公司(股票代码000034)、夏新电子股份有限公司(股票代码600057)等;或股票停牌前最后一个交易日的收盘价,如江苏华源建筑设计研究院股份有限公司(股票代码830786)、长航凤凰股份有限公司(股票代码000520)、深圳中华自行车(集团)股份有限公司(股票代码000017、200017)等;或重整正式开始之日的前一交易日收盘价,如柳州化工股份有限公司(股票代码600423);或债权人会议召开日前20个交易日公司股票交易均价,如大连天神娱乐股份有限公司(股票代码002354)。

此定价方式的优势在于简单明了,易于债权人理解和接受。但是股票在重整

[1] 以上数据来自笔者对巨潮资讯网上上市公司披露数据的分析和统计。

期间的市场价格,并不能代表其真实的价值。一方面,如果资本公积转增后股票需要除权,则债权人持有的股票价值会发生折损;另一方面,停牌日的股票价格只能反映企业的现状,未必能真实反映重整成功后创造的新的商业价值。

(二)现金流贴现法

现金流贴现法主要是根据投资人未来的商业计划、经营方案,对企业未来一定期间(通常为3~8年)的业务发展作出合理的预测,并将未来期间的现金流按照特定的折现率进行贴现,从而得出未来现金流在当前时间节点的现值,即股票的内在价值。常用的现金流贴现模型有两种:股利贴现模型、自由现金流贴现模型。

1.股利贴现模型

股利贴现模型是一种最基本的股票内在价值评价模型,由威廉姆斯(Williams)和戈登(Gordon)于1938年提出,假设股东永远持有公司的股票,则逐年从公司获得的股利的贴现值即股票的内在价值。根据对未来股利支付的不同假设,股利贴现模型可以演变为零增长模型,不变增长模型,二段、三段、多段增长模型等。以经典的三段增长模型为例,此模型假设公司会经历三个发展阶段:高速增长的初始阶段、增长率下降的过渡阶段和低增长率的稳定阶段,其基本计算公式如下:

$$\text{每股股票的价值} = D_0 \sum_{t=1}^{T_a} \left(\frac{1+g_a}{1+r}\right)^t + \sum_{t=T_a+1}^{T_n} \left[\frac{D_{t-1}(1+g_t)}{(1+r)^t}\right] + \frac{D_{T_n}(1+g_n)}{(1+r)^{T_n}(r-g_n)}$$

其中,D_0为期初的每股股利水平,D_t为第t年的预期每股红利,g_a为高速增长阶段的红利增长率,T_a为高速增长阶段的持续时间,g_t为过渡阶段的红利增长率,$T_n - T_a$为过渡阶段的持续时间,g_n为稳定阶段的红利增长率,T_n之后为稳定增长期,r为股权要求收益率。通过调整以上这些参数,可以得到每股股票的内在价值。

股利贴现模型可以反映企业的生命循环周期的本质,但是股利贴现模型适用于公司发展阶段明晰、股利发放政策可预期的企业,而破产重整后的上市公司需要一段时间恢复健康的现金流,短期内难以发放股利,因此极少采用股利贴现模型。

2.自由现金流贴现模型

自由现金流贴现模型包括股权自由现金流贴现模型(Free Cash Flow to Eguity,FCFE)和企业自由现金流贴现模型(Free Cash Flow for the Firm,FCFF)。两种模型的原理都是通过预测股东未来可获得的现金流并折现以计算股权价值，区别在于 FCFF 衡量的是公司作为一个整体，通过运营能够产生的现金流，在此折现价值基础上要减去计息负债的价值（即归属于债权人的价值），才可得到股权的价值；而 FCFE 直接计算了股东在公司运营过程中能够获取的现金流，折现即为股权价值。

FCFE 的基本计算公式如下：

$$股权的价值 = \sum_{t=1}^{t=n} \frac{FCFE_t}{(1+r)^t}$$

其中，$FCFE_t$是第 t 年的股权自由现金流，计算公式为净利润 + 折旧 - 资本性支出 - 营运资本追加额 - 债务本金偿还 + 新发行债务，r 是股权投资者的要求收益率。

FCFF 的基本计算公式如下：

$$股权的价值 = \sum_{t=1}^{t=n} \frac{FCFF_t}{(1+WACC)^t}$$

其中，$FCFF_t$是第 t 年的企业自由现金流，计算公式为净利润 + 利息费用 ×（1 - 所得税税率）+ 折旧 - 资本性支出 - 营运资本追加额，$WACC$（Weighted Average Cost of Capital，WACC）是企业的资本加权平均成本。

无论是 FCFE 还是 FCFF，都需要估值者根据未来经营方案、融资结构，作出逻辑严密的盈利预测模型，才能合理估计公式中的各项参数。需要注意的是，现金流贴现法模型的计算结果对于公式中的分母，即贴现率（r 或者 $WACC$）非常敏感，但是贴现率的准确估计是非常困难的，这也是该类模型的主要局限性。

（三）乘数法

乘数法指挑选与标的公司同行业可比或可参照的上市公司，以可比同类公司的股价与财务数据为依据，计算出主要财务比率，然后用这些比率作为市场价格乘数来推断标的公司的价值。乘数法是目前市场应用最广泛的估值方法。最常见的估值乘数有市盈率（Price Earnings Ratio，PE）、市销率（Price to Sales Ratio，PS）、市净率（Price - to - Book Ratio，PB）等。市盈率、市净率适用于成熟行业，其中连续盈利的企业适用市盈率，亏损或者业绩波动较大的企业适用市净率。市销率通常用来评估一些高成长、尚未盈利或者盈利很少的优质轻资产企业。[1]

破产企业通常为亏损状态，即净利润为负数；营收严重萎缩，即不具有成长性；

---

〔1〕 冯文姝：《市场乘数法在创业企业估值中的应用研究——以途牛公司为例》，中国财政科学研究院 2018 年硕士学位论文，第 15 - 21 页。

资不抵债,即净资产为负数。这意味着,普通的乘数法对于破产企业不可单独适用,需要结合盈利预测使用。首先建立盈利预测模型,对企业的未来现金流作出预测,但并不折现,而是选取预测平稳期的财务指标,如净利润,其次采用乘数法进行估值。与现金流贴现模型相比,避免了对于折现率的复杂计算,并且对于上市公司而言,选取资产负债、业务模式相似的可比公司比较容易,可比数据通过公开信息查询即可获取。估值机构通过选取不同时期或者不同公司的估值乘数,可以对股权价值作出较为客观的区间估值。近期的案例中,贵人鸟股份有限公司(股票代码603555)、郴州市金贵银业股份有限公司(股票代码002716)均是由财务顾问中国银河证券股份有限公司出具了重整后财务咨询报告,对未来五年股价的合理区间作出估值,并选取区间下限作为股票抵偿债务的价格。中南红文化集团股份有限公司(股票代码002445)是由评估机构江苏华信资产评估有限公司出具了投后价值分析咨询报告,估值为3.2~3.82元/股,按略低于区间价格的3元/股折算受偿金额。吉林利源精制股份有限公司(股票代码002501)则是选取了略低于未来股价估值区间中位值的价格作为以股抵债价格。以上这些较为谨慎的处理方式,可以为债权人持有的股票提供升值空间。

(四)实物期权定价模型

现金流贴现法、乘数法的优势在于考虑了公司重整后的资债情况、盈利前景及其他影响生产运营的因素,与市场价格法相比,更加能够代表股票真正的价值。但是此类方法未考虑股票的流通价值,即上市公司的壳价值。壳价值,意味着公司上市后,可以获得更多的融资机会,可以通过二级市场获得超额收益,创造更多的经济效益,以及提升公司形象、行业地位及影响力。壳价值往往也是投资人重整上市公司的重要考虑因素。由于前述估值方法难以计量壳资源的价值,基于壳资源具有期权属性,[1]学术界提出了将金融工程领域的实物期权定价的原理引入到上市公司的股权估值领域中。

在借壳上市交易中,买壳方在完成买壳交易后,便拥有了未来是否利用壳资源进行重组上市的权利。当买壳方预期重组收益大于重组成本,则会选择重组上市,此行为模式可以看作是在执行一项看涨期权,因此可以使用期权定价模型进行估

〔1〕 徐成刚:《壳资源变相期权定价分析》,载《现代商贸工业》2020年第35期。

值。[1] 期权定价模型在并购重组、借壳上市的领域相关的论述与研究较多，但鲜有学者将其应用于破产重整。其实破产重整的交易模式与借壳上市有极大的相似之处，同样是投资人通过支付对价获取上市资格。

最为经典的期权定价模型是布莱克－斯克尔斯－默顿（Black－Scholes－Merton，B－S）期权定价模型，是由哈佛商学院教授罗伯特·默顿和斯坦福大学教授迈伦·斯克尔斯合作研究出的关于期权定价的复杂公式。它的诞生为包括股票、债券、货币等各种以市价价格变动定价的衍生金融工具的合理定价奠定了基础。其公式为：

$$C = SN(d_1) - E e^{-rT}N(d_2)$$

$$d_1 = \frac{\ln\left(\frac{S}{E}\right) + \left(r + \frac{1}{2}\sigma^2\right)T}{\sigma \sqrt{T - t}}$$

$$d_2 = d_1 - \sigma \sqrt{T}$$

针对破产重整这一特殊情境，只需要对公式中的参数进行修正即可。其中，C 为壳资源价值；S 为标的物资产价格，可将其修正为预计的重组收益的现值，即现金流贴现模型计算出的结果；E 为期权执行价格，可将其修正为重组成本，即投资人支付的重整对价；r 为无风险收益率，可采用国债收益率；σ 为收益率标准差，可采用标的公司所处行业的股价指数最近 2～3 年的平均年化标准差；T 为期权的到期时间，可修正为董事会公告日至中国证券监督管理委员会核准日的时间，N 为正态分布值。[2]

关于实物期权模型的理论探讨，20 世纪便已开始，且国外的研究成果大幅领先于国内。但是实际操作中，此模型过于复杂，对于评估机构的专业技能要求极高（需要具备财务、金融、数学、计算机等多方面的知识），因此实践案例极少。

（五）偿债率倒推法

偿债率倒推法严格意义上来说，并非一种科学的定价方法。很多采用债转股方式的上市公司并未在重整计划中披露或说明股票价格的定价依据，但此类案例中绝大部分的普通债权的清偿率都达到了 100%，由此可以推断，此类案件在确认

---

〔1〕 徐灏：《基于实物期权法的壳资源价值评估研究》，暨南大学 2020 年硕士学位论文，第 16 页。

〔2〕 王进江、高文忠、张维军：《上市公司破产重整中股票清偿价值的量化研究》，载《中国资产评估》2021 年第 5 期。

债权规模、股票转增数量后,通过人为设定清偿率,再倒算达到此清偿率所需要的抵债价格。此方式虽然表面上可以使普通债权人得到"完美"清偿,但抵债股票未来在市场上价格变动和抵债价格是否合理并无实质上的关联关系,极有可能导致普通债权人获得的股票价值失真,从而蒙受损失。

三、上市公司破产重整实务中债转股定价机制的选用情况及存在的问题

(一)定价机制的发展历程与现状

笔者通过查阅2007年至2021年涉及债转股的55家上市公司的重整计划,就其中抵债股票的定价依据,梳理相关信息如表1所示:

表1　2007~2021年我国涉及债转股的55家上市公司重整计划中以股抵债的定价依据情况

年份	债转股案件数	市场价格法案件数	第三方机构估值案件数	未披露案件数(有业绩承诺)	未披露案件数(无业绩承诺)
2007	1	0	0	1	0
2008	5	2	1	1	1
2009	3	2	0	1	0
2010	3	2	0	1	0
2011	2	1	0	1	0
2012	2	1	1	0	0
2013	1	1	0	0	0
2014	0	0	0	0	0
2015	0	0	0	0	0
2016	2	0	0	0	2
2017	2	0	0	1	1
2018	2	0	0	1	1
2019	4	0	0	2	2
2020	13	1	4	1	7
2021	15	0	2	3	10
总计	55	10	8	13	24

可以发现,我国早期上市公司重整实践中,大部分采用较为简单的市场价格法,并明确说明选取的市场价格标准,而自 2017 年至今,对于抵债股票定价机制的选择,多数上市公司选择了不明确披露。

在 2017～2021 年 36 家涉及债转股的上市公司重整案例中,仅有大连天神娱乐股份有限公司(股票代码 002354)在 2020 年重整时使用市场价格法确定抵债股票价格,但其以股抵债定价依据为"二债会召开日前 20 个交易日公司股票交易均价 ×2.20",系数 2.2 的决定依据亦未明确披露。另仅有 6 家载明参考聘请的第三方机构(评估机构或者券商)出具股权估值报告或者咨询报告来确定抵债股票价格,分别为郴州市金贵银业股份有限公司(股票代码 002716)、中南红文化集团股份有限公司(股票代码 002445)、贵人鸟股份有限公司(股票代码 603555)、华昌达智能装备集团股份有限公司(股票代码 300278)、深圳市索菱实业股份有限公司(股票代码 002766)、吉林利源精制股份有限公司(股票代码 002501)。其中吉林利源精制股份有限公司虽未明确第三方机构,但是在重整计划中披露了以股抵债的价格依据是运用乘数法估算得出的,故暂归此类。第三方机构往往采用盈利预测结合乘数法进行股价预测,此类案例虽然不多,但是集中在 2020 年、2021 年,是逐渐兴起的一种做法。

其余 29 家上市公司并未披露抵债股票定价依据,但大部分在重整计划中说明了普通债权的清偿率为 100%,据此推断大概率采取了偿债率倒推法的定价方式,且这种做法呈大幅增长态势。

(二)实务中定价机制的选用存在的问题

1. 股票定价机制的选择不合理甚至无依据

一方面,偿债股票的定价方式和理论模型具有多种多样、各有不同的特点和适用情形,但该部分理论涉及多领域、跨专业知识,对专业水平要求较高,且并非所有上市公司破产重整案件中都能配备该部分专业人员,市场上第三方估值机构的水平也良莠不齐。

另一方面,个案中股票定价机制的选择需要建立在具有商业可行性的经营方案上,而制定切实可行、经得起推敲的经营方案需要商业思维极强、市场经验极丰富的人才或团队才能胜任,还需要债务人、投资人、独立第三方估值机构高质量的配合和衔接。但根据目前披露的上市公司重整方案,大多数经营方案过于粗糙和抽象化。

就目前而言,基于股票定价过程的不透明性以及无统一的强制性定价规定,个案中选择的定价机制不一。更有甚者,部分案例为了追求高比例甚至是全额的名义清偿率,设定过高的以股抵债价格,使得抵债股票价格相较于现行市场价格在重整结束后甚至未来很长一段时间内相距甚远,导致债权名义清偿率和实际清偿效果之间差异较大,对债权人权益造成严重损害。

2. 信息披露制度不完善,对中小债权人知情权、决定权保障不力

从前文我国上市公司破产重整实务中债转股定价机制的选用情况分析可看出,我国大部分上市公司在表决和披露重整计划草案时,不会载明抵债股票价格的计算方式和计算依据。

实际上,2022年以前证券监管规则等法律法规并未对债转股定价的信息披露作出特殊要求,因此上市公司案例中对于定价依据的信息披露极少。一般情况下,上市公司重整程序中由评估或者咨询机构、投资人、管理人、债务人以及可能极少数主要债权人参与债转股价格的制定过程。如果基于专业、快速、保密等要求无法让全体债权人均参与价格的制定,这种理由是可以接受的,但在披露和表决重整计划草案时,债权人依然无法得知债转股定价依据、计算方式、实施效果等相关的全面而充分的信息,仅能通过重整计划草案中的经营方案段落,对重整企业未来的商业计划进行了解,从而对股票价值形成简单的个人判断。

与此同时,囿于破产重整中的表决规则,包含债转股方案的重整计划一旦经债权人会议表决通过或被法院强制批准,那么该债转股方案将适用于所有债权人。更有甚者,依据《企业破产法》第93条之规定,法院裁定企业破产重整失败后,之前所做的清偿依然有效。

由此导致中小债权人面临的困境是:对债转股的定价既无定价依据的知情权,也无重整方案的决定权,只能被动接受既定的清偿方案和结果。

3. 不重视相关配套措施的应用

必须要承认的是,无论是多么科学的定价方式,本质上都是一种预测,预测结论与现实结果必然会存在或多或少的差异。实践中,部分重整计划会通过设置股票锁定期、大股东进行业绩承诺等配套措施,一方面稳定市场信心,减少股票价格波动,另一方面通过业绩补偿等方式减少实际股价差异对债权人权益带来的损害。但配套措施的应用不具有广泛性,大部分重整计划仅着重于如何尽快帮助债务人摆脱负债,并不关注对债权人实际的清偿效果,更未考虑辅以保护债权人权益的其他举措。

四、上市公司破产重整中债转股合理定价机制的选择标准与完善建议

(一)结合个案情况研判定价机制的选择

实际上,不同的定价机制模型均有其优势和缺陷,并且随着实践的发展也在不断升级,这要求我们基于个案的具体要求选择合理的定价机制和配套措施,当然,这对相关人员的专业水平和实践经验都提出了极高的要求。

1. 明确定价机制选择的核心依据

早期以股抵债价格以市场价格居多,所以普通债权清偿率偏低,但近期普通债权以 100% 清偿率居多,所以相应地,以股抵债价格高企。根据财政部《关于印发修订〈企业会计准则第 12 号——债务重组〉的通知》、财政部《关于印发修订〈企业会计准则第 22 号——金融工具确认和计量〉的通知》的相关规定,债权人受让金融资产的,应以其公允价值计量,并将金融资产确认金额与债权终止确认日账面价值之间的差额计入当期损益。债务重组采用将债务转为权益工具方式进行的,债务人初始确认权益工具时应当按照权益工具的公允价值计量,权益工具的公允价值不能可靠计量的,应当按照所清偿债务的公允价值计量。所清偿债务账面价值与权益工具确认金额之间的差额,应当计入当期损益。[1]

因此,无论重整计划中对于清偿率如何描述,从财务和税务角度来看,债权人都应按照获得股票的市价入账(市价的基准日有一定选择区间),而债权金额超出股票公允价值的部分,应当作为损失处理。债权人的实际清偿率,更多地取决于持有的股票在二级市场上的未来投资表现。

从债权人的实际收益率看,只有当股价上涨到重整计划中规定的以股抵债价格,才能达到重整计划中所描述的债权清偿率,实现债权回收,而当股价超过以股抵债价格,才能另外获得收益。从近几年的案例来看,重整计划获批后股价超过以股抵债价格的案例可谓是凤毛麟角,且部分案例中,由于投资人的投资成本较低,导致股票被实施除权,除权后的股票价格被"腰斩",需要很长一段时间才能提振,这种情况下债权人的实际清偿率更是不容乐观。

综上,所谓选择合理的定价机制,就是选择出最能准确体现债权人实际清偿率的定价机制,即能准确预测公司股票未来价值的定价机制。

---

〔1〕《企业会计准则第 12 号——债务重组》和《企业会计准则 22 号——金融工具确认和计量》。

2. 重整计划中制定言之有物的经营方案

以经营方案对应的盈利预测模型来说,预测者需要通过对公司所处的宏观经济环境、行业结构与竞争生态,公司发展战略、产品优势与目标客户,团队管理水平等作出综合的分析与判断,结合公司历史财务数据、产量产能情况,对供应链管理、营销策略、融资计划、资本投入计划作出合理安排,制作翔实、具体的商业发展计划,并根据商业发展计划严谨搭建盈利预测模型,才可以估算出可靠的未来现金流量,从而得出合理的股票估值。

因此,一般情况下,只有制作出科学的商业计划书和盈利预测模型,才能进一步根据独立第三方的视角进行审阅,充分关注商业逻辑与计算逻辑的合理性,根据个案情况选取合适的估值方法,出具更加合理的估值报告,为股票定价提供参考依据。

3. 立足于各定价模型本身的优劣点,研判其与个案的适配度

本文第二部分介绍的五种定价机制中,市场价格法由于无法体现出企业未来的运营价值,已逐步被市场淘汰;偿债率倒推法不仅不符合体现股票真正未来价值的需求,更是对债权人的权益造成严重损害,虽然现行案例较多,但是并非合理的定价方法,随着监管趋严,笔者认为不具备未来普适性。

笔者认为较为公正、合理的是自由现金流贴现模型、乘数法及实物期权定价模型,以上三种方法均是以经营方案为基础衍生出的量化估值方法,理论上应当得出一致的估值结论,因此在选择时应重点考虑各模型对于个案的适用性、模型参数的可获取性以及估值结论的精确性。其中以乘数法的实操性最强、参数最容易获取,是当前第三方专业机构最常采用的估值方式,适用于绝大部分上市公司破产案例。如果破产企业由于自身的特殊原因,难以找到可比公司的,可以选用自由现金流贴现模型或者实物期权定价模型。其中实物期权定价模型仅适用于投资人通过支付重整对价获得上市公司控制权的案例,但估值精准度更高;自由现金流贴现模型适用于各种情景,但估值精确度稍差。

(二)贯彻信息披露制度的相关要求

正所谓“正是知情权诞生出话语权。将两者放在一起,可以统称为知识沟通交流的权利”。制定合理的股票定价方案的前提,信息披露工作应当作为必选项。

一方面,信息披露内容应当严格按照2022年3月上海证券交易所和深圳证券交易所分别发布的《上海证券交易所上市公司自律监管指引第13号——破产重整

等事项》《深圳证券交易所上市公司自律监管指引第 14 号——破产重整等事项》的相关规定。其中明确列明,上市公司或者管理人应当就重整计划草案中约定的经营方案单独履行信息披露义务,详细说明执行步骤和时间安排,分析论证方案制定依据,并对依据的充分性、方案的可行性以及是否有利于提高上市公司持续经营能力进行说明。上市公司重整计划执行完毕后,如生产经营情况与重整计划约定的经营方案存在重大差异,应当及时披露差异情况,说明是否符合重整计划的规定。[1] 新规虽然并未规定要对定价依据进行披露,但是对经营方案信披要求的提高,在一定程度上有助于保障债权人和中小股民的知情权,也有利于进一步敦促破产重整中的上市公司制定更合理的重整方案,促进企业恢复正常经营的同时,保护债权人和中小股民的利益,实现社会稳定。

另一方面,根据具体破产重整案件提高信息披露内容的含金量。除了依据监管新规必须就经营方案单独履行信息披露义务以外,经第三方机构同意,上市公司或者管理人可以考虑公开披露第三方专业机构出具的报告中的主要内容,包括选择的定价方式、使用的主要假设、估值过程、估值结论等。作为破产案件一线工作者,以期共同促进信息披露制度的大步发展。

(三)将相应的配套措施纳入考量因素

在进行定价方式的选择后,应当合理选择相应的配套措施,以保证经营方案的合理实施,进一步保障债权人的权益。具体配套措施包括但不限于以下方案:

1. 合理设置债权人股票锁定期

根据 2022 年 3 月上海证券交易所和深圳证券交易所分别发布的《上海证券交易所上市公司自律监管指引第 13 号——破产重整等事项》《深圳证券交易所上市公司自律监管指引第 14 号——破产重整等事项》的相关规定,重整投资人取得上市公司股份后成为控股股东、实际控制人的,应当承诺在取得股份之日起 36 个月内不转让或者委托他人管理其直接和间接持有的上市公司股份。上市公司控股股东、实际控制人未发生变更的,其控股股东、实际控制人应当承诺所持上市公司股份在重整计划执行完毕后的 36 个月内不转让或者委托他人管理其直接和间接持有的上市公司股份。如控股股东、实际控制人在重整时取得股份的,参照前款规定

[1] 《上海证券交易所上市公司自律监管指引第 13 号——破产重整等事项》(2022 年)、《深圳证券交易所上市公司自律监管指引第 14 号——破产重整等事项》(2022 年)。

执行。前述规定外的其他重整投资人应当承诺在取得股份之日起 12 个月内不转让或者委托他人管理其直接和间接持有的上市公司股份。[1] 可见,为避免投资人低价获得股票后短期套利,交易所对投资人的股票锁定期规定了明确限制,对于债权人的股票锁定期则不作要求。实务中,大部分案例未对债权人锁定期做要求,但是也有少量案例在重整计划中规定债权人在取得股份之日起 6 个月内不得转让。

笔者认为,对债权人所持股票设置锁定期是一把“双刃剑”。一方面,债权人高价取得股票后,有权利、有动机根据自身对股价的未来走势判断,在认为合适的时点出售股票以获取收益,尽可能降低损失;另一方面,如若债权人争相抛售股票,会导致股票供需失衡,股价出现大幅动荡。因此,在重整计划中应合理设置债权人锁定期。例如,在上市公司资本公积转增后总股本较少情况下可以不设置锁定期;在上市公司资本公积转增后总股本大幅增加的情况下设置 3 ~ 6 个月的锁定期,以维持股价的稳定性,实现债权人的有序退出,维护中小股东和全体债权人的权益。

2. 适当要求投资人/大股东进行业绩承诺

业绩承诺常见于首次公开发行股票(Initial Public offering,IPO)或重大资产重组,少见于破产重整中。在前文所述的未披露抵债股票定价依据的 29 家上市公司中,其中有 8 家上市公司的投资人或者大股东在重整计划中作出了业绩承诺,如果未来上市公司净利润未达标,则通过现金等方式予以补足。业绩承诺的方式,一方面展现了重整企业未来经营和发展的决心和信心,有助于提振士气,体现重整程序的挽救功能,另一方面,也在一定程度上为中小股民和债转股债权人的权益提供了保障。

在笔者看来,此方式对于上市公司破产重整有四大好处:一是作为投资人以低价受让股票行为的激励机制,一定程度上赋予投资人受让价格偏低的合理性,同时激励投资人以及其他公司经营者努力运营好上市公司;二是提振当下中小股民和债权人的信心,有利于股价的稳定和重整计划的通过;三是为债权人的退出提供了一定的保障,即使未来上市公司业绩不达标,也可通过现金补偿的方式增厚净资产;四是如果债权人以股抵债的定价依据为未来盈利预测,业绩承诺可为盈利预测的可靠性提供有力支撑。因此,对于主营业务前景良好、仅仅是由于历史遗留问题

---

[1] 《上海证券交易所上市公司自律监管指引第 13 号——破产重整等事项》(2022 年)、《深圳证券交易所上市公司自律监管指引第 14 号——破产重整等事项》(2022 年)。

或者流动性问题陷入困境的企业,可以适当要求采用此方式去凝聚各方力量,推进企业重整成功,从而更好地维护债权人权益。而对于主营业务落后、生产停滞较久的企业,如若投资人资金实力不够雄厚,或者不能快速注入优质资产,则需要用较长的时间恢复生产、回到正轨,此类企业不仅在确定抵债股票价格时应当根据实际情况,如进一步进行业绩承诺时也需要谨慎制定,避免开空头支票。

五、结语

综上所述,上市公司破产重整中债转股方式的运用是大势所趋。债转股方案的普遍运用,可以看到其在破产重整程序框架内作为重要的工具,如果运用得当,将极大的发挥《企业破产法》的功能和价值,达到经济效益和社会效益的统一。但从目前来看,上市公司破产重整中债转股的定价机制,无论是定价机制的选用和信息披露,还是相关配套措施对定价机制的补充和完善,尚有很大的探讨与完善空间。相信随着上市公司破产重整实务的不断丰富,未来会出现更多新兴现象,从而进一步反哺债转股定价机制在理论和实践中的发展,继而充分发挥资本市场资源配置、激励及风险缓释的作用,助力破产企业早日脱困,稳步恢复运营,更好地推动实体经济发展。

再议破产重整程序中的债权人权益保护

——以部分上市公司为样本

凌　军[*]

一、绪论

(一)研究背景

2020年是中国A股全面实施注册制的第一年,2019年也就成为监管层加强监管的重要年份,也理所当然地成为破产重整机制在上市公司发挥作用的重要年份。国内公司破产重整机制正式建立于2007年颁布的《企业破产法》,其制定有着里程碑作用,弥补了国内企业破产法律体系的缺口。同时作为国内主要的商事救助方式之一,破产重整机制的建立对于市场的长期稳定发展,也具有重要意义。但在这之前十多年来的企业破产过程中,在普通债权人对于申报企业破产情况较为积极的重大背景下,破产清算案例的总量仍然大大超过了能够达到较好赔偿数额的破产重整案例的总量。这也从一定意义上体现出国内的破产重整法律体系建设仍然面临困难,包括普通债权人的破产重整诉讼权利尚未完全落到实处,普通债权人的法律知情权有限,以及对大额普通债权人的权益保障还不够完善等。所以,加大对债权人权益的保障将成为国内破产重整法规体系理论建设与实践中的重点所在。

(二)研究意义

通过研究2010年1月1日至2019年12月31日人民法院受理破产重整申请且重整计划已经过人民法院批准的38个上市公司样本发现:多数样本在被裁定破

---

[*] 凌军,北京大成(杭州)律师事务所合伙人、管委会委员、破产重整与清算业务部主任,中国政法大学法学学士。

产重整前已经因为财务状况出现异常而被进行了“特殊处理”(Special Treatment, ST);破产重整的申请人多数为债权人,很少有债务人申请;而38份债务人重整计划草案中,破产管理人均对股东(投资人)的权益进行了重大调整,主要是采取无偿让渡和股本公积金转增股份的形式实施。尽管对普通投资人的权益实施了变更或者限制,但统计表明,重整计划草案对普通投资人权益的保护仍可高达60.29%,而相反的是,对大额普通债权人权益保护方面的清偿率则仅为30.50%。破产重整过程中对债权人权益的保障能否达到破产重整立法的本意,也需要反省。本文的意义在于:

1. 充实我国在这一领域的实证研究。为了对该项制度整体性的完善提供意见,必须全面的分析并掌握这项制度实施的总体状况。目前的主要研究成果还是理论化的对比研究或基于实际个案的案例分析,并没有对同类案件总体的分析深入研究。本文内容以上海市高级人民法院对上海各级人民法院所开庭审理的破产案例的重大统计分析结果为基准,经过对选择的38个上市公司样本的综合分析、比较,对于完善中国的破产重整机制的后续实证分析研究,具有一定的参考意义。

2. 对破产重整实践中的问题进行探究与挖掘。目前的《企业破产法》中对破产重整的要求还不够细化,并存在大量的立法移植痕迹。本文采用实证分析与经典个案分析的手段,探讨我国破产重整过程中存在的问题,尽量挖掘与我国市场经济相匹配破产法律的专门需求。

3. 为我国企业破产重整制度的完善提供分析基础。对破产重整体系的进一步完善提出法律意见,同时需要了解并相应改变所想要实现的要求以及所想要实现的目标。本文从破产重整程序的法制基础入手,利用大数据与个案分析发掘破产重整机制在实践中所面临的问题,并辅以对中国境外破产重整立法经验的参考研究,对国内有关破产重整机制的发展健全提供了相应的可行意见。

(三)文献综述

1. 破产重整理论方面

目前,国内学术界研究破产重整时大都将重点集中于各国重整制度的学习、破产重整环境下对不同利益主体合法权益的维护等。本文也尝试着延续学者早先的研究思路,在研究破产重整程序中的债权人权益保护方式时,对债转股的操作提出浅显的建议。

企业在实际运营和管理的过程中,如果有较高的负债,则会使得企业的运营难以正常展开。在债务清偿方式中,债转股未得到广泛的应用。近些年来,伴随着债转股偿债方案在企业破产重整计划中应用次数的逐渐增多,其才成为一种常用的债务清偿方法。但是,在实践中暴露的问题依旧非常多。学者丁燕在《破产重整企业实施债转股的六个关键》中主要分析的是债转股的方案的转股类型设计、转股的定价等系列问题,在为债权人赋予选择权的同等条件下,破产重整程序中债转股方案的重整计划草案适用其一般表决的规则。王欣新教授提出,在破产重整计划中,企业借助债转股这一方式可能会出现的情况是:相比之前的债权来看,会有债务清偿后移与权利顺位,这样就无法切实的维护债权人的合法权益。所以,对于每一个债权人需要单独赋予其表决权,这就意味着只有当全部的债权人都许可的状况下债转股才可实施。韩长印老师认为,从商业银行的视角来看,在债转股推进的时候,无须所有的债权人都认可债转股方案,建议在确定债转股方案是否能够实施的时候要充分结合对破产重整计划多数表决的方式。

从以上来看,国内学者对于破产重整制度已经进行了深入的研究。实际上,早先国内学者在研究破产重整问题时,还主要集中在债转股的分析上,主要结合市场化的债转股背景,且在对破产重整制度进行探讨时将核心的内容集中于参考其他国家重整制度、保障不同主体的利益等方面。

2. 破产重整程序实务方面

破产重整的程序方面,我们重点对域外一些表决规则的进行比较研究,试图找到契合我国国情的破产重整程序规则。

在具体的破产重整进程里,日本进行表决的规则较为烦琐。关于重整程序中有关的利害关系人,日本更生法中对其有着不同的类别划分,与此同时,法院在分组的时候也会结合职权相应状况进行处理。日本依照表决属性的差异所拟制的表决准则亦存在相应差异。在美国破产法中,表决重整计划草案仅需获得约70%的出资人准许就能够运作。英国在表决准则方面限制更少,如此就可以进一步提升表决成效,促进重整方案的相应表决。

美国的债转股,结合《美国破产法》中的有关规定来运作,算是公司开展破产重整流程里的择取之一。在此债转股进程里能够给债权方提供较大的自主择取权利,整体借助市场化的模式开展相应的处理。美国公司在启动破产重整程序以后,首先会对债权人进行细分,然后以小组的形式来表决,但是,该项计划在牵扯到债转股时,虽然法律法规尚未明确提出必须经由所有债权人许可才可审核通过重整计划草案,但是,在实践中债转股方案的执行都需经过债权人允许。

通过以上研究了解到,美国是破产重整的程序中债转股工作的代表性国家,该国实施的债转股的模式具有一定的参考价值;从实施的市场化的债转股的情况来看,我国跟韩国商业银行的运作特点基本类似。综上,我国相关方面要结合自身实际情况合理参考域外经验,使我国的债转股内涵变得更加的丰富。

3. 关于破产重整规范制度方面

就国内对破产重整制度的分析来看,重点是从破产案件的审理视角展开,之后给出合理的应对策略。对于破产企业的研究,王欣新、徐阳光在分析时从主体范围界定等方面着手,最后,谈论了破产企业的制度创建,具体包括税收制度建设、金融制度建设等。

张艳丽提出,现实中需借助破产重整制度来处置企业的破产重整工作;为了使重整程序得以顺利的展开,需将不同的破产重整方式确立起来,在重整工作开展的过程中法院需要做的是挑选重整人、披露重整信息等。

站在商业银行权利维护这一视角来看,李冀等人认为,对于商业银行的债权而言,实施破产重整程序对其具有良好的保护作用,与此同时,还可使银行资产风险得以有效的控制,最终有助于推动良好金融秩序的建立。

二、我国破产重整实践阶段法律分析

(一)破产重整申请阶段

1. 破产重整的申请主体

根据《企业破产法》第 70 条的规定,我国《企业破产法》将针对公司破产重整的申请权赋予了债权人、债务人以及出资额占债务人注册资本 1/10 以上的出资人。经统计,在本文研究的 38 个上市公司样本中,16 家上市公司在主板交易,21 家上市公司在中小板交易,1 家上市公司在创业板交易(数据来源:上海证券交易所、深圳证券交易所、巨潮资讯网)。样本中的大型公司与中小型公司的分布比例总体均衡。而申请公司进入破产重整程序的申请中,共有 37 家上市公司经其债权人向人民法院申请而进入破产重整程序,仅创智科技一家由债务人自己申请而进入破产重整程序。此外,2010 年到 2019 年,尚未出现以出资人作为申请人的上市公司破产重整案例。

金融机构是上市公司重要的资金提供者,通常是上市公司的大额债权人。值得注意的是,在38家上市公司中,申请锦化氯碱、辽源得亨等6家上市公司进入破产重整程序的申请人均为金融机构债权人,且均为银行债权人,约占样本总数的16%。

这些数据表明,债权人对于申请存在破产原因的债务人进行破产重整的积极性通常比其他破产重整申请权人更高(见表1)。

表1　样本公司破产重整申请主体

序号	上市公司	交易板块	申请人	申请人类型
1	锦化氯碱	中小板	葫芦岛银行股份有限公司	债权人
2	辽源得亨	主板	吉林银行股份有限公司	债权人
3	盛润股份	中小板	深圳市兴雅居装饰工程有限公司	债权人
4	创智科技	中小板	湖南创智信息系统股份有限公司	债务人
5	华源发展	主板	上海香榭里家用纺织品有限公司	债权人
6	银广夏	中小板	北京九知行管理咨询有限公司	债权人
7	方向光电	中小板	深圳市同成投资有限公司	债权人
8	四川金顶	主板	峨眉山市天翼包装有限责任公司	债权人
9	科健股份	中小板	广西新强通信科技有限公司	债权人
10	宏盛科技	主板	上海凯聚电子实业有限公司	债权人
11	中核钛白	中小板	天水二一三机床电器厂兰州天兰机电产品部	债权人
12	山东海龙	主板	鸡西市新北能煤炭销售有限公司	债权人
13	石岘纸业	中小板	建设银行股份有限公司潍坊寒亭支行	债权人
14	金城股份	中小板	锦州永利投资有限公司	债权人
15	深中华A	中小板	深圳市国晟能源投资发展有限公司	债权人
16	新中基	中小板	农业银行股份有限公司新疆生产建设分行营业部	债权人
17	锌业股份	中小板	葫芦岛银行股份有限公司龙港支行	债权人
18	中达股份	主板	江阴金中达新材料有限公司、常州钟恒新材有限公司	债权人
19	贤成股份	主板	大柴旦粤海化工有限公司	债权人

续表

序号	上市公司	交易板块	申请人	申请人类型
20	长航凤凰	中小板	南通天益船舶燃物供应有限公司、珠海亚门能产品有限公司	债权人
21	超日股份	中小板	上海毅华金属材料有限公司	债权人
22	长航油运	主板	天津汇丰能源发展有限公司	债权人
23	霞客环保	中小板	滁州安兴环保彩纤有限公司	债权人
24	新都酒店	中小板	长城(德阳)新兴基金合伙企业(有限合伙)	债权人
25	新亿股份	主板	江苏中立信律师事务所	债权人
26	舜天船舶	中小板	中国银行股份有限公司南通崇川支行	债权人
27	川能动力	中小板	四川省天然气投资有限责任公司	债权人
28	云维股份	主板	云南省国有资本运营有限公司	债权人
29	重庆钢铁	主板	重庆来去源商贸有限公司	债权人
30	泸天化	中小板	泸州天浩塑料制品有限公司	债权人
31	柳化股份	主板	广西柳化氯碱有限公司	债权人
32	抚顺特钢	主板	上海东震冶金工程技术有限公司	债权人
33	中银绒业	中小板	上海雍润投资管理有限公司	债权人
34	厦工股份	主板	厦门市育明工程机械有限公司	债权人
35	沈阳机床	中小板	沈阳美庭线缆销售有限公司	债权人
36	庞大集团	主板	北京冀东丰汽车销售服务有限公司	债权人
37	坚瑞沃能	创业板	陕西凯瑞达实业有限公司	债权人
38	莲花健康	主板	国厚资产管理股份有限公司	债权人

2. 破产原因与偿债能力

通过对38家上市公司样本的梳理发现,在法院裁定受理对上市公司的破产重整申请时,这些上市公司中的绝大多数都已出现了严重资不抵债的情况。

统计发现,创智科技、中核钛白、柳化股份、庞大集团这4家上市公司在被人民法院裁定破产重整的当期资产负债率尚未超过100%,仅占样本总数的10%;剩余90%的上市公司在被人民法院裁定破产重整的当期均已资不抵债。在剩余的34家上市公司当中,有15家上市公司的资产负债率超过了200%,资产负债率最高的贤成股份在被法院裁定破产重整的当期的资产负债率甚至高达305,344.24%。

经梳理38家上市公司被人民法院裁定进入破产重整程序时的风险警示情况,仅泸天化、沈阳机床、庞大集团、坚瑞沃能在进入破产重整程序前,尚未被证券交易所予以特殊处理,剩余90%的公司均已处于被特殊处理的状态。样本公司在经人民法院受理破产重整申请前的财务状况通常已长期恶化(见表2)。

表2 样本公司资产负债情况

序号	上市公司	资产总额/元	负债总额/元	资产负债率/%	模拟破产清算状态下的清偿率/%	进入破产重整时是否已被特殊处理(ST)
1	锦化氯碱	2,346,922,928.14	2,480,831,618.77	105.71	0	是
2	辽源得亨	827,137,525.62	974,469,038.43	117.81	15.18	是
3	盛润股份	41,985,915.47	1,756,901,026.40	4184.50	2.16	是
4	创智科技	98,049,391.44	70,610,400.60	72.02	9.07	是
5	华源发展	502,283,176.64	976,150,974.87	194.34	3.35	是
6	银广夏	210,073,625.73	403.802.024.83	192.22	0	是
7	方向光电	337,593,370.53	915,864,907.41	271.29	2.12	是
8	四川金顶	930,204,496.49	1,452,347,783.72	156.13	0.08	是
9	科健股份	549,473,550.44	1,794,393,636.22	326.57	13.88	是
10	宏盛科技	99,118,333.92	888,331,904.29	89.623	7.43	是
11	中核钛白	578,072,715.58	485,818,722.35	84.04	8.16	是

续表

序号	上市公司	资产总额/元	负债总额/元	资产负债率/%	模拟破产清算状态下的清偿率/%	进入破产重整时是否已被特殊处理(ST)
12	石岘纸业	607,737,111.81	1,435,476,068.90	236.20	0	是
13	山东海龙	3,500,000,000.00	4,220,000,000.00	120.57	14.18	是
14	金城股份	1,150,339,742.66	1,827,713,930.08	158.88	0	是
15	深中华A	116,994,761.08	553,353,764.30	472.97	24.36	是
16	新中基	3,310,728,900.00	3,421,296,632.26	103.34	44.36	是
17	锌业股份	3,218,902,573.94	6,617,854,946.91	205.59	0.75	是
18	中达股份	2,084,363,164.01	2,238,459,936.49	107.39	8.00	是
19	贤成股份	4,322,206.17	13,197,607,460.84	305,344.24	0	是
20	长航凤凰	2,791,850,500.00	5,882,489,003.80	210.70	1.88	是
21	超日股份	3,584,754,839.48	6,471,953,212.36	180.54	3.95	是
22	长航油运	12,892,561,189.70	15,625,551,830.23	121.20	12.46	是
23	霞客环保	471,330,902.81	1,128,367,076.45	239.40	16.28	是
24	新都酒店	413,500,664.10	606,430,094.98	146.66	46.86	是
25	新亿股份	885,001,753.82	280,200,609.80	4,308.70	0	是

续表

序号	上市公司	资产总额/元	负债总额/元	资产负债率/%	模拟破产清算状态下的清偿率/%	进入破产重整时是否已被特殊处理(ST)
26	舜天船舶	1,379,686,009.96	7,636,097,625.14	553.47	11.10	是
27	川能动力	665,709,012.00	2,332,857,054.76	350.43	0	是
28	云维股份	6,728,739,994.74	10,009,144,068.02	148.75	1.35	是
29	重庆钢铁	34,892,771,000.00	37,665,447,000.00	107.95	16.64	是
30	泸天化	2,341,235,100.00	3,251,401,450.47	138.88	1.36	否
31	柳化股份	3,274,356,552.62	3,225,166,426.98	98.50	14.23	是
32	抚顺特钢	7,529,400,000.00	10,312,172,400.00	136.96	21.22	是
33	中银绒业	7,597,611,038.44	9,351,845,633.47	123.09	0	是
34	厦工股份	3,283,546,903.27	3,950,945,053.84	120.33	58.62	是
35	沈阳机床	7,660,000,000.00	15,773,000,000.00	205.91	0	否
36	庞大集团	28,513,370,088.00	24,027,400,341.00	84.27	11.20	否
37	坚瑞沃能	2,975,599,800.00	7,202,692,772.78	242.06	3.83	否
38	莲花健康	1,611,538,306.65	105,859,250.76	128.58	0	是

根据这38家上市公司的评估机构出具的偿债能力分析报告，模拟破产清算状态下，普通债权能获得的清偿比例平均约为9.84%，中位数仅为3.89%。对30家上市公司在进行破产清算状态下的偿债能力分析后发现其普通债权能获得的清偿比例低于15%，约占样本总数的78.95%；其中新亿股份、川能动力等10家上市公司在模拟破产清算状态下普通债权能获得的清偿比例甚至为0。

3. 人民法院对破产重整申请的审查情况

虽然我国《企业破产法》赋予了三类主体以针对上市公司的破产重整申请权，但当这些主体行使权利提出破产重整申请后，仍需等待人民法院审查决定是否受理相应申请。对于人民法院的审查期限，我国破产立法规定以15天为限，但特殊情况下经上级人民法院批准则可以无限次延长。

本文研究的38家上市公司中，从提交申请到人民法院裁定受理申请破产重整，平均需要花费约142天，中位数约为93天，可见人民法院对这38家上市公司的破产重整申请审查期限存在较大差异。其中，间隔最短的是方向光电，在申请当日，人民法院即裁定受理了破产重整申请；间隔最长的是宏盛科技，人民法院在收到破产重整申请的后的第623天才裁定受理。漫长的人民法院审查期间严重增加了债权人的时间成本，损害了债权人的利益。

（二）重整计划草案制定阶段

1. 破产重整程序中债务人的公司治理模式

《企业破产法》第61条规定，“债权人会议行使下列职权：……（五）决定继续或者停止债务人的营业……”；第26规定：“在第一次债权人会议召开之前，管理人决定继续或者停止债务人的营业或者有本法第六十九条规定行为之一的，应当经人民法院许可。”《企业破产法》第73条规定：“在重整期间，经债务人申请，人民法院批准，债务人可以在管理人的监督下自行管理财产和营业事务。”综合前述法条规定，在企业破产申请裁定受理后的继续经营中，存在“管理人中心”和“债务人中心”两种模式。本文研究的38家上市公司在破产重整程序中，“管理人中心”的公司治理模式居多，共有30家公司采用了这一模式；另外8家则采用了“债务人中心”模式，管理人仅充当监督者。管理人通常为独立的第三方中介机构，可以在一定程度上防范破产重整程序中的控制权私用现象，但不利因素是，由于其并未参与过债务人过往的生产经营活动，可能会耗费更多的时间成本以了解债务人的经营情况和财务状况。

2. 重整计划草案对利害关系人利益的安排

样本中的38家上市公司均对出资人的权益进行了不同程度的调整,以使其承担相应的责任。出资人权益调整主要是指在破产重整程序中,对公司的现有股权结构如总股本、持股人、持股份额、持股比例进行相应调整,以清偿公司所欠之债务,优化公司治理结构,使公司获得重生,避免公司破产清算的措施。对出资人权益的调整主要通过要求出资人让渡股份的方式,既可以选择直接要求其让渡现有的股份,也可以选择先用资本公积金转增股本,再要求其将分配到的转增股本的一部分让渡出来。由出资人让渡的股份一般被用来清偿债权人的债权,主要通过两种方式:一种是将让渡的股份转让给战略投资人,以此取得现金对价,为债务人引入资金,然后债权人可以按一定比例取得现金清偿,债权得到实现;另一种是将让渡的股份按其市场价值直接转让给债权人,以股份清偿债务,此时债权人的债权因为股份的转让而变成了股权,债权也得到了实现。

经过前述方式的调减后,38家上市公司的出资人权益得到保留的比例仍能达到约60.29%,中位数为63.77%。其中,出资人权益得到保留的比例大于50%的上市公司共有27家,占到了样本总数的71.05%,深中华A的重整计划调减出资人权益的比例甚至还不到10%。这与普通的破产企业严重资不抵债所指向的出资人权益趋向于0大相径庭,在很大程度上损害了债权人利益。

38家上市公司中,共有20家采用了要求出资人直接无偿让渡其所持有的上市公司股票的方案,约占样本总数的55.26%;其中,有9家单独使用了直接无偿让渡的方案,如华源发展、辽源得亨等。采用无偿让渡方案的20个样本中,承担让渡责任的股东范围也有所不同,有17家区分了不同出资人应当直接无偿让渡的上市公司股票的比例,如辽源得亨的重整计划要求第一大股东让渡其所持上市公司股票的50%,其他股东只需要让渡18%;另有3家上市公司在重整计划中要求全部出资人按统一比例无偿让渡其所持上市公司股票,如创智科技。

共有27家上市公司采用了资本公积金转增股本后让渡的方案,约占样本总数的71.05%;其中,有16家单独使用了资本公积金转增股本后让渡的方案,如舜天船舶、云维股份等。

(三)重整计划草案表决与批准阶段

1. 重整计划草案的表决与批准情况

本文研究的38个上市公司样本中,锦化氯碱、银广夏、方向光电等7家上市公司的重整计划草案未经有表决权的分组表决通过，最终由人民法院强制裁定批准，约占样本总数的1/5；其中，6家上市公司的重整计划草案因有表决权的债权组未表决通过而未获通过。此外，经比对债务人的公司治理模式，7家经人民法院强制裁定批准重整计划草案的上市公司中，有4家采用了“债务人中心”的公司治理模式（见表3）。有债权人表决组未能通过重整计划草案即代表该重整计划草案中确定的清偿方案不符合债权人对破产重整程序的预期利益，而人民法院强制批准该些破产重整草案显然会对债权人利益产生负面影响。

表3 重整计划草案由法院强制批准的样本公司（共7家）

序号	上市公司	有表决权的分组的表决情况	法院批准情况
1	锦化氯碱	有担保的债权人组、普通债权人组未通过；其他分组通过	强制批准
2	银广夏	经过两次债权人会议表决仍未通过	强制批准
3	方向光电	有担保的债权人组、普通债权人组未通过；其他分组通过	强制批准
4	宏盛科技	普通债权人组未通过；其他分组通过	强制批准
5	金城股份	有担保的债权人组、普通债权人组以及出资人组均未通过	强制批准
6	锌业股份	有担保的债权人组、普通债权人组均未通过；其他分组通过	强制批准
7	新亿股份	出资人组未通过；其他分组通过	强制批准

2. 重整期间

重整期间一般指人民法院裁定受理债务人破产重整之日到人民法院裁定批准重整计划草案之日。基于企业之间的个体差异、案件的复杂程度不同等因素，上市公司的重整期间也存在较大差异。对于重整计划草案的提交，我国破产立法将之限定在了人民法院受理破产重整申请之日起的6个月（约180天）内，这既与我国破产立法追求效率的取向相符，也希望通过期限的设置防止破产重整程序拖沓，增加债权人的时间成本。

本文研究的38家上市公司样本中，重整期间平均约为174天，中位数约为148天。其中，重整期间最短的是新亿股份，仅为55天。样本公司中重整期间超过180天的公司共有15家，其中重整期间最长的是银广夏，长达450天。这在很大程度上损害了债权人的时间利益。

三、破产重整实践中存在的法律问题

(一)破产重整申请阶段

1.转化重整申请权的不必要限制

(1)问题分析

《企业破产法》第70条明文规定,债权人和债务人均享有破产重整申请权,但对于因债权人申请而进入破产清算程序的债务人而言,只有所有者自己或者债务人的股东才可以向人民法院提出,将公司破产清算流程转变为公司破产重整程序;因债权人不存在此种转移重整请求权,则通常都直接选择破产清算程序或者破产重整程序。本文认为,这样限制债权人转化重整请求权的条款并没有必要。

我国目前破产规定对债权人转换为重整申请权利的限定,主要是出于限制破产财产重整的时机与金钱费用成本以及限制资产重整程序中的经营风险的考虑。在对破产财产重新整建请求权利的赋予上,我国破产程序制度立法对申请权人的适用范围规定得相对宽泛,并提倡申请权人最优选定破产重整程序;在从破产清算程序向破产财产重新整建程式的破产重整程序过渡上,我国破产程序制度立法则偏向于仅给予对债权人企业经营状况较为熟悉,并对破产财产重新整建程序具有直接推进意义的债务人,以及企业股东以适当的请求权利。

从法学理论分析,债权人的破产财产重整申请权也是一项民事诉讼申请权。债权人不同于一般成为公司债权人的企业或者成为企业共同出资人的大企业股东,对于债务人的企业具体运营模式、营运状况以及实际财务数据等的掌握程度很有限。即使债务人企业是会定时发布年报和实际财务数据的上市公司,但这些公开的信息仍无法充分补偿欠款人的信息不对称。所以,即使债务人已经事先向人民法院提出,需要对债务人实施破产清算,但由于在程序实施过程中对企业状况的深入理解、剖析,并且由于市场经济等客观环境的改变,或者出于对更高清偿效率的追求,债权人或许会觉得将破产清算程序转变为破产重整程序比较合理。只因债权人事先向人民法院提出了破产清算申请书,而剥夺了其转化重整申请程序权利,这既不利于债权人债权的最优化落实,也不利于整个市场经济的良性发展。

(2)实践情况

本文所剖析的38家经债权人申请进入破产清算重整程式的公司样本中,债务人在当期的资产负债率基本都已经超过了100%,在模拟破产清算状况下普通债权的清偿比例平均只有9.84%，但普通债权人仍然一致地选择了破产重整程式。这可能是因为债权人对公司价值的普遍认同，也可能是因为债权人对公司在破产重整后营运价值的合理预期，但种种原因均基于债权人对更高清偿比率的强烈渴望。

在最常见的破产清算案例中，最终宣告破产、破产清算案例的总量远高于破产重整案例的总量。以上海市为例，从2007年6月至2017年6月，上海市各级人民法院总共审理了628起破产清算案例，其中，破产清算的案件共计611件。在上述所有破产清算案件中，321起破产清算案件在经债权人积极提交后被人民法院裁定受理，大约占破产清算案件总数的52%，比债务人自行申报和依法负有清算责任的清算组清理后资不抵债申请破产的所有破产清算案件之总数还多。

但在同样的10年间，上海市各级人民法院却只审理过17起破产重整案，这和破产清算案的数量产生了强烈的对照。这17个破产重整案例中，近80%的案例在债权人提出后被人民法院裁定受理；这些破产重整案例的平均清偿率都高达近55%，而破产清算案例的平均清偿率却仅为16.5%。

从上述分析即可看出，相比于债务人，债权人更有能力主动要求债务人破产。在债务人满足了破产重整要求之后，出于对更优清偿率的期望，债权人会偏好于向人民法院请求对债务人实施破产重整。在实践中，由于破产清算个案的数量往往明显多于破产重整个案的数量，而破产重整个案的平均清偿率往往远高于破产清算个案的平均清偿率。故本文认为，根据债权人对更高清偿率的期望，给予债权人可以进行破产清算转换破产重整的申请权利，从而提高破产清算转变为破产重整的个案比例，必然会增加债权人获得更优清偿率的机会。

2. 破产重整申请权未落到实处

（1）问题分析

我国的破产立法也赋予了债权人破产重整的申请权利。上市公司破产重整的申请权人在提出申请的同时，还应向人民法院提供可行性研究报告文件、地方政府的相关报告等资料，这一要求本身也就对债权人破产重整请求权进行了额外的约束。在此背景下，上市公司破产重整申请权利人向人民法院提出申请后，有关资料一般已比较齐全，人民法院可以审核资料并作出判断，确定是否接受对上市公司的破产重整请求。在实践中，这一调查过程经常遭严重延误，本文涉及的所有上市公司样本，均在这一过程中花费了142日之久。由于现行破产立法严格限定了人民法院必须告知债务人的义务以及裁定接受破产重整请求的期限,因此人民法院作出审查和作出裁定的时间通常都不能大于15日。诚然,由于上市公司破产重整程序通常具有相当的时间复杂度,而当确认上市公司已符合破产条件、满足了破产重整要求,以及破产重整的债权人因已具备提请破产的其他限制性条款而提出申请后,人民法院理应适时作出裁定,以减少债权人、债务人的时间成本因耗时太久而变得过高。

(2)样本分析:金城股份破产重整案

2011年6月27日,金城控股在其指定信息披露媒介上公开发布消息,其债权人锦州市永利投资公司已于2011年6月22日以其无法还清期限届满的企业债务欠款,并已严重资不抵债为由,向锦州市中级人民法院提交了对金诚控股破产重整的申请书。锦州永利投资公司对金城股份公司共拥有约5000万元的到期偿还债权,且截至申请日期,金城股份公司尚未清偿该笔欠款的全部本息。

按照金城股份公司所发布的《2010年年度报告》、《2011年半年度报告》及《2010年年度审计报告》,截至2010年12月31日,金城股份公司的期末固定资产净额1,334,087,641.57元,固定资产净额2,043,965,258.85元,资产负债率已超过153%;截至2011年6月30日,金城股份公司的期末固定资产净额1,333,683,099.93元,固定资产净额2,124,485,854.87元,资产负债率已提高到159%;截至2011年12月31日,金城控股的期末固定资产总额为1,150,339,742.66元,债务总额为1,827,713,930.08元,但资产负债率基本未变化。

2012年5月14日,金城控股再度公开发布其已接到锦州市中级人民法院依照《企业破产法》第10条发送的破产重整申请书,以证实其可以对公司破产重新申请权益人的请求提出异议。但截至该日期,金城控股尚未将上述5000多万元的债务全部还清。2012年5月22日,锦州市中级人民法院决定接受锦州市永利投资公司的申请,裁定对金城股份公司进行破产重整。从债权人的提出申请至人民法院裁定批准,金城股份公司破产重整申请审查合计花费了336天之久;而在此336天之间,金城股份公司一共发出了87个文件,但仅有前述的3个与破产重整事项有关。

综上,在本案中,早在被债权人申请破产重整前一年,公司的资产负债率就已达到153%,处于严重资不抵债的状态,且没有改善的趋势。这一数据已经由公开渠道向市场披露,但人民法院迟迟不予受理债权人对债务人进行破产重整的申请,使债权人的届期债权在长达 336 天的时间里始终无法得到清偿,付出了巨大的时间成本。按照金城股份的重整计划草案,其中拥有的普通债权合计约为 1,109,129,980.31 元,以 2011 年 6 月 22 日的金融机构对人民币贷款基础利息为依据,经过人民法院审查申请的时候为一般欠款人的普通债权又增加了大约 61,552,776 元的时间成本费用,极大地损害了债权人的合法权益。

(二)重整计划草案制定阶段

1. 债权人的知情权受限

(1)问题分析

在市场经济活动中,因为各市场经济参与者的利益基础差异,通常会出现信息优势位置与信息劣势位置之间的数据不对称现象。而占据信息优势位置的市场经济参与者,通常可以在市场经济上获得良好的竞争优势;处在信息缺陷境地的市场经济参与者则常常因为其信息不足而无法有效地掌握市场经济信息,在竞争上也极易陷于信息劣势地位。一旦政府部门无法利用真正、准确、全面的信息有效地监管信息优势定位的市场经济参与者,则这种信息不准确情况会日益加重。也因此,处在信息缺陷境地的市场经济参与者的主体利益,也很易遭到侵害。

上述分析中,在上市公司破产重整案件中,单个债权人查阅权的行使显然更为困难。基于上市公司庞大的规模和交易体量,势必存在大量的小额债权人,而让这些小额债权人均通过查阅的方式了解债务人企业的情况,会对整个破产重整程序的效率造成较大的负面影响;因债务人的管理人不配合小额债权人行使查阅权所产生的司法救济请求,也会对管辖法院的司法资源造成较大的浪费。

(2)样本分析:银广夏破产重整案

2010 年 9 月 17 日,中国银广夏公开发布消息,经债权人申请,银川市中级人民法院已裁定对其实施公司破产重整。按照我国《企业破产法》的有关条款,制定重整计划草案的期限通常不应大于 6 个月,而直至 2011 年 12 月 9 日,宁夏西部创业实业股份有限公司(银广夏的新名称)的重整计划草案,才因人民法院的强制批准而生效。2010 年 11 月 9 日,银广夏举行了首次公司债权人会议。而自破产重整申请至首次公司债权人会议举行当日,管理人一共就公司破产重整事项作出了五个公告,其变化的主要内容仅针对已申请债务人的数量和金额。第一次债权人大会中,管理人工作人员具体汇报了与最近一次公告完全相同的债权人数量和总额,但并未就债务人的业务状况、财务管理情况以及重整计划的编制状况进行具体阐述。

2011 年 3 月 14 日,银广夏发布了银川市中级人民法院关于同意延长管理人提交重整计划草案的决议。从首次股东大会举行至本裁决结果的公开发布之日前,银广夏的主要管理人员一共发表过 17 次有关企业破产及重整事项的公告,虽然看似频次较高,但实际内容简单,只有少数几次以公告形式重申了由于银广夏正在实施破产重整且第二次债权人会议即将举行,企业面临着破产重整失败风险,但有关债务人的实际运营状况、财务管理情况、主要管理人员薪酬方案,以及重整计划草案的编制进展状况等依然只字未提。而债权人也仅可透过上市公司信息披露要求定期公开的季报知道企业最近期的财务状况。

2011 年 7 月 20 日,银广夏第二次债权人大会召开,对管理人所提出的重整计划草案作出了表决。从 2011 年 3 月 14 日,银川市中级人民法院同意延长银广夏管理人的重整计划草案,至第二次债权人会议举行的四个多月时间内,银广夏管理人一共就公司破产重整事项发表了 25 次通告,当中 9 次关于出资人,14 次为简单复述,与以往的通告具体内容高度雷同。2011 年 7 月 8 日和 7 月 15 日公布的最后两个通告中,银广夏管理人第一次具体公布了重整计划草案依据的资产负债状况、债务人经营方针和对普通债权人的清偿方案等,仅给予债权人不足五天的时间了解重整计划草稿的具体内容并参加表决。第二次债权人会议没有表决通过重整计划草案,管理人一开始就拒绝接受债权人会议上有关双方就重整计划草案作出进一步协商的请求,并贸然决定于一小时后重新表决,故最终债权会议仍未通过重整计划草案。

2011 年 8 月 1 日,尽管债权人会议未通过重整计划草案,管理人仍向银川市中级人民法院申请对该重整计划草案进行强制批准。2011 年 12 月 9 日,银川市中级人民法院作出裁定,强制批准了该重整计划草案。破产重整案件拖得时间越长,成本就越高。

通过对以上样本的分析,银广夏破产重整案的重整期间长达 450 天。截至重整计划草案提交的第二次债权人会议第一次表决之日,管理人共针对破产重整事宜发布了 47 次公告,这一频率看似很高,但公告的内容简略、重复,且直到重整计划草案第一次表决前 5 天,才披露了银广夏的资产负债情况和普通债权的清偿方案。这种做法显然严重有损债权人利益。针对破产重整程序,尤其是上市公司破产重整案件,理应规定更为系统、完善的信息披露要求。

2. 破产重整中的控制权私利问题

(1)问题分析

所谓控制权私利,说的是对企业拥有控制权的人根据其控制权所排他地获得的一些不按出资比例享受的利益,这种利益不涉及股东因企业利润而获得的利润,其实就是企业的控股股东/实际控制人对其企业利害关系人利润的侵占。

破产重整程序中的管理权方式也存在一定差异。虽然此时债务人的残余权利理应归于债权人,但是出资人,尤其是债务人的最大主要股东对债务人所拥有的全部权益并不会在破产重整程式中被直消除。此外,根据我国现行破产立法,破产程序中作为债务人实际控制人的管理人由人民法院指定产生。由于债权人并不具备进行参加管理人选择的权限,所以债权人会议也仅能在认为原管理人并没有依法、正当履行职责或是有其他原因无法胜任职务情况下时,才可以径直向人民法院提出变更管理人。这就大大地提高了债权人介入破产重整程序的门槛,把债权人放在了被动地位,严重影响了债权人重整过程中对控制权私利活动的监管,以及获得救助的有效渠道。

(2)样本分析:四川金顶破产重整案

2011 年 9 月 23 日,四川省乐山市中级人民法院裁定对四川金顶进行破产重整。被申请进入破产重整程序前,四川金顶已经连续两年利润为负,面临退市风险。在破产重整程序中,经地方政府协调努力,四川金顶取得了乐山市人社局对社保和失业保险费用的滞纳金的豁免、乐山市商业银行对应付未付届期债务的罚金的豁免以及当地国有企业对公司债务本息的豁免,公司在 2011 财年的营业外收入达到了 213,842,657.42 元,避免了被退市的后果。

按照四川金顶的破产重整计划草案,对股份公司的出资人一律调整和减少所拥有股票的 23% 用于清偿债权人;对一般债务人,按 100% 的比例清偿 20 万元以内的全部债权,按 18% 的比例清偿超过 20 万元的部分。一般债务人也有权自己确定使用现金或者股票方法获得偿还。作为公司债权人之一,四川金顶的控股股东海亮金属材料贸易集团有限公司选择了以公司股票方式清偿,且就全体出资人调减但并未用于债权人清偿的公司股票优先受让。在调整和减少所拥有股权之前,海亮金属材料贸易集团有限公司共持股四川金顶 69,763,101 股权额,在调整和减少 23% 之后则为 13,717,588 股权额。通过对债转股和剩余部门调减股权的择优受让,由海亮金属贸易集团有限公司所拥有的全部四川金顶股权继续增加到了

97,002,984 股权额,在企业总股本不变的基础上,其持股比率继续增加到约27.8%,且四川金顶经公司破产重整程序后的企业债务问题均告于消除。

上述分析中,可以得出四川金顶破产重整案也受到了广泛的争论。经过干预,四川金顶已获得并被免予清偿逾 2 亿元的款项,而控制企业对其他资产人所拥有的企业所有权非但由于企业重大资不抵债问题而被大幅减少,相反获得了大幅的增加。

(三)重整计划草案表决与批准阶段

1. 大额普通债权人的权益缺乏保护

(1)问题分析

从普通的企业破产重整案例来看,公司的债权人大多可以分为两类:金融类公司和其他公司,二者分别占有公司总债权的 33% 和 59.20%,而普通债权人的债权平均清偿率大约为 55%。从上市企业的破产重整案例来看,以 1000 万元的一般债权人为例,其所能获得的现金清偿比例只有约 30.50%,且普通债权金额越大,能获得的现金清偿比例通常就越小。日常经营中,金融类债权人对上市公司享有债权的收益与上市公司的利润情况并不直接挂钩,通常只是依照约定的贷款利率取得利息,但至少无需承担巨大的风险;然而上市公司一旦陷入财务困境,步入破产重整程序,金融类债权人便极易成为事实上的重大受害者。

虽然金融类债权一般都可以被选择抵押、担保,以便于在公司破产重整过程中根据抵押、担保资产的价值优先受偿,但是由于抵押、担保资产的价值往往不能涵盖如此庞大的金融类债权,所以不能进行偿还的部分就被转化成了一般债权。而正如上文所述,越是重大的一般债权,其能够获得的现金赔偿份额也就越小。

债转股,是对债务人的债权转变为债务人的股权,进而消除欠款的民事法律行为,其法律依据是我国民法典合同编中的合意抵销制度和公司出资制度中债权可以作为公司出资的规定。从性质上来说,债转股的最后目标就是债权人取得股权,从而使债务人的欠款得到消除或减少。因此,债转股既是一个清偿活动,也是一个融资活动。

(2)样本分析:沈阳机床破产重整案

因不能偿还供应商货款,2019 年 8 月 18 日,沈阳机床披露了其被沈阳市中级人民法院批准进入破产重整程序的裁定。根据重整计划草案,沈阳机床在被裁定进入破产重整程序时已严重资不抵债。沈阳机床所负债务中,有财产担保的债权共计 10.64 亿元,其中 4.33 亿元为金融类债权;普通债权共计 170 亿元,其中 150 亿元为金融类债权,占到普通债权总额的 88% 。本案中,重整计划草案对大额普通债权人设置了不同的清偿方案。对于 50 万元以下的债权,按 100% 的比例一次性现金清偿;而大于 50 万元的部分,则根据其是否属于金融类债权区分了不同的清偿方案——对于大额非金融类普通债权,可以选择按 15% 的清偿比例一次性现金清偿,也可以选择按 30% 的比例在 3 年内分期清偿;对于大额金融类普通债权,则按 5% 的比例留债 7 年,其余部分则以股票清偿,每 100 元金融普通债权分得约 2.91 股沈阳机床的股票。本案中,重整计划草案对大额金融类普通债权的清偿方案作出了特别规定,超过 50 万元的部分不仅不能像非金融债权那样选择按比例取得一次性的现金清偿,且留债的期限远长于大额非金融普通债权的留债期限;此外,还强制性地对大额金融类普通债权进行了债转股。这些特别规定对大额金融类普通债权人的权益造成了一定的不利影响,但大部分是当地政府部门与金融机构多次协商后的结果。

2. 人民法院强制裁定批准机制的潜在弊端

(1)问题分析

人民法院强制裁定批准制度,指的是根据《企业破产法》第 87 条之规定,在破产重整程序中,如果部分具有重整计划草案表决权的分组未能通过重整计划草案,人民法院仍然拥有通过裁定强制批准重整计划草案从而使之产生法律效力的制度。由于我国现行破产立法对法院强制裁定批准制度的规定尚不够明确,因此该制度具有了一定的不确定性。

人民法院强制批准制度设立的主要目的是避免各方利害关系人因长期无法达成一致而陷入僵局。重整计划本身是各利害关系主体在利益冲突中相互博弈后取得的结果,但现实中,存在一些因为各方利害关系主体商议对峙时间过久、各具有表决权的分组及其小组内成员意见冲突不一致,造成不必要的拖沓,一定程度损害社会整体利益的情形。重整程序是一种成本高、社会代价大、程序复杂的制度,它更多的是保护社会整体利益,而将债权人的利益放在次要位置。基于社会整体利益优先的立法理念,人民法院强制批准制度的存在具有一定的正当性。但社会整体利益本身是一个过于抽象的概念,很难与各利害关系主体的明确利益诉求相比较,强制批准制度也就因此非常容易被滥用。我国的《企业破产法》缺乏程序和实体全面审查条件的规定,使得强制批准对债权人利益的保护较为不利。最高人民法院显然意识到了这一点,采用《全国法院破产审判工作会议纪要》(2018 年 3 月 4 日公布)的形式尝试着设定重整计划草案强制批准的条件,但由于会议纪要只是一种倡导性的规定,并不是法律,不具有普遍的强制性。在实际的操作中,即使该会议纪要设定的条件不高,但仍然不能完全杜绝审理法院出于支持当地经济发展的需要而突破会议纪要进行强制批准的情况。

(2)样本分析:锦化氯碱破产重整案

2010 年 3 月 19 日,锦化氯碱被辽宁省葫芦岛市中级人民法院裁定进行破产重整。根据锦化氯碱的《2008 年度财务报告》和《2009 年度财务报告》,截至 2008 年 12 月 31 日,锦化氯碱的资产总计 3, 671, 296, 280. 30 元;截至 2009 年 12 月 31 日,其资产总计 2, 346, 922, 928. 14 元。但根据资产评估机构以 2010 年 3 月 19 日为评估基准日出具的偿债能力评估报告中,锦化氯碱的资产评估总值只有 400, 724, 297. 05 元,较三个月前的总资产缩水了近 82. 93%,这引起了债权人的强烈不满。

对于债权清偿方法,重整计划草案规定先使用资本公积按每 10 股转增 10 股的比例转增股本,全体股东随即让渡转增股本的 60% 用于清偿债务和提升锦化氯碱的经营能力,共计让渡约 2. 04 亿股。按 2010 年 3 月 19 日收盘时每股 6. 12 元计算,全体股东让渡的股份价值约为 12. 48 亿元。但对于普通债权的清偿,重整计划草案规定对大于 9 万元的部分仅清偿 5%。根据这一清偿方案,普通债权共将清偿 146,568,289. 43 元,拟清偿债权共计 644,453,902. 83 元,与全体股东让渡的、主要用来清偿债务的股份价值存在着超过 6 亿元的巨大差异。

2010 年 7 月 24 日,有表决权的各分组对重整计划草案进行了表决,有财产担保的债权组和普通债权组均未通过重整计划草案。7 月 30 日进行的二次表决中,有财产担保的债权组和普通债权组仍未通过重整计划草案。但管理人当天即向葫芦岛市中级人民法院申请对重整计划草案进行强制裁定批准,而葫芦岛市中级人民法院亦于同日裁定对重整计划草案强制批准。在裁定书中,葫芦岛市中级人民法院认为,"普通债权按照重整计划草案所获得清偿比例不低于其在重整计划草案被提请批准时依照破产清算程序所获得的清偿比例,因此重整计划草案公平地对待了普通债权人"。在部分表决组不接受重整计划时,社会利益确实可能会因为重整失败而受到不利影响,但这不能成为强制批准就具有妥当性的理由。

本案中,锦化氯碱在被裁定进入破产重整程序时的总资产评估值较近期经审计财务报告的总资产值相差巨大，对债权人的债权清偿产生了极大的不利影响；对出资人权益让渡和普通债权清偿方案的规定的不公平，再度损害了债权人应有的利益。

四、我国破产重整制度中债权人利益保护机制的重构

（一）债权人破产重整申请权的扩张与程序简化

1. 赋予债权人破产清算程序内转化破产重整申请权

根据现行《企业破产法》第7条之规定，债权人有权向人民法院申请对债务人开启破产重整或破产清算程序，而其一旦申请破产清算，也就同时丧失了请求对债务人开启破产重整程式的权利——两个程序在法律实践中，并没有通过债权人的请求而互相转化。这一条款在一定程度上是期望通过对程序转换的限制，来指导债权人在向人民法院申请债务人进入破产程序之前作出更全面的考虑，并期望债权人尽量地积极申请债务人进入破产重整程序而不是破产清算程序，以便避免由于程序无法转入所造成的清偿能力减少。

如果采用破产清算的方法，本文所研究的38家上市公司的一般债权人能够得到的清偿率，一般都只能约为9.84%；但如果通过破产重整的方法，小额债权人能够得到的现金清偿甚至能够超过73.6%。由此可见，两种程序都可能会在很大程度地影响到普通债权的清偿率。但大部分情形下，一般债权人在申请债务人进入破产程序之前，通常对债务人的财务和运营情况仍缺乏认识，即便债务人都是上市企业，公开发布的年度报告或者审计报告也并不能充分使一般债权人对债务人的经营状况有一个正确的判断。

但在破产重整程序的具体实施中，一般债权人反而能够更多、更全面地了解到债务人的实际营运状况和财务管理情况，从而发现对债务人实施破产重整后所可能产生的巨大经营价值。但如果债权人已经对债务人申请破产清算，则无法再主动将程序转变为破产重整，这就不能满足债权人总体收益最优化的需要。给予债权人将破产清算程序转为破产重整程序的权利，更有助于债权人权利的维护，也有助于挽救面临破产的上市企业以及与其有关的其他经济社会公益。

2. 简化破产重整申请程序的建议

首先，立法上不能对上市公司债务人设置较为复杂和严格的申报程序。对于上市企业破产重整案所规定的额外申请材料，本是希望避免与上市企业有关的各

方或利害关系主体之间因利益矛盾加剧,而产生严重影响社会稳定的事情。但由于当前上市企业破产重整实践经验的累积,以及破产重整市场化的持续深入,这种对额外申请人资格的规定反而影响了债务人可以自主进行上市企业破产重整的权利,因此可以考虑逐渐放开。

其次,要严格控制人民法院对破产重整申请作出审查的时间。我国的破产立法虽然已经对企业的破产问题,以及人民法院审理破产重整申请的具体时间等进行了明文规定,但是在实际中仍然出现过人民法院推诿、不愿审理破产重整申请的现象。因此严格控制人民法院对破产重整申请作出审理的时间,可以更有效地减少对利害关系人的时间投入,也满足了债权人整体利益最大化原则的需要。

(二)信息披露机制和决策机制的改进

1. 强化破产重整企业信息披露机制

在整个破产重整程序中,最熟悉企业经营状况和业务状况的,莫过于债务人自己。但由于债权人作为外部第三人,获取信息较为困难,破产程序中应要求管理人或债务人及时向其提交有关债务人的最新信息。如果没有合理、安全、公开的信息发布机制,也可能造成债权人的权益由于信息不平等而遭受损害。适当提高对破产重整有关事务的信息公开要求,对于保证破产程序的合法进行,保障债权人的权益,具有重大的意义。

同时,还必须保证由管理者或债务人所公布的破产重整程序中有关消息的准确、真实和完整。在未来对《企业破产法》的修改流程中,可以参照公众公司的监管要求,加入对管理者或债务人必须保证公开信息的内容真实的法定要求,并设立相应的惩戒制度,对于未能符合信息公开的真实性条件,或者对公开信息内容弄虚作假的管理人或债务人,应该承担一定的法律责任。

2. 破产重整程序中的决策机制改进

在重整计划草案的制定过程中,尤其是在正式进入重整计划草案的表决程序以前,多种有利关联市场主体的信息沟通协同作用机制十分关键。最高人民法院在2018年颁布的《全国法院破产审判工作会议纪要》中就有一个倡导性的规定,“人民法院要与政府建立沟通协调机制,帮助管理人或债务人解决重整计划草案制定中的困难和问题”。但这一规定,显然在一定程度上忽视了债权人参加重整计划草案制定过程的权利。例如,可以在前述会议纪要中规定,债权人可以委托审计师事务所、资产评估事务所等服务机构代表债权人对债务人开展资产整理与估价服务，既可以将企业债权人在重整计划草案制定、表决过程的具体权利落到实处，也可以维护债权人的参与权，让债权人能够更加主动、合理地表达其自己的权益诉求。

参考域外经验，我国《企业破产法》可适当给予债权人以重整计划草案的提议权。为了避免当事人或有利益关联主体之间过早的因利益对抗过程僵持不下，《企业破产法》可在现有的做法上加以优化，设置一个时期，在这个时期内首先由法定的管理人或债务人专享重整计划草案的提交权利；但如果在这个时期内有关主体并没有提交重整计划草案，或提交的重整计划草案经有表决权的代表分组二次投票后仍未获批准，或是人民法院又未能决定强制性批准该等重整计划草案时，可赋予债权人在遵循破产重整程式中原则性条款的基础上重新提交重整计划草稿的权利，以保障债权人在破产重整程序中的权利。

（三）大额普通债权的保护与人民法院强制批准权的限制

1. 适当加强对大额普通债权人权益的保护和对债转股的规范

破产重整程序的宗旨之一即为维持企业生存秩序与社会稳定利益的平衡。出于这一宗旨，政府权力往往会有意无意地介入上市公司破产重整程序之中，从而请求银行等金融机构继续为公司进行融资以助其重获生命。这不但损害了银行等金融机构对信贷资产所配备的市场属性，而且还会使得金融债权与债务人的资产重整结果相关，而金融资本的流动性也会由此遭受严重影响。并且在实施过程中，部分债务人甚至进入破产重整的最根本目的便是通过破产重整程序借机规避债务，这就严重干扰了破产重整程序的正常进行，对债权人的合法权益产生了巨大危害。为了进一步维护大额普通债权人的权益，不妨通过设定条件让破产重整过程中的普通债权人有权及时地转移所拥有的破产债权，这样既可以为投资人创造进入上市公司的途径，也可以为需要现金周转的普通债权人创造将破产债权迅速变现的渠道。

就债转股来说，和普通的企业破产重整案例不同，上市公司的破产重整案例由于上市公司自身为股票投资市场参与主体的特定身份，因此必须受《证券法》等法律法规和证券交易所的上市规则等规定的规制。在破产重整程序中对上市企业的主要债权人进行债转股，往往会引起企业注册资本的变动、前十大股东持股比例的变动，有时还可以引起上市企业主要控制股东、实际控制人的变动。所以，在上市公司的重整方案中采取债转股方法，必须注重确保其与有关法规及要求的有效衔接，进行信息公开后向市场监管部门进行反映。另外，在《企业破产法》及配套法规未来的制定进程中,需明确企业破产重整方案所涉及的债转股计划适用的股东范围、企业用以清偿债务的股份的种类、债转股计划的表决方法等条款,更有效地保证债转股计划在企业破产重整过程中的有效执行,并切实保障有关股东的权益。

2. 适当优化重整计划草案的表决机制

重整规划草案的分组表决方法,在一定程度上决定了不同类别和不同水平程度的权利在破产重整程式中能否获得充分保障。我国现有破产重整制度,将有表决权的分组强制性分为四种类别,在必要时还可设立小额债权人分类。这种规则尽管比较广泛适用,但也略显死板,可以允许对不同债权人的权利分类加以调整,使权利水平程度相近的主体聚集到一起,而这种分类的选举结论可以更好地反映相应各组织人员对重整计划草案的意见,也可以更好地保障各组织人员具体权益。另外,针对以资合性为特征的债务人来说,可在一定程度上参考日本公司更生程序对控股公司的做法,对有投票权的小组通过重整计划草案,可以只需要将其按投票权数量的特定百分比通过即可,而不须再把参加投票的数量或同意通过重整计划草案的人数量都列入考虑的范畴之中。

另外,我国现有破产重整立法规则,一旦重整计划草案未经有投票权的小组表决通过,重整计划草案的提出者(管理人或债务人)可以与没有同意该草案的小组磋商,该表决小组一旦同意磋商,即可重新投票一次。可见,当前的重整计划草案第二次表决过程并不是合法的强制性过程,而只是利害关系主体之间进行协商意成的、存在必要随意性的过程。但重整计划草案二次表决程序本身对各利害关系主体,特别是对未能通过重整计划草案的分组的成员而言,是重新向重整计划草案制定主体表达自身的利益诉求,以求得更多利益保护的重要手段。现有的关于重整计划草案二次表决程序的规定并未能使这一制度充分地发挥其应有的作用,更多情况下这一程序仅仅落于形式。因此,在《企业破产法》后续的修订过程中,宜就重整计划草案二次表决程序的强制性作出规定,将其定为重整计划草案未获债权人会议表决通过后的法定强制程序,同时,要求重整计划草案在二次表决前,就第一次表决中未能通过的分组所代表的利益进行调整和保护。

3. 重整计划草案强制批准机制的检视

从我国现有的破产立法理论及实践分析,只要债权人从破产重整程序所获得的清偿率不低于债务人模拟破产清算时的清偿率,人民法院即可强制裁定批准债权人会议表决未通过的重整计划草案。《全国法院破产审判工作会议纪要》则对人民法院的强制性裁定批准权作出了限定，有投票权的分组中必须至少有一组投票通过，而持相反意见的债权人所能取得的清偿率须超过或等同模拟破产清算状况下的清偿率，这将在一定程度上满足最佳利益标准的规定。

在本文所调查的38个上市公司的案件中，由于每个案件的普通债权人在被人民法院接受破产重整申请时均处在资不抵债的情况下，而没有一个案件中的普通债权人组得到了全额的清偿，因此每个案件的普通出资人利益反而都获得了相当程度的保护，这很明显的是一个对绝对优先原则的违背。在《企业破产法》今后的制定过程中，把绝对优先原则通过法律明确规定的意识形态引入企业立法，可以重塑各方利益相关者主体在整个企业破产重整程序中的地位，从而彻底改变普通债权人在出资方面前的被动状况。

《企业破产法》第64条规定了债权人会议通过的决议违反法律规定而损害债权人利益的救济途径，但没有规定人民法院强制批准重整计划草案时的救济方法，而《民事诉讼法》对批准重整计划的裁定也规定了不得上诉。故为最大限度的保障破产重整程序中的债权人权益，《企业破产法》就法院所强制裁定批准的重整计划草案之生效，宜规定相应的异议期限。在异议期内，法律应当给予除重整计划草案制定主体之外的其余利害关系主体，因重整计划的具体内容存在重大程序违规或实质违法的情况，向已作出强制批准重整计划裁定的上级人民法院提出异议的权利。异议期的存在，既能够避免其余利害关系主体“躺在权利上睡觉”，也给予了该些利益市场主体积极查找证据以保护自己权益的机会。

五、结语

本文立足于我国破产重整机制的法理基础，梳理研究了国内近2010～2019年出现的38个上市公司破产重整案件，分析了我国破产重整实践中存在的法律问题，并选取了5个上市公司破产重整典型案件加以分析，然后在总结中国现有的破产法立法规范、最高人民法院的解释和意见以及我国破产重整法律实践的基础上，参考域外破产重整的实践经验，尝试着提出了具体的处理建议。通过本文研究表明，在破产重整中实施债转股无论是实践方面亦是理论层面均具备非常关键性的意义。对破产重整的公司来讲，债转股的顺畅开展能够给公司给予再次发展的机会。目前国内对债转股的相关法律并不健全，实践中对破产重整运用债转股时出现了较多的法律难题。对所发现的法律难题开展进一步解析同时给出对应的处理措施,才可以在实际层面展现债转股在破产重整程序中的具体功能。

整体来讲,在破产重整里顺畅开展债转股需建立更加完善的立法环境。在权益平衡制度准则下,在开展破产重整债转股时不但需对社会总体权益进行维护,同时还需让债权方获得最大权益,让债务方获得重建机会。债转股在破产重整里的实际运用依然有很多需要研究的内容,效率与公平同时兼顾为其最终追求的目标。

子主题三：特殊类型企业重整

破产重整中留用地出资问题的处理路径探析

李 杰*

一、背景及问题

留用地是我国城镇化过程中非常有本土特色的产物。城镇化是社会经济发展的必然趋势，改革开放以来，随着经济体制改革和设市建镇的标准放宽，我国的城镇化迎来复苏和发展的时期。此期间，城镇数量急剧增加，原有城市也因开发区的大量设立而不断扩张建设。在城镇化的过程中，不可避免地发生农村土地被征收的现象。1986年《土地管理法》出台，该法要求对被征地的农民给予土地补偿费和安置补助费，但失地农民无法享受土地增值的收益。随着经济的不断发展，土地要素的价值激增，征地过程中的矛盾也日益激化。为了保障失地农民的权益以及长远的生计，也为更好更快地推进城镇化进程，各地政府在国家征地补偿制度的基础上，因地制宜地探索各类安置补偿措施，村集体留用地政策就是这个过程中的一种制度创新。

留用地是指在政府征用（收）农村集体土地时，核定一定比例的土地指标，预留给被征地的村级农村集体经济组织（以下简称村集体），用于发展非农产业，为失地农民提供较稳定且长期的收益保障及再就业的制度。[1] 为保证农民获得持续、稳定的收入，留用地制度往往在土地市场发育程度较高、城市化水平较高、土地需求较旺盛的地区推行，[2] 最早出现于20世纪80年代的深圳，后来在广东、浙江、福

---

* 李杰，国浩律师（杭州）事务所律师，中国计量大学经济法学硕士。

〔1〕 王权典：《统筹城乡征地留用地保障政策之法律研析》，载《行政与法》2010年第2期。

〔2〕 黄亚云、金晓斌等：《征地留用地安置模式适用范围的定量评价与实证研究》，载《城市发展研究》2009年第3期。

建、上海及江苏等20多个省均有实践。农民取得留用地指标后,一般会进入留用地选址环节,但也有村集体选择留用地指标折算为一次性补偿或指标转让等货币化分配方式,或选择置换土地开发后的物业,或“货币+物业置换”结合的方式。[1]选择实物留地的,土地一般分为国有建设用地使用权或集体建设用地使用权两种性质。结合各地的留用地规定,留用地制度的施行模式大致见图1:

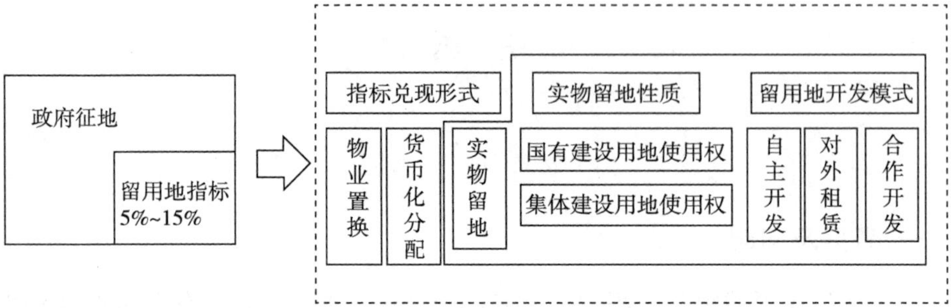

图1　留用地制度的施行模式

村集体留用地开发模式主要有自主经营、对外租赁和合作开发三种。自主经营模式一般适用于自身经济实力比较强、经营管理水平比较高的村集体,带来的收益也较高。出租经营模式对村集体的要求较低,但收益较低。合作开发模式综合了以上两种模式的优点,村集体将留用地估值后,以土地作价入股与社会资本合作对留用地进行开发建设,村集体按约定的比例分割开发后的物业。

杭州留用地制度鼓励村集体多采用与社会资本合作开发的模式,提高开发成功率。[2]杭州允许村集体以留用地折价入股的方式找开发商合作开发,但村集体持股比例不得低于51%,开发完成后,村集体持有不低于地上总建筑面积(不含物业用房面积)51%的房产和地下空间51%的建筑面积(以下将地上建筑面积和地下建筑面积统称为物业)。实践中,村集体(如村集体股份经济合作社)与社会资本组成有限责任公司是最为常见的形式。但是,与社会资本合作,参与市场竞争,在取得市场化带来的巨大土地收益外,也要承担可能存在的市场风险。《公司法》规定,公司以其全部财产对公司的债务承担责任;根据《企业破产法》的规定,破产申请受理时属于债务人的全部财产,以及破产申请受理后至破产程序终结前债务

〔1〕吴军、闫永涛等:《广州市村集体留用地政策演变及实施思考》,载《城市发展研究》2020年第11期。
〔2〕郑沃林、谢昊、郑荣宝:《农村留用地开发问题与对策》,载《中国土地》2016年第6期。

人取得的财产,为债务人财产。村集体以留用地出资后属于项目公司的债务人财产,理应全部用于清偿债权人。但若留用地(包括其上属于村集体的物业)由管理人在破产程序中变价处置,则村集体将彻底失去赖以生存的基础,即使允许由村集体优先回购,回购款也是一笔额外的巨大负担,无论何种情形,都易引起失地农民的不满,导致社会不稳定事件的发生。反之,若留用地无法用于清偿债权人,一方面与《企业破产法》《公司法》的相关规定不相符,另一方面也会引起债权人的不满,尤其是工程款债权人,其背后代表的是广大农民工群体的生存利益,也将成为非常棘手的问题。因此,破产程序中遇到留用地出资问题时,如留用地项目尚未建成,或建成后尚未析产至村集体名下时,如何处理已出资到项目公司的留用地资产成为管理人、法院、属地政府的大难题。

实践中,某地法院在处理留用地项目公司执行案件时遇到了类似问题,村集体与社会资本合作进行项目开发,并将在建工程整体抵押给银行进行贷款,但因各种原因,工程最终停工,银行要求行使抵押权,整体拍卖该项目的留用地。经协调沟通,法院终于决定,对49%份额的在建工程及土地使用权采取公开拍卖,对51%的份额由村集体定向回购,买受方在竞拍成功后与村集体共同开发和分割留用地项目。但从最终成交结果看,买受方仅付出了49%物业市场价值的成本,其中49%的受让款用于拍卖取得49%物业,剩余51%交付给村集体,由村集体购买剩余的51%份额。这种操作模式形式上虽然满足留用地项目整体处置用于还债的要求,但事实上债权人并没有享受到51%份额的市场价值,村集体的权益完全不受影响。因此,留用地项目重整中的村集体的权益应该如何进行调整、51%物业的权益如何保障。本文将从留用地的法律属性、留用地出资行为等方面进行分析,为如何处理破产重整中留用地出资问题提供思路。

二、留用地的法律属性

留用地制度上没有国家统一的法律规范,各地的留用地制度也存在一定差异。由于我国对土地所有权制度的特殊规定,村集体享有的留用地无论是国有的还是集体所有的,实际上都是一种土地使用权,本文探讨的留用地法律属性也主要围绕土地使用权的法律属性展开。权利的法律属性决定其法律适用,也是构建解决留用地(实物意义上指向土地,权利意义上指向土地使用权)出资问题的基础和出发点。本部分先梳理现有规范、学说的定义,再通过提取共识性的特征,探讨留用地

的法律属性

(一)关于留用地定义的现有规范及学说

1. 留用地的规范沿革

(1)国家层面文件

留用地制度最初由广州、深圳等地发展而来,最早被国家层面认可的文件为1995年原国家土地管理局、国家经济体制改革委员会发布的《关于小城镇土地使用制度改革若干意见的通知》,[1]该意见将留地安置作为解决被征地农民的安置问题的办法之一。1999年国土资源部《关于加强征地管理工作的通知》发布,[2]该文件规定,留用地是一种征地安置机制,即按照规划用途预留一定比例的国有土地,确定给被征地的农村集体经济组织使用,发展农业生产或从事多种经营。2014年中共中央、国务院印发《关于全面深化农村改革加快推进农业现代化的若干意见》[3]中,将留地安置、补偿作为征地制度改革的一部分,确保被征地农民长期受益。

从国家层面的文件来看,关于留用地的规定均是对土地这一实物的描述,阐述了留用地的开发方式和作用,除规定留用地属于国有外,并未揭露留用地的完整法律属性。

(2)各地区规范

留用地的规定很多,本文选取广州、上海、杭州、南京等地区的规定作为代表,虽然各地在留用地制度的具体操作中有所不同,但对于留用地的定义方式却大同小异。

广东省发布《广东省征收农村集体土地留用地管理办法(试行)》(粤府办

---

[1] 原国家土地管理局、国家经济体制改革委员会《关于小城镇土地使用制度改革若干意见的通知》([1996]国土[建]字第6号):"六、妥善解决被征地农民的安置问题。对被征地农民应采取多种途径进行安置。安置方案不落实的,不得征用土地。各地可根据小城镇地改的特点,在征地中采取费用补偿与留地安置相结合的办法,妥善安排其生产和生活,确实保护被征地农民的利益。征地补偿费和安置补助费必须用于被征地农民的生产和生活,任何单位不得截留,挪作他用。"

[2] 国土资源部《关于加强征地管理工作的通知》(国土资发[1999]480号)第3条中规定:"各级土地行政主管部门要积极探索货币安置、社会保险方式安置等途径,形成以市场为导向的多种途径安置机制。经济发达地区或城乡结合部,可按照规划用途预留一定比例的国有土地,确定给被征地的农村集体经济组织使用,发展农业生产或从事多种经营。"

[3] 中共中央、国务院印发《关于全面深化农村改革加快推进农业现代化的若干意见》(中发[2014]1号):"加快推进征地制度改革。……因地制宜采取留地安置、补偿等多种方式,确保被征地农民长期受益。"

〔2009〕41 号）规定，留用地是指国家征收农村集体土地后，按实际征收土地面积的一定比例，作为征地安置另行安排给被征地农村集体经济组织用于发展生产的建设用地。留用地的使用权及其收益全部归该农村集体经济组织所有。

上海市发布《关于本市实施农村集体征地留用地制度暂行意见》（沪府发〔2005〕35 号）规定，留用地制度，是指在征用农村集体土地时，核定一定比例的土地指标，留给被征地的村集体经济组织，用于发展非农产业经营性开发，为失地农民提供就业岗位和股金分配，长期保留村集体经济组织和农民在土地上的发展权和财产权，从而使被征地农民的收入真正随着城市化的进程而“水涨船高”。

杭州市发布《杭州市区村级留用地管理办法（试行）》（杭政函〔2014〕35 号）规定，留用地是指以村级集体经济组织为单位，在城乡规划和土地利用规划确定的建设用地范围内，按照一定比例核定规模，给予相关优惠扶持政策，专项用于发展村级集体经济的土地。

南京市发布《关于深入开展征地留用地工作促进农村集体经济发展的实施意见》（宁委办发〔2017〕87 号）规定，征地留用地是指在征收集体土地时，按照征收农用地面积的一定比例核定建设用地规模，留给被征地集体经济组织用于发展二、三产业，以不断壮大农村集体经济，保障被征地农民长远生计。征地留用地政策是提高被征地农民保障水平的一种补充性补偿安置方式。

对上述各地规定关于留用地的定义进行归纳，留用地是征地货币安置方式的补充形式，指国家在征收农村集体土地时，按照一定比例留给农村集体经济组织的建设用地，该地可用于发展非农产业，保障农民的生产生活。但是该定义与国家层面文件规定的内容类似，也主要是对土地实物的描述，无非是在留用地比例、用途、管理、作用等方面描述的详略不同，但仍然无法从该定义中直接获取留用地法律属性，不清楚村集体在留用地上享有的权利性质。

2. 学术研究

对留用地制度研究内容的不同，导致各学者描述留用地的角度也不同，可分为实物说、物权说、土地发展权说三种学说。这类定义方式描述留用地作为土地所能发挥的功能，与上述文件规范的表述类似。

（1）实物说

实物说认为留用地是一种货币补偿方式，被征地主体通过留用地的开发，可以保障农民长期稳定收益,使农民共享农地转非后的增值收益。[1]

(2)物权说

物权说认为应当构造留用地使用权,并试图将留用地使用权物权化。具体而言,留用地使用权的主体是村集体,并通过资产量化形式分配到农民个人,实现从集体权到成员权的转化;留用地使用权的客体是留用地,无论国有还是集体所有,农民对该地享有的都应该为建设用地使用权;留用地使用权的内容包括占有(排除他人非法侵占)、使用(选择开发用途)、收益(分配模式和分配形式)、处分(留用地使用权的流转)。[2]

(3)土地发展权说

土地发展权说认为留用地的实质其实是政府赋予被征地村集体对一定面积用地的土地发展权。[3] 土地发展权是一项可以与土地所有权分离而单独处分的财产权。[4] 土地发展权是将土地变更为不同使用性质的权利,[5]其客体不是物,而是土地开发利用所产生的发展性利益。[6] 留用地制度就是将原来的农业用地改变为非农建设用地,并将部分增长的土地利用价值赋予村集体,使村集体拥有变更土地使用性质而产生的持续经济收益的权利。该政策实质上是赋予了集体处置规划区范围内国有土地的权利,即村集体可以在符合规划的前提下决定一块土地的具体使用者和用途,并获得用地收益。[7]

---

[1] 张占录、曹君:《关于留用地安置制度的调研分析》,载《国家行政学院学报》2008年第6期;金晓斌、魏西云等:《被征地农民留用地安置模式适用性评价研究——分析浙江省典型案例》,载《中国土地科学》2008年第9期;李明月、江华:《对安置留地产权归属的一点看法——兼与王如渊博士等商榷》,载《城市发展研究》2007年第2期;鹿心社:《研究征地问题,探索改革之路》,中国大地出版社2003年版,第94-102页;王如渊、孟凌:《对我国失地农民"留地安置"模式几个问题的思考——以深圳特区为例》,载《中国软科学》2005年第10期;唐健、李珍贵等:《因地制宜地稳妥推进留地安置——基于对10余省份留地安置的调研》,载《中国土地科学》2014年第4期。

[2] 刘国臻、罗伟洲:《征地留用地使用权物权化研究》,载《学术研究》2016年第2期。

[3] 岳瑞:《土地发展权语境下的留用地实质及制度优化研究》,载《规划师》2022年第1期。

[4] 梁慧星认为:"土地发展权是一种可与土地所有权分离的独立财产权。"江平等认为,从我国的国情出发,土地发展权应定位于农地发展权。柴强认为,土地发展权的基本观念,是发展土地的权利,是一种可与土地所有权分割而单独处分的财产权。胡兰玲认为,发展权不仅是一种物权,而且是一种与所有权具有相同效力和权能的物权,它可与土地所有权相分离而单独使用和处分。转引自刘国臻:《论土地发展权在我国土地权利体系中的法律地位》,载《学术研究》2007年第4期。

[5] 李世平:《土地发展权浅说》,载《国土资源科技管理》2002年第2期。

[6] 刘国臻:《论土地发展权在我国土地权利体系中的法律地位》,载《学术研究》2007年第4期。

[7] 谭荣:《集体建设用地市场化进程:现实选择与理论思考》,载《中国土地科学》2018年第8期。

从留用地的各种学说可以看出,由于留用地缺乏法律层面的统一规定,虽有学者为留用地在法律体系中的寻找相应的地位作出了探索,但大多数学者仍然从实用主义角度出发,以描述性的方法阐述留用地的概念。这种方式使留用地遇到纠纷时,难以适用相关法律,不利于定分止争。

(二)留用地法律属性的多元分析

从留用地的文件规范和各类学说中可以看出,留用地是国家给予失地农民的一块建设用地,但能否实现及如何实现留用地价值取决于失地农民在这块建设用地上所拥有的使用权的法律属性,本文将从主体、客体、内容等三个角度展开分析。

1. 留用地使用权的主体——农民集体经济组织

(1)明确农民集体与农村集体经济组织的关系——所有制与所有权的视角转换

实践中大多数留用地的权利主体是农村集体经济组织,源于被征收的土地属于集体所有,体现公有制的特征。[1] 但我国法律对土地的所有权主体的规定存在很大争议。《民法典》与《土地管理法》规定一致,即农民集体所有的不动产和动产,属于本集体成员集体所有,农村集体经济组织依法代表集体行使所有权。因此,农民集体、农村集体经济组织似乎并不是同一法律概念。但《民法典》仅规定农村集体经济组织是特别法人,却并没有给农村集体赋予民事主体的地位,农民集体不具备民事能力,如果将农村集体作为所有权的主体,则其权利主体内容虚化,无法与现有的物权法律制度相衔接。[2] 时至今日,学术界对农民集体与农村集体经济组织之间是否属于同一主体的认识仍然存在不一致。[3]

有观点认为,农民集体所有的不动产和动产,属于本集体成员集体所有,该规定前面的"农民集体"与后面的"本集体成员集体"是同一个集体,"农民集体"是所有制意义上的集体,所有制构建的是生产关系,是政治经济学的概念,"本集体成员集体"是民法中所有权意义上的集体,所有权构建的是法律关系,是法学概念,该条文看似用语重复,实则是属于概念转换规定。农民集体是农村集体经济组织的所

---

[1] 姚如青:《农村土地非农开发和集体经济组织重构——基于浙江两种留地安置模式的比较》,载《中国经济问题》2015 年第 6 期。

[2] 代琴:《我国民法典物权编应当确定农村集体经济组织为农村土地所有权主体》,载《内蒙古社会科学》2020 年第 2 期。

[3] 高圣平:《〈民法典〉与农村土地权利体系:从归属到利用》,载《北京大学学报(哲学社会科学版)》2020 年第 6 期。

有制本质界定,而农村集体经济组织是农民集体的法律形式表达。[1] 即使认为农民集体与农村集体经济组织不属于同一主体的观点中,也认为农村集体经济组织实际上是农民集体成为法律权利体系中所有权主体所必须借助的组织体。[2] 从实践来看,也存在将农村集体经济组织等同于农村集体的做法,例如,《浙江省农村集体资产管理条例》规定:农村集体资产,是指村集体经济组织成员集体所有的资产。[3] 因此,对于权属主体的分歧争议不利于实际问题的解决,以农村集体经济组织作为权利属性讨论的主体更能解决实际问题。

(2)农村集体经济组织的特点

《民法典》规定,农村集体经济组织为特别法人,但没有具体运行规则的规定,而是交由其他法律、行政法规解决,其作为特别法人的特别之处主要体现在集体所有和共同富裕两方面。

第一,集体所有——公有制的重要组成部分。从起源看,农村集体经济组织是以农民集体土地所有权为基础建立的,[4]因此集体所有是农民集体经济组织的另一大特征。集体所有不等同于国家所有,是一种特殊的所有形式,是一个社区单位内的全体农民,共同对占有的生产资料享有直接的所有权。[5] 集体所有也不等于农民共有,无论是按份共有还是共同共有,其立足点都在于个人权利,共有人加入或退出组织都将导致个人对财产的分割,这与集体所有的公有制性质相违背。[6]

农村集体经济组织为特别法人所体现的公有制特征主要有两个方面:一是设立方面。农村集体经济组织在组成上属于"籍合组织"[7],即以农村户籍作为取得成员资格的原则性条件,与出资行为无关。[8] 成员在集体中享有的权利也并非按照出资大小进行分配,而是按照例如人头或对集体的贡献大小等分配给成员,以体

---

[1] 陈甦:《农村集体经济组织法构众说窥略——有关农村集体经济组织法律形式变革的稿件编后感》,载《法学研究》2022 年第 3 期。

[2] 李国强:《权利主体规范逻辑中的农民集体、农村集体经济组织》,载《求索》2022 年第 3 期。

[3] 尚未建立村集体经济组织的,农村集体资产的所有权暂由村民委员会代表全体成员行使。

[4] 何宝玉:《我国农村集体经济组织的历史沿革、基本内涵与成员确认》,载《法律适用》2021 年第10 期。

[5] 韩松:《我国农民集体所有权的实质》,载《法律科学(西北政法学院学报)》1992 年第 1 期。

[6] 王利明、周友军:《论我国农村土地权利制度的完善》,载《中国法学》2012 年第 1 期。

[7] 陈甦:《籍合组织的特性与法律规制的策略》,载《清华法学》2018 年第 3 期。

[8] 王洪平:《农民集体与集体经济组织的法律地位和主体性关系》,载《法学论坛》2021 年第 5 期。

现集体所有和共同富裕的原则。[1] 二是利益分配方面。“折股量化”是集体成员参加收益分配的依据,但这里的“股”并不对应具体的财产,而仅指从集体资产上分得的收益,个人不能据此分割集体资产。在收益分配的顺位方面,集体收入一般优先用于公益事业、集体福利和扶贫济困,剩余部分用于成员分红。[2]

第二,作用特殊——共同富裕。共同富裕是社会主义的本质要求,如何让农民富裕起来是共同富裕中的重大课题。如上所述,农村集体经济组织的利益分配,首先考虑的是集体福利和公益事业等,在分配时也以平等和共同富裕为原则,这对提高农民的生活水平有重要意义。此外,农村集体经济组织参与创办的各类企业也为农民提供了大量就业机会,增加了农民收入。因此,农村集体经济组织在新时代中发挥了促进共同富裕的作用。[3]

2. 留用地使用权的客体

留用地使用权的客体是指征收补偿的土地,在土地落实之前,客体是留用地指标,土地开发之后,客体也包括土地上的建筑物等。

(1)留用地是公有制的载体

农村集体资产分为资源性资产、经营性资产、非经营性资产。[4] 留用地的土地是集体资产,但归属于上述何种类型却存在争议。资产分类的重要性在于明确资源性资产的特殊性。资源性资产与其他资产的最重要不同在于其属于公有制专属资产。[5] 从资源性资产的内容看,土地、森林、山岭、草原、荒地、滩涂的所有权均是由《宪法》直接规定的,自然资源的所有权不可自由交易,因此资源性资产属于免责财产,[6]这是土地公有制的应有要求。[7]《农村集体经济组织示范章程(试行)》对此也有规定。[8]

---

〔1〕 孔有利、刘华周:《农村社区股份经济合作社产权分析——以江苏省村级集体经济组织股份合作化为例》,载《中国农学通报》2010 年第 23 期。

〔2〕 陈甦:《农村集体经济组织法构众说窥略——有关农村集体经济组织法律形式变革的稿件编后感》,载《法学研究》2022 年第 3 期。

〔3〕 陈锡文:《充分发挥农村集体经济组织在共同富裕中的作用》,载《农业经济问题》2022 年第 5 期。

〔4〕 《中共中央、国务院关于稳步推进农村集体产权制度改革的意见》。

〔5〕 宋志红:《集体经营性资产股份合作与农村集体经济组织之关系重构》,载《法学研究》2022 年第3 期。

〔6〕 郭洁:《论农村集体经济组织的营利法人地位及立法路径》,载《当代法学》2019 年第 5 期。

〔7〕 宋志红:《论农民集体与农村集体经济组织的关系》,载《中国法学》2021 年第 3 期。

〔8〕 《农村集体经济组织示范章程(试行)》第 5 条:“本社依照有关法律、法规、政策的规定,以集体土地等资源性资产所有权以外的集体经营性资产对债务承担责任。”

留用地的土地即使是国有土地使用权,但与其他国有土地使用权不同,其来源于资源性资产——农村集体土地所有权的征收补偿,补偿中包含了土地所有权对价的部分,具有公有制专属资产的特殊性。从来源看,集体土地所有权对价部分的收益并非集体成员劳动贡献的结果,而纯粹属于集体土地作为一种生产要素带来的贡献,本质上属于土地所有权的地租收益,是由国家直接赋予农民的,体现了公有制的特点。如果土地所有权不得转让,那么土地所有权转化而来的收益的转让也应当有所限制,否则集体资产存在被私有化的风险,丧失公有制特征。

(2)留用地是社会保障的载体

农村土地制度的设计包含对农民生存保障的理念,[1]土地上的承包经营权和宅基地使用权为集体成员的提供了生存和发展的保障。[2] 如果集体成员个体永久脱离对土地保障的依赖,则该个体也将失去集体成员的资格,若集体成员都失去了土地,并脱离对土地保障的依赖,则集体经济组织也可以终止。[3]

从集体经济的发展历程看,农民加入公有制集体时获得国家的"历史承诺",即给予本人及后代以永续性的经济保障。[4] 一旦农村土地被国家征收,那么征收补偿就应当继续承担起农村土地的社会保障功能。在集体土地征收前,往往要求解决农民社会保障问题,否则不批准征地。[5] 2019 年修订的《土地管理法》新增了"保障被征地农民原有生活水平不降低、长远生计有保障"的内容,不仅要求征地补偿要维持农民当前的生活水平,更着眼于建立长期的社会保障机制,包括提供就业及医疗、养老保障。

作为征地补偿方式之一的留用地制度,自然也应当将解决农民社会保障问题作为其目标。[6] 改革开放以来,随着城镇化的不断发展和城市的不断扩张,留用

---

〔1〕 刘俊:《土地承包经营权性质探讨》,载《现代法学》2007 年第 2 期。

〔2〕 李爱荣:《"户"作为集体经济组织成员权的行使主体探析》,载《当代法学》2019 年第 6 期。

〔3〕 例如,《浙江省农村集体资产管理条例》规定,已撤村建居且符合下列条件的,村集体经济组织可以依照《浙江省村经济合作社组织条例》规定的程序予以终止:(1)本集体经济组织成员集体所有的土地全部被征收;(2)本集体经济组织成员全部纳入城乡居民社会保障体系;(3)农村社区全部划入城镇建成区;(4)社区基本公共服务实现城乡一体化和均等化。村集体经济组织依照本条例规定终止的,可以改制为有限责任公司或者股份有限公司。

〔4〕 高圣平:《〈民法典〉与农村土地权利体系:从归属到利用》,载《北京大学学报(哲学社会科学版)》2020 年第 6 期。

〔5〕 国务院《关于加强土地调控有关问题的通知》(国发〔2006〕31 号)规定:"社会保障费用不落实的不得批准征地。"

〔6〕 《杭州市区村级留用地管理办法(试行)》亦将"切实保障失地农民长远生计"作为制度的目标之一。

地已经成为农村集体经济组织赖以生存和发展的重要土地资源。[1] 留用地可用于二、三产业的开发，引入的项目可以为农民提供新的就业岗位，留用地项目的收益也解决了失地农民医疗、养老、教育、帮扶救助等社会保障问题。[2]

(3)留用地是农民发展权的载体

如前所述，有观点认为留用地的本质是给予农民土地发展权，土地发展权在农村具体化为农地发展权，结合土地发展权的定义，农地发展权是农地的所有人和使用人通过农地使用性质的变更或集约化生产实现农地增值发展的土地权利。农地发展权的产生源于国家对土地用途的管制，为了保障粮食安全，农民不得随意变更农地用途，农民放弃该土地发展权应当得到补偿；为了推进城镇化进程，国家征收农民的土地，在变更用途后产生了巨大的土地增值收益，在这收益中有农民的贡献，农民也应当分享利益。可以说，农地发展权就是为了实现土地用途管制下，国家、社会大众与农民之间利益的合理分配。[3]

利益的合理分配依赖于科学的征地补偿制度。土地是农民生存和发展的依托。城镇化早期阶段，我国的征地补偿制度曾因补偿标准时而遭诟病，其中最重要的原因是缺少对农地发展权的补偿。[4] 原有的补偿制度主要根据土地征收前的用途确定价值，国家实际上得到了农地发展权中的用途变更带来的收益。[5] 原有的一次性的货币补偿不仅无法弥补农民的损失，且农民失地后往往面临失业，缺乏稳定的经济来源，货币消耗完后又遭遇生存和发展的困境，引发征地纠纷和社会矛盾。因此，除了进一步提高征收补偿标准外，还应当建立持续的补偿机制，保障农民不断发展。[6] 而留用地制度的着眼点正是为农民提供持续的补偿，是农地发展权的有效实现方式。[7] 农地发展权的本质不仅在于保障农民基本生存权，还要保

---

〔1〕 黄亚云、金晓斌等：《征地留用地安置模式适用范围的定量评价与实证研究》，载《城市发展研究》2009年第3期。

〔2〕 例如，杭州三叉社区留用地项目，2012年收入2.39亿元，其中用于养老、医疗、教育、就业、帮扶救助等方面的费用共计2700余万元。参见谢涤湘、牛通、范建红：《新型城镇化背景下留用地制度的创新——以典型地区留用地政策为例》，载《城市问题》2017年第9期。

〔3〕 胡中华：《论农地发展权的构造》，载《中国地质大学学报（社会科学版）》2014年第5期。

〔4〕 朱晓刚：《发展权视角下农地征收补偿研究》，载《农业经济问题》2014年第7期。

〔5〕 陈柏峰：《土地发展权的理论基础与制度前景》，载《法学研究》2012年第4期。

〔6〕 黎晓武、陈威：《生存权与发展权视野下的土地征用补偿制度研究》，载《江西社会科学》2009年第10期。

〔7〕 杜丽霞：《土地征收中的社会发展与农民发展——以土地发展权为视角》，载《河北大学学报（哲学社会科学版）》2011年第5期。

障农民持续追求自身发展的权利。在这个意义上,作为财产权的农地发展权与作为人权的农民发展权产生的制度契合。[1]

3. 留用地权利的具体权能

作为一种权利,最重要的是明确其权能构成。具体的权能决定了权利保护的方式,最终决定权利能否实现。权利的目的与功能决定权利配置的具体权能。[2]

(1)目的与功能

通过前文的分析,留用地的目的与功能包括以下三点:

第一,补偿农民的征地损失。留用地首先是作为征地补偿方式出现的,直接目的是弥补失地农民的损失,提高失地农民的满意度,推进城镇化的发展。因此,留用地权利应当具有私权利的属性,村集体可以据此实现财产利益,且受到民法的规定和保护。

第二,保障农民的生存权和发展权。征地补偿要解决农民的长远生计,就是要保障农民的生存权和发展权。这不能仅仅依靠提高农民的一次性收益,而是要建立可持续发展的补偿制度。原来的集体土地所有权不仅承担着保障现有集体成员生存和发展的重任,还包括潜在的、未来的集体成员。土地被征收后,农民彻底失去土地的保障,即使其他社会保障制度得以建立,也无法弥补农民原先的土地保障部分,其中最重要是无法解决农民的就业和代际保障问题。[3] 因此土地征收中,不能只注重对集体土地财产属性的补偿,还要注重对社会保障功能的补偿。[4] 实践证明,留用地补偿有助于强化对被征收人生存权与发展权的长久保障,[5]应当继续坚持和发展留用地的该部分功能。

第三,维护和体现社会主义公有制特征。集体所有的留用地并不是通过市场交换来的,是国家因征收农民集体土地所有权的行为对农民集体的补偿,而集体对原土地的所有权是通过社会主义改造活动获得的。因此,集体对留用地的权利应当体现这种社会政治制度安排的特点。社会主义最终要实现共同富裕,共同富裕的经济基础是生产资料的公有制,作为公有制组成部分的集体所有制,更要实现公

---

[1] 朱未易:《论物权法上土地发展权与人权法上发展权的制度性契合》,载《政治与法律》2009 年第9 期。

[2] 胡中华:《论农地发展权的构造》,载《中国地质大学学报(社会科学版)》2014 年第 5 期。

[3] 韩松:《农地社保功能与农村社保制度的配套建设》,载《法学》2010 年第 6 期。

[4] 韩松:《农民集体土地所有权的权能》,载《法学研究》2014 年第 6 期。

[5] 陈小君:《农村集体土地征收的法理反思与制度重构》,载《中国法学》2012 年第 1 期。

有制的目的——共同富裕。

(2)留用地权利权能的特殊性

权能是权利人实现其利益的意志自由的体现,因此法律赋予留用地主体的权能就是法律所允许的该主体实现留用地利益的自由限度,[1]权能是权利本质的外化形式。[2] 留用地一般有两种模式,集体所有或国家所有的建设用地使用权,这种使用权具有特殊性,在公有制的背景下,所有制意义上的所有权人无法直接行使所有权,所以土地使用权近似于所有权。[3] 在民法上,土地使用权起到了所有权的功能。[4] 因此,本文按照所有权分离理论的框架,从占有、使用、收益、处分四方面分析留用地权利的权能。

第一,占有权能和收益权能可以被让渡。占有权能是民事主体对物实际掌握和控制的权能。[5] 使用权能是主体按照物的用途,在不毁损物或改变物的性质的情况下,利用物满足需要的权能。国家将留用地分配给村集体,村集体必然首先享有对留用地的占有和使用权能,但受村集体的经营管理能力、经济实力等因素,村集体未必需要由自身行使这两项权能。如前所述,留用地的目的是补偿农民的失地损失,在村集体难以通过自身获取可观的收益时,村集体可以通过对外租赁和合作开发的模式经营留用地。以本文探讨的问题为例,村集体以留用地入股,土地使用权归属于有限公司,占有权能和使用权能相应地也由有限公司享有。但为了保障失地农民长久的持有留用地,留用地的使用权能受到限制,以杭州市留用地制度为例,留用地项目的开发严禁涉及类住宅户型,如果改变合同约定的土地使用条件,则需要调整土地出让金或出让年限。

第二,收益权能是留用地权能的本质。收益权能是指权利主体对物所产生的孳息依法收取的权利。对于留用地而言,就是村集体获得土地上所产生的利益的权利。传统的收益权能需要以占有、使用为前提,但随着社会分工和经济的发展,收益权能逐步从占有、使用权能中分离出来,成为一种独立的权能。以土地使用权

[1] 韩松:《农地社保功能与农村社保制度的配套建设》,载《法学》2010 年第 6 期。

[2] 韩松:《论农民集体土地所有权的集体成员受益权能》,载《当代法学》2014 年第 1 期。

[3] 孙宪忠:《论物权法》,法律出版社 2001 年版,第 376 - 382、418 页;李俊杰、张国敏:《论国有土地使用权的性质》,载《河北法学》2006 年第 3 期。

[4] 高富平:《土地使用权和用益物权》,法律出版社 2001 年版,第 111、117、301 页。

[5] 王明锁:《论所有权占有权能与他物权控占权二元制法律体系的构建》,载《法律科学(西北政法大学学报)》2009 年第 6 期。

为例,土地使用权被用于修建房屋,但这种直接获得的实物收益只是一种过渡形式,最终通过销售、租赁转化为货币形态的收益,这种货币化的收益可以脱离占有、使用权能存在。从留用地的目的和功能看,无论是给予失地农民补偿、保障农民生存权、发展权,都无法单纯通过占有、使用来实现,最重要的就是通过留用地的收益来实现。若留用地得不到合理的开发,导致"留而不用""用而不良",农民迟迟收不到留用地带来的增益,最终无法实现留用地的价值。因此,有些地区开始认识到,留用地收益主要来源于土地上盖物业的租金收入,并积极探索收益实现途径的多样化,留用地政策逐渐从实物留地向货币、物业转变,减少收益对土地所有权的依赖,实现资源的"资产化"。[1] 收益权能是留用地作为一种财产权利的本质体现。[2]

第三,处分权能受到限制。处分权能的对象不是土地,是留用地权利,处分权能分为狭义上的转让和广义上设立负担,前者包括有偿转让、互换、赠与、出资等权利,后者包括抵押、租赁等权利。村集体享有留用地权利的处分权能,但是受到了严格的限制。以杭州留用地制度为例,留用地可以转让,但无法自行转让,由村集体提供留用地指标和土地,指定做地机构收储后按城市规划确定的土地用途公开招标、拍卖或挂牌出让;留用地可以出资,但村集体在留用地项目建成后持有的物业不得分割转让和销售;留用地可以用于抵押,但不得用于除村集体、本留用地项目以外的其他经济实体的抵押和担保。对留用地主体处分权能的限制,是为了保证留用地带来的收益的可持续性,更好地实现留用地的目的与功能。

(三)小结

综上所述,留用地法律属性可概括为国家在征地过程中,为了补偿失地农民的征地损失,保障其生存权和发展权,实现集体利益和共同富裕,在征地范围中按一定比例留给农村集体经济组织的土地,农村集体经济组织成员对该土地集体享有土地使用权,包括对土地进行占有、使用和收益的权能,并有权处分土地使用权,农村集体经济组织行使土地使用权时受到一定的限制。

三、以留用地使用权出资行为的分析

农村集体经济组织对留用地享有的是土地使用权,但该土地使用权在主体、客

---

〔1〕 陈晓明、叶宝源等:《广州市留用地统筹规划方法探索》,载《规划师》2020 年第 15 期。

〔2〕 宋刚:《论收益权能的用益物权化》,载《法商研究》2013 年第 6 期。

体、权能等方面均有特殊性。在本文讨论问题中,村集体以留用地出资,与社会资本共同设立有限公司的行为,属于村集体行使留用地使用权中的处分权能的行为。该出资行为有其特殊性,《公司法》等法律规定在不同情境下的适用亦有所不同。

(一)留用地使用权出资的特殊性

1. 主体特殊

股东以土地使用权出资的情况并不少见,《公司法》规定股东可以用货币出资,也可以用土地使用权等可以用货币估价并可以依法转让的非货币财产作价出资。留用地的主体是农村集体经济组织,《民法典》规定,集体依法可以出资设立有限责任公司,其作为出资人,可以按照约定或者出资比例享有资产收益、重大决策以及选择经营管理者等权利并履行义务。但农村集体经济组织以留用地出资的行为与一般的出资行为相比有其特殊性。

(1)村集体参与企业经营管理的程度特殊

村集体选择与社会资本合作,其原因就是村集体缺乏经营管理的能力。此外,村集体选择合作的目的是获得建成后的物业,至于企业经营的好坏,村集体并不关心。因此村集体缺乏意愿,也缺乏能力参与企业的经营管理。

(2)村集体的社会价值特殊

村集体以集体资产作为资本出资设立有限公司,实现集体资产增值的活动属于集体经济活动。[1] 因此村集体以留用地出资承担了集体经济的重大使命。集体经济一方面追求经济效益,但更重要的是实现集体成员的利益,经济收益要服务于集体成员,最终实现集体成员共同富裕。集体经济以增值为目标,不单是出于经济因素,更有社会和政治因素影响。集体经济发展不好,集体资产变少,集体缺乏创收渠道,最终导致"空壳村""空壳社"的出现,影响共同富裕的进程,影响基层群众自治的正常运转。[2] 有地区对农村集体经济组织出资设立的企业也纳入特别监管范围,防止企业弱化集体资产属性,脱离集体经济组织的管理,造成集体资产

[1] 韩松:《论农村集体经济内涵的法律界定》,载《暨南学报(哲学社会科学版)》2011 年第 5 期。

[2] 钟宪章:《空壳村发展壮大集体经济的理性思考》,载《农业经济》2018 年第 12 期。

流失。[1] 所以,村集体的出资行为与一般市场主体的出资行为相比存在特殊性,在目前对失地农民的社会保障体系和发展权保护机制尚没有建立起来的情况下,村集体出资就带有保障农民生存、发展,实现共同富裕的目的。

2. 客体特殊

农村集体经济组织以货币或设备等动产出资引起的争议较小,这与留用地的属性有关,一方面土地本身具有特殊性,另一方面征地补偿财产也有别于其他类型的财产。

(1)集体经济中土地的特殊性——财产性价值与社会性价值的矛盾

土地对于农民和集体经济有着特殊的意义,除了具有财产性价值外,还有社会性价值。因此,在破产程序中遇到农民、农村集体经济组织以土地权利出资时,其处理往往非常棘手。以农村土地经营权为例,在土地经营权单独作为一种物权之前,农民将土地承包经营权进行出资,一旦企业破产,将使农民实质上失地,可能导致农民群体性上访,社会稳定被破坏,政府和法院承担巨大的压力,案件处理十分艰难。[2] 农村农业部原先颁布的《农村土地承包经营权流转管理办法》规定,股份合作解散时入股土地应当退回原承包农户。有观点据此认为,土地承包经营权入股是一种债权的流转,不发生物权变动,不成为法人财产,以保障农民不失地。[3] 但随着"三权分置"改革,土地经营权从土地承包经营权中"分离"出来成为独立的物权后,这一争论稍显平复,虽然土地经营权也承担一定的社会价值,但因农民还保有承包权,不至于彻底失地,有观点认为土地经营权可以作为企业独立财产在破产中进行处理。[4] 不过为保障农民的权益,当企业破产清算后,农民可以回购土地经营权。[5]

---

〔1〕 广州市人民政府《关于加强农村集体经济组织管理的指导意见》规定:"关联经济组织的监督管理。关联经济组织指农村集体经济组织出资成立的公司和分公司,或者实际控制(包含且不限于控股等形式)的经营主体。关联经济组织的公司章程须与集体经济组织的组织章程对接,其管理办法由相关农村集体经济组织制定,接受相关集体经济组织的监督,报镇人民政府(街道办事处)备案。防止关联经济组织弱化集体资产属性,脱离集体经济组织的管理,造成集体资产流失。"

〔2〕 刘冰:《农村承包土地经营权的破产处置》,载《法学》2018 年第 4 期。

〔3〕 高海:《土地承包经营权入股的法律性质探析》,载《法学论坛》2011 年第 3 期。

〔4〕 房绍坤、张旭昕:《"三权分置"下农地权利入股公司的路径与规则》,载《湖南大学学报(社会科学版)》2019 年第 6 期。

〔5〕 农业农村部、国家发展改革委、财政部、中国人民银行、国家税务总局、国家市场监督管理总局《关于开展土地经营权入股发展农业产业化经营试点的指导意见》。

如前所述，留用地也存在特殊性，承担着社会性的各项目的和功能，留用地使用权上并未区分出“经营权”概念的情况下，当其作为资产出资到企业中，也会遭遇原先土地承包经营权入股类似的困境。为了解决这个问题，实践中出现了创设留用地的经营权的做法。广东省佛山市南海区为了保障农民获得长期稳定的收益，将留用地以划拨的形式分配给农村集体经济组织，虽然可以保证农民长期持有土地，但也对其流转设置了障碍。为解决这个矛盾，南海区设立了留用地经营权，即土地使用者在不改变留用地土地所有权性质、不改变留用地使用权归集体所有和规划用途的前提下，在一定年限内享有的对国有划拨留用地使用、收益和一定处分的权利，并可申领国有土地经营权证。[1] 这种创新反映出实践中解决留用地流转（包括出资）障碍的急迫性，这从另一个角度体现了留用地使用权作为出资的财产性价值和其社会性价值之间的矛盾和特殊性。

（2）征地补偿的特殊性——用途管控和长久保障

传统的征地补偿包括土地补偿费、安置补助费、地上附着物及青苗补偿费。《土地管理法》和《土地管理法实施条例》规定，土地补偿费属于农村集体经济组织；需要安置的人员由农村集体经济组织安置的，安置补助费也属于农村集体经济组织。为实现征地补偿的目的，《土地管理法实施条例》规定安置补助费必须专款专用，不得挪用。各地对土地补偿费的用途也有相关规定，以杭州为例，中共杭州市委办公厅、杭州市人民政府办公厅《关于加强农村集体土地补偿费管理的意见》提到，土地补偿费是土地资产的货币化，是农民的长远生计所在，必须切实加强对土地补偿费的管理，特别规定土地补偿费应当依次满足被征地农民养老保障资金的支付、被征地农民土地承包权益的补偿、农民生活补助资金的分配、村级集体发展资金的留存。

作为货币化征地补偿的补充形式，留用地也必须体现征地补偿的特殊性。村集体以留用地使用权出资，就不能单一地从《公司法》一般意义上的土地使用权流转的角度分析，而要从整个留用地制度的目的、功能和体系安排进行解释。以杭州为例，杭州留用地制度虽然允许村集体以留用地出资，但配套的要求留用地项目企业应该返还 51% 的物业。如果剥离物业返还的结果单独看出资行为，就很难理解

---

〔1〕 潘汝海、胡西武：《关于创设国有划拨留用地经营权的探讨——以广东省佛山市南海区为例》，载《中国土地》2016 年第 5 期。

留用地制度为什么允许村集体进行出资,单纯的出资使留用地归属于企业,在市场竞争中有可能导致留用地被作为责任财产用以清偿债务,村集体无法享受留用地的补偿功能,这种制度安排与其他征地补偿的安排在逻辑上是矛盾的。因此出资和物业返还是不可分割的,出资是物业返还的前提,物业返还是出资追求的结果,最终失地农民凭借返还的物业部分实现长久生计的保障,体现了留用地作为征地补偿的特殊性。

(二)留用地的出资与析产实际上属于特殊的征地补偿行为

1. 村集体并不享有完整的股权权能

股权的内容比较复杂,包括自益权能和共益权能,自益权能如利润分配请求权、剩余财产分配请求权,共益权能如知情权、表决权等。[1] 股东的目的是获得公司的盈余,知情和表决等非财产性的权能是股东追求该目的的手段和过程,并非终极目的,因此以自益权能为代表的财产性的权能是股权权能的核心权能。[2]

村集体入股的终极目的并不是为了获得企业的盈余,而是取得建成后应得的物业。其享有51%股权的目的,并不是追求在企业获得利润时,可以获得51%的分红。事实上因为企业在建成后不把51%物业转移至村集体名下之前都无法销售其他49%的物业,企业在村集体分得物业前也无法获得盈利。因此形式上村集体享有股权的比例与分得物业的比例是一致的,但这二者之间的联系并不是股权与利润分配、剩余财产分配的关系。

村集体享有51%股权的目的主要是取得非财产性的共益权能,尤其是表决权,防止集体资产被社会资本不当吞噬,造成集体资产流失。村集体占有51%股权的比例并非一成不变,主要是为了体现由村集体主导开发留用地的原则。从留用地制度的发展来看,村集体持股比例也经历了从50%—可相对控股—不得低于51%的变化,[3] 均体现了由村集体主导的原则。这一原则能够较好地防止村集体

[1] 黎珞:《股权权能分离制度的法律分析》,载《学习与实践》2016年第10期。

[2] 孔祥俊:《公司法要论》,人民法院出版社1997年版,第270页。

[3] 2005年,杭州出台《加强杭州市区安置用地管理暂行意见》,为鼓励留用地的开发利用,允许村集体与社会资本合作开发留用地项目,村集体占项目公司的股权比例原则不得少于50%。2006年杭州出台《关于完善杭州市区留用地管理的补充意见》,放宽留用地开发主体的相关要求,提出因招商引资需要合作开发,且村集体经济相对薄弱、控股50%以上股份确有困难,村集体可相对控股。2008年杭州出台《关于加强村级集体经济组织留用地管理实施意见》,要求外来合作方累计所占土地(股份)的比例不得超过49%。2009年杭州市又出台《关于进一步完善村级集体经济组织留用地出让管理补充意见》,要求村集体与合作方联合开发的项目,村集体所占股份应不低于51%。

利用政策,以为村民牟利为名,行卖地卖房开发房地产之实,[1]也有利于村集体对留用地项目的进展进行监督,防止信息不对称甚至信息断裂,损害集体成员利益。

2. 村集体以留用地出资本质上是转让土地使用权

从出资行为看,村集体与一般股东存在区别,而留用地项目建成后的析产行为,即项目企业将属村集体部分的房产与相应的土地份额转移至村级集体经济组织名下,也难以从股权的角度得到合理的分析。

首先,如果认为留用地出资后属于企业法人的独立财产,出于资本维持的要求,股东无法随意分割企业的财产。留用地出资部分,除部分属于注册资本外,溢价部分有的以资本公积入账,有的以应付账款类入账。《公司法》对注册资本的减资,以及资本公积的用途都有明确的规定,无论是作为注册资本,还是作为资本公积,股东均不得随意抽回。

其次,如果从股权换产权的角度看,认为企业转移相应物业是用于回购村集体股权,该观点也有违资本维持原则。《公司法》赋予了股东申请公司回购股权的权利,但有严格的适用场景规定,即使股东与企业之间有关于回购的约定,也会因损害公司或债权人利益等问题受到限制。

最后,如前所述,如留用地出资溢价部分以应付账款类入账,认为企业转移物业是归还债务的行为,该观点也有不妥之处。且不论村集体与企业之间是否有借贷合意,单独比较溢价部分价值和返还物业价值的差异,也很难通过借贷关系解释。溢价部分价值低于返还物业价值的,物业价值高出部分受到是否有利率的约定,利率是否超出法律保护的上限等法律规定的约束;溢价部分价值高于返还物业价值的,又涉及集体所有资产流失的问题。

一方提供土地使用权,一方提供资金,这样的合作模式与“合作建房”十分相似。但是合作建房强调共同出资、共享利润、共担风险。如果提供土地使用权一方不承担经营风险,只分配固定利益的,属于转让土地使用权。[2] 固定利益不仅限于金钱,还包括房屋所有权等,这类固定利益实际上就是土地使用权转让的对

---

〔1〕 参见姚如青:《被征地农民的土地开发权:主要做法和成效分析——基于杭州市“留地安置”模式的观察》,载《中共杭州市委党校学报》2015 年第 6 期。

〔2〕 陈全、皮治勇诉重庆碧波房地产开发有限公司、夏昌均、重庆奥康置业有限公司合同纠纷案,载《最高人民法院公报》2010 年第 10 期(总第 168 期)。

价。[1] 从上述分析可以看出,留用地出资中,村集体实际上是享有房屋所有权的固定利益,不参与项目企业的其他利润分配,本质上属于土地使用权的转让。

3. 出资和析产共同构成完整的留用地征地补偿制度

村集体选择以合作模式开发留用地,在出资入股阶段,村集体的行为实质属于土地使用权转让,农民在形式上再次失去了土地,而项目建成后析产所得的物业部分就是本次转让土地使用权的对价。

综上,留用地出资与物业析产是不可分割的整体行为,从留用地换物业的形式上看,与其他形式的征地补偿有异曲同工之处。在其他不直接获得留用地的模式中,村集体最终也会取得一定的物业,例如,在"项目置换物业方式"中,留用地土地公开出让,竞拍人需承诺项目建成后无偿移交村集体物业,并以移交面积最多者为地块竞得人;[2]在"货币化处置"模式中,村集体可以公开出让留用地指标,但获得出让金需购买或置换一定的经营性用房。[3] 因此,可以看出,无论采用何种开发模式,留用地的最终目的是让村集体持有一定的不动产(土地或房屋),以保障失地农民可以获得长期、稳定收益。从这一制度的本质目标看,留用地合作开发模式允许村集体以失去土地为代价将土地出资入股至项目企业,必须安排后续的物业析产制度,两者相结合,构成了完整的征地补偿制度,才能真正实现弥补失地农民损失,保障生存权、发展权,最终实现共同富裕的目标。

4. 企业成为征地补偿制度的参与主体的法律依据

项目企业在留用地合作开发模式中,充当了二次补偿的主体,应进一步明确其中的法律关系。

首先,企业作为征地补偿的主体具有正当性。农村土地征收涉及三类利益主体,分别是土地需求者,农村集体经济组织和地方政府。[4] 项目企业是留用地的

---

[1] 最高人民法院民事审判第一庭编著:《最高人民法院国有土地使用权合同纠纷司法解释的理解与适用》,人民法院出版社 2005 年版,第 174、247 页。

[2] 《杭州市区村级留用地管理办法(试行)》第 25 条。

[3] 杭州市萧山区人民政府办公室《关于进一步加强村级留用地管理的意见》:"(一)货币化开发。鼓励各村(社区)采用货币化方式开发村级留用地,……村(社区)须将返还价款不少于 51% 用于购置在萧山区范围内除住宅外的经营性用房并长期持有;也可以在所开发的商住项目中,留起地上地下建筑面积不少于各 20% 的除住宅外的经营性用房,相关方案作为土地出让前置条件予以明确。返还的出让金相应扣减。"

[4] 谷中原、尹婷:《中国失地农民生活保障问题及其应对——基于征地补偿和安置视角的分析》,载《湖南农业大学学报(社会科学版)》2018 年第 2 期。

开发者也是土地需求者,是以追求利润为目的的营利法人,也属于征地过程中的利益相关者。留用地来源于农业用地的征收,社会资本通过项目企业参与留用地开发,获取了土地用途转换中产生的增值收益,该部分增值收益中有农民生存权和发展权的部分,农民应当有权分享增值收益。[1] 如果项目企业获得土地而不用承担其他的补偿责任,事实上就侵占了原本属于村集体的利益。[2] 因此,从土地利益分享的角度,项目企业应当承担一部分补偿责任。

其次,企业作为征地补偿的主体有合法性。虽然《土地管理法》规定农地征地补偿的主体应该是国家,但在有些地区,征地企业通过承担就业安置责任的方式,安排失地农民到自己企业工作,解决了农民生存问题。[3] 此外,留用地使用权也可能是国有土地使用权,与农地征收也有所区别。参考国有土地上房屋拆迁补偿规定,2011 年《国有土地上房屋征收和补偿条例》出台前,根据《城市房屋拆迁管理条例》的规定,房地产企业可以成为拆迁人,与被拆迁人签订安置补偿合同,即使《国有土地上房屋征收和补偿条例》限制拆迁主体是人民政府后,实践中仍然有房地产企业作为拆迁补偿主体的现象。[4] 虽然留用地上没有房屋,但客观情况都是导致使用权主体失去了使用权,因此,留用地项目企业作为征收补偿主体也有可借鉴依据。

最后,企业作为征地补偿的主体有合理性。有观点认为,留用地项目的析产按照拆迁安置补偿处理更为合适。[5] 如果不是拆迁补偿,那么项目企业转让 51% 的物业就当作正常销售处理,但是该销售过程并不是出于市场公平和自由交易,而是由相关规定决定的,不符合一般交易特征,且入股的留用地与作为对价的返还物业的公允价值之间可能存在差额,差额部分无法进行合适的税务处理。因此,参照拆迁项目的税收政策处理,项目企业无偿取得留用地,作为对价,将 51% 的物业作为补偿给予村集体,将 51% 比例的不动产对应的公允价值确定为收入,并确认拆迁

---

〔1〕 何元斌、侯学英、姜武汉:《我国征地过程中主体利益分析以及改革路径的选择》,载《经济问题探索》2014 年第 9 期。

〔2〕 杨涛、施国庆:《建设征地中相关利益主体利益关系探析》,载《农村经济》2006 年第 2 期。

〔3〕 栾量海、张强:《失地农民就业和社会保障的状况、问题与对策——山东省威海市抽样调查研究》,载《科学社会主义》2007 年第 6 期。

〔4〕 夏正芳、李荐:《房地产开发企业破产债权的清偿顺序》,载《人民司法(应用)》2016 年第 7 期。

〔5〕 中汇税务四部:《村级留用地相关开发涉税分析》,载微信公众号"税言税语"2020 年 1 月 21 日,https://mp.weixin.qq.com/s/H4FSP4VvTliqASo91c2fjw。

补偿成本。

(三)小结

村集体以留用地使用权出资的行为,在出资主体和出资客体方面都存在特殊性,村集体实际上不享有项目企业的利润分红,其最终获得的51%的物业符合固定利益的特征,故村集体的出资实际上属于出让土地使用权,对价是获得51%的物业,该对价具有征地补偿的性质。村集体以留用地使用权出资并获得51%的物业,保障了失地农民的生存权、发展权,体现了共同富裕的原则,最终实现了留用地制度的目的。

四、破产重整中留用地问题处理规则的构建

村集体以留用地出资与社会资本共同设立项目公司,在市场竞争中会遇到各类风险。无论是因为内部管理问题,还是受到外部因素的影响,一旦项目公司经营不善,陷入资金危机,就有可能进入破产程序。项目公司进入破产程序后,在清算模式下会遇到很多问题,如在没有将物业返还村集体之前,房地产等资产无法自由流通,难以处置;如果项目尚未完工,直接处置在建工程会遇到处置难、竣工验收难等问题。因此,留用地项目一般会采用重整模式,一方面有利于资产的处置;另一方面也有利于构建与村集体协商处理的平台,减小阻碍,顺利推进破产的进程。在破产重整中,仍然需要处理,村集体的出资人权益如何调整及51%物业的资产处置等问题。

(一)村集体的出资人权益调整规则

出资人权益调整是指在重整程序中,通过重整计划对破产企业原股东的权益进行调整的过程。《企业破产法》关于出资人权益的规定主要有两条,第85条第2款规定:"重整计划草案涉及出资人权益调整事项的,应当设出资人组,对该事项进行表决。"第87条第2款第4项规定:"未通过重整计划草案的表决组拒绝再次表决或者再次表决仍未通过重整计划草案,但重整计划草案符合下列条件的,债务人或者管理人可以申请人民法院批准重整计划草案:……重整计划草案对出资人权益的调整公平、公正,或者出资人组已经通过重整计划草案。"可以看到,尽管一般的重整计划都涉及出资人权益调整的问题,但《企业破产法》并未明确在什么条件下可以调整出资人权益,如何调整出资人权益才符合"公平、公正"的标准。本文认为,以留用地使用权出资的村集体的权益无需进行调整,理由如下。

1. 不调整不违反“绝对优先”原则

尽管《企业破产法》没有明文规定出资人权益必须调整，但一般情况下，出资人权益都需要进行一定的调整，这体现了“绝对优先”原则，该原则强调对当事人实体法上受偿顺序的尊重，要求破产程序中的清偿顺序与破产法外的清偿顺序相符，即在先顺序的债权人没有得到足额清偿的，在后顺序的债权人（包括股东）不应得到任何清偿。在该原则要求下，当公司资不抵债时，股东对公司不再享有资产权益，原则上不应当继续保留对公司的股份。〔1〕

“绝对优先”原则下，调整出资人权益的法理基础在于股东的受偿顺序在债权人之后。这一清偿顺位的设立取决于各投资者（债权人、股东）与公司的合同，及合同所适用的法律。在公司未进入破产前，债权人、股东都是公司的投资者，出于投资方式的不同，各投资者承担的风险也不同，这种风险主要体现在当公司出现清偿困难，各类投资者形成特定的优先位阶，例如，无担保债权人优先于股东，优先股股东优先于普通股股东。当然这种风险位阶的不同相应地决定了各投资人享受收益的不同。〔2〕 但是在留用地项目中，村集体作为出资人不享有企业利润的请求权，其与企业之间的合同关系决定其并不是真正公司剩余资产享有者意义上的股东。即使不调整村集体的出资人权益，村集体也只能固定地获得51%的物业，而不享有额外的利润收益。村集体对51%物业要求返还的权利属于债权请求权，是其土地使用权转让的对价，从利益分配的角度上，村集体实质上处于债权人的地位，因此，不调整其出资人权益不违反“绝对优先”原则。至于该债权请求权的受偿顺位如何，有待后文继续展开。

2. 不调整符合公平、公正原则

《企业破产法》要求出资人权益调整做到公平、公正，但是公平、公正不代表所有的出资人受到一样的调整，而是同种类别的股东一视同仁。〔3〕 所有出资人按统一的比例调整仅仅是满足了形式上的公平，但掩盖了实质上的不公平，若经营困境是大股东造成的，按比例统一调整就是让中小股东承担大股东行为的不利后果。《企业破产法》所谓的公平、公正对待出资人，是一个寻求“真实出资人权益”的过

---

〔1〕 许德风：《破产法论：解释与功能比较的视角》，北京大学出版社2015年版，第486－490页。

〔2〕 任永青：《绝对优先原则与我国破产法的缺失》，载《河北法学》2011年第10期。

〔3〕 曹文兵：《上市公司重整中出资人权益调整的检视与完善——基于51家上市公司破产重整案件的实证分析》，载《法律适用》2018年第17期。

程,不能仅停留于股权登记,而是要实质考察分析出资人对债务人财产的权益大小。[1]

留用地项目中,村集体往往不参与企业的日常经营活动,企业陷入危机常见原因,如经营不善、财务成本过高等也与村集体的关系不大。因此,统一调整村集体股权与社会资本股权反而显得不公平。此外,村集体不参与对企业的分红,仅获取固定收益,村集体作为股东,与社会资本作为股东的类型也不一致,应该予以不同的对待。更重要的是,村集体对51%物业的请求权若属于债权请求权,即使将其股权调整为零,也不影响其继续主张请求权。因此,调整其出资人权益,除了满足重整计划的惯例外,几乎没有实质意义,既与留用地相关制度规定不符,也不利于项目后续工作的推进,更容易激发失地农民的不满,导致重整计划难以通过。

(二)留用地与债务人财产认定规则

人民法院受理破产申请时,留用地使用权是债务人占有的财产,但并非债务人占有的财产都属于债务人财产,《企业破产法》第38条规定,债务人占有的不属于债务人的财产,该财产的权利人可以通过管理人取回。因此,明确留用地使用权的归属十分重要。

1. 留用地的归属应以物权变动规则为基础

《民法典》对物权变动规则的规定分为基于法律行为的物权变动和非依法律行为的物权变动。基于法律行为的物权变动,原则上以不动产登记、动产交付作为物权变动的生效要件,特殊动产(如船舶、机动车等)以交付为生效、登记为对抗要件。非依法律行为产生的物权变动主要原因包括法律文书或征收决定、继承、事实行为,此类物权变动不以登记为生效要件。

留用地使用权属于不动产,物权变动应该以登记为准。村集体将留用地使用权以出资的方式,将物权转移登记至债务人名下,人民法院受理破产申请时,留用地使用权未转移过户的,仍然属于债务人财产。留用地使用权之上的建筑物也因合法建造等事实行为,由债务人取得物权,属于债务人财产,村集体无法主张取回权。

2. 物权期待权难以作为村集体主张取回权的基础

有观点认为,物权变动规则过于严格,可能会产生实质不公平,应该通过塑造

[1] 邹海林:《法院强制批准重整计划的不确定性》,载《法律适用》2012年第11期。

物权期待权来弥补这个漏洞。[1] 如最高人民法院《关于人民法院办理执行异议和复议案件若干问题的规定》第 28 条、第 29 条、第 30 条规定了不动产一般买受人物权期待权、消费者物权期待权、预告登记权利人物权期待权,赋予类似物权人的地位,享有排除执行的效力。[2] 实践中的物权期待权有扩张的趋势,不动产的物权期待权主体还有离婚夫妻、被拆迁人、以房抵债债权人、借名买房借名人、商品房网签权利人等。[3] 此类物权期待权的要件各有不同,但均不需要传统不动产物权变动规则中的登记要件。

虽然上述物权期待权不需要办理登记,但仍有一些特别的要求,如最高人民法院《关于人民法院办理执行异议和复议案件若干问题的规定》第 28 条要求占有、第 29 条要求无其他用于居住的房屋、第 30 条要求办理预告登记等。即使是已经失效的最高人民法院《关于审理企业破产案件若干问题的规定》第 71 条,也要求不动产已经交付买房人。[4] 但进入破产程序的留用地项目一般都尚未将物业交付给村集体,村集体并未实现对留用地的占有,此外,村集体不符合消费者的特征,也没有办理预告登记等,故难以认定其享有物权期待权。

即使认可村集体享有物权期待权,其是否可以在破产程序中主张取回权在现行法上还欠缺充分的依据。[5] 在实践中,也有法院认为,最高人民法院《关于人民法院办理执行异议和复议案件若干问题的规定》第 28 条、第 29 条,最高人民法院《关于审理企业破产案件若干问题的规定》第 71 条第 6 项,最高人民法院《关于建设工程价款优先受偿权问题的批复》第 2 条都是对物权期待权的特殊保护规定,而不是对物权变动的特别规定,即使符合其规定的条件,也不能直接确认所有权。[6]

---

〔1〕 吴光荣:《〈民法典〉背景下破产财产的范围及其认定》,载《法律适用》2022 年第 1 期。

〔2〕 刘贵祥、范向阳:《〈关于人民法院办理执行异议和复议案件若干问题的规定〉的理解与适用》,载《人民司法》2015 年第 11 期。

〔3〕 庄诗岳:《中国式不动产物权期待权的批判与反思》,载《河北法学》2021 年第 11 期。

〔4〕 虽然最高人民法院《关于审理企业破产案件若干问题的规定》文件并未被明文废止,但实践中一般认为第 71 条中关于不属于破产财产的规定与最高人民法院《关于适用〈中华人民共和国企业破产法〉若干问题的规定(二)》关于破产财产的规定不一致而不得适用。参见浙江省杭州市中级人民法院民事判决书,(2020)浙 01 民终 4543 号。

〔5〕 庄加园:《不动产买受人的实体法地位辨析——兼谈〈异议复议规定〉第 28 条》,载《法治研究》2018 年第 5 期。

〔6〕 浙江省绍兴市中级人民法院民事判决书,(2020)浙 06 民终 3692 号。

(三)村集体关于拆迁补偿请求权的审查认定规则

如前所述,村集体要求析产分得建成后的物业实质属于要求取得拆迁补偿,该权利不是物权而是债权,但由于村集体主体的特殊性,留用地使用权客体及内容的特殊性等,为保护失地农民的生存权、发展权,实现共同富裕目标,应当在破产程序中给予其优先性,具体理由如下:

1. 价值权衡

(1)生存权的保护

联合国国际贸易法委员会《破产法立法指南》提出,破产中涉及多个互相冲突的利益,破产法应保证处于同一处境的债权人与同等的清偿待遇,但因债权人与债务人之间特殊的商业关系或法律关系,或者其他因素,例如,重大公共利益、保证破产程序有序有效运行、促进债务人继续经营或重整等,也会赋予一些债权人以优先清偿顺序。我国破产法实践中也有不少这样的做法,如给予消费购房人、建设工程价款优先权人、企业职工等优先受偿的顺位,本质上是保护此类债权人的生存权。《全国法院破产审判工作会议纪要》规定,对于法律没有明确规定清偿顺序的债权,人民法院可以按照人身损害赔偿债权优先于财产性债权、私法债权优先于公法债权、补偿性债权优先于惩罚性债权的原则合理确定清偿顺序。其中人身损害赔偿优先原则的确立,解决了债权人的生存权、健康权等基本人身权利在破产程序中得不到保障的问题。[1]

综上所述,破产法内涵了对生存权的保护。作为征地补偿制度中的债权人,村集体能否要求返还物业的权利也关乎地农民的生存权,应当予以特别的保护。辽宁省高级人民法院印发的《关于审理房地产开发企业破产案件有关问题的若干意见(试行)》中第12条规定:"……享有各类破产优先权保护的债权,按照如下顺序清偿:(1)被拆迁人和被征收安置人的债权请求权;(2)交付了全部或大部分购房款的消费购房者的债权请求权;(3)承包人的建设工程欠款;(4)抵押权、质押权、留置权等担保物权、预告登记对应的债权请求权及其他可适用别除权的权利。"昆明市中级人民法院印发的《关于规范全市法院房地产企业破产案件审理相关问题的指引(试行)》第28条也做了类似规定,如:"……房地产企业破产案件中普遍存在并享有优先权的债权在破产程序中原则上应当参照如下顺序清偿:(1)被拆迁人

[1] 王欣新:《〈全国法院破产审判工作会议纪要〉要点解读》,载《法治研究》2019年第5期。

和被征收安置人的债权请求权……”上述地方的司法规范性文件都将被拆迁人和被征收人的利益置于第一顺位,以彰显保护此类债权人生存权的价值取向。

(2)发展权的保护

《宪法》第 33 条第 3 款强调:“国家尊重和保障人权。”发展权不仅是一项基本人权,还是生存权的必然要求。[1] 债权的清偿顺位安排既然具有对债权人生存权倾斜的价值取向,那么也应当考虑对债权人发展权的保护。个人破产相比于民事强制执行制度,不仅保证了债务人的生存权,还着重保护债务人的发展权,使其能够实现重生。[2] 虽然企业的发展权与自然人的发展权不同,但企业破产时,债务人财产的分配冲突不仅限于债务人与债权人之间,也蔓延至不同债权人之间。既然财产分配影响债务人发展权时可以予以倾向保护,那么当平等分配的原则影响到某类债权人的发展权,造成实质不公平时,也应当突破形式的平等,予以该类债权人优先受偿的权利。

有观点认为,农民通过农地享有发展权,发展权是一种不可转让的权利,为保障农民的发展权,农民以农地入股的行为应该定位为债权性流转,以避免出现农民失地的现象。[3] 如前所述,留用地是农地被征收之后的补偿物,同样承载着保护农民发展权的功能。村集体以留用地使用权出资,作为对价,其要求返还的物业也包含着满足农民发展权部分的财产,这部分财产价值如果与其他债权人平等分配,无异于剥夺、瓜分了农民的发展权,不符合保护人权的宪法要求,故应当给予村集体就该物业的优先受偿权。

(3)社会利益的保护

现代破产法已实现从“个人本位向社会本位的转变”,破产法不仅追求保护债权人利益,促进债务人复兴,更进一步追求社会整体利益的维护,具有协调社会利益的功能。[4] 我国《企业破产法》第 1 条提出破产法的目的和功能,其中包括维护社会主义市场经济秩序,这不仅具有宣示作用,还具有指导破产立法、司法的实质作用,要求在破产实践中尽力减少危及社会稳定的不安定因素,维护社会主义市场

---

[1] 王磊:《民法典视野下生计酌减规范的必要性证成》,载《北方法学》2020 年第 1 期。

[2] 殷慧芬:《个人破产立法的现实基础和基本理念》,载《法律适用》2019 年第 11 期。

[3] 高海:《农地入股合作社的立法理念更新》,载《财贸研究》2012 年第 6 期。

[4] 陈政:《优先受偿:人身侵权债权的破产清偿顺位——从和谐社会语境中破产法的功能谈开去》,载《广西社会科学》2014 年第 7 期。

经济的正常运行。[1] 而重整制度相比于清算、和解制度更突出社会本位的特征,实施重整程序,不仅涉及债权人、债务人的利益,还要考虑社会及经济发展等多方面的利益,立足于社会整体,充分权衡和考量大多数人的意志和利益。[2]《破产法立法指南》也指出,因重大公共利益,可以对债权受偿顺序作出调整。留用地项目企业重整过程中,给予村集体优先权与维护社会利益的目标具有高度契合性,且充分体现出中国特色社会主义市场经济的特点。

首先,留用地补偿源于国家对农民土地的征收,根据《土地管理法》的规定,国家只有在符合公共利益的情况下,才可以进行土地征收。因此,农民失去土地是为了公共利益作出牺牲,留用地制度则是对这种牺牲的补偿手段之一,这本身就体现出公共利益的价值。

其次,农民的生存权和发展权不仅关乎农民的财产性权利,更关乎社会的和谐发展。物业返还作为留用地制度不可或缺的部分,承载着为失地农民提供生活保障、就业的功能,进一步的,围绕物业所产生后续收益,村集体可以为失地农民提供一系列公共福利设施,筑牢养老、医疗、教育等一些系列社会保障基础。因此,村集体一旦失去优先权,导致集体经济受损,失地农民将成为社会不稳定因素。

最后,如前所述,留用地制度还承载着实现共同富裕的功能,这也是社会主义市场经济的最终目标。破产法是市场经济的"宪法",[3]共同富裕是社会主义的本质要求,是社会主义原则的中国式表达,[4]贯彻社会主义理念是现代破产法的底色与基础,[5]从这个意义上说,破产法也应当体现共同富裕的目的。

2. 交易安全

价值判断更多的是从公平角度分析村集体债权请求权的优先性,但除了公平,效率也是破产法追求的目标之一。效率不仅是指破产案件办理的快慢,还在于破产法适用结果的可预测性,《破产法立法指南》指出,排序分配办法应当是明确且可预测的。除法律明文规定外,有些债权通过提前公示的方式,告知可能与债务人发生交易的债权人风险,以减少对交易安全的破坏。若破产中的优先权未经公示就

---

〔1〕 贺小电:《破产法原理与适用》(第2版),人民法院出版社2020年版,第31页。

〔2〕 丁燕:《论我国上市公司重整计划的价值与规制理念》,载《商业时代》2013年第34期。

〔3〕 李曙光:《破产法的宪法性及市场经济价值》,载《北京大学学报(哲学社会科学版)》2019年第1期。

〔4〕 张翔:《"共同富裕"作为宪法社会主义原则的规范内涵》,载《法律科学(西北政法大学学报)》2021年第6期。

〔5〕 陈夏红:《破产法的宪法根基》,载《法学评论》2022年第3期。

排在其他公示的优先权(如抵押权)之前,将超出市场对风险的预测能力和控制范围,长远看是以交易安全为代价的短视行为。[1] 例如,消费者购房人优先权缺乏公示却能对抗其他公示的担保物权人,该优先权因危害交易的可预测性而遭到批评。[2] 村集体在留用地出资中,形式上持有股权,实际上享有债权的请求权,这与"名股实债"相似,而"名股实债"在破产程序中,也需要考察股东或企业是否将债权实质披露给第三方,以保护信赖利益,若未披露的,则依商事外观主义认定为股权投资。[3] 留用地制度的一系列安排可使村集体的优先权免受缺乏公示和破坏交易安全的诘难。

首先,留用地制度有成文的规定,例如,杭州市2008年出台的《关于加强村级集体经济组织留用地管理实施意见》、2009年出台的《关于进一步完善村级集体经济组织留用地出让管理补充意见》、2014年出台的《市区村级留用地管理办法(试行)》均规定村集体和社会资本合作的,项目竣工验收后可分得51%的物业。因此,与留用地项目合作的金融机构、工程施工方或其他债权人在与留用地项目企业交易时,应当被推定明知该规定,对留用地项目返还的物业比例有稳定预期,可提前防范风险。

其次,村集体选择合作开发模式的,留用地不能通过私下交易完成,而是一律采取招标、拍卖或挂牌方式公开出让。这种公开出让的方式也有利于留用地项目的利益相关者通过公开渠道了解企业的资产情况,结合政府有关留用地的相关规定,对企业资产的负担状况作出准确的判断,对企业的偿债能力有提前的预期。

最后,与其他合同关系不同,村集体与社会资本的合作开发合同、项目企业的土地出让合同等都是项目开始前最先达成的,早于后续的施工合同、买卖合同、借款合同、抵押合同等,其他债权人通过审查和相应的安排,完全可以防控村集体征收补偿优先性带来的信用风险。

---

〔1〕 陆晓燕:《保障生存利益与维护交易安全的平衡——房地产开发企业破产中购房人权利之顺位研究》,载《法律适用》2016年第3期。

〔2〕 饶景丽、朱同勉、丁伟:《房企破产清算情形下不同性质债权人权利的认定及保护——以某房企破产清算案为例》,载《中国注册会计师》2020年第9期。

〔3〕 吴潇敏、孙美华、郑扬:《"名股实债"的司法裁判路径探析——以"新华信托—港城置业"案为例》,载《法律适用》2019年第12期。

(四)村集体关于拆迁补偿请求权的实现规则

前文通过定性的方式论述了村集体要求取得拆迁补偿,获得建成后的留用地物业具有优先性的依据,但在破产重整中真正落实村集体的权益还需要探索合适的实现路径。尽管村集体享有优先权,但优先受偿的范围是多少,采用何种清偿形式仍然值得探讨。

1. 优先受偿的范围

以杭州为例,根据留用地的相关规定,村集体需获得不低于51%的物业。由于该比例已经通过正式文件确定下来,失地农民对此形成了稳定预期,一般情况下应当在51%的范围内优先。但在破产程序中,尤其是重整模式下,债务人、债权人、重整投资人之间可以就利益分配进行协商谈判,这个51%的优先范围并不是完全无法突破。

首先,51%这个数字来源于村集体的占股比例,但如前文所说,51%的占股主要是为了让村集体有话语权,村集体并不因此享有对企业的利润分配等权利。51%的析产比例相应地也是根据51%的占股比例延续而来,也并没有经过严密的计算。相关部门的人士亦反映51%的比例未必合理,未来可能会有所变化。〔1〕实践中,杭州市富阳区已经放开了51%的限制,比例由村集体和社会资本进行协商。可以看出51%的规定并不是强制性的规定。

其次,社会资本参与留用地项目虽然是征地补偿制度中的一部分,但也需要符合正常的商业逻辑。51%的比例之所以能够吸引到社会资本参与,本质是因为楼面价与建安成本之间存在足够的利润空间。但如果在区位不好的地区,楼面价不足以覆盖51%的建安成本,留用地项目就难以吸引到合作者。因此,实践中出现了不少阴阳合同,对外合同满足留用地制度对物业析产比例的规定,但对内合同则根据实际投入或双方另行协商的比例进行分割,村集体实质上的析产比例可能是30%甚至更低。〔2〕因此,在某些个案中,村集体对析产比例的预期可能并没有51%这么高,结合区位因素、项目进展等多方面情况,管理人可以尝试与村集体进行协商,适当降低优先受偿的比例。

〔1〕房地产专业委员会:《"留用地项目政策适用纠纷处理制度创新"主题沙龙会议综述》,载杭州律师网2015年6月19日,http://www.hzlawyer.net/news/detail.php?id=10965。

〔2〕章斌:《留用地开发模式比较与选择——以西湖区蒋王头经合社留用地为例》,浙江工业大学2020年硕士学位论文,第22页。

最后,还可以通过货币量化的方式减少受偿范围。留用地制度的目的是保护失地农民的生存权和发展权,但这两项权利并不是无法进行货币量化。有研究表明,通过当地农地流转中租金水平、长期国债利率、适当风险调整后报酬率等测算保障失地农民生存权的农地现状经济价值,根据当地末级综合用途基准地价、土地开发各项成本等计算土地的增值额,减去上述农地现状经济价值,可计算出保障失地农民发展权的经济价值。[1] 此外,虽然留用地制度明文禁止村集体通过"以租代售"形式变相转让留用地项目,但实践中这样的情况却并不少见,一方面,留用地不能用于开发经营性房地产,而写字楼的市场需求没有住宅需求高,为拓展变现渠道,留用地被用于开发酒店式公寓并用于出租;另一方面,村集体为了一次性快速取得大量资金,放弃长期收取租金的模式,且"以租代售"的价格还远低于同地段的在售新盘价格。[2] 实践中"以租代售"情况的出现,意味着村集体能够接受这种未来租金收益折现的补偿方式,而这部分价值可作为村集体对留用地生存权、发展权的估值水平的参考。

2. 清偿方式

(1)货币清偿

《企业破产法》第 114 条规定,破产财产的分配原则上以货币分配方式进行,虽然该条属于破产清算一章的内容,但也体现出货币分配方式的优点和普遍性。实践中,重整程序里的分配方式也以货币分配为主,该方式不仅操作容易,而且体现公平。留用地项目中也可以考虑以货币形式进行清偿,如上所述,货币化清偿从长期来看对重整投资人而言减少了成本。采用货币方式清偿的,事实上就是从重整投资人的投资款中抽取部分用于优先清偿村集体,剩余部分体现的就是 49% 物业的价值。假设整个留用地项目的市场价值为 1000 万元,投资人按照市场价值投资,其中 510 万元优先清偿给村集体,490 万元用于其他债务的清偿。

采取货币形式分配的,宜对货币的用途进行限制和指导,参考留用地制度中以指标换货币的模式,村集体应当将货币用于购置一定的不动产,以实现长期稳定收益的目标。村集体既可以持货币购买其他开发项目的除住宅外的经营性用房并长期持有,也可以在债务人现有的留用地项目中换购房产。如果村集体选择在该留

---

[1] 胡中华:《论农地发展权的构造》,载《中国地质大学学报(社会科学版)》2014 年第 5 期。

[2] 张伟琪:《杭州合作开发"10% 留用地项目"中以租代售模式经济管理问题初探》,载《浙江建筑》2015 年第 7 期。

用地项目中继续购买物业的,以上述为例,510 万元可以换购 51% 的物业,重整投资人又收回了 510 万元,重整投资人最终重整的成本是 490 万元。或采取另一种方式,重整投资人以 240.1 万元(490 万元×49%)的价格受让 49% 的物业,村集体参照该价格以 249.9 万元回购 51% 的物业,村集体的回购款项来源重整投资人另行优先给付,形式上 100% 物业的变价款 490 万元全部用来清偿其他债权人。这两种资产处置和现金清偿方式的最终结果是相似地,均达到了优先清偿村集体的目标。

(2)实物清偿

破产重整中以实物清偿更能实现留用地制度的目的和功能,即按规定返还村集体 51% 的物业。但根据留用地项目的竣工验收情况,具体的操作也有所区别。

第一,已建成房屋——继续履行。如房屋均已建成,则项目企业可以继续履行其与村集体之间关于物业返还约定的义务。《企业破产法》给予管理人对双方未履行完毕合同的选择权。但是如果村集体已经履行了最主要的义务即提供留用地使用权,那么相应地合同是否还属于双方未履行完毕的合同存疑。即使考虑村集体还有后续配合析产等辅助义务,认定合同属于双方未履行完毕的合同,管理人的选择权也并非不受到任何限制。对合同的履行或解除,应当尽量减少对既有经济、法律秩序的冲击,债务人原则上应承认并执行债权人在破产程序启动前对债务人及其资产所享有的各种权利以及它们之间的优先顺序。管理人如果选择解除协议,需要寻找一个十分重要并且有必要的目标或价值,证明为此而改变既有的法律规则是值得的。[1]

在留用地项目中,如前所述,管理人很难找到比农地征收补偿目的更高价值位阶的理由,原则上应当继续履行交付物业的义务。对于双方均未履行完毕的合同,如果债务人未破产,则利益冲突限于债务人与债权人,但是在破产程序中,各债权人的责任相对性被突破,管理人解除某份合同是为了维护各债权人之间公平清偿的地位,防止该合同的履行导致偏颇清偿,但如果该合同的债权人享有优先权,则管理人自然无法行使解除权。[2] 因此,管理人继续履行返还物业的义务事实上实现了村集体享有的优先权。

第二,在建工程——捆绑变价。若项目还处于在建工程阶段,则暂不具备返还

〔1〕 王欣新、余艳萍:《论破产程序中待履行合同的处理方式及法律效果》,载《法学杂志》2010 年第6 期。
〔2〕 陈夏红:《破产法的宪法根基》,载《法学评论》2022 年第 3 期。

物业的条件。在破产重整程序中,承担续建责任的一般是重整投资人,为了保障村集体取得物业的权利,返还物业的义务应该与在建工程捆绑变价。鉴于村集体的物业返还比例为51%或其他相对固定的比例,如果重整投资人需承担物业返还的义务,则留用地项目对重整投资人而言有价值的部分就是剩余的49%。因此,重整投资人愿意给出的对价也是以49%物业的公允价值为基础的,51%的成本实际上被最终转嫁由其他债权人共同承担。因此,这种捆绑变价的方式实际上也是一种优先受偿的通道。[1]

(五)小结

从生存权、发展权、社会利益等角度,本文分析了给予村集体在留用地项目破产重整中优先权的依据,并构建实现该类优先权的具体路径框架。但优先权的设定是否有一定的限制,正如《破产法立法指南》指出的那样,在破产程序中罗列过多的优先权可能会让破产的基本目标复杂化,难以保证程序的切实有效,不仅可能造成不公正,也会导致重整计划的拟定更加困难,应当多尝试运用其他渠道满足某些债权特别保护需要。如在英国、德国破产法中,劳动债权均为普通债权,它们依靠破产程序以外各项社会配套制度的保护劳动债权。[2] 但在我国目前尚未建立失地农民完善的社会保障体系的情况下,留用地制度仍然有重要的作用,破产程序给予的优先保障功能尚无法通过其他途径取代。如果未来社会保障制度足以满足失地农民的生存、发展需要,其在破产中的请求权利益与其他债权人的利益冲突不那么明显时,可以适当调整其优先顺位。

五、结语

由于留用地制度的特殊性,村集体在以留用地使用权出资的行为也与一般的股东出资行为不同。为了更好地实现留用地制度保障失地农民生存权、发展权,更好地服务于共同富裕的终极目标,宜将村集体的出资作为一种债权性的权利,并在破产程序中赋予一定的优先受偿效力。失地农民、集体经济等特别因素的留用地需要特别的保护,但客观上也对市场竞争中的其他主体造成了影响。因此,需要做好留用地相关规则公开化、透明化的工作,给其他市场主体充分的知情权,能使其

---

〔1〕 陈夏红:《破产法的宪法根基》,载《法学评论》2022年第3期。

〔2〕 栾量海、张强:《失地农民就业和社会保障的状况、问题与对策——山东省威海市抽样调查研究》,载《科学社会主义》2007年第6期。

对交易的风险有提前的预测并做好相应的安排。除上述之外,也需要尽可能地把控留用地项目的风险,尽量减少留用地项目进入破产程序。首先,做好前端控制,如从实物留地逐步向“物业+货币”模式转变,隔离项目开发环节的风险;谨慎选择合作方,除了选择有实力的民营企业外,不少地区开始尝试国有平台企业参与把控项目风险的开发模式,增强留用地项目的抗风险能力。其次,做好开发过程中的风险管控,提高村集体中管理人员的素质,加强对留用地项目资金、人员等各方面的监管,降低风险发生的概率。最后,加快完善对失地农民生存权、发展权的社会保障制度,逐步减少破产程序中的优先权类型,为破产法“减负”,让破产制度更加法治化、市场化、常态化。

子主题四：预重整

预重整机制下预表决效力延伸问题探究

何鑑文　陈培行*

一、问题的提出

2001 年，世界银行首次提出了营商环境指标体系并定期发布世界各国营商环境指标综合排名，自此营商环境开始成为学术界和实务界关注的热门话题之一。2022 年 2 月 4 日，世界银行发布宜商环境评估说明，这标志着世界银行对商业环境的评估进入了新阶段。无论是营商环境一级指标（Doing Business，DB）还是宜商环境一级指标（Business Enabling Environment，BEE），“办理破产”都是作为指标体系的一个重要的观测点，可以预见破产法的适用必将呈现出常态化趋势。破产法作为调整市场经济最为重要的基础性法律之一，不仅要解决法律问题，更多是要解决诸多的社会问题，目前的趋势也是渐渐地从单纯的破产清算主义转向以实现债务人复兴为目标的再建主义。

重整制度自 1978 年写入《美国联邦破产法典》以来，因存在成本过高，所需时间长且效率低下等情形，导致重整带来的效益不高，单纯的破产重整程序难以达到理想的自救效果。而庭外重组制度看似能够避免上述情形，但因该制度缺乏司法强制性，且无法避免“敲竹杠”情形，其成效相对重整制度而言反而更低。重整制度和庭外重组制度均有其不足之处，多元化的困境企业拯救方式就此得以建立和发展，具有二者混合特征的预重整制度应运而生，并在国际破产法界得到广泛运

* 何鑑文，北京大成（杭州）律师事务所高级合伙人、争议解决委员会副主任，浙江大学破产法研究中心副主任，西南师范大学（现西南大学）法学学士；陈培行，北京大成（杭州）律师事务所律师，华东政法大学法学硕士。

用。[1] 在我国经济下行压力较大、推动实体经济发展需求较大的背景下,为了有效提高企业重整效率、促进困境企业重生、实现资源要素的优化重组,在破产法律框架内引入预重整制度具有十分重要的现实意义,同时可以为我国经济的转型升级奠定良好的微观基础。

2020 年 5 月,为挽救受新冠疫情影响而陷入困境的企业,最高人民法院发布了《关于依法妥善审理涉新冠肺炎疫情民事案件若干问题的指导意见(二)》,其中第 17 条规定,企业受疫情或者疫情防控措施影响不能清偿到期债务,债权人提出破产申请的,人民法院应当积极引导债务人与债权人进行协商,通过采取分期付款、延长债务履行期限、变更合同价款等方式消除破产申请原因,或者引导债务人通过庭外调解、庭外重组、预重整等方式化解债务危机,实现对企业尽早挽救,肯定了疫情期间预重整制度挽救危困企业的重要意义。

2020 年 7 月 22 日,最高人民法院联合国家发展和改革委员会发布《关于新时代加快完善社会主义市场经济提供司法服务和保障的意见》,再次强调要按照《加快完善市场主体退出制度改革方案》的要求,"细化重整程序的实施细则,加强庭外重组、预重整制度与破产重整制度的有效衔接"。这预示着预重整制度的建立成为未来的立法趋势,预重整制度亟待在我国法律层面上予以确认。

如何确保庭外重组与庭内重整有序无缝衔接,将影响预重整工作的成败。部分法院虽然在实践中展开了对庭外重组、预重整的探索,试图加强庭外重组与庭内重整程序的衔接,就预重整机制下预表决的效力及其延伸问题也制定了相应规则,但因缺乏统一立法,具体规则存在差异。关于效力延伸问题,理论界以及实务界存在两种截然不同的观点:一种观点认为,基于当事人合意所形成的庭外重组协议,仅对签约各方当事人具有约束力,但赋予其在破产重整程序中的效力是没有法律依据的;另一种观点认为,庭外重组形成的协议既然对相关当事人具有约束力,在重整程序中相关当事人对同一事项的表决应当禁止反悔,否则有违诚信原则。

庭外重组协议能否获得庭内重整程序的认可,是庭外重组能否成功的关键因素之一,建议从制设计上予以确立。[2] 在《企业破产法》并无相关规定的情况下,能否从民法的基本精神和原则来论证预表决的效力及其延伸的合理性问题?

---

[1] 徐阳光、王静主编:《破产重整法律制度研究》,法律出版社 2020 年版,第 15 页。

[2] 最高人民法院民事审判第二庭编著:《〈全国法院民商事审判工作会议纪要〉理解与使用》,人民法院出版社 2019 年版,第 582 页。

二、预重整机制下预表决效力延伸问题的司法实践

(一)预重整的特征与功能

预重整属于“舶来品”,其在不同国家的称谓与模式存在差异,我国学者最初对其译法也不一,有的译为“预先重整”[1],有的译为“预先包裹式重整”[2],有的译为“预先制定方案的重整”[3]。

虽然现有文献对预重整的翻译表述略有不同,但对于该制度的定义及实质分析则基本类似。综合现有文献,预重整的概念基本可以界定为:预重整是在美国破产重整实践中自行发展起来并为其他国家所吸收借鉴的一种债权债务处理模式,在该模式下,债务人企业在向法院申请破产重整之前,先与债权人进行协商并拟定重整计划的内容,在请求债权人对重整计划表决通过后,将先期投票结果与重整申请一同交由法院审查,法院完成受理和审查工作,裁定批准重整计划,批准后的重整计划具有约束全体债权人的效力,从而早日实现债务人的复兴。[4]

结合学者的研究和我国目前的司法探索实践来看,预重整主要有以下三个主要特征:第一,预重整与司法重整在时间上具有关联性,一前一后。预重整发生在当事人向法院申请破产重整之前,区别于不以申请破产重整为目的的庭外重组,预重整通常在债权人与债务人协商一致达成重整方案后向法院提出破产重整申请。[5] 该方案应当包括正式重整计划草案的核心内容。第二,预重整与重整程序在内容上具有相通性。在向法院申请重整之前,债务人向债权人充分披露企业相关信息,与债权人协商制定重整方案,并对重整方案进行预表决以获取多数人的同意。在通过该方案后还必须向法院提出转入重整的申请,并在申请的同时提交该方案。第三,预重整与司法重整程序在效力上具有承继性。债权人在预重整期间所作的表态和表决,在进入破产程序后对其具有约束力,预重整期间债权人表决通

[1] 胡利玲:《论困境企业拯救的预先重整机制》,载《科技与法律》2009 年第 3 期。

[2] 王佐发:《预重整制度的法律经济分析》,载《政法论坛》2009 年第 2 期。

[3] 董惠江:《我国企业重整制度的改良与预先包裹式重整》,载《现代法学》2009 年第 5 期。

[4] 胡利玲:《困境企业拯救的法律机制研究——制度改进的视角》,中国政法大学出版社 2009 年版,第 186 - 188 页;徐阳光、毛雪华:《破产重整制度的司法适用问题研究》,载《法制与经济》2015 年第 1 期;董惠江:《我国企业重整制度的改良与预先包裹式重整》,载《现代法学》2009 年第 5 期。

[5] 季奎明:《论困境企业的预先重整》,载《上海财经大学学报》2013 年第 4 期。

过的重整计划草案经正式债权人会议确认后,具有约束全体债权人的效力。[1]

建立预重整制度是要解决原有庭外重组和重整程序的制度性不足。此前,我国的企业挽救制度主要是庭外重组与法庭重整。预重整制度兼具庭外重组的灵活性和自主性,也有法律制度来保障重整计划的有效性。预重整制度的核心目的是提前解决重整程序中的难题,就债权人清偿、债务人经营、重整投资人介入等难点提前进行安排,以提高重整成功率及重整效率,最大限度保存债务人财产价值。但两种制度均存在一定局限性,难以全面满足企业挽救的需要。

为实现上述目的,预重整制度就必须具有能够将庭外重组和法庭重整相互融合起来的"效力衔接"功能,进而达到"效率促进"的功效。通过预重整规则的有机衔接,使当事人在庭外重组阶段自行协商达成合意后形成的重整方案或者重组协议,对于赞成方或认可方而言,在进入重整程序经法院审查批准后能够直接延伸到重整程序中,并省略相关程序,从而使企业重整在时间上更加充足。

预重整程序承认庭外重组阶段当事人之间达成的重整方案(协议安排),原则上在随后启动的重整程序中继续有效,即债权人、债务人在庭外重组阶段对重整方案的同意应视为对重整计划草案表决的同意。重整程序启动前债权人已投票表决同意的则不再重新表决而直接予以承认,或者在重整程序启动前债务人与债权人通过签订重组协议以实现表决意见征集,债权人承诺在重整程序中对重整计划草案表决时投赞成票的,该承诺也应得到承认。通过将庭外重组与重整程序的连接,实现了非司法拯救机制与司法拯救机制的衔接。当然,这依赖于破产法为此种衔接提供制度保障,承认这种衔接的效力。

进入重整程序前,债务人与债权人已经通过庭外协商预先制定重整方案,通过预表决获取必要的权益和数量的债权人同意,然后当事人申请进入破产重整并借助公开透明的司法重整程序寻求法院对重整计划的批准,从而使重整计划立即产生约束所有债权人的效力,进而能尽快进入重整计划执行阶段。同时,将重整程序的债权申报、审核、资产评估、重整计划拟定及预表决前置,进入重整程序后,法院的主要任务是根据法律规定批准重整计划。此种做法可极大地简化程序、节约重整的时间成本和经济成本,也可减少对企业的有害影响,降低困境企业重整失败的风险。

---

〔1〕 季奎明:《论困境企业的预先重整》,载《上海财经大学学报》2013 年第 4 期。

（二）预表决效力延伸的司法实践

预重整的制度优势之一就在于能够提高效率，降低司法重整程序的成本，而这有赖于预表决效力在重整阶段的合理延续。预表决是预重整阶段应当完成的主要任务之一，预表决效力的确认与延续有助于及时固定预重整阶段各方利益主体协商的共识，也是发挥预重整制度优势的前提之一。[1] 对此，我国部分地方法院和政府已经对预表决效力的确认和延续进行积极探索，对预重整相关的规范、指引进行了规定，并已经为司法实践提供支持。

最高人民法院2018年发布的《全国法院破产审判工作会议纪要》第22条和2019年发布的《全国法院民商事审判工作会议纪要》第115条并未直接使用“预重整”的概念，而是采用了“庭外重组”“庭外商业谈判”的表述，不要求必须在预重整阶段完成重整计划草案的制定；亦不要求在预重整环节完成重组方案的分组表决，部分或者关键债权人同意庭外重组谈判达成的重组方案或者重组支持协议，就属于符合启动正式重整程序的条件。

《全国法院民商事审判工作会议纪要》对庭外重组协议效力在重整程序中的延伸进行了明确，指出“人民法院受理重整申请前，债务人和部分债权人已经达成的有关协议与重整程序中制作的重整计划草案内容一致的，有关债权人对该协议的同意视为对该重整计划草案表决的同意”。上述规定虽采用了“受理重整申请前”，未直接写明“预重整”，但该原则在各地文件中均得到的具体体现，即确定了“预重整方案具有延伸效力”的原则，有关出资人、债权人对预重整方案的同意视为对重整计划草案的同意。预重整方案是债务人与债权人、股东、投资人或其他利害关系人在预重整阶段通过庭外自主重组谈判达成庭外重组协议，其能否获得庭内重整程序的认可，是庭外重组能否成功的关键因素之一。

1. 预登记制度下的禁止反言

2013年浙江省高级人民法院出台了《关于印发〈关于企业破产案件简易审若干问题的纪要〉的通知》，明确规定有关破产案件的预登记制度，虽然与预重整制度存在差别，但基本操作和理念两者存在共通之处。该纪要第9条规定，债权人在预登记期间对债务清偿方案所做的不可反悔的承诺，在债务人进入企业破产和解或重整程序后，相关承诺对承诺方仍然具有拘束力，也引入了禁止反言的规则。同时

---

〔1〕 徐阳光、王静主编：《破产重整法律制度研究》，法律出版社2020年版，第41页。

明确规定,法院受理企业和解或重整申请后,可以以预登记期间(含集中管辖期间)形成的债务清偿方案或资产重组方案为基础,由债务人或管理人制定和解协议草案或重整计划草案,通过债权人会议予以确认。基于上述规定,在预登记阶段,债务人并不一定形成完整的预重整方案,一般形成的是债务清偿方案或者资产重组方案,而相应的方案在该阶段也不一定会付诸表决,更多是征询债权人意见,基于债权人作出的不可反悔的承诺来判断企业和解或重整的可能性。在此情形下,各方所作出的承诺在后续的司法重整阶段仍然对其具有一定的约束力,以确保重整方案的通过和执行。

基于上述关于预登记制度的规定,杭州市余杭区人民法院在处理杭州市怡丰成房地产开发有限公司(以下简称怡丰成公司)破产重整事宜时进行了积极尝试,对怡丰成公司的破产申请进行了预登记。在怡丰成公司破产预登记期间,形成公司进入破产程序后复工续建、引入续建融资资金、继续履行购房合同、确定复工续建施工单位等较为完整的重整方案。预登记期间,由最大债权人进行召集,通过分组召开已知债权人会议的形式,建立已知债权人联络、协商机制,向法院提交会议备案申请,并对每一位已知债权人的表态形成书面承诺,达到预重整目标。

2. 同意效力的带入机制

2018 年 12 月 27 日,温州市人民政府办公室印发了《企业金融风险处置工作府院联席会议纪要》规定了"同意重整计划草案的表决票效力可以带入重整程序"。珠海市人民政府办公室于 2019 年 11 月 19 日发布的《关于明确预重整破产工作府院联席会议制度有关事宜的通知》亦有同样的规定。上述关于预重整阶段的表决票的效力延伸规定仍然过于原则,未涉及预重整阶段形成的重整计划草案的内容与预表决规则,对于特殊情形下相关利害关系人(包括债权人、出资人、投资人等)预表决效力的延伸问题未有明确规定。

2019 年 3 月 25 日,深圳市中级人民法院出台《审理企业重整案件的工作指引(试行)》(以下简称《深圳中院重整指引》),在其第三章中规定了预重整制度的程序适用规则。其第 27 条明确规定,"债务人应当在预重整期间制作重整方案,并征集利害关系人意见"。在预重整期间,需要同时完成重整方案的制定,但并未规定"表决",而是用"征询意见"的表述。在其第 34 条亦规定:"符合下列情形之一的,债权人、出资人与债务人达成的协议,以及债权人、出资人作出的同意意见,在重整申请受理后继续有效:(一)债权人、出资人承诺或者同意的内容与重整计划草案的基本内容一致;(二)重整计划草案对债权人、出资人承诺或者同意内容的修改未实质影响到债权人、出资人利益,且相关债权人、出资人同意不再对重整计划草案进行表决。"该规定基本确定了预表决的效力延伸问题,同时确认相关人员在特定情况下可不再对重整计划草案进行表决,但未明确这部分人员是否可以在重整计划草案表决时作出相反意见。

2019 年 6 月 27 日,苏州市吴中区人民法院在吸收深圳有益经验的基础上,在其发布的《关于审理预重整案件的实施意见(试行)》(以下简称《吴中法院预重整意见》)的第 18 条确立了禁止反言原则:"谈判和预判决时设立禁止反言条款。在信息披露充分的情况下,债权人、出资人已经同意重整方案或方案核心内容的,在重整阶段正式表决时仍然有效。"

江苏省苏州市吴中区人民法院在 2020 年处理"苏州可瑞斯特纺织品有限公司破产预重整案"时,基于上述《吴中法院预重整意见》的规定,引入和适用了禁止反言规则。管理人在重整方案中明确规定,预表决时同意重整方案的,在正式表决时不得反言。如果债权人、出资人在重整计划草案表决时投反对票或弃权票,按其预表决时的意见处理,即以有利于重整计划草案通过的意思表示或允诺作为债权人的最终意见。昆山市林庄印刷有限公司在预重整表决时投赞成票,在正式表决时投弃权票,根据禁止反言规则,江苏省苏州市吴中区人民法院以其预表决时意见为准,即按赞成票计票。

3. 特殊情形下重新表决机制的引入

2019 年 12 月 30 日,北京市第一中级人民法院在其发布的《北京破产法庭破产重整案件办理规范(试行)》第三章中亦规定了预重整的内容。其第 47 条规定:"预重整方案与重整程序中制作的重整计划草案内容一致的,有关出资人、债权人对预重整方案的同意视为对该重整计划草案表决同意,但下列情形除外:(一)重整计划草案对预重整方案的内容进行了修改并对有关权利人有不利影响的,受到影响的权利人有权对重整计划草案重新表决;(二)预重整方案表决前债务人隐瞒重要信息、披露虚假信息,或者预重整方案表决后出现重大变化,有可能影响权利人表决的,相应权利人有权对重整计划草案重新表决。"上述规定基本确立了"原则禁止反言 + 例外重新表决"的预表决效力延伸操作模式。

2019 年 12 月 4 日,郑州市中级人民法院发布的《郑州市中级人民法院审理预重整案件工作规程(试行)》关于预表决效力延伸问题的规定基本与之类似,同时明确了预重整程序中依法作出的通知、债权申报审查、职工债权调查、财务审计、资产评估、债权人会议决议等在转入重整程序后视同有效。

此后,各地的中级人民法院、基层人民法院发布的预重整工作指引中,若有涉及预表决效力延伸问题,基本采取了北京第一中级人民法院的操作模式,包括济南破产法庭、青岛市中级人民法院、大连市中级人民法院、遂宁市中级人民法院、宿迁市中级人民法院等。

4. 预重整机制下预表决效力自然延续的探索

2020 年 5 月 21 日,厦门市中级人民法院发布的《企业破产案件预重整工作指引》(以下简称《厦门中院预重整指引》)第 5 条明确规定了债权人、出资人在预表决中的表决意见、对重整计划草案出具的书面意见和纳入重整计划草案的协议,在人民法院依法受理债务人的重整申请后,对其具有拘束力,遵循了"禁止反言"的基本原则。同时在该指引的第 4 条明确规定预表决制度,明确规定"按照《中华人民共和国企业破产法》第八十二条的规定分组对重整计划草案进行预表决,或者以书面方式征求债权人的意见"。该指引的第 6 条规定"经预表决或征求书面意见,各表决组同意重整计划草案的比例均达到《中华人民共和国企业破产法》第八十四条第二款规定的,债务人可以向人民法院申请破产重整,并应提交重整计划草案和预表决、书面意见、协议等书面材料。"该指引的第 9 条规定"经审查,债务人申请破产重整时提交的重整计划草案内容符合《中华人民共和国企业破产法》第八十六条、第八十七条第二款规定、预表决程序合法的,可以直接裁定批准重整计划,终止破产重整程序"。

虽然上述指引的发布时间是 2020 年,但其实厦门市中级人民法院早在 2015 年处理"厦门市琪顺运输有限公司重整案"时就充分应用了预表决制度。在该案中,厦门市中级人民法院建议债务人及其法律顾问通知、召集各债权人,就重整计划草案进行两次集体协商,并在取得较为一致的意见后召开债权人会议,对重整计划草案进行初次表决,在初步表决阶段参照《企业破产法》中关于重整计划表决分组规定的要求执行,兼顾了协商的效率、债权人的参与和预重整结果的固化。在预重整表决阶段要求债权人对经协商达成的重整计划草案必须采用书面投票方式,并要求债权人在书面投票中明确作出的三项承诺,既解决了债权人初步表决与重整程序中表决的衔接问题,又充分考虑了各债权人在进入重整程序后可能发生的债权数额和比例最终审核确定结果与初步表决时存在的差异问题,还允许债权人在破产重整程序中发生对重整计划内涉及债权清偿和公司经营等重大涉及债权人利益事项的修改时,行使对修改部分的表决权。在实现预重整与重整程序有效衔接的同时,充分考虑了重整程序中可能发生的变化和对债权人利益的保护问题,具有较高的参考价值。

此外,《厦门中院预重整指引》除了保留其他地区法院关于预表决效力延伸的例外情形外,新增关于债权数额调整以及表决分组形式不当的情形。其第 10 条规定:"经审查,存在下列情形的,应当召开债权人会议,依据《中华人民共和国企业破产法》第八十二条的规定,对重整计划草案进行表决:(一)重整计划草案未包括《中华人民共和国企业破产法》第八十一条规定的主要内容;(二)重整计划草案的内容发生了变更;(三)经人民法院裁定确认债权后,同意重整计划草案的比例未能达到《中华人民共和国企业破产法》第八十四条第二款规定的标准;(四)债务人在协商、拟定重整计划草案时披露的信息存在严重虚假、隐瞒等情形,误导债权人和出资人;(五)预表决中的分组不符合《中华人民共和国企业破产法》规定,或者债务人、债权人通过恶意收购、分拆债权等方式促成预表决达到通过标准;(六)人民法院认为应当进行表决的其他情形。前款第(二)、(三)项情形下,经人民法院批准,可以仅召集权利义务因重整计划草案变更受到影响的债权人或出资人,预表决、书面意见中不同意重整计划草案的债权人或出资人进行表决。"2021 年 1 月 8 日,重庆市第五中级人民法院出台的《重庆市第五中级人民法院预重整工作指引(试行)》第 17 条做了与之类似的规定。

上海破产法庭于 2022 年 6 月 1 日开始执行的《上海破产法庭预重整案件办理规程(试行)》,再次重申了预重整与正式重整程序的衔接问题。该规程明确规定,在相关条件未发生变化的情况下,预重整期间的债权申报与审核、设立的债委会、表决通过的重整计划草案等,相关效力可以延伸到正式重整程序,以降低重整程序成本,提高重整程序效率。同时该规程也强调,重整程序中重整计划草案进行了修改且对相关债权人利益有影响的,受到影响的债权人有依法重新表决权;对出资人权益调整事项进行了修改且对出资人利益有影响的,受到影响的出资人有依法重新表决权。此外,该规程中明确了预重整期间重整计划草案表决参照《企业破产法》第 82 条规定分组进行,即"出席会议的同一表决组的债权人过半数同意重整计划草案,并且其所代表的债权额占该组已知债权总额的 2/3 以上,即为该组通过重整计划草案。重整计划草案涉及出资人权益调整事项的,应当设出资人组,进行表决”。

随着预重整制度的司法实践不断深化和丰富,关于预表决效力延伸的问题,基本确立了“禁止反言为原则＋特殊情形除外”的实践模式。具言之,在重整计划草案与重整方案内容一致,或者重整计划草案中有关出资人、债权人权益在其基础上更加优化,有关出资人、债权人在预重整程序中对重整方案表决同意的,视为在重整程序中对重整计划草案表决同意;反之,如果重整计划草案对重整方案进行了修改并对有关权利人产生不利影响,或者重整方案预表决前债务人隐瞒重要信息、披露虚假信息,抑或预表决后出现重大情况变化的,受到实质影响的权利人则不受禁止反言承诺的约束,有权投反对票或弃权票。

三、契约论视角下的预表决效力延伸

(一)契约论基础下的预重整制度要求

所有权绝对、过错责任和契约自由是近代民法的三大原则,而契约自由又是私法自治的核心部分。[1] 我国破产法虽然体现了一定的强制性,但也多处体现了契约自由的原则,其制度价值在于公平保护债权人与债务人的利益、弥补传统民事救济手段的不足,给予债务人以重新开始的机会以及及时切断债务膨胀,保障经济秩序的良好运行。预重整制度系契约自由原则在破产法领域的重要体现,其相对重整制度而言,更加注重当事人之间的意思自治以及契约自由。尽管预重整制度高度依赖政府的支持,也不代表政府的权力没有界限,预重整期间所形成的重组方案的本质依然是债务人、债权人、投资人及其他利益相关人基于“经济人”的本性充分发挥其主观能动性,对预重整方案多方商讨、反复协调、利益衡量,最终形成各方认可的“契约”。[2]

预重整制度的最大特色在于,基于私法自治和契约自由的精神和原则,利益相关方在更加客观公正合理的环境下,与债务人企业进行充分的沟通和协商,对企业的经营价值以及重整价值进行更理性地预估和判断,在此基础上对各方的权利义务进行安排和分派,在这些事项上达成共识。预重整是一个从谈判协商到确定重整计划的过程,债务人、债权人、出资人就重整方案进行多次协商和博弈,能够形成

---

[1] 李永军:《从契约自由原则的基础看其在现代合同法上的地位》,载《比较法研究》2002 年第 4 期。

[2] 刘学:《预重整制度运行困境的突破——以政府与市场的关系为视角》,载《金融理论与教学》2020 年第 3 期。

"谈判—妥协—再谈判—再妥协"的良性互动格局,最终达到预表决获得通过的目的,谈判类似于契约的磋商过程,表决相当于契约的达成和签订,其中任何一个债权人作出的表决意见都会直接或间接影响重整方案是否能够获得通过。预重整期间的重整方案是充分发挥当事人的能动性由其自身主导反复协商博弈完成的。方案获得通过后,相当于一个安排各方权利义务的契约正式达成,特别是同意方案的债权人的表决意见成为预重整方案的重要组成部分和基础,各方的信赖由此产生。

法律给予当事人缔结契约的自由,不应仅仅包含赋予当事人自由空间缔结契约,还应当包含在当事人缔结契约之后,给予契约成果必要的保护。在充分尊重当事人意思自由的基础上,借助必要的干预手段,固化相应的表决结果,这是法律对契约成果保护的体现。在重整方案获得通过的情况下,如无特殊情形,不应任由债务人、债权人、出资人在重整阶段撤回其在重整草案预表决作出同意的意思表示或作出反对的新意见,否则将损害其他债权人、债务人的利益,也将对重整程序带来不利影响。

(二)禁反言的前提和基础——信息披露义务

1. 信息披露义务的意义

在预重整程序中,债务人与主要债权人、投资人进行充分沟通协商,通过谈判达成一致意见,并在其后的重整程序中得到确认,这有赖于债务人将与重整有关的所有信息全面、准确、合法地向债权人、投资人披露,以帮助债权人、投资人对重组方案作出评估并最终决定是否接受。充分的信息披露是各方公平、平等协商谈判的前提,也是法院审查预重整期间重整方案合法性的重要标准。

信息不对称、不透明的情况下,各方意思自治所形成的重整方案可能有失公平,部分当事人的正当权益将会遭受损害,通过严谨的信息披露制度以保障各方意思自治确定的重组方案是当事人公正、透明谈判的产物。对于信息的披露要进行严格规定,以防债务人进行隐瞒或欺诈,从而避免权利人根据错误的决定而损害其利益。[1]

基于《民法典》第148条、第149条之规定,因一方或者第三人的欺诈手段,致使当事人违背真实意思表示为民事法律行为,属于意思表示不自由,民事法律行为的效力因受到影响,为可撤销的民事法律行为。另最高人民法院《关于适用〈中华

---

〔1〕 徐阳光、王静主编:《破产重整法律制度研究》,法律出版社2020年版,第49页。

人民共和国民法典〉总则编若干问题的解释》第21条对"欺诈"做了解释,即故意告知虚假情况,或者负有告知义务的人故意隐瞒真实情况,致使当事人基于错误认识作出意思表示的。如果是基于虚假信息作出的承诺,相关权利人基于民法典关于因欺诈而实施的民事法律行为的相关规定撤回承诺,是没有任何问题的。

那么如果是基于披露的信息不充分而作出的承诺,债权人、投资人是否可以撤回呢?在预重整阶段,债权人要了解债务人的相关问题,一般是依据债务人披露的相关信息,如果没有充分的信息,债权人很难判断预重整方案的合理性和可行性。故预重整阶段的信息披露的充分性显得十分重要,不过至于何种程度才算充分则需要制度予以确认。笔者认为,需要同时满足如下两个要件,债权人、投资人方能撤回先前承诺:(1)债务人披露的信息不充分导致债权人、投资人作出了错误判断;(2)如果继续执行,将会给债权人、投资人造成损失。

关于"充分信息"的认定,美国破产法规定得比较详细,《美国联邦破产法典》第1126条规定了预重整的信息披露必须满足第1125条(a)款规定的充分标准,其要求主要有两点:第一,预重整程序的信息披露必须符合可适用的非破产法法律对于信息披露的充分性说明;第二,如若没有可适用的非破产法法律,则按照第1125条(a)款规定的理性人标准判定充分性,即债务人向债权人披露了资产负债表、利润表及相关的审计评估报告,以便债权人作出理性判断。

2. 我国预重整信息披露程序的一般性要求

鉴于我国《企业破产法》缺乏必要且充足的信息披露制度,对预重整制度信息披露的具体规定可参考《证券法》的信息披露制度,将"全面、准确、合法"作为预重整信息披露程序的一般性要求,信息披露的方式可以包括通知、告知、报告和公告以及听证会等。

我国地方法院的相关指引中也对预重整中信息披露标准作了明确规定,将完整性、真实性、充分性作为信息披露内容的一般性要求,例如,《深圳中院重整指引》第35条规定的债务人应当"全面、准确、合法"进行信息披露标准;南京市中级人民法院《关于规范重整程序适用提升企业积极效能的审判指引》第26条规定的在预重整期间债务人应当"充分、完整、真实、合法"披露标准;广州市中级人民法院《关于破产重整案件审理指引(试行)》(以下简称《广州中院重整指引》)第36条规定预重整期间信息披露的原则和内容参照该指引中关于重整的规定处理,遵循"全面、充分、客观、持续、预先、合法"的信息披露原则;《厦门中院预重整指引》第3条规定债务人在协商、拟定重整计划草案中,应当如实、全面、准确向债权人披露企业的资产、负债和经营、财务等情况。

3. 信息披露的全面性要求

凡是与预重整相关的利益方,如债权人、权益受调整的出资人、意向投资人等有关的信息,以及影响利益相关方对预重整程序的走向、重整方案表决的信息都属于应当披露的内容,信息披露的程度应当能够满足利益相关方对重整方案作出符合其自身利益需求的正确判断。

信息义务披露人须全面如实并持续向出资人、债权人、意向投资人等利害关系人披露与重组有关的信息,包括经营状况、财务状况、履约能力、可分配财产、负债明细、模拟清算状态下的清偿率、重组中的重大风险、其他重大事项等内容。结合我国正式重整程序中债权人在表决重整计划前可获取的信息,笔者认为,在预重整程序中至少应当披露如下内容:(1)经初步审查后的债权表。因债务人的负债不但影响债权人的清偿比例,还影响投资人的投资意愿,直接影响预重整方案的表决与通过,所以债务人首要应披露其负债信息。(2)对债务人财产的调查情况说明(包括审计、评估)。债务人是否具有挽救可能性,与债务人自身拥有的有形、无形财产密不可分,同时,债务人财产的多少直接决定债权人可获得的清偿额,也是影响投资人是否投资的关键因素,所以在预重整阶段,对债务人财产信息披露是必然的。(3)债务人正在或即将面临的诉讼、执行及保全情况说明等。债务人的未决诉讼或仲裁案件,直接影响其债权债务的增加或减少,同时在未决诉讼案件中,债务人的财产可能被保全或强制执行,如果债务人未决诉讼案件多且复杂,案件标的大,则直接影响投资人的投资意愿,该信息对预重整的影响是不可回避的。(4)债务人与投资人就未来重组所签署文件的情况说明(如有)。

实务中,不同债务人有不同的经营特点,所披露的与预重整有关的信息不尽相同,所以视情况决定是否披露其他信息。

4. 信息披露的准确性要求

信息披露除了全面性要求外,准确性也是十分关键的,鉴于债权人的文化程度可能存在参差不齐的情形,信息披露的语言尽量通俗易懂,措辞明确,不得模棱两可,重点信息需以突出方式引起注意,不得避重就轻、缩小字体,所有数据不能造假,不能故意隐瞒企业的财产,不能故意诱导战略投资人或债权人作出同意的意思表示。

同时,对于尚无法确认的财产信息和债务情况,债务人(包括临时管理人)须做好风险和瑕疵告知并进行重点提示,便于投资人、债权人做好预判。在相应风险以及瑕疵已经被如实披露的情况下,投资人、债权人可基于自身判断参与预重整,但是此后不应以此为由,认为披露的信息不准确,进而作出相反的意思表示。

5. 信息披露的合法性要求

信息披露只能按照法律规定的程序和要求进行披露。关于信息的披露对象以及可向其披露的信息范围,应当以必要性和适当性为前提。

信息于一个企业意味着生命、意味着机遇,只有及时掌握信息,才能制定正确的经营策略。因此,在赋予债务人如实披露信息义务的同时,还应该要求预重整的参加人、管理人等主体对信息负有保密的义务。如果信息泄露给他人造成债务人损失的,应当依法承担赔偿责任。

关于正式破产程序中,单个债权人的信息知情权有司法解释的专门规定。最高人民法院《关于适用〈中华人民共和国企业破产法〉若干问题的规定(三)》第10条规定:“单个债权人有权查阅债务人财产状况报告、债权人会议决议、债权人委员会决议、管理人监督报告等参与破产程序所必需的债务人财务和经营信息资料。管理人无正当理由不予提供的,债权人可以请求人民法院作出决定;人民法院应当在五日内作出决定。上述信息资料涉及商业秘密的,债权人应当依法承担保密义务或者签署保密协议;涉及国家秘密的应当依照相关法律规定处理。”预重整程序可参照适用。

债权人、债务人、出资人、投资人等利害关系人在预重整期间知悉的商业秘密或者其他应当保密的信息,不得泄露或者不正当使用。泄露、不正当使用该商业秘密或者其他应当保密的信息,造成他人损失的,应当依法承担赔偿责任。

另基于《民法典》以及《个人信息保护法》的要求,对于涉及个人信息的对外披露需要更加重视,涉及个人隐私事项的信息需进行技术性处理后方能披露。

(三)禁反言的例外——情势变更

在肯定“契约严守”的前提下,便发生了如下问题,即在契约缔结之际,无论当事人是否意识到,契约缔结所基于的客观前提一般是当时存在的法秩序、经济秩序、货币的特定购买力、通常的交易条件,但是如果这些客观情形发生了不可预见的显著变化,导致契约的基础动摇或者丧失,如果继续要求“契约严守”将有悖于诚实信用原则(显失公平)时,此时当事人是否仍然必须接受原有契约的约束?为了有效处理该问题,情势变更制度便应运而生。从情势变更制度的起源和发展历程来看,其立法目的是在合同订立后因客观情势发生重大变化、导致当事人之间权利义务严重失衡的情形下,意在通过变更或者解除合同以实现公平原则,目的在于消除合同因情势变更所产生的不公平结果。

在破产重整程序中,管理人或债务人提出的重整计划(草案),经债权人会议表决通过、人民法院裁定批准执行后形成重整计划。在重整计划执行期间,如因法律规定等特殊情况导致重整计划无法执行或执行不能,除转入破产清算程序之外,能否变更该重整计划?就此,现行《企业破产法》对此未有明确规定,仅在 2018 年 3 月 4 日最高人民法院《全国法院破产审判工作会议纪要》中对此有原则性的规定,但并未就变更的具体情形、可以变更的内容形成统一共识。该纪要第 19 条规定“债务人应严格执行重整计划,但因出现国家政策调整、法律修改变化等特殊情况,导致原重整计划无法执行的,债务人或管理人可以申请变更重整计划一次”。该条款列举了国家政策调整、法律修改变化两种情形,并以“等特殊情况”来予以兜底。实践中,亦有法院裁定批准重整计划执行期间以“情势变更”为由变更方案的案例(如青岛中科昊泰新材料科技有限公司一案)。

既然在重整计划过程中,法院批准的重整计划尚存在以情势变更为由进行变更的情形,那么在更注重当事人意思自治和契约自由的预重整程序与正式重整程序的衔接过程中是否也有适用情势变更的可能?也就是说,如果预重整期间制定的重整方案因客观情形发生变化,进入重整程序需要调整方案或者如果继续按照该方案制定重整计划将会对部分权利人的利益造成损害,在此情形下,权益受到影响的主体能否援引情势变更制度保障自身权益?笔者认为,相关权利人预表决期间所作出的承诺(同意的表决票)所基于客观基础是当时的现状,其所作出的判断以及预测也是以此为基础的,如果因超越其可控范围外的客观实际变化导致其继续遵守诺言会产生不利后果,其完全有理由依据《民法典》所确认的情势变更制度要求重新表决。

但是,因预重整制度功能在于高效率地衔接庭外重组和重组程序,是非司法途径与司法拯救机制的结合,若在预重整阶段投赞成票的投票人以情势变更为由可轻易否认庭外重组效力,则预重整制度稳定性和效率性会受到极大挑战,因此情势变更的适用更应从严把握。

不同于一般的民事契约行为,预重整阶段具有参与主体多(债务人、债权人、投资人及其他利益相关人)、沟通过程长(涉及多方商讨、反复协调)、利益衡量复杂的特点,加上《民法典》关于情势变更的规定较为原则化,缺乏具体性、明确性规定,实践中往往因自身差异、环境差异而产生理解差异。因此在适用情势变更时更应结合预重整程序的项目特点和重整方案进行具体分析。笔者认为,适用情势变更制度否认承诺的,需要重点考量以下几个因素:

第一,存在情势变更的事实。此处的情势应该是各方达成重整方案的基础条件的客观情况,需是客观的、具体的,当事人主观认识错误不属于客观情势变更。如果与重整方案无关的客观情况发生变更,也不得适用该制度。在适用情势变更制度的同时,需要做好与商业风险的区分,尤其是投资人的承诺。

商业风险与情势变更均为客观情势发生变化,两者在发生原因和表现形式等方面存在着相同性或近似性,但两者存在本质不同。对于情势变更(合同基础)与商业风险的关系,有人曾作如下比喻:"情势"就是合同的基础,好比支撑建筑物的数根柱子;"商业风险"就好比作用于这些柱子的外力(比如汽车撞击);如果由于外力过大,导致柱子断掉,合同的基础便丧失了,这时,要维持合同的平衡,就有必要对合同作出调整。〔1〕

"商业风险"本身并非一个法律概念,作为一种生活用语,可以说是商业领域里的可能发生的危险,在不同场合可能有不同的内涵,有的学者把它归结为"客观意义上的商业风险"和"主观意义上的商业风险"。对于某种外在的、客观的危险,比如市场价格的波动,可以称为"客观意义上的商业风险";而如果需要经过评价并归结为特定主体的不利益,则称为"主观意义上的商业风险"。〔2〕 就最高人民法院民法典贯彻实施工作领导小组编著的《民法典合同编理解与使用》一书中对《民法典》第533条情势变更制度规定的解释而言,其将"商业风险"定义为"商业活动过程中,由于不确定因素存在而给交易主体带来的遭受损失的可能性"。〔3〕 故该处的"商业风险"只宜理解为"主观意义上的商业风险",是一种经过评价并被归结于某特定主体的不利益;所谓"不属于商业风险",意指相应的不利益不应归结于某特定合同主体,不应由该合同主体负担。

对于"商业风险",根据风险能否预见以及应否被预见为标准,可以分为"可预

〔1〕 卡斯腾·海尔斯特尔、许德风:《情事变更原则研究》,载《中外法学》2004年第4期。

〔2〕 韩世远:《合同法总论》,法律出版社2018年版,第499页。

〔3〕 最高人民法院民法典贯彻实施工作领导小组主编:《中华人民共和国民法典合同编理解与适用》(第1卷),人民法院出版社2020年版,第484页。

见风险”和“不可预见风险”。对于可预见风险,由于事情的变化是当事人可以预见的,如果系其自身的不注意或者自甘风险而缔结合同,那么就应当自行负担其风险,不存在适用情势变更的前提。依其对特定当事人的影响程度,商业风险还可以区分为“可承受的风险”与“不可承受的风险”。前者指风险在特定当事人的承受范围之内的情形;后者指风险由一方当事人承担,过于艰难,或使之在经济上遭受毁灭性重创,或依社会一般观念认为违背公平。[1] 对于可预见的风险而言,如果其超出当事人的承受限度时,是否依然要“契约严守”而排斥情势变更的适用呢?显然不是的,此时应当对“不可预见的风险”进行“扩大解释”,将虽可预见但不可承受的风险归入不可预见的风险行列,仍然存在适用情势变更的余地。

在司法实务中,关于如何区分商业风险和情势变更,最高人民法院在2009年7月发布的《关于当前形势下审理民商事合同纠纷案件若干问题的指导意见》曾进行了解释。其指出,前者是从事商业活动的固有风险,后者则不是市场系统固有的风险。具体来说,需综合考量风险的类型和程度、正常人的合理预期、风险的防范和控制、交易性质以及市场情况等因素,在个案中进行识别。

第二,情势变更的事实应发生在重整方案预表决之后、重整计划草案表决前。如果该事实是发生在重整方案预表决前,则应作为重整方案的基础事实,属于各方已知晓的客观情形,各方也应当自甘风险,对于各方而言也是公平的。如果该事实是发生在重整计划草案表决通过后,如上文所述,应当考虑适用《全国法院破产审判工作会议纪要》中关于重整计划执行期间的变更。

第三,情势变更的事实在各方预表决重整方案时是不可预见的。如果在预表决重整方案时已经预见到,或者在重整方案安排中已经考虑了情势变更的因素,但其仍投赞成票,表明其自愿承担该情势变更的风险。

第四,发生情势变更不可归责于权益受到调整的权利相关方。各方不能干扰或者自己主动创造一些情势变更以期适用该制度。如果可归责于相关权利主体,则该主体不存在适用情势变更制度前提,应当适用“禁止反言”原则,但其他非可归责的主体若权益受损,仍可基于该情势变更而要求重新表决。

第五,若拒绝相关权利人的重新表决请求,将对其明显不公,且导致权利失衡。这里的“明显不公”不能等同于一般商业风险所导致的不公平结果。因为风险是商

---

〔1〕 韩世远:《合同法总论》,法律出版社2018年版,第501页。

品经济社会中经济活动的固有属性。经济行为需要遵循价值规律的要求,受价格杠杆、竞争机制的制约,风险是必然存在的。此处的“明显不公”应是破坏各方之间的利益均衡,产生违背社会正义观念的显失公平的结果。这需要根据项目情况、各方利益进行综合判断。

四、禁止权利滥用规则视角下预表决效力延伸

(一)禁止权利滥用规则的一般法理

《民法典》第7条规定:“民事主体从事民事活动,应当遵循诚信原则,秉持诚实,恪守信诺。”该原则作为民法的基本原则,具有适用于全部民法领域的效力。诚实信用原则是法律吸收最低限度道德要求的产物,但何为最低限度的道德要求,需要立足价值共识,借助特定国家和地区的民事相关规定,尤其是特定国家和地区的民事司法予以具体化。[1] 诚实信用原则,作为一个抽象的一般条款,实质上是由民事法律构造出来的民事法律与社会道德之间的通道,借此通道,社会道德规范的内容被吸引到民事法律领域,以法律规范的形象发挥具有法的强制力的规范作用。[2] 任何权利的实现,不仅关系权利人的利益,而且关涉义务人以及国家和社会的利益。因此,民事主体在行使民事权利时,应尊重他人的利益,不得滥用民事权利。[3] 民事活动中,在保障契约自由的前提下,基于诚实信用原则,禁止权利滥用规则有其适用的广泛基础,对当事人以损害国家利益、社会公共利益、他人合法权益为主要目的行使民事权利的行为,应当依法否定其效力。

(二)禁止权利滥用规则的适用前提

债权保护是破产法律制度得以建立的最初动因,是破产法的内在核心。[4] 随着市场经济的发展,破产法的理念也在不断地变化,已经从仅仅关乎债权人利益,转变为社会公共利益、债权人利益和债务人利益并重。如果一项好的重整计划能够使债务人在重整成功后获得巨大的整体效益进而有利于社会利益,却由于少数的利害关系人出尔反尔导致重整计划无法实施,在一定程度上是对社会公共利益的损害。

---

〔1〕 张鸣起主编:《民法总则专题讲义》,法律出版社2019年版,第49页。

〔2〕 韩世远:《合同法总论》,法律出版社2018年版,第55页。

〔3〕 王利明:《民法总则研究》,中国人民大学出版社2018年版,第449页。

〔4〕 刘敏、池伟宏:《法院批准重整计划实务问题研究》,载《法律适用》2011年第10期。

“构成权利滥用,需有正当权利存在。”[1]如果根本没有权利,也就谈不上“滥用”。[2]正当权利的存在是认定是否构成权利滥用的基础条件。毋庸置疑,基于《企业破产法》的规定,表决权作为债权人权利的核心内容,对于债权人的切身利益具有重大影响。债权人通过参加债权人会议,充分发表自己的意见,依法行使自己的表决权。债权人会议是代表全体债权人整体利益的意思表示机关,在多数债权人意思表示基础上,体现全体债权人的共同意愿。凡依法需要债权人会议决定的事项,必须获得有表决权的债权人会议成员的多数同意才能通过。

《企业破产法》是一部程序法和实体法合二为一的商事法律,从破产程序中各种债权人会议的表决机制来看,它遵循少数服从多数原则,其目的是从程序上保障公平公正,只有程序公正得到了保障,才有可能从实体上维护全体债权人的合法权益最大化。“一切民事权利之行使,不得超过其正当界限。”[3]权利的行使不得背离或者超出权利设定的目的。[4]重整程序的博弈性在债权人会议中集中体现,各相关主体通过行使表决权影响重整程序的结局走向。特别是当涉及重整投资人与债权人、债务人或债务人出资人存在关联关系的情形下,容易出现有关联关系的债权人、重整投资人利用自身特殊身份,最大限度地保障一己之私利,损害其他债权人的合法权益的乱象。在这种情况下,人民法院和管理人更应当充分保障全体债权人行使表决权时的程序公正。

禁止权利滥用规则是法律化的道德准则,具有法律调整与道德调整双重功能,其核心是道德问题,要求权利主体行使自己的权利时应当为他人着想,为社会着想。[5]重整计划是破产重整制度的核心,重整计划的制定与执行是重整程序中的关键环节,困境企业破产重整成功完成拯救的关键之处在于制定合理可行的重整计划并将其执行到位。[6]在此情形下,为了避免债权人滥用表决权导致原本通过的重整方案无法最终落地,导致其他主体权益受损,对于特殊情形下债权人的表决权行使需要予以限制。

---

〔1〕 梁慧星:《民法总论》,法律出版社 2017 年版,第 280 页。

〔2〕 王利明主编:《中国民法典释评 · 总则编》,中国人民大学出版社 2020 年版,第 313 页。

〔3〕 梁慧星:《民法总论》,法律出版社 2017 年版,第 53 页。

〔4〕 贺荣主编:《最高人民法院民法典总则编司法解释理解与适用》,人民法院出版社 2022 年版,第 94 页。

〔5〕 杨立新:《民法总则》,法律出版社 2020 年版,第 232 页。

〔6〕 张艳丽:《重整计划比较分析》,载《法学杂志》2009 年第 4 期。

(三)禁止权利滥用规则的适用效果

各地法院在适用预表决效力的延伸效果时,绝大多数都将重整计划草案与重整方案保持一致或者更加优化为适用基础,这恰恰体现了债权人利益最大化原则在预表决效力延伸问题上的适用。债权人利益最大化原则原是适用于重整计划强制批准制度的一个基本原则,是指在重整程序中各个利害关系人表决组依照重整计划所能够获得的权益,不能低于他们在破产清算程序中所能获得的权益。

基于类似理论,为了确保债权人、投资人、出资人在重整计划草案可以获取的权益不低于原重整方案所确定的权益,若在重整方案中投赞成票,而在重整计划草案未投赞成票则属于权利滥用情形;但是,如果基于重整计划草案能够获取的权益是低于原重整方案所能够给予的权益,则应当享有重新表决的权利,若在此情形下仍严格要求债权人、投资人、出资人禁止反言,显然不合常理,属于限制其权利的行为。

关于重整方案的制定,由于预重整程序更加强调债权人与债务人的意思自治,且无严格的程序时限要求,理论上参与预重整的债权人和债务人应该都有权利提出重整方案。一般在实务操作中均由债务人在专业辅导机构的指导下制定重整方案,或直接由专业辅导机构(临时管理人)根据债务人与债权人的谈判情况,制定重整方案。

关于重整方案的内容,除部分地区法院指引,如《广州中院重整指引》《深圳中院重整指引》等,明确规定重整方案应当包括《企业破产法》第 81 条规定的主要内容,其余大多数地方政府以及法院对于重整方案的内容并未作出明确性的规定。预重整中通常还会采取非公开谈判或者公开遴选方式确定重整投资人,重整投资人会和债务人(包括临时管理人以债务人名义)或者其他利益相关者进行磋商后签订投资或者收购协议,而这些协议中与股权转让、重整融资及资产重组有关的内容将成为重整计划中的投资人条款。在预重整阶段的重整方案并不必须完全符合《企业破产法》对重整计划的规定,为了便于后续的重整计划草案对相关权利人的权益保护,在重整方案中可仅对各类债权的处理方式作出较为原则和弹性的规定,待启动正式重整程序后,在不违背原则性规定的情况下进行细化补充。

预重整程序中,为明确重要事项及重整方案或相关方案的表决方式和效力,可以参考《企业破产法》第 84 条以及第 86 条对于重整计划的表决规定,进行分组表决,出席会议的同一表决组的债权人过半数同意重整方案,并且其所代表的债权额占该组债权总额的2/3以上的，即为该组通过重整方案；各组都按照上述比例通过视为重整方案的最终通过。

五、预重整机制下预表决规则的优化

预重整程序在法庭外的效力需要立法对其进行认可和承认，只有赋予预重整在法庭内的程序效力，才能有效约束预重整中已经或可视为进行了意思表示的债权人并固定预重整的成果——通过预表决同意的重整方案。[1] 在法律尚未进行规定的情况下，如何维护预重整程序的成果，明确重整方案预表决的效力，是我们需要面对的现实问题。为了有效固化预重整预表决的成果，保障其效力的可延续性，可以尝试先通过司法解释的形式制定一些指导性规定，通过优化相关制度，赋予预重整期间的协商结果以法律效力，确立预重整制度在危困企业救治体制中的法律地位，待条件成熟后通过立法形式予以固定，为实践中适合采取预重整的企业提供法律依据。

（一）司法备案制度的建立

结合我国已有具体司法实践中对于预重整模式的探索，允许政府和法院的适当介入是预重整制度结合我国国情的本土化改造。建立预重整的司法备案制度并允许政府和法院的适当介入，可以协调债权人与债务人之间的关系，降低谈判难度，促进达成共识，有效推进预重整进程。

如果完全由债务人与主要债权人自行实施预重整，缺乏普遍有效的信息披露监督体系，而仅由人民法院通过事后审查相关文件从而认定重整方案的合法性和有效性，是存在难度的。鉴于此，通过向具有管辖权的人民法院进行备案（或登记）的制度，以及在预重整实施过程中及时向人民法院报告工作进度和关键事项的工作方式，实现预重整程序与正式重整程序之间的良好衔接，以确保人民法院掌握重整方案形成的全过程，从而降低裁定批准重整计划的难度。

虽然进行备案，但是人民法院仍然应该保持相对消极的态势，尽量避免司法干预，不过可以通过力所能及的协调工作，使债务人企业间接获得破产程序的保护，如采取暂缓执行、采取保护性保全措施等。

---

〔1〕 池伟宏：《论重整计划的制定》，载《交大法学》2017年第3期。

(二)管理人衔接制度的确立

预重整程序中应当以债务人企业自行管理为首选模式,从而发挥债务人的积极性,提高重整效率,促进企业挽救。但是,由于预重整程序本身具有非常复杂的专业性,完全依靠债权人和债务人既不利于程序的推进,也不利于维护债务人和债权人的最大利益,往往需要聘请专业中介机构(如律师事务所、会计师事务所、清算事务所或资产管理公司),整体统筹推进预重整程序的各项工作。这些专业中介机构在预重整过程中所履行的职责与司法重整程序中管理人职责类似,姑且称为临时管理人。

即便是债务人完全自行管理的预重整案件中,为了及时检查债务人的企业运营情况和管理情况,防止债务人在自行管理的过程中损害债权人权益,也应当由债权人委员会选任临时管理人对债务人的自行管理行为进行监督,债务人企业应当接受监督。

此外,若债务人不具备自行管理能力或者不符合自行管理条件的,尤其经人民法院按照司法重整程序批准债务人自行管理的标准审查后认为存在违法行为或者欺诈风险的,则应当选任临时管理人来管理债务人企业并主导预重整程序。

通过参与预重整程序,临时管理人对于债务人的情况和债权人的诉求有较为清晰的认识,负责或者主导重整方案(或初步方案)起草工作。为了确保预重整和后续司法重整工作的连续性,笔者认为,在设立预重整制度时,应当突破现有《企业破产法》关于管理人指定的约束,充分考量预重整的特殊性,原则上采用临时管理人继续担任后续司法重整程序的管理人,这与目前各地的工作指引操作方式基本类似。当然,鉴于我国管理人具有资格限制,故在预重整阶段选任临时管理人时也应当选任具备管理人资质的机构担任。

为了保证信息的充分及时披露以及庭外谈判协商的公平公正,需要制定预重整期间临时管理人的行为规范,以确保临时管理人在履职时可以保持中立,勤勉尽责。如果预重整期间临时管理人不能勤勉尽责,或未能保持中立态度,债权人可以在司法重整阶段向人民法院提出,经人民法院审查属实,可以重新选任管理人。

(三)重整方案特殊条款的拟定

无论是司法备案制度还是管理人衔接制度,仅仅是从程序层面对于预表决效力的延伸提供支撑,为了有效解决预表决效力的延伸问题,其核心还是重整方案的拟定、预表决以及后续司法重整中人民法院的审查标准。

从制度设计的理想层面考虑,债权人或债务人向人民法院正式申请债务人破产重整时,应当一并提交预表决通过的重整方案,如果该方案的谈判和预表决的过程和程序符合规定的程序要求,并且重整方案具有可行性,法院应当批准,视为已经按照《企业破产法》的规定接受该重整计划,该表决结果约束债务人企业、债权人及相关股东等利益相关者。法院在符合标准的情况下对预重整阶段达成的协议直接确定效力的,在进入司法程序之后不必重新进行表决,这种制度设计消除了债权人反悔的可能性,使预重整制度能够最大化地发挥其作用。[1]

关于重整方案的审查,在预重整制度暂时尚未完善的情况下,审查标准可以参考域外做法并结合我国实践进行进一步优化。联合国《破产法立法指南》第166条建议,破产法应当规定,对当事人提交的协议计划方案在下列情况下法院应当确认:(1)计划符合在正式重整程序中就计划确认符合受影响债权人或受影响股东所适用的实体性要求;(2)在自愿重组谈判中向受影响债权人或受影响股东发出的通知和提供的资料足以使其对计划作出知情的决定,而且接受计划所适用的准据法合法;(3)未受影响债权人在正常经营活动中所获得的偿付,未经其同意计划不变更或影响其权利或债权;(4)随计划所附财务分析表明符合所有重整要求。《美国联邦破产法典》第1126条(b)款为预重整中对计划表决有效提供了最重要的制度保障,该款规定:权益持有人在提起破产申请之前根据本法接受或反对计划,如果满足规定条件,则该接受或反对在提起破产申请后仍然有效。为了保证对重整协议有效性的公正公平确认,一般考虑规定的规则:(1)要进行充分的信息披露;(2)规范对计划的投票表决机制;(3)符合有关准据法和破产法重整规定。

关于重整方案的可行性判断,现有立法对于审查方式和标准并无明确规定,单靠只具有法律知识而不具有商业知识的法官去对经营方案的可行性作出实质性的判断,可能效果不佳。故在实践中,需要重整方案的制定者对重整方案的可行性进行论证,如有必要,则需要相关中介机构和专家出具专门意见,人民法院在形式上对相关资料的完备程度作出审查判断。

在目前情况下,变通的办法是通过合同的约定及法院对合同约定效力的确认来固定预重整谈判结果的法律效力。当事人在预重整程序中通过协商谈判形成重整方案,在表决中同意或签署同意意见的债权人在接下来的预重整程序中以及将

---

[1] 徐阳光、王静主编:《破产重整法律制度研究》,法律出版社2020年版,第53页。

来的破产重整程序中不得反悔,并约定相应的违约责任。法院对预重整中各方达成的重整方案、利益相关方的表决意见的衔接转化未固定条件和标准,因此在实务中需要注意:第一,在预重整方案制作过程中,严格按照重整计划框架、体系,后续的重整计划草案减少不必要的变动,尽量保障重整计划草案与重整方案保持一致或者更加优化。第二,在民事诉讼法禁止反言原则能否适用预重整尚不明确的情况下,应当引导利益相关方出具有关承诺,通过有条件地自愿让渡重整表决权等方式,固定其预重整表决意见,保障程序衔接的合法性和效率。这种设定禁止反言条款的做法,可以保证预重整制度的严肃性和法律保障性,从而有效保护参与协商的债权人以及债务人的合法权益。第三,为增强表决的效力,减少后续正式重整程序中的表决程序,可由债权人在表决文件中承诺:在重整计划不作出重大变更的情况下,对重整方案的表决视为对正式重整程序中重整计划的表决,表决的份额以正式重整程序中法院裁定确认的份额为准。第四,为了减少权利人援引情势变更原则要求重新表决,在重整方案制定的过程中尽量考虑周全,对于一些不利因素需要如实披露,保留调整空间。

六、结语

在我国《企业破产法》的修改中,应当对预重整制度作出明确规定。在制定预重整制度时,应当考虑中国目前司法实践的需要,重点考量进入重整程序时法院对预重整阶段预表决效力以及延伸问题的认定,对此需要作出详细的规定,以确保通过预重整制度,达到庭外重组和庭内重整的有效衔接的目的,彰显预重整制度的优越性,简化重整程序,挽救危困企业,进一步提升我国的营商环境,保障破产法全方位的市场化、法治化的实施。

实务争鸣

个人债务集中清理中逃废债行为的识别与防范

张丽平　章博文*

一、问题的提出

2018 年 10 月 24 日，时任最高人民法院院长周强向十三届全国人大常委会第六次会议报告关于基本解决执行难工作时，首次提出“推动建立个人破产制度，畅通执行退出进路”。2019 年 7 月，最高人民法院、国家发展改革委、人民银行等 13 个部门联合发布了《加快完善市场主体退出制度改革方案》（发改财金〔2019〕1104 号），明确提出改革的总体目标是逐步建立起与现代化经济体系相适应，覆盖自然人在内的各类市场主体便利、高效、有序的退出制度，其中对于个人破产立法规划的表述是：“逐步推进建立自然人符合条件的消费负债可依法合理免责，最终建立全面的个人破产制度”。2020 年 5 月 11 日，中共中央、国务院发布《关于新时代加快完善社会主义市场经济体制的意见》，要求健全破产制度，改革完善企业破产法律制度，推动个人破产立法，建立健全金融机构市场化退出法规，实现市场主体有序退出。在中共中央、国务院下发《关于支持深圳建设中国特色社会主义先行示范区的意见》后，深圳市加快了个人破产的地方立法进程。2020 年 8 月 26 日，经深圳市第六届人民代表大会常务委员会第四十四次会议通过了《深圳经济特区个人破产条例》（以下简称《深圳条例》）。浙江省自 2018 年起就已通过温州、台州、丽

---

* 张丽平，国浩律师（杭州）事务所合伙人、重整重组部门主要负责人，华东政法大学法学学士；章博文，国浩律师（杭州）事务所律师，台湾大学法学硕士。

水、遂昌等地进行了前期实践,为个人破产制度的探索与完善提供了浙江样本。[1] 2020 年 12 月 3 日,浙江省高级人民法院发布了关于印发《浙江法院个人债务集中清理(类个人破产)工作指引(试行)》(以下简称《浙江指引》)的通知,为浙江省推行个人债务清理程序(以下简称个债清理程序)作出了具体的工作安排和准则。

至此,对于个人破产制度在我国应否予以明确立法推行,或个人过度负债究竟能否通过完成个人破产程序即给予债务人以免责的希望等涉及我国传统价值取舍及思辨上的议题,随着近二十年来众多学者百家争鸣般思潮碰撞[2]以及从中央到地方改革方案的顶层设计逐渐出台后趋于一个肯定答案:个人破产是有必要建立的,其立法意旨与价值在于保护"诚实而不幸"(honest but unfortunate debtor)的债务人。债务人在日常交易过程中即使"诚实"勤恳,发生意外风险仍在所难免,现代社会对此"不幸"应持宽容的态度。将个体因意外风险所产生的高额债务有条件地予以免除,能够体现破产拯救理念下的一般价值。[3] 同时,诸如"欠债还钱,天经地义""父债子偿"等传统文化心理之于现代破产理论的障碍,[4]尚可以通过破产理念的深入、设置相对严格的免责条件、法院及管理人耐心释明等方式对债权人进行疏导并推进具体案件。在实践中,也可以看到债权人对于同意免除"诚实而不幸"债务人的债务并非完全不可接受。关键还是在于债务人是否诚实,以及是否存在逃废债,逐渐成为债权人普遍关注的焦点问题。[5]

债权人关心的这一焦点问题,事实上也正是目前我国的个人破产制度亟须作出解答的:在个人破产/个债清理程序中,如何精准识别"不诚实"的债务人?严重的不诚信行为,诸如债务人实施挥霍消费、恶意购置资产、转移或隐匿资产、虚构债

---

[1] 浙江省高级人民法院主编:《2021 年浙江法院个人债务集中清理(类个人破产)工作报告》,2022 年 3 月。另,关于浙江省进行个人债务集中清理程序试点的相关总结,参见沈芳君:《个人债务集中清理司法探索与个人破产立法设想——以浙江省为主要视角》,载《法治研究》2021 年第 6 期。

[2] 关于我国对于个人破产制度长久以来的学术讨论与立法态度上的转变,参见徐阳光、武诗敏:《个人破产立法的理论逻辑与现实进路》,载《中国人民大学学报》2021 年第 5 期。

[3] 参见许德风:《破产法论——解释与功能的比较视角》,北京大学出版社 2015 年版,第 29 - 30 页。

[4] 参见张善斌、钱宁:《论个人破产制度构建的痛点——公众法意识的转型》,载《商业研究》2021 年第 2 期。

[5] 如范某某个人债务集中清理案、朱某某个人债务集中清理案,普通债权清偿率分别为 1.07%、62.58%,两案件的表决过程均反映债权人关注的核心在于债务人是否存在逃废债、是否已全力以赴地清偿债务,只要确信债务人已经尽力清偿,债权人是愿意作出必要让步的。参见最高人民法院民二庭课题组、林文学等:《司法实践视野下自然人破产免责制度的构建》,载《法律适用》2022 年第 2 期。

务、恶意串通大量负债后申请个人破产、违反陈述及协助等法定义务,妨害程序的正常进行等,均可能构成企图通过个人破产/个债清理程序实施逃废债务的行为,其与当前《深圳条例》的立法目的及《浙江指引》的制定初衷明显相违背,更难以得到债权人会议的广泛认可。所以,无论是立法政策的理论研究还是在实务操作中,都应尽可能避免此类债务人进入程序,或即使准许债务人进入个债清理程序后,在行为考察期结束时也不得轻易对债务人予以免责。

以《浙江指引》为例,为防止债务人利用个债清理程序达到逃避债务目的,《浙江指引》第6条、第7条先后规定了在受理前应达到的程序启动条件及债务人在启动程序时所必须提供的文件,包括作出有关诚信的承诺;[1]在案件受理和程序启动后,《浙江指引》第14条、第15条、第19条、第20条、第21条、第23条、第42条、第54条等分别规定了债务人在债务清理程序过程中必须予以配合的事项与义务,管理人也可采取询问、查询、走访等多种方式,对债务人的财产状况进行全面调查,避免债务人存在逃废债等不诚信行为;最后,在程序进入尾声,《浙江指引》第56条、第57条规定法院可以视情况设置为期5年的行为考察期,行为考察期内债务人必须继续履行法院作出的限制行为决定规定义务,才可以最终获得终结执行的裁定。

从以上规定中不难发现,浙江省高级人民法院在《浙江指引》中分别从事前诚信、事中诚信、事后诚信三个方面着手,较为全面地考虑到了不诚信行为的预防问题,也体现了个人债务集中清理程序对善良、诚实债务人的保护,为债务人提供分步引导和救济的机会。这一点从浙江温州个债清理的前期经验总结中,也可以看出类似的规制脉络,详见表1。

---

[1] 《浙江指引》第6条规定:"具有浙江省户籍,在浙江省内居住并参加浙江省内社会保险或缴纳个人所得税连续满三年的自然人不能清偿到期债务,资产不足以清偿全部债务或者明显缺乏清偿能力,可以依照本指引申请开展个人债务集中清理工作。"第7条规定:"债务人申请个人债务集中清理的,应当由本人提交下列材料,并现场签名:(一)个人债务集中清理申请书;(二)财产状况申报;(三)债权人清册;(四)债务方面的证据、收入和支出的证据;(五)诚信承诺书;(六)法院认为需要的其他材料。"

表 1 浙江温州试点个人债务集中清理程序的适用原则经验

原则	内容
自愿原则	依申请:被执行人申请且申请执行人同意
	全体决:重大事项均由债权人会议全体表决通过
诚信原则	事前诚信:进行全面如实的财产申报、承诺不进行高消费、没有因拒执行为而被处罚等
	事中诚信:出现或者发现被执行人不诚信行为,立即终止个债清理程序,或者驳回申请。并且,若个人债清理方案经过两次债权人会议表决未通过的,也应当终止个债清理程序
	事后诚信:个人债务集中清理方案履行完毕之后,除非债务全部履行的,否则被执行人仍应承受一定年限的信用限制

但是,在浙江省内具体案件的实际操作过程中,我们也陆续发现了一些问题:

首先,在事前诚信方面:第一,《浙江指引》第 6 条规定"资产不足以清偿全部债务或者明显缺乏清偿能力"较为宽泛,是否适合进入程序实际上需要债务人正确理解,加上法院的准确判断。第二,《浙江指引》第 7 条要求债务人提供的材料,如"财产状况申报"、"债权人名册"、"债务方面的证据、收入和支出的证据"及"法院认为需要的其他材料"等表述缺乏一定的明确性和标准,一旦事前"筛选"程序不够清晰,就会让原本不适用个债清理程序的债务人大量提出申请,是否将挤占大量司法资源,不无疑问。[1] 第三,《浙江指引》第 7 条关于程序申请时的要求是否已足够全面?又是否应当包含第 19 条、第 20 条、第 23 条等在内的债务人诚实申报受理日前两年内财产的重大变动、申报配偶及未成年子女的财产状况,以及债务人应按时提交生活必需品清单等材料的义务?如果债务人在进入程序后,才拒不提供上述材料或不按时提交;或存在部分行为例如违反陈述、协助等法定义务,抑或是债务人提出远超一般生活必需的豁免财产清单等,在考量在我国的社会信用基础背景的前提下,实务中应如何精准判断债务人的行为性质,以及如何判断债务人的行为是否构成逃废债行为?

其次,在事中诚信方面:在个债清理程序开启后,管理人将全面调查债务人的各项基本情况,鉴于自然人没有标准的财务账册,管理人往往会发现债务人前

〔1〕 参见高丝敏:《论个人破产"看门人"制度的构建》,载《法治研究》2022 年第 4 期。

期提供的材料中存在缺漏或经调查后发现确有错误，那么如何正确把握债务人是否“诚信”的尺度，以及如何判断此时是否构成逃废债？并且，《浙江指引》虽然明确规定了进入个人债务集中清理程序后，债务人应当配合法院及管理人的工作，例如债务人应当全面申报财产及债权债务、出席债权人会议、听证会，接受债权人的质询等，也规定了如调查发现债务人存在部分不诚信行为时可以由法院裁定终止个债清理程序。[1] 但是，实际操作中发现债务人的一些不当行为，虽在现行法规范下并未明文规定，却往往造成个债清理程序进程的重大阻碍，例如，债务人不配合管理人审查债权、虚构债权债务关系、债务人配偶及子女不配合调查等。另外，考虑到实践中具体多发的不同类型的逃废债行为，有一些逃废债行为可能十分隐蔽，在《浙江指引》中也并未以列举的方式穷尽，而是在《浙江指引》第 54 条第 4 项规定了“债务人存在不诚信行为等需要终止个人债务集中清理程序的其他情形”作为兜底。在此种规范模式下，法院、管理人仅能根据该条前三项规定的同等类型与性质的行为作为参照来进行判断，[2] 在案件推进的过程中，往往难以精准界定和把握债务人是否实施了足以终止程序的不诚信行为，以及该等行为是否构成逃废债。

最后，在事后诚信方面：个人债务集中清理程序的最大意义在于有条件地进行债务豁免，完成个人的重生与拯救，但债务人得到债务豁免的前提必须是诚实。《浙江指引》对于程序结束后、行为考察期间内的逃废债行为定义、类型和不予免责的判断依据同样未进行明确，仍有待实务经验的发现与总结。

综上所述，尽管《浙江指引》在个人债务集中清理程序中分别针对事前、事中、事后三个阶段设置了预防债务人实施逃废债行为的措施，但经过实践探究，仍能发现有一些不尽完备之处。尤其是针对逃废债行为的精准识别，这既是大部分债权人及利害关系人共同关心的现实问题，也逐渐成为各地法院和管理人工作的重点

---

[1] 《浙江指引》第 42 条规定：“债务人应当出席债权人会议并接受质询。债权人可以在债权人会议召开十日前，以书面方式陈述具体理由，要求管理人通知债务人的配偶及成年直系亲属列席债权人会议并接受质询。债务人、债务人配偶及成年直系亲属经管理人通知无正当理由拒绝接受质询的，视为其具有不诚信行为，人民法院可以视情况终结个人债务集中清理程序。”

[2] 《浙江指引》第 54 条规定：“人民法院受理个人债务集中清理申请后，发现债务人存在下列情形之一的，可以裁定终止个人债务集中清理程序：（一）债务人在申请书或者财产申报等文件中，存在不完整、有错误或者其他误导的情况；（二）债务人在申请前两年内，进行过低价处置财产或者恶意的偏颇性清偿行为；（三）管理人就债务人申请中的情况询问债务人，债务人未能在规定期限内作出正式的答复；（四）债务人存在不诚信行为等需要终止个人债务集中清理程序的其他情形。”

和难点,在我国现行法规范下,尚未形成较为完善的应对和筛选机制来作为法院和管理人判断的依据。所以,本文拟结合理论研究与实践探索,分析如何正确、及时地将该等企图逃废债的债务人阻挡在个人破产程序之外,或至少依破产程序公平偿债后对该债务人不予免责。再结合相关经验提出有关立法上的建议。

二、我国法上"逃废债"的问题:从实务案例和相关规范入手

(一)"逃废债"在现行法规范中的起源与意涵

"逃废债"一词,最早是从金融机构的防范信贷风险以及国有企业改制的背景下作出并逐渐加以明确。1994 年 2 月 17 日,国家国有资产管理局发布《关于防止银行信贷资产损失的通知》(银发〔1994〕40 号,已废止)中提道:"近来,发现一些企业借破产、兼并、改组、承包、租赁和合资、分立之名,转移企业资产,逃避对银行贷款和利息的清偿责任。这种做法,就其本质讲,是一种侵蚀国有资产的违法行为,如不及时制止,必将给国家信贷资金造成巨大的损失,严重影响国家银行的信誉和正常经营,也不利于企业转换经营机制和健康发展。为了保障国家银行的合法权益和国有资产不受损失,维护金融秩序和借贷纪律,现就有关问题通知发下:一、各地银行、经贸委和国有资产管理部门对一些企业以各种方法逃避对银行债务的现象要予以高度重视,并对实行兼并、改组、承包、租赁、合资、分立的企业的债务清偿情况进行一次认真检查,审核和落实有关企业对银行债务的归还责任,坚决纠正逃债、废债的各种错误做法……七、对于违反法律规定,通过违法操纵,不合理分割,低价变卖、私分、隐匿、擅自转移企业财产等形式逃避债务的行为,银行要及时提起法律诉讼,经法院裁决后,银行有权依法冻结企业往来账户。"可以发现,此处最早提到"逃废债"一词的全称,其实是由"逃债"与"废债"组成,是由两词合并而来。

1998 年 6 月 5 日,国务院发布《关于在国有中小企业和集体企业改制过程中加强金融债权管理的通知》中提道:"在国有中小企业和集体企业改制过程中,不少地方出现了借企业改制之机悬空、逃废金融债务的现象。这种行为严重破坏了社会信用关系,致使金融机构大量债权悬空,信贷资产质量下降,国有资产流失。"进而要求各地区及部门加强对国有中小企业和集体企业改制工作的指导与监督,制止各种逃废金融债务行为。

1999 年 1 月 7 日,中国人民银行继国务院发布上述文件之后,制定并发布《关

于加强金融债权管理，建立防范和制裁逃废金融债务行为制度的通知》，要求各金融机构建立“逃废债企业名单”制度，要求各金融机构的分支机构及政策性银行的委托代理经办行应随时向其上一级分行、委托行提供所在地企业故意逃废金融债务（包括借改制逃债，利用多头开户逃废债，故意欠息不交等）的企业及其法定代表人名单及逃废债的事实，债权金融机构的分行接到报告后，要及时向同级金融债权管理行长联席会议报告。由同级金融债权管理行长联席会议共同认定逃废债企业名单，并定期向辖区内金融机构及本辖区无分支机构的政策性银行总行和地方政府通报包括企业及其法定代表人名单、逃废债事实和联合制裁措施等内容的“逃废债企业名单”，对此类改制上市的企业，还要及时向国家证券管理部门通报。[1]

当时一系列政策文件作出的时空环境，均是处在国有企业改制背景下。国家对产业结构的调整以供给侧为着手点，虽然已取得了一定的成绩，但是改革的阵痛无法避免，一些企业面对“资金链、担保链”的双重压力，开始有部分债务人不去积极化解债务危机，而是思考如何逃避债务、如何全身而退。此类债务人往往通过各种手段，主观故意并实施设法摆脱、躲避、拒绝、取消、悬空金融机构债务的行为，陆续被金融机构认定为逃废债行为。[2] 在此之后，金融机构大力整治逃废债现象的同时，各地行政文件及司法解释开始陆续频繁提及“逃废债”一词，[3]但是该类文件始终未对“逃废债”进行明确的定义或释明其构成要件。

直到2006年2月23日，中国银行业协会第五次会员大会审议通过《逃废银行债务客户名单管理办法》，其中第7条明确规定债务人具有下列行为之一的，将被视为恶意逃废银行债务：“（一）不经债权银行同意，以改制、重组、分立、合并、租赁、破产等方式悬空银行债权；（二）通过非正常关联交易抽逃资金、转移利润、转移资产，致使银行债权被悬空；（三）以转户和多头开户等方式，蓄意逃避债权银行对贷款的监督，使银行贷款本息无法收回；（四）故意隐瞒真实情况，提供虚假信息、产

---

〔1〕 中国人民银行：《关于加强金融债权管理，建立防范和制裁逃废金融债务行为制度的通知》，载中国人民银行网1999年1月7日，http://www.pbc.gov.cn/tiaofasi/144941/144959/2817755/index.html。

〔2〕 张安格：《企业逃废债行为：成因与治理对策》，山东大学2020年硕士学位论文，第2页。

〔3〕 例如，最高人民法院《关于人民法院在审理企业破产和改制案件中切实防止债务人逃废债务的紧急通知》（法〔2001〕105号），第3条规定：“人民法院对企业破产案件立案应慎重，经审查破产申请发现有逃废债务迹象，或者‘资不抵债’证据不足的，应当责令申请人补充材料，不得盲目立案。发现债务人有巨额财产下落不明且债务人不能合理解释财产去向的，或者先行剥离企业有效资产另组企业，而后申请破产的，应当裁定驳回破产申请。对于内贸、外贸企业的破产申请，应当严格按照国经贸（1996）492号文件的批准程序规定，从严把握，审慎受理。”

权不清的担保,或恶意拒绝补办担保手续;(五)不经债权银行同意,擅自处置银行债权的抵(质)押物,造成银行债权抵(质)押悬空;(六)隐瞒影响按期偿还银行债务的重要事项和重大财务变动情况,致使银行债权处于高风险状况;(七)拒不执行人民法院和仲裁机构已生效的法律文书,继续拖欠银行债务;(八)不偿还债务又拒不签收银行催债文书;(九)其他恶意逃废银行债务的行为。"后银行业协会于2013年重新修订《逃废银行债务客户名单管理办法》,但仍基本延续了上述关于逃废债的认定标准,仅将其中第8项修改为"通过采取各种非法手段阻碍司法机关执行或银行正常清查,损害银行债权的"。

因此,从金融行业对逃废债的理解来看,"逃债""废债"主要形容"老赖"们的一种主观心理活动,外在表现在具体行动上,可能是作为,也可能是不作为,其有目的并有计划地通过一系列手段对其应履行的偿债义务进行回避、摆脱、拒绝或以擅自处置抵押物等方式令债务悬空,最终"躲避"或"作废"金融机构债务。[1] 另外,从金融机构的规制手段来看,金融行业的逃废债往往具有一定的滞后属性,较难提前预防。

(二)个人债务集中清理程序中"逃废债"的定义

结合上述金融行业对于逃废债行为的认定标准,将其中的"侵蚀国有资产"意涵替换为"侵害全体债权人利益",应可基本勾勒出个人债务集中清理程序中关于逃废债的定义及构成要件,即债务人通过转移资产、逃避监督、虚报信息、擅自处分抵押物、提供产权不清的担保、隐瞒重大财务变动情况、不配合清偿方案的履行、提出远超生活必需的豁免财产清单(生活必需品清单)等行为,使原本的合法债务达到悬空、废弃之效果。但是除此之外,必须考虑到个债清理程序的特殊性,针对个债清理程序中的逃废债行为,其最终效果不一定必然达到减少或摆脱债务的目的,也可能导致个别债权人获利,或至少将以不公平的结果偿债。以有债权人利益受不当损失为导向的作为或不作为,均可以认定为构成个债清理程序中的逃废债行

[1] 2014年7月1日,诸暨市人民政府发布《诸暨市逃废债黑名单管理办法(试行)》,在银行业协会认定的九项逃废债行为的基础上,又额外增加了一项:"法定代表人或企业主有欠息、欠费、欠税、欠薪等'四欠'现象,并无法取得联系或外逃的",此类逃行为也是直接逃避债务的一种最直观的表现样态。参见诸暨市人民政府办公室:《诸暨市人民政府办公室关于印发〈诸暨市逃废债黑名单管理办法(试行)〉的通知》,载信用中国(浙江诸暨)网,http://www.zhuji.gov.cn/art/2015/10/20/art_1388644_12619846.html。

为,该行为往往具有欺诈性质,所以有的学者将其统称为破产欺诈行为。[1]

随着社会及信用体系的高速发展,破产欺诈的手段及方式会变得越来越复杂和多样化,也正是这个原因,现阶段英美法系国家更注重通过采取大量判例来确定规则的方式,对此类破产欺诈行为加以控制;大陆法系国家多采用概括加列举的立法模式[2]为之,这样的立法模式带来的弊端是,在个债清理程序中,即使可以单独列明的欺诈行为样态已不在少数,但仍不足以描述全部逃废债情形。除了欺诈行为的多样性的原因外,正是因为个债清理程序要求的已不仅仅是禁止作出损害全体债权人利益的行为本身,更需要确保债务人的财产在所有债权人间进行公平分配,防止债务人企图满足部分债权人不当的个别清偿、恢复执行、抢先执行等诉求,所以此时的逃废债的预防也必然须带有破产法上的"公平清偿"属性。换言之,此时的逃废债行为,除了特指债务人通过破产欺诈行为企图利用程序躲避或作废自身债务之外,还应包含可以引发个别清偿、不公平清偿、抢先执行等情况发生的一切行为,具体可能表现为:债务人对个别债权的不当增加或减少,虚增债务、否认原有债权债务关系、承认虚假的取回权或抵销权、不配合法定协助义务、阻止程序的进行以便恢复个别案件的执行等。所以,个债清理程序与传统金融交易下的逃债、废债相比,主要具有两种表现形式:一种是明显积极地实施破产欺诈行为,意图逃避或废除自身债务;另一种则是消极地损害他人利益,表现为否认或虚增债权、不配合审查债权、债务人不配合其法定协助义务或阻碍个债清理程序的顺利进行。

来自"理性人的假设"或可以作为判断逃废债的底层逻辑。经济学上有一个著名的概念,被称为"理性人假设"或"经济人假设",指人以自身利益的追求和满足

---

〔1〕 李雪田:《我国反破产欺诈法律制度研究》,吉林大学2010年博士学位论文,第150页。另外,如《深圳条例》第103条、第112条也将通过欺诈手段获得免除债务的行为作为严厉打击对象进行规制。

〔2〕 例如,《浙江指引》第54条规定:"人民法院受理个人债务集中清理申请后,发现债务人存在下列情形之一的,可以裁定终止个人债务集中清理程序:(一)债务人在申请书或者财产申报等文件中,存在不完整、有错误或者其他误导的情况;(二)债务人在申请前两年内,进行过低价处置财产或者恶意的偏颇性清偿行为;(三)管理人就债务人申请中的情况询问债务人,债务人未能在规定期限内作出正式的答复;(四)债务人存在不诚信行为等需要终止个人债务集中清理程序的其他情形。终止个人债务集中清理程序后,符合条件的,人民法院应当依照相关规定对债务人采取纳入失信被执行人名单等强制执行措施。"又如,《深圳条例》第14条、第21条、第23条、第35条、第98条、第112条、第167条、168条、169条,均对债务人不正当行为(主要针对欺诈行为)的描述采用了概括加列举的立法模式。

作为一切行为的出发点和目标,并且总能以最小化的成本去实现最大化的利益。[1] 经济学中所谓的“理性人”,被视为与经济利益直接挂钩,在此假设下,人的行为受制于利益的驱动。所以,当个人陷入债务危机和绝境时,即使作出某些看似逃废债的举措,或迫于无奈清偿个别债务时,也许并非“老赖”成性或道德感薄弱,而是出于自身“理性”之驱使。事实上,现实中的人也不可能是绝对利己的,人性更多的可能是存在着利己和利他的二元属性,[2] 正如前述的情况,债务人一方面可能会积极实施破产欺诈行为,另一方面也可能消极地损害他人利益以提供第三人更好的清偿机会。2021 年 11 月,在第十二届破产法论坛上,浙江省龙游县人民法院的李浙西专委在分享该院承办的某个人债务集中清理案时就曾这样提道:“适格的债务人应当具备诚实的品格,但法不强人所难,也不能苛求债务人作出有违理性的诚实抉择。对诚信的瑕疵允许提供补正的机会,在没有法律规定的情况下,不诚信行为也有补救的机会。诚实的最低标准应当是债务人不能实施欺诈行为,否则不应受到个人免责制度的保护。”[3] 如果将理性人的假设投放到债务人身上检视,设身处地,任何一个理性人都难免会作出相同的抉择的话,那么即使是看似不诚信的行为,只要没有达到欺诈的标准,实务中还是应尽可能给予宽容和引导的机会。[4] 对此,可以考虑通过设置破产撤销权、无效行为制度等手段进行规制,并可以在集体清偿和按比例分配破产财产之后,视债权人会议表决情况决定是否准许债务人豁免剩余债务。

---

〔1〕 徐传谌、张万成:《“经济人”假设的发展》,载《当代经济研究》2004 年第 2 期。

〔2〕 吕炳斌:《著作权法的理论前提:从“经济人假设”到“社会人假设”》,载《当代法学》2020 年第 6 期。

〔3〕 龙游县人民法院:《龙游法院受邀参加第十二届破产法论坛并发言》,载澎湃新闻网 2021 年 9 月 6 日,https://www.thepaper.cn/newsDetail_forward_14384031。

〔4〕 例如,我国台湾地区“消费者债务清理条例”第 135 条规定了对不诚信行为的轻微瑕疵可以有条件地治愈:“债务人有前条各款事由,情节轻微,法院审酌普通债权人全体受偿情形及其他一切情状,认为适当者,得为免责之裁定。”此处所称的“前条各款事由”,即“消费者债务清理条例”第 134 条规定的 8 项不诚信行为和不得免责事由,包括债务人在 7 年内再度申请破产免责、故意隐匿财产、捏造债务或承认不真实债务、破产前两年内消费奢侈品或因赌博等投机行为产生清算原因、破产清算申请前 1 年内隐瞒清算原因事实与人交易致生损害、明知已有清算原因且非基于本人义务提供担保或消灭债务、隐匿毁弃全部或一部分会计文件、故意在财产及收入说明书中作不实说明导致债权人权益受损等不诚信行为。

（三）实务案例：不能适用个人债务集中清理程序的情形

1. 债务人未如实申报个人资产

《浙江指引》第19条规定，债务人应当在申请时向人民法院书面报告本人及其配偶、未成年子女以及其他共同生活的近亲属名下的财产情况，尤其是收入、银行存款、现金、支付宝等第三方支付工具中的财产、理财产品、有价证券、土地使用权、房屋等不动产、交通运输工具等，债务人的财产已出租、已设立担保物权等权利负担，或者存在共有、权属争议等情形的，应当一并申报。

某个人债务集中清理案中，债务人在申请个人债务集中清理程序时提交的申请书称其个人资产约3.5亿元，但个债清理程序启动后，经管理人全面调查核实，发现债务人未如实申报银行存款信息、贷款账户信息、不动产出租和抵押信息、车辆信息等。并且，在个债清理程序进行中，债务人对其名下的资产再次自行估算的价值合计仅6000余万元，远低于其申请时申报的资产价值3.5亿元。由此可合理推断，债务人明知其个人资产价值有限，但在申请个债清理程序时，以近乎"欺诈"方式营造出未来较高的清偿率和还债诚意，借以进入个债清理程序，实际上债务人企图花费极低的代价摆脱债务，明显不符合《浙江指引》有关诚实申报的规定，也不符合个人债务集中清理程序的诚实信用原则，结合金融行业对逃债、废债的定义，该类行为在个债清理程序中也应当认定为属于一种逃废债行为。

2. 债务人不依法确认债权，涉嫌虚构债务

某个人债务集中清理案中，债务人在申请个债清理程序时提交的申请书中阐述了其个人的负债额，但管理人实际接受债权人申报的债权金额是债务人申请时申报的约1.4倍，并且，管理人依据法律规定严格审查可以确认的债权金额仅是债务人申请时申报金额的约70%。无论是债权人的申报额，还是管理人的审查额，与债务人申请时申报的负债额差异都较大。另外，在程序进行中，债务人多次要求管理人按照其单方意见审查债权，即使是针对证据不足的债权，也要求管理人按其单方意见确认。债务人对于部分已知债权的不确认，和对存疑债权要求管理人按其单方意见确认的行为，涉嫌虚构债务。

3. 债务人及其有关人员的未尽配合协助义务

某个人债务集中清理案中，债务人及其配偶、子女未尽力配合管理人逐一审查债权或提供证据线索，未向管理人提供借条、收条、收据等债权债务凭证。在涉及夫妻共同财产及子女的资产和债权的调查时，也以回避的消极态度对待，严重拖延

个债清理程序的正常工作进程。

4. 债务人不按时提交生活必需品清单,或提出的要求远超生活必需

《浙江指引》第 23 条规定,债务人应当自人民法院受理裁定送达之日起 15 日内向管理人提交生活必需品清单,并列明财产对应的价值或者金额。某个人债务集中清理案中,债务人未按照《浙江指引》规定的时间提交生活必需品清单,经管理人多次催促后提交的清单又远超一般人正常生活所需。虽然《浙江指引》并未对生活必需品清单涉及的金额作出明确规定,但是参照《深圳条例》第 36 条明定豁免财产累计总价值不得超过 20 万元,债权人提出的生活必需品清单涉及的财产价值远超该等同类标准。

5. 债务人未申报大额财产变动情况

《浙江指引》第 20 条规定:"自人民法院裁定受理个人债务集中清理申请之日前两年内,债务人财产发生下列变动的,债务人应当一并如实申报:(一)赠与、转让、出租财产;(二)在财产上设立担保物权、地役权等权利负担;(三)放弃债权或者延长债权清偿期限;(四)一次性支出五万元以上大额资金;(五)因离婚、继承而分割共同财产;(六)提前清偿未到期债务;(七)其他重大财产变动情况。"所以,受理前两年内,债务人存在上述七种情形的,都应在申请时如实申报。

某个人债务集中清理案中,管理人经调查发现债务人在受理前 2 年内共有 11 笔一次性支出超过 5 万元及以上的消费记录,消费金额合计 1612.86 万元;在个债清理程序受理前 2 年内共有 148 笔取现记录,取现金额合计 1316.5 万元,均远超债务人日常生活开支与工作所必需。同时,经管理人调查发现债务人在个债清理程序受理前 2 年内购置了两套价值上千万的商品房。以上情况,债务人在申请个人债务集中清理时非但未如实申报,甚至在管理人调查发现并向其询问了解时,债务人也不能给予明确的解释说明。该行为属于严重的不诚信行为,应当认定为债务人利用个债清理程序实现逃废债目的之行为。

6. 小结

综上所述,个人债务集中清理制度的目的系为"诚实而不幸"的自然人提供再生机会,这意味着必须防止债务人滥用破产程序达到逃废债目的。债务人在申请进入个债清理程序时即应开始全面、如实地向法院申报个人债务的形成原因、借款的用途和去向、家庭实际收入水平以及现有财产状况等必要事项,接受法院和管理人的调查询问,接受债权人的检验核实,并如实作出陈述,以客观证据证明自己

确实属于"诚实"以及满足"不幸"的条件。在上述的案例中，首先，经管理人调查后显示，债务人在申请阶段就已经严重违反了诚信原则，不符合进入个债清理程序的必要条件。其次，在程序进行过程中，债务人还多次违反《浙江指引》的规定，违反诚实信用原则，例如，不配合管理人和法院调查的义务，不按时提交生活必需品清单，且其最终提交的生活必需品清单远超一般人生活必需和法定同类标准，无故拖延破产程序，以上行为应认定属于逃废债行为，即使债务人已进入个债清理程序，也应及时依法予以终结程序。上述某个人债务集中清理案从反向要件上明确了不能适用个人破产制度救济的一些实务情形，也对确立我国个人破产制度的适用范围起到实践和示范作用。

三、域外法上防范逃废债的相关规定

(一)美国个人破产与重整程序

美国《破产法》(The Bankruptcy Code)在消费者/个人破产的领域，近代以来公布了两项重要的法案，第一项是《1978 年破产改革法案》(The Bankruptcy Reform Act of 1978)的颁布，将美国《联邦破产法》变更为现在的《破产法》，并更新章节名称，同时强化了全新的第 11 卷第 13 章，以回应当时消费者破产的社会问题。第二项是在 2005 年发布《防止破产滥用与消费者保护法案》(Bankruptcy Abuse Prevention and Consumer Protection Act of 2005，BAPCPA)。

在美国通过《防止破产滥用与消费者保护法案》之前，债务人原本可以有充分的自由，自行选择申请《破产法》第 11 卷第 7 章的清算程序或第 13 章针对有固定收入的个人债务重整程序。由于第 7 章清算程序对于破产免责的效力是自动取得的，债务人并不需要采取任何行动就能获得债务免除，并且禁止其债权人就免责债务再向债务人进行追偿，这相比于第 13 章重整程序而言，重整对于债务的清偿要求明显较高：既需要债务人将之后 3～5 年时间内的"可支配收入"用于偿还债务，且优先债权无法得到免除，必须全额得到清偿。[1] 因此，大量的债务人争相申请第 7 章清算程序，根据美国破产协会的相关统计，美国个人破产的申请案件于 1996 年就首次突破了 100 万件，其中第 7 章清算程序的申请数量是 779，128 件，第 13 章重整程序仅有 343，987 件，而在 2005 年的《防止破产滥用与消费者保护法案》通

---

〔1〕 The United States Bankruptcy Code, 11 U. S. C. § 1322(a)(1).

过之后,这一数字立刻有了大幅度的下降。[1]

美国《破产法》第7章的清算程序申请人数过多的情况也引发实践中开始思考,如果持续有大量的债务人依照第7章申请清算程序,是否可能构成对破产程序的滥用。但在具体案件中,仅仅根据债务人收入和清偿费用数额来认定是否存在"滥用"是十分困难的。[2] 而在2005年《防止破产滥用与消费者保护法案》通过后,法院可以通过一道"经济状况测试"较为轻松地来判断债务人现在与将来对债务偿还的能力,并根据测试结果来决定是否驳回债务人对第7章清算程序的申请。如果驳回申请的,法院可以要求债务人转而适用第13章个人重整程序。除非债务人12个月的每月所得加总值仍低于该州的中产家庭平均所得,才得以免于经济状况测试的检验。[3] 虽然以事前的经济状况测试为主,但是美国《破产法》对于债务人诚信的判断以及对逃废债行为的规制也大致可以分为事前、事中、事后三个阶段。

1. 事前诚信

第一,法院在接到债务人申请后会安排通知和听证,如遇债务人不合理地拖延听证会的举行、拒不支付程序规定的费用、未提交申请书或法院根据美国《破产法》第521条(a)(1)要求债务人提供必要信息但债务人未及时提供,那么根据受托人的提议,法院可以驳回本案的申请。[4] 此外,经《防止破产滥用与消费者保护法

---

〔1〕 Quarterly Non - business Filings by Chapter, https://abi - org. s3. amazonaws. com/Newsroom/Bankruptcy_Statistics/Quarterlynonbusinessfilingsbychapter1994 - Present. pdf.

〔2〕 美国《联邦破产法》(修法前)第707条规定,当一个债务人主要债务为消费性债务时,就必须以第707条(b)项审查该债务人是否滥用申请第7章程序借以豁免债务。但有关"滥用"的定义在第707条(b)项本身并没有明确定义,只能要求法院进行个案判断。在2005年之前,法院在裁量债务人申请是否具有第707条(b)项滥用时,主要考虑下列情况:"债务人是否具有主观上恶意、个案的具体衡量以及债务人是否提出有意义的计划。"此处所谓"有意义的计划"是否能解释为债务人有清偿能力,在"经济状况测试"(Means Test)出台以前,美国法院对其判断标准不一,Robertt J. Landry III, *The Means Test: Finding a Safe Harbor, Passing the Means Test, or Rebutting the Presumption of Abuse May Not Be Enough*, Northern Illinois University Law Review, Vol 29, p. 245, 279 (2009)。

〔3〕 The United States Bankruptcy Code, 11 U. S. C. §707(b)(7)(A).

〔4〕 The United States Bankruptcy Code, 11 U. S. C. §707(a): The court may dismiss a case under this chapter only after notice and a hearing and only for cause, including—(1) unreasonable delay by the debtor that is prejudicial to creditors; (2) nonpayment of any fees or charges required under chapter 123 of title 28; and (3) failure of the debtor in a voluntary case to file, within fifteen days or such additional time as the court may allow after the filing of the petition commencing such case, the information required by paragraph (1) of section 521(a), but only on a motion by the United States trustee.

案》修正后,新增第 727 条(a)(12)规定,债务人被法院调查发现可能存在第 522 条(q)(1)规定的事由时,例如有任何进行中的法律程序可以判处债务人犯第 522 条(q)(1)(A)中列举的重罪[1]或需要对第 522 条(q)(1)(B)所述债务负责的,法院不可作出免责裁定。

第二,在个人破产程序正式开始前,专门条款对于债务人在进入程序前的逃废债行为作出规制。例如,美国《破产法》第 523 条(a)(2)规定,债务人在申请破产前 90 天内,产生奢侈性质的消费超过 725 美元或在申请破产前 70 天内以预借现金的形式支付超过 1000 美元的,即推定债务人不可获得免责。又如,美国《破产法》第 523 条(a)(3)规定,如果债务人明确知道债权人姓名,但未将其列入债权人名册中,则该笔债务本身不得免除。

第三,根据《防止破产滥用与消费者保护法案》提出的经济状况测试,美国《破产法》具体将其规范在了第 707 条(b)(2)(A)(i)中,如果债务人的目前每月所得扣除第 707 条(b)(2)(A)(ii)、(iii)、(iv)等规定的数额[2]后乘以 60 倍,总额仍高于以下金额,将被视为存在滥用破产程序的情况,将被法院要求其转而申请第 13 章的重整程序,债务人将不被允许适用清算程序:(1)债务人在该案件中的非优先及无担保债权的 25% 或 6000 美元,以较高者为准;(2)10,000 美元[3]。

此外,有学者提到美国相对成熟的信用市场为个人破产制度奠定了基础,这也主要体现在了程序进入前的事前诚信的审查方面。美国的信用制度可以总结为"1 + 3 + x"模式,即费埃哲公司(Fair Isaac Corporation)为主要评分公司,益博睿公

---

〔1〕 美国《破产法》第 522 条规定,在法院经通知和听证程序后,法院确信债务人可能成立的重罪有:任何违反联邦证券法、任何州证券法,根据联邦证券法或州证券法发布的任何条例或命令、实施证券法禁止的欺诈、欺骗或操纵行为、过去 5 年内对他人造成严重身体伤害或死亡的任何犯罪行为、故意侵权行为等,The United States Bankruptcy Code, 11 U. S. C. § 522(q)(1)。

〔2〕 扣除费用包括:债务人、债务人的配偶或债务人的受抚养人的合理必要的健康保险、残疾保险和健康储蓄账户费用、家庭暴力而产生的合理的必要开支、食物和衣服符合国家税收局发布保障标准的 5%、为照顾和支持年老、长期患病或残疾的家庭成员或债务人的直系亲属(包括债务人的父母、祖父母、兄弟姐妹、子女和孙子女,债务人的受抚养人,以及在共同抚养案件中不属于受抚养人的债务人的配偶等),而支付的合理和必要的实际费用、另外还包括每个未满 18 岁的受抚养子女的实际支出,每个子女每年不超过 1500 美元等,The United States Bankruptcy Code, 11 U. S. C. § 707(b)(2)(A)(ii)、(iii)、(iv)。

〔3〕 The United States Bankruptcy Code, 11 U. S. C. § 707(b)(2)(A)(i)(I), § 707(b)(2)(A)(i)(II),该条第 2 项中的金额每 3 年会依据消费者物价指数进行调整,此处 10,000 美元金额为美国现行法下的规定。

司(Experian)、艾克菲(Equifax)、环联(TransUnion)等公司为主要信息提供商,其他机构为辅助。为了避免上述模式可能存在的漏洞,如信息泄露、分数更新滞后等,美国身份识别公司(IdentityIQ)、美国网络身份资讯保护公司(LifeLock)等提供监督服务,与评分公司形成互补、监督关系。美国《破产法》第11章第521条规定,需要申请破产的主体提供信用咨询证书以及通过信用咨询机构提供的债务偿还计划。美国信用评分制度对个人信用进行了量化处理,使其以权威分数的形式存在并用作法院受理个人破产案件的前提条件。[1] 综上所述,有关事前诚信的申请前流程详见图1。

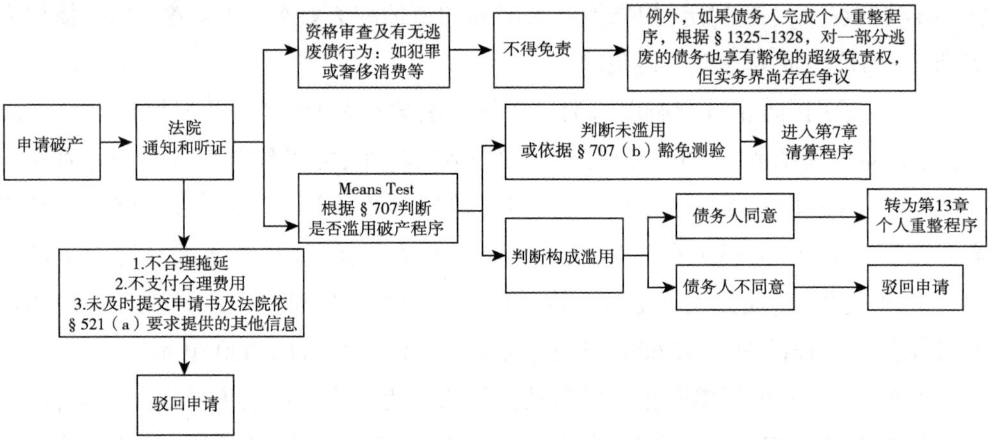

图1 申请个人破产流程

资料来源:本文依据美国《破产法》第7章、第13章相关法律规定自行绘制。

2. 事中诚信

程序进行中对债务人可能存在的各种逃废债行为的规制主要集中在美国《破产法》第727条和第523条,例如:

(1)针对债务人实施破产欺诈行为的:第727条(a)(2)[2]中规定债务人意图妨碍、拖延或欺骗债权人或管理人,而在破产申请前一年内或破产申请日后,转移、

---

[1] 参见马学荣:《论新时代个人信用制度的完善——基于个人破产制度的视角》,载《征信》2020年第9期。

[2] The United States Bankruptcy Code, 11 U.S.C. §727(a)(2).

移动、毁灭、损坏、隐匿财产，或允许他人进行上述行为的，债务人不得予以免责[1]，另外第523条(a)(2)也规定，债务人以欺诈方式获得的融资债务本身即不得被豁免；(2)针对债务人不如实保留债务记录的：第727条(a)(3)规定，债务人有隐匿、毁灭、伪造有关债务记录，或经调查后发现债务人未保存任何有关债务的记录，包括支票簿、单据、账簿、文件等在内的，债务人对于重要记录不加以保存，影响管理人与债权人无法取得足够资料的，债务人将不得获得免责，除非债务人能够举证其有正当理由，法院将在考虑其业务活动的复杂性、商业习惯等客观事实的基础上，再判断是否对债务人作出不予债务豁免的决定；[2](3)针对债务人不配合认定真实债权的：第727条(a)(4)规定，债务人在破产案件中，作出虚伪意思陈述、提出虚假的债权、使自己或他人获得金钱、财产、利益，或者拒绝将财产有关的资料或财务状况资料移交给管理人的，债务人不得免责。[3] 另外，第727条(a)(6)中也规定了债务人的服从和配合义务：债务人如拒绝服从法院命令或做证义务的，或拒绝回答法院的询问，债务人不得免责。[4]

3. 事后诚信

美国《破产法》第727条(a)(8)、(9)主要针对债务人完成破产程序后连续申请破产的行为进行了限制规定，其中，第727条(a)(8)规定债务人于破产免责后的8年内不得再次申请破产免责；第727条(a)(9)规定债务人在依据第12章或第13章获得破产免责后，除非债务人有符合第727条(a)(9)(A)或第727条(a)(9)(B)(i)、(ii)[5]规定的情形，否则于6年内不能再次获得免责。

第727条(c)、(d)、(e)分别规定了债权人、管理人、法院在裁定免责的1年之内，仍有权利撤销债务人的免责，例如发现债务人有第727条(a)规定的禁止行为，或被发现存在欺诈行为、隐瞒财产或拒绝移交财产给管理人等。[6]

---

[1] 但美国法在实践中要求确认“转移等行为”和“不正当意图”同时存在，为实务判断增加了一定障碍，Grogan v. Garner, 498 U. S. 279, 287 (1991)。

[2] Riley v. Riley (In re Riley), 305 B. R. 873, 883 (2004).

[3] The United States Bankruptcy Code, 11 U. S. C. §727(a)(4).

[4] The United States Bankruptcy Code, 11 U. S. C. §727(a)(6).

[5] 此处的(A)款、(B)(i)、(ii)款条文内容具体是指：债务人可以在六年内再度免责的条件为全体无担保债权已获得清偿，或超过70%的无担保债权已获清偿且该重整计划中债务人为善意且已尽最大努力。

[6] The United States Bankruptcy Code, 11 U. S. C. §727(c)(d)(e).

(二)日本个人倒产处理程序

日本对于个人倒产制度的构建较早,日本的个人倒产制度在规范市场经济活动和在金融危机中发挥了重要作用。日本最早关于个人倒产制度系参照唐朝的法律,除一般的肉刑外,允许债权人私自扣押债务人全部财产。到了日本江户时代,《御定百条》出现了名为“分散”和“身代限”这样具有破产法功能的制度,其中“分散”是指,债务人可以通过申报宣布家产分散,即当债务人的财产不能覆盖全部债权时,在取得多数债权人同意的前提下,可以将债务人财产委托给部分债权人,以便日后分配。当然此时的“破产清算”并不彻底,债权人也并不丧失在日后继续向债务人求偿剩余债务的权力;“身代限”则是指逾期不能偿还债务时,官府用手链锁住债务人,并强制将债务人的全部财产交付给债权人,对于完全没有财产的债务人,可以监禁债务人或责令其承诺以未来收入继续偿还。[1] 近现代以来,日本开始全面继受外国破产法律,尤其是第二次世界大战后,深受美国影响的日本引进了破产免责制度,才开始构成现代个人破产制度。尤其是昭和 50 年代后,泡沫经济和通货膨胀的背景下失业率飙升,消费信贷激增又导致债务问题和社会问题频发。此后,个人破产法呈现“救济法”“市民法”的特征。[2] 1999 年 12 月 22 日,日本为化解矛盾日益激化的消费者破产问题,出台了《民事再生法》,该法取代了《和解法》被定位为重整型倒产处理法的基本模型,为自然人和企业同时适用,后经修法又纳入了极具价值的小规模个人再生程序。2008 年,经美国雷曼事件引爆的经济危机,日本个人经济困境问题再次影响整个社会的经济状况。随后,日本在实践中不断调整个人倒产处理的办法,日本现行的个人倒产处理制度可以归纳为两类型、五程序,具体详见图 2。

---

〔1〕 宋若澜:《日本个人倒产处理制度研究》,厦门大学 2020 年硕士学位论文,第 8 页。

〔2〕 张阳:《个人破产何以可能:溯源、证立与展望》,载《税务与经济》2019 年第 4 期。

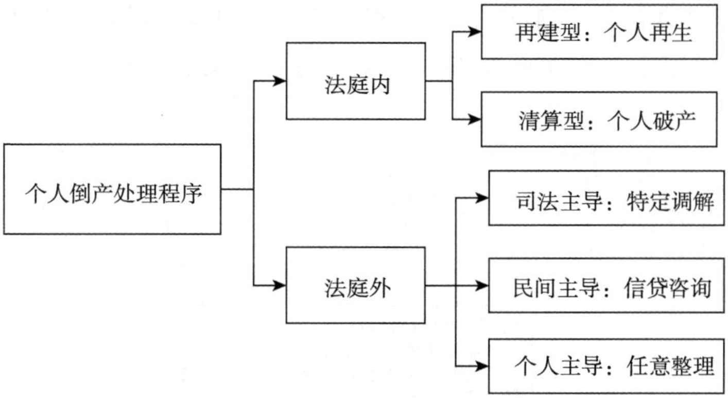

图2　日本倒产处理程序分类

资料来源：宋若澜：《日本个人倒产处理制度研究》，厦门大学2020年硕士学位论文，第5页。

1. 法庭内的倒产处理：个人破产与个人再生

由于个人破产与个人再生的预防逃废债规定几乎一致，本文以日本个人破产程序为例，同样从三个方面分别阐述日本法在进入程序前、中、后三个阶段对债务人的诚信要求。

第一，事前诚信方面，日本破产法对个人破产开始的原因有三种情形：支付不能、支付停止和债务超过。认定支付不能的关键在于丧失清偿能力，而清偿能力由债务人的财产、信用、技能等因素共同构成，交由法院具体判断是否能够提起破产程序。为进入破产程序，需要具有法定破产申请权的申请人[1]以书面形式向管辖法院提出，如果是债务人自行申请，还需要提供债权人名单，并在申请书中添加家庭会计状况报告书、享受生活保障援助的证明文件、预扣税的收据、课税证明书、身份证明、保险、车辆登记证明等材料。如果系债权人提出破产申请，则必须证明破产原因存在，并预缴破产手续费。法院受理申请后，书记员会出具受理凭证，该受理凭证向债权人出示后，债权人即应暂停向债务人个别追索债务。法院根据具体情形，审查破产的申请是否符合规定、有无破产障碍。破产障碍主要存在以下三种情况：(1)强制破产时申请破产的债权人未缴纳破产案件受理费用；(2)在申请提出后作出受理决定前债务人死亡；(3)在申请提出后作出受理决定前债务人或债务人亲友偿还了全部债务。另，若法院认为破产申请需要补正材料，可以责令债务人

---

〔1〕 有申请权的人包括债权人和债务人，两类申请人的区别及近年来申请破产类型的统计，参见刘颖：《日本的个人破产免责制度及其借镜》，载《经贸法律评论》2020年第5期。

限期补充,如逾期不更正、不补充,视为撤回申请。日本法院对破产申请的审查如认为符合法律规定,会立即宣告破产。综上所述,有关事前诚信的债务人申请前流程详见图3。

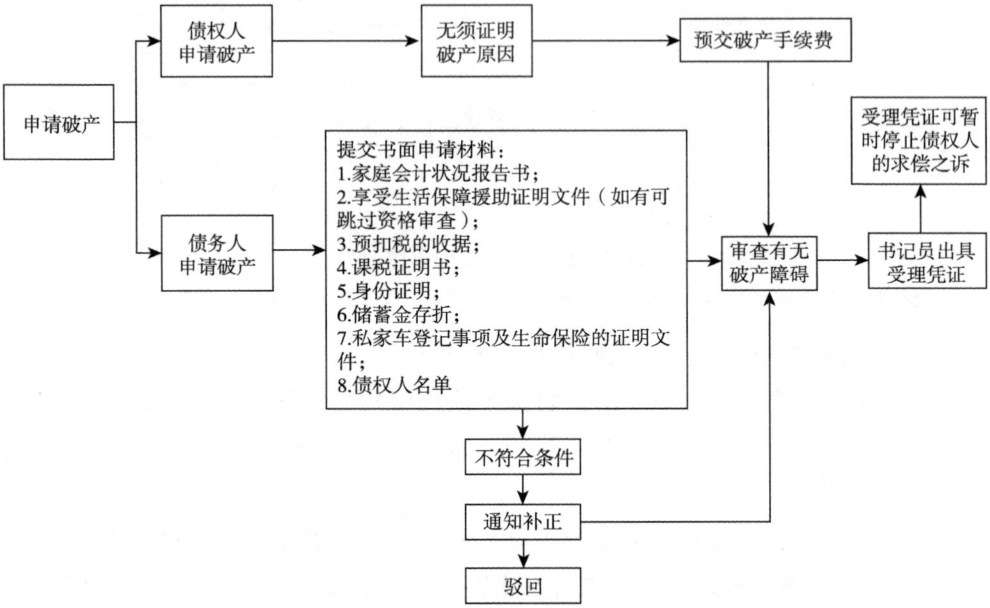

图3　依据日本《破产法》申请个人破产程序流程

资料来源:本图根据[日]山本和彦:《日本倒产处理法入门》,金春等译,法律出版社2016年版,第101－106页的内容自行绘制。

第二,事中诚信方面,关于债务人不得免责的情形,主要规定在日本《破产法》第252条第1款,主要包括:以损害债权人的权益为目的,采取隐匿、不利财产处分等不合理方式减少财产价值的行为;由于赌博等射幸行为导致承担重大债务或财产显著减少的;利用诈骗手段进行的信贷交易;隐匿、伪造、变造、销毁账簿等材料;提交虚假的债权人名册;违反配合调查和说明义务;妨害破产管理人履职等。此外,因债务人恶意侵权、基于故意或重大过失造成的人身财产损害债权本身即不得免除。管理人在调查期间,如发现债务人明知而未记载债权人名单上的债权请求权,该债权也不得被免除。

第三,事后诚信方面,日本曾借鉴美国的破产免责制度,但绝对的免责制度容易被恶意债务人滥用,因此日本采用了法院的裁量权对免责制度加以限制:(1)附条件的免责,即破产申请人需要将收入的一部分(相当于全部债务的1/10)储存起来继续逐步清偿作为前提,债权人才能获得免责;(2)部分免责,如只许可免责债务的80%,其余部分在免责许可裁定作出后仍需要继续清偿;(3)设置一定期间的妥善行为期,债务人才能最终获得免责。此外,和美国《破产法》类似的是,日本《破产法》不允许债务人在7年之内再次提出免责许可申请。

2. 法庭外的倒产处理程序:特定调解、信贷咨询与任意整理

根据不同居中人的性质和地位,日本针对法庭外的倒产处理程序有着三种不同类型可供债务人自行选择。

(1)特定调解:指在调解委员会等机构的居中调解下,就免除债务人所欠贷款一部分或延长欠款的返还期间(3~5年)进行协商,如果达成一致意见,形成调解协议,便于后期根据协议的要求进行履行。特定调解在性质上属于司法型ADR(Alternative Dispute Resolution,替代争议解决方式)程序,为确保程序的有效进行,法院赋予调解委员要求申请人提交、完善和说明申请资料的权利,当事人无正当理由拒绝提供上述资料的,将可能被处以10万日元以下的罚款。[1]

(2)信贷咨询:指债务人向信贷咨询机构提出申请,机构委派律师等专业人士提出偿债方案,如果方案获得大部分债权人同意并经法院许可,债务人可以根据该方案对债务进行偿还。但申请信贷咨询需要满足三个条件,分别是要求申请人自愿偿还债务、申请人三年的收入足以偿还债务、债务的产生需与企业经营无关。需要注意的是,即使该方案获得大部分债权人的同意,该处理方案对持反对意见的债权人没有拘束力。

(3)任意整理:不通过法院和机构,仅通过债权人和债务人之间的协商,并依据商定的方案进行偿债的程序,一般由律师或债务人自己主导。[2]

但是,上述程序与法庭内的倒产程序相比,债务人可以被免除的债务额度相对较小,且过于依赖于债权人谈判结果,一旦陷入僵局将难以推动程序继续进行。而且在后端的履行层面缺乏保障手段,可能存在债务人虚构债务、隐匿或转移财产等损害债权人的行为,无法确保方案得到严格执行。

---

[1] 《促进调整特定债务等的特定调解相关法律》第24条。

[2] 宋若澜:《日本个人倒产处理制度研究》,厦门大学2020年硕士学位论文,第37-39页。

四、我国法上防范逃废债的机制构建

现在的理论界与实务界几乎都认同:试图确保纳入个人债务集中清理的只能是"诚实"而不幸的债务人。[1] 而不诚实的体现,无论是发生在事前、事中、还是事后,其实都可以归纳为一种意图逃废债的行为。但逃废债仅是我国的一种特定用语,其定义与构成要件并没有现行法上的依据。如何定义逃废债,尤其是个债清理程序中的逃废债,是本文的第一个重要议题。典型的逃废债是指债务人通过转移资产、逃避监督、虚报信息、不配合法院和管理人履职,拒不履行清偿方案等一系列行为,使债务悬空、废弃。在定义逃废债的同时必须考虑个人破产程序的特殊性,即个人破产制度旨在发挥"困境拯救"和"公平清偿"的双重功能。所以,本文先是通过梳理金融秩序体系下的"逃废债",在此基础上,加入对于个人破产程序中逃废债的理解,即除了逃避债务人自己的债务外,有必要加入破产属性下的"公平清偿"概念,确保债务人的财产在所有债权人之间进行公平的分配,谨防债务人引导个别清偿、不公平清偿的情形发生。因此,个债清理程序中逃废债的最终目的不必然是利用程序达到减少或摆脱债务人债务,但至少是以不公平的结果偿债,导致个别债权人获利或个别债权人产生不当损失等情况发生。债务人以有债权人利益受不当损失为导向的作为或不作为,均可认定为构成个人破产程序中的逃废债行为。当然,为了防止实务操作中过于谨慎以至于部分地区的法院不敢轻易作出免责裁定,所以必要时还应当套用"理性人假设"作为是否属于逃废债的兜底判断。

逃废债的定义可以明确后,具体如何预防逃废债以及避免个人破产程序被不当滥用?换言之,如何精准识别无孔不入的新类型的逃废债行为潜入到个人破产程序中?这是现在实务界普遍遇到的问题。其原因在于,逃废债行为层出不穷,并随着现代社会信用消费体系的升级,逃废债的行为和种类也全面升级,且逃废债行为本身还具有一定滞后性。因此,在大陆法系国家(或地区)多采取列举加概括式的方式下,实务当中往往难以准确和及时把握。本文通过对不同地区相关规定的整理与理论分析,结合《浙江指引》规范下的个人债务集中清理程序和实务经验,本文认为在对"逃废债"的正确定义后,应当在申请个人债务集中清理程序的事前、事

---

[1] 不只是《浙江指引》,在《深圳条例》第14条也有类似规定:"申请人基于转移财产、恶意逃避债务、损害他人信誉等不正当目的的申请破产的"、"申请人有虚假陈述、提供虚假证据等妨害破产程序行为的"均被列为不予受理的类型。

中、事后,分别对逃废债行为的范围作出界定,并有针对性地进行规制。例如,明确哪些逃废债类型要纳入事前管理,在申请时就精准识别予以剔除。对部分不易在第一时间察觉实施了逃废债行为的债务人,可以先准许其进入个债清理程序,但在程序进行的过程中,一旦发现存在实质性逃废债行为的,立即终结程序,或者参考有的地区相关规定,在继续公平清偿债务的同时不对债务人予以免责。对于一部分难以发觉或只有事后才会产生的逃废债类型,需要程序终结后仍持续关注的,考虑设置一定时间的行为考察期或设置可撤销免责裁定的机制,具体分述如下。

（一）从宽把握的程序准入机制

事前诚信的本质问题在于,现阶段我国对于进入个债清理程序/个人破产程序的标准究竟应采取从严还是从宽把握的态度?如果立法政策上认为需要从严把握的,即应尽力避免在程序的进入窗口就混入一些不诚实、企图逃废债的债务人。如果认为可以从宽把握准入机制,那么在现行法规范尚不完全的前提下,将较为依赖管理人和法院在程序进行中的个案判断,此时更应当明确准入机制的标准以及正式进入程序后的各项审查力度。

在我国,有部分学者考虑到当前个人破产文化氛围尚未成形,甚至对个人破产制度的必要性都存在疑虑的情况下,认为法院应当从严把握个债清理程序的申请条件,仔细排查任何存在欺诈的债务人,直接将其阻挡在程序之外。但是从其他地区的规范规定模式上来看,大部分国家和地区旨在强调相应规范应发挥个人破产制度的困境拯救功能,因此相关规定上几乎不会设置较高的障碍,从而并不会阻止大部分债务人进入程序,而是允许债务人先进入个人破产程序,再通过程序中严格的调查以及对债务人破产前的不当处分行为进行追究,通过法庭许可下的免责机制或限制措施来防范逃废债行为。这种规范模式具有一定的合理性。如果每个案件均经过大量审慎的考察,谨防一丝一毫的不诚信因素,那么不仅不利于个债清理工作的开展,也增添了司法成本。另外,即使允许存在欺诈情形的债务人进入个人破产程序,也可以考虑在破产程序公平清偿后,对该债务人不予免责,这也是美国、日本实行多年的做法,这样既能够保护债权人得到公平清偿,又能有效打击债务人的逃废债行为。最后,如果严格控制债务人进入个人破产程序,可能会引起债务人以及众多债权人的群体性纠纷问题、执行难问题,而如果能够依循破产程序给予债务人、债权人合法的公平清偿机会,将一定程度有利于化解民间矛盾,也才能体现个人破产立法的良善用意。

综上所述,本文建议在个债清理程序的准入机制上,通过组建一套完整的"债务人诚实申报义务""法院的依职权审查义务""利害关系人和政府部门的配合调查义务",制定相应明确的形式审查标准,并要求有管辖权的法院在合理期限内(如一个月内)即作出是否准予债务人进入程序的决定,如债务人提出的材料不符合要求,可通知限期补正,逾期不能补正的,或法院依职权调查结果确实显示债务人不符合诚信标准的,依法驳回其申请。但是除了上述程序不合要件加以驳回的情况之外,只要形式要件符合,法院在实际操作上应当主要把握一种"从宽"的准入机制。

另外,从域外的实务经验来看,如美国《破产法》第 707 条(b)(2)(A)(i)规定的经济状况测试,其立法本意是起到限制第 7 章清算程序的申请人数,同时增加第 13 章重整程序的申请人数,以达到社会债权人受偿金额普遍增加的类似效果。美国采取多年的"经济状况测试",其在实证研究数据上的表现,在多年的试行运作下均未能够表现出正向的反馈。[1] 所以,无论是为从宽考虑个人破产程序的准入机制、节省程序成本还是避免繁复的计算过程影响债务人提出申请的意愿等角度考虑,我国在现阶段仍可以维持债务人有关"资不抵债"的资格设置,保持从宽准入的标准,不需要另行严格采取类似经济状况测试的有关规定。

(二)从严把握程序进行中的审查机制

既然已确定从宽把握的准入机制,那么在程序进行中,管理人在法院的监督下必须开始严格审查债务人是否"诚实",这也是个债清理程序的必然要求。首先,对于免责的路径选择来看,为防止逃废债行为的发生,我国不能像美国法采用当然免责模式,而应采用许可免责的方式,通过"免责"的希望对债务人进行合理引导。其次,不应纳入免责或立法上应当采取规制手段的逃废债行为,从各地立法经验和实践操作来看,应当包括以下两大类型:

1. 全面的配合义务:包括债务人本人、配偶、子女及其他利害关系人均应当配合管理人、法院的调查和说明;不得妨害管理人履职;非经法院许可不离开居住地所在县、市;诚实报告陈述及列席债权人会议、接受各方质询;及时制定法定期间内要求提供的重整方案或生活必需品清单,不拖延程序的进行;积极配合资产调

---

[1] 郑有为:《论消费者债务清理条例第 133 条的"准"财力计算公式》,载《中原财经法学》2021 年第46 期。

查与债权审查；提供会计文件、单据、支票簿等债权债务凭证（如确实没有的也应提出合理说明）；在法定期限内，及时提出符合一般人生活水平的生活必需品清单等。

2. 不得履行欺诈性行为：包括以达到逃废债目的以及合乎理性人假设作为判断标准，典型的欺诈性行为包括但不限于虚报债务、隐匿财产，或对债权人中的一人或数人许诺额外利益，捏造债务或承认不真实债务；因逃废债的性质恶劣，侵害法益往往较大，也建议可以将自然人纳入破产犯罪的主体，通过依法追究在破产程序当中实施逃废债行为的刑事责任，加大对逃废债的惩处和震慑力度。地方法院的个人破产审判和个人债务清理工作实践也证明，通过一系列的制度措施及严格的司法审查，能够有效防范债务人通过个人破产/个债清理程序中的逃废债行为。

在个债清理程序中发现债务人存在逃废债行为的，在现行规范下，仅可以由法院根据《浙江指引》第 54 条作出终结个人债务集中清理程序的裁定。但是，在加入"公平清偿"的破产概念的思考以及参考其他地区立法例后，本文认为不宜直接简单地终结程序来作为债务人承担逃废债行为的不利后果，而是可以考虑继续给予债权人继续公平清偿的机会，设置相应的法律依据可以继续进行个债清理程序，但是在公平分配其财产后不对债务人予以免责，这样既能够保护债权人得到公平清偿，又能够有效打击和惩罚债务人企图利用个债清理程序实施逃废债行为。[1] 也有学者进一步提出，不能将可能存在欺诈情形的债务人全部阻挡在破产程序之外，对于转移财产、隐匿财产的债务人，如果具备了破产原因，也应当允许其先进入破产程序，然后通过破产撤销权、无效行为制度等手段打击逃废债务的债务人，并且可以在集体清偿和按比例分配破产财产之后，不批准债务人免责。[2]

（三）程序终结后的监督与考察

结合我国基本国情，除了设置一定期间的行为考察期外，还可以重点考虑的是：在破产免责裁定出具后的合理期间内，如债务人实施了上述破产欺诈行为、不

---

〔1〕 徐阳光、韩玥：《个人破产的三重控制机制：基于个人债务集中清理实践的分析》，载《法律适用》2022 年第 6 期。

〔2〕 徐阳光、武诗敏：《个人破产立法的理论逻辑与现实进路》，载《中国人民大学学报》2021 年第 5 期。

配合履行义务、阻碍程序正常进行等逃废债行为,应准许个债清理程序中任意一方的程序参加者,如债权人、利害关系人、管理人,均可以向法院提出申请,或者由法院依职权撤销对债务人关于豁免剩余债务的裁定。[1]

〔1〕《深圳条例》第103条规定:“债权人或者其他利害关系人发现债务人通过欺诈手段获得免除未清偿债务的,可以申请人民法院撤销免除未清偿债务的裁定。”

房地产企业破产中购房者权益的保护

石一峰*

当下,国家对房地产市场的调控政策可能会进一步加剧房地产企业(以下简称为房企)破产的风险。一旦房企破产,除购房者外,众多主体的利益都将受到牵连,具体包括抵押权人、建设工程承包人、房企的职工以及其他普通债权人等。其中,如何保护购房者的权益一直是理论和实务中的棘手问题。在规范上,《企业破产法》与《民法典》物权编、合同编以及相关司法解释的适用存在交织,但各规范之间的价值取向不同,导致规范冲突与漏洞频出。在理论上,破产情形下债权平等清偿与特定债权优先保护之间存在利益冲突;抵押权等担保制度与保护特殊利益群体的法政策之间也存在价值取向张力。然而,如何对房企破产下的购房者权益保护问题进行妥当的利益衡量一直欠缺体系性研究。〔1〕

规范的冲突与理论的模糊,导致房企破产实务中购房者权益是否以及如何保护的争议更为突出。在预告登记情形下,购房者可否在房企破产时获得房屋所有权就有争议。有观点认为,基于《民法典》第417条的一并处分原则,在建设用地使用权的抵押权人实现抵押权时应一并处分房屋,使得经预告登记的购房者仅能就拍卖款受偿而无法获得房屋所有权。〔2〕 但也有法院认为,经预告登记的购房者可优先获得房屋的所有权及房屋下的建设用地使用权。〔3〕 对于形式上与预告登记

---

* 石一峰,浙江大学光华法学院破产法研究中心执行主任,副教授。

〔1〕 现有相关研究仅从单个情形或角度出发予以分析,缺乏体系性考量。参见任一民:《期房交易合同在破产法上的效力研究》,载《法律适用》2016年第5期;王刚:《房地产企业破产中待履行商品房买卖合同的解除权研究》,载《河北法学》2019年第2期。

〔2〕 虽经预告登记,但仍应列入破产财产处理。参见江苏省高级人民法院民事判决书,(2014)苏审二民申字第01593号。

〔3〕 浙江省舟山市定海区人民法院民事判决书,(2015)舟定临民初字第122号。

相似的"网签",购房者可否主张"网签"具有与预告登记一样的效力,进而限制房企处分房屋,实务中的观点也不尽一致。[1] 购房者未预告登记也未办理"网签",仅支付全部或大部分购房款时,其对房企的债权能否优先受偿并获得房屋所有权在实务中也存在争议。[2] 因此,为更妥当地解决我国房企破产中购房者权益保护的问题,有必要运用法解释的方法对各规范的具体适用予以厘清,同时需对各主体间的利益进行类型化的多层次衡量。

一、购房者权益保护的基础:权益的物权化层级

在房企破产语境下,购房者权益的保护涉及众多主体的利益,因此需要通过利益衡量确定对其保护的方式及强度。利益衡量的基础在于明确购房者权益的属性和状态。通常物权意义下的权益能获得更全面的保护,因而需要分析不同情形下购房者权益的物权化层级。

(一)房企破产语境下购房者权益的物权化层级

在实务中,购房者的权益存在预告登记、"网签"、未预告登记且未"网签"等多种情形,每种情形的物权化程度需考量债权是否被公示、是否具有法定的公示效力、是否具有法政策的倾向保护等。

首先,经过预告登记的购房者权益具有公示性,这使得社会公众能知悉权益的状况。此种公示破除了债权的相对性和隐蔽性,使债权进一步向物权"位移"。同时,预告登记具有法定排斥后来其他物权变动的公示效力,在符合过户条件时即可立即请求办理转移房屋所有权登记。[3] 因而,购房者具有了法律所认可和保障的未来取得不动产所有权的期待,[4] 理论上可称为物权期待权,具有较高的物权化层级。[5]

其次,经过"网签"的购房者权益具有公示性,但"网签"的公示效力并未被法

---

〔1〕 最高人民法院民事判决书,(2018)最高法民终 447 号。相反的裁判观点,参见湖南省浏阳市人民法院民事判决书,(2018)湘 0181 民初 4234 号。

〔2〕 不支持购房者债权优先实现的案例,参见浙江省金华市中级人民法院民事判决书,(2020)浙 07 民终 412 号;持支持立场的案例,参见山东省枣庄市中级人民法院民事判决书,(2019)鲁 04 民终 1348 号。

〔3〕 庄加园:《预告登记在强制执行程序中的效力》,载《当代法学》2016 年第 4 期。

〔4〕 孙宪忠:《中国物权法总论》(第 4 版),法律出版社 2018 年版,第 417 - 418 页。

〔5〕 物权的期待(Dingliche Anwartschaften)由德国图宾根大学赖泽尔教授在 1959 年德国民法教授大会上提出。Vgl. Ludwig Raiser, Dingliche Anwartschaften, 1961, S. 50.

律明确且统一地规定。有法院指出“网签”并不具备预告登记的法律效力,[1]或不具有物权性的法律效力,因此无法对抗第三人。[2] 其中的原因在于“网签”的公示不同于预告登记的公示,两者在功能上也有差异。[3] 但实务中基于购房者已支付全部或大部分购房款或已占有该房屋等履行要素,也认为“网签”具有限制房企处分权的效力,使房企无法通过办理登记的方式转让或抵押房屋。[4] 基于此,未具有法定公示效力的“网签”加上其他履行要素,也具有一定物权化倾向,可在一定程度上保护购房者。

最后,未预告登记也未“网签”的购房者权益并无公示,第三人无法知悉相关权益的存在,而且此时购房者的权益也无法阻碍对房屋等的处分。然而,在保护弱势群体生存权的法政策下,对消费型购房者进行特别保护是实践状态。[5] 但此种保护并未有法教义学的支撑,而仅仅是特定法政策的结果。从最高人民法院《关于人民法院办理执行异议和复议案件若干问题的规定》(法释〔2020〕21 号,以下简称《执行异议和复议规定》)第 29 条的规定来看,消费型购房者也仅仅是可以提出执行异议,其仍然是债权并不能直接要求过户并取得房屋的所有权。[6] 因而,此种情形下的购房者权益物权化层级最低,对其如何进行保护仍需进一步分析。

(二)房企破产中购房者权益保护的多层次展开

上述购房者权益的物权化层级仅是讨论的开始,对于各类型下的购房者该如何具体保护还需要进一步的利益衡量。

传统的利益衡量通常在双方视角下进行,但在房企破产语境下,与购房者权益对立的“非购房者权益”涉及多方主体,因而为保障利益衡量的有效展开需进行多层次的利益衡量。[7] 具体而言,破产法语境下购房者权益保护的利益衡量涉及购房者、抵押权人、建设工程款优先权人、其他破产债权人等众多主体,[8]此时不再

---

〔1〕 广东省东莞市中级人民法院民事判决书,(2014)东中法民一终字第 767 号;湖南省怀化市中级人民法院民事判决书,(2016)湘 12 民终第 15 号。

〔2〕 陕西省高级人民法院民事判决书,(2015)陕民一终字第 00056 号。

〔3〕 常鹏翱:《中国式买房:网签备案的功能分析》,载《法律科学(西北政法大学学报)》2020 年第4 期。

〔4〕 重庆市高级人民法院民事判决书,(2014)渝高法民初字第 00004 号。

〔5〕 该法政策与“住有所居”这一党的政策相关,参见王利明:《论民法典物权编中居住权的若干问题》,载《学术月刊》2019 年第 7 期。

〔6〕 袁野:《“债权物权化”之范畴厘定》,载《法学研究》2022 年第 4 期。

〔7〕 梁上上:《利益衡量论》(第 3 版),北京大学出版社 2021 年版,第 138 页。

〔8〕 王欣新、张思明:《论房地产开发企业破产中的购房者利益保护》,载《江汉论坛》2015 年第 10 期。

是传统民法逻辑下两造主体间的简单衡量,而是购房者与众多主体间的"多层次"利益衡量。"多层次"意味着利益衡量存在层级化的次序,即购房者权益应与多方主体的利益按层级次序进行衡量。

多层次利益衡量的第一层次是明确购房者权益是否具有优先性。对此,先要将购房者权益与抵押权人、建设工程款优先权人的担保权益进行利益衡量。在规范上,最高人民法院《关于审理建设工程施工合同纠纷案件适用法律问题的解释(一)》(法释〔2020〕25 号)第 36 条延续了最高人民法院原《关于建设工程价款优先受偿权问题的批复》(法释〔2002〕16 号,以下简称原《建设工程款批复》)关于"建设工程价款优先受偿权优于抵押权和其他债权"的规定;《执行异议和复议规定》第 29 条对支付全部或大部分购房款的消费型商品房购房者也提供了对抗任何债权人(包括有抵押的债权人和建设工程款优先权人)的保护。但对于预告登记、"网签"等具体情形下的购房者在房企破产时该如何保护仍有待进一步分析。此外,在优先性的利益衡量中,担保权人担保权益这端可依据担保物的不同进行区分。以建设用地使用权进行抵押与以房屋进行抵押不同,以建造完毕的现房还是以期房的在建建筑物进行抵押对购房者权益的保护也有影响,均需深入探讨。多层次利益衡量的第二层次是阐明具有优先性的购房者权益在具体实现时,该如何与破产管理人选择解除权以及"个别清偿禁止"等规则下其他破产债权人的利益进行协调。此涉及对《企业破产法》第 16 条、第 18 条的解释与适用以及在房企破产时继续履行与解除购房合同对破产债务人和其他破产债权人影响的分析。

二、购房者预告登记情形下的权益保护

在购房者预告登记后,其获得了一定的物权期待权。依据物权期待权的教义学规则,房企对房屋的处分权被限制。但购房者权益可否因此对抗抵押权人的权利,需进一步区分房企是以房屋所有权还是以建设用地使用权进行抵押,以及是以建造完毕的现房进行抵押还是以期房的在建建筑物进行抵押。同时,购房者的预告登记能否对抗建设工程款优先权也有待具体分析。

(一)房企以房屋进行抵押的情形

1. 以建造完毕的现房进行抵押之情形

在现房买卖中,房企以建造完毕的现房进行抵押。若购房者预告登记于抵押

权设立前已完成,[1]则依据《民法典》第 221 条第 1 款第 2 句的规定,房屋所有权人的处分权受到限制,抵押权将不发生物权效力。由于存在有效的预告登记,依据《不动产登记暂行条例实施细则》(2019 年修正)第 85 条第 2 款的规定,不动产登记机构也不会受理抵押权设立登记的申请。此时,购房者就可通过预告登记保护自己的权利。

即使预告登记的购房者未支付完购房款,而使商品房买卖合同属于《企业破产法》第 18 条中的"待履行合同",破产管理人此时的解除权也应受到限制。[2] 理由在于,《企业破产法》第 18 条确保破产财产最大化的立法目的与预告登记保护权利人物权变动实现的规范意旨并不冲突。在预告登记具有公示性的前提下,其他债权人应当知晓某不动产处分权受到限制,因而也就不应期待该不动产会被纳入破产财产。同时,实现预告登记权利人的物权变动并不会损害其他债权人的利益。综上,在有预告登记时应限制破产管理人的解除权。学理上和规范释义上也都认为预告登记具有破产保护效力,可限制破产管理人解除权的行使。[3]

此外,对预告登记债权的履行并不属于《企业破产法》第 16 条中的个别清偿。因为此时其为破产管理人选择继续履行待履行合同而产生的债务,依据《企业破产法》第 42 条第 1 项属于共益债务的履行。对于已支付全部购房款的购房者,虽在解释上可不属于《企业破产法》第 18 条中的"待履行合同",但履行预告登记的债权也不属于个别清偿。主要理由在于预告登记对处分权的限制不分阶段和时期,因而即使进行破产清算,破产管理人也无法处分该预告登记的不动产,该不动产也无法作为破产财产进行分配;反之,将预告登记债权作为普通债权,反而可能需用房屋之外的其他破产财产清偿预告登记权利人。从破产财产最大化和提高债权人清偿率的角度看,履行预告登记债务反倒是最有利于所有债权人的。在个别清偿有利于其他破产债权人时,可作为个别清偿的例外看待,使购房合同被履行。因

---

〔1〕 在理论上,对房企以商品房预售形式出售房屋可否进行预告登记存在争议,详见张双根:《商品房预售中预告登记制度之质疑》,载《清华法学》2014 年第 2 期。但《不动产登记暂行条例实施细则》第 85 条已肯认在商品房等不动产预售情形下可进行预告登记,本文遵从现行法进行分析。

〔2〕 任一民:《期房交易合同在破产法上的效力研究》,载《法律适用》2016 年第 5 期。

〔3〕 尹田:《物权法》,北京大学出版社 2013 年版,第 180 页;杜万华主编、最高人民法院民事审判一庭编著:《最高人民法院物权法司法解释(一)理解与适用》,人民法院出版社 2016 年版,第 155 - 158 页。

此,在房企破产时,经预告登记的现房购买者最终可以取得房屋所有权。[1]

以上分析同样适用于房企以房屋和建设用地使用权共同设立抵押的情形,因为预告登记具有相同的限制房屋和建设用地使用权处分的效力。但如果购房者预告登记于抵押权设立之后才完成,则预告登记无法阻碍抵押权生效,此时购房者权益能否得到保护与未预告登记情形相同,下文将予以分析。

但实务中有疑问的是预告登记的债权能否对抗建设工程款优先权。有法院认为当购房者不是支付全部或大部分购房款的消费者时,即使已办理预告登记,也不能对抗承包人的建设工程价款优先受偿权。[2] 其核心理由在于预告登记债权仍属于债权,并不能对抗法定优先权。[3] 也有法院认为消费型购房者可对抗建设工程价款优先受偿权。[4] 从建设工程价款优先受偿权的性质来看,其一般先于预告登记在建设工程合同设立时即成立,因而从现有的规范来看,预告登记的购房者并不能对抗在先成立的法定优先权。但建设工程款优先受偿权并无公示方式,普通购房者预告登记时并不一定能知悉该优先权存在。[5] 因而,如果一律强调其优先性,预告登记权利人所期待取得的将是有瑕疵的权利,进而会架空预告登记的功能。从《执行异议和复议规定》第 30 条来看,预告登记权利人的停止处分异议受到支持,待房屋过户条件具备,即符合物权登记条件时,排除执行异议也将得到支持。因此,预告登记债权与建设工程款优先受偿权之间可再次进行利益衡量。从《执行异议和复议规定》第 28 ~ 30 条的体系性解释来看,将第 30 条中的预告登记限缩为消费型购房者较为合理,但无需考量其购房款支付情况。因为在消费型购房时,预告登记的公示性附加了法政策的倾向性保护使得购房者权益的物权化程度提升,在符合过户登记条件时就可对抗建设工程价款优先受偿权。同时,为了保护建设

---

〔1〕 庄加园:《预告登记的破产保护效力》,载《南京大学学报(哲学·人文科学·社会科学)》2014 年第 6 期。但若购房者本身以预告登记的房屋买卖合同担保债权,则获得房屋后要进行清算。参见王泽鉴:《不动产让与担保——第一个习惯物权的创设》,载《荆楚法学》2022 年第 4 期。

〔2〕 湖北省高级人民法院民事判决书,(2016)鄂民终 181 号;《江苏省高级人民法院执行异议及执行异议之诉案件办理工作指引(二)》第 11 条。

〔3〕 司伟:《预告登记排除金钱债权执行中的几个问题——以房屋所有权预告登记为例》,载《法律适用》2017 年第 21 期。

〔4〕 《四川省高级人民法院关于审理建设工程施工合同纠纷案件若干疑难问题的解答》(川高法民一〔2015〕3 号)第 39 条。

〔5〕 吴燕:《平衡与限度:所有权预告登记与建设工程价款优先受偿权之比较》,载《人民司法》2022 年第 1 期。

工程款优先受偿权人,应将购房款视为建设工程的代位物而可请求优先就相应购房款受偿。当然,由于建设工程款优先权不及于建设用地使用权,[1]此时购房者所支付的购房款应依据房屋价值所占的比例,计算出房屋所对应工程的价款,然后依据该部分价款是否特定化来决定建设工程价款优先受偿权人能否就该部分价款优先受偿,具体见下文分析。

2. 以期房的在建建筑物进行抵押之情形

与现房买卖不同,在期房买卖中,房企不是以建造完毕的房屋而是以在建建筑物进行抵押。依照《不动产登记暂行条例实施细则》(2019 年修正)第 75 条,在建建筑物是指正在建造、尚未办理所有权首次登记的房屋等建筑物,其抵押也应遵循"一体原则",即建设用地使用权与在建建筑物一并申请抵押权首次登记。但是当事人申请在建建筑物抵押权首次登记时,抵押财产不包括已经办理预告登记的预购商品房和已经办理预售备案的商品房。这表明先行设立的预告登记也会阻碍抵押权在已预告登记的商品房上生效,因而与以房屋直接进行抵押一样,购房者可通过预告登记保护自身权益。但由于是期房买卖,房企很有可能在房屋建造完毕前已陷入破产。此时购房者虽有预告登记,但除非在破产重整情形下将房屋建造完毕,否则购房者只能主张房屋买卖合同下的违约损害赔偿,具体包括返还购房款及相应利息和可能的履行利益(如房屋的市场平均增值)。

如果购房者在建建筑物抵押权设立后再申请预告登记,此时依据《不动产登记暂行条例实施细则》第 86 条第 4 款,在建建筑物抵押权应注销,才能办理预告登记。若抵押权人不同意进行在建建筑物抵押权的注销登记,此时依据《不动产登记暂行条例实施细则》第 86 条第 2 款,虽然购房者可以单方申请预告登记,但因在建建筑物抵押权的存在,实际上登记机关并不会允许办理预告登记。因此,只能按未预告登记处理。

类似地,在期房抵押情形下,预告登记债权也可在消费型购房时对抗建设工程款优先权,但也需要在房屋建造完毕符合过户条件时才能主张,否则仅能主张违约损害赔偿。

---

〔1〕 人民法院出版社法规中心编:《建设工程施工合同司法解释及司法观点全编》,人民法院出版社 2019 年版,第 172 - 173 页。相关案例参见安徽省淮北市中级人民法院民事判决书,(2018)皖 06 民初 16 号;最高人民法院执行裁定书,(2019)最高法执监 470 号。参见浙江省高级人民法院《执行中处理建设工程价款优先受偿权有关问题的解答》(浙高法执〔2012〕2 号)。

(二)房企以建设用地使用权抵押之情形

实务中还存在房企在建造房屋之前就将建设用地使用权抵押的情形。依照《民法典》第417条的规定,以建设用地使用权进行抵押的,虽要进行一体处分,但抵押权人对新增建筑物所得的价款无优先受偿权。如果购房者后续进行了预告登记,依上述分析,新增建筑物在预告登记有效期内也无法设立抵押权,购房者购买之房屋也就不属于抵押物,但仍需依据房地一体原则一并处分。

然而,若严格依照《民法典》第221条,实际上将导致在房地一体原则下抵押权实现时的一并处分在文义解释上无法实现。实务中对此也存在适用的困境,例如,有法院认为经预告登记的购房者可优先获得房屋的完整所有权,包括土地上房屋的所有权和建设用地使用权,但无法真正厘清其中的原因。[1]

由于《民法典》第406条对原《物权法》第191条进行了修正,允许抵押财产进行转让,但抵押权不受影响。因而,即使建设用地使用权已被抵押,也不妨碍房企销售房屋。但在销售后,已登记的建设用地使用权抵押权仍应由购房者承受。由此,经预告登记后,购房者理论上可获得房屋所有权,但受到设立在建设用地使用权之上抵押权的限制。在实现建设用地使用权抵押权时,受房地一体原则的影响,房屋与建设用地使用权应一并拍卖、变卖等,但经预告登记的购房者有阻碍房屋与建设用地使用权处分的权利。此时,两者之间就存在"碰撞型"法律漏洞。

妥当的解决方式是重新进行利益衡量。银行等融资机构作为强势的抵押权人,其为融资贷款获得保障的手段众多,且在合规上应预见到以建设用地使用权进行抵押带来的风险;而普通购房者保障其合法权益的方式较为单一,因此预告登记规范目的下的利益应优先被考量。因而,在一并处分建设用地使用权与房屋所有权时,可考虑购房者拥有优先购买权。购房者支付全部购房款,相当于在处分时优先购买了房屋及其下的土地使用权,最终完成移转登记后即可优先获得房屋所有权。银行等融资机构对该部分购房款依照房屋建筑物与建设用地使用权价值的比例计算得出抵押权下优先获得清偿的数额。

在具体操作上,购房者获得房屋所有权的前提是支付全部购房款,但可进一步区分破产房企实际获得购房款的时间点:(1)若房企在进入破产程序之后获得购房款,则破产管理人应当将该部分购房款特定化,按价值比例计算银行等优先获得清

---

[1] 浙江省舟山市定海区人民法院民事判决书,(2015)舟定临民初字第122号。

偿的数额;若破产管理人未将其特定化,按会计处理也无法特定化,则银行等金融机构的金融债权只能作为普通破产债权,但应考虑增加由此造成的损害赔偿债权,同时可考虑向破产管理人索赔。(2)若房企在进入破产程序之前获得购房款,则依据购房款可否特定化进行处理。在购房款可特定化时,进入破产程序后,按价值比例计算银行等优先获得清偿的数额;在购房款不能特定化时,则在进入破产程序后,银行等融资机构的金融债权只能作为普通破产债权。[1]

此时,若还存在建设工程款优先权,则依据前述分析,在消费型购房情形下,也可考虑赋予购房者优先购买权。此时,购房者支付的购房款中房屋价值所占的比例也应按照购房款支付时间点和是否可特定化来决定是否优先清偿建设工程款。

三、购房者"网签"情形下的权益保护

从我国房屋买卖的实践来看,进行预告登记的购房者并不在多数,而以"网签"方式购房的则更为常见。[2] "网签"情形下的购房者权益能否得到保护,需在明确"网签"法律效力的基础上再作具体分析。

(一)"网签"的法律效力

在交易实践中,有关部门已经逐步构建商品房买卖的"网签"程序,但"网签"的法律效力缺乏制定法保障。依据《城市房地产管理法》第 35 条、第 45 条第 2 款以及《城市商品房预售管理办法》(建设部令 2004 年第 131 号)第 10 条的规定,房屋买卖合同应采取登记备案制度。建设部、中国人民银行联合发布的《关于加强房地产经纪管理、规范交易结算资金账户管理有关问题的通知》(建住房〔2006〕321 号)首次明确要求有条件的地方建立网上签约系统。随后,住建部的一系列文件对房屋交易网上的签约作出更为细致的技术和程序要求。[3] 各地也相继出台地方性法规对房屋交易网上签约与网上备案作出具体规定,[4] 构成完整的"网签"程

---

[1] 银行等主张实现抵押权的时间点不影响最终判断,因为最终是购买者有优先权,银行等只对购房款有优先受偿权,此时购房款是否需要特定化以及能否特定化是关键。

[2] 常鹏翱:《存量房买卖网签的法律效力》,载《当代法学》2017 年第 1 期。

[3] 如建设部发布的《房地产市场信息系统技术规范》(CJJ/T 115 – 2007)、住房城乡建设部《关于进一步规范和加强房屋网签备案工作的指导意见》(建房〔2018〕128 号)、住房和城乡建设部《关于印发房屋交易合同网签备案业务规范(试行)的通知》(建房规〔2019〕5 号)。

[4] 《北京市城市房地产转让管理办法》《上海市房地产转让办法》《天津市房地产交易管理条例》《重庆市城镇房地产交易管理条例》《广州市房屋交易监督管理办法》《江苏省城市房地产交易管理条例》《安徽省城市房地产交易管理条例》等。

序,并已在制度层面上成为当下房屋买卖不可或缺的程序。[1] 然而,现行规范并未明确"网签"的法律效力,在理论和实务上也存在诸多争议。[2]

制定法保障的缺失导致实务中"网签"法律效力的判断没有统一的认识。在不动产物权变动采登记生效原则的现行法规则下,"网签"不具备物权变动的效力。但理论上的争议点是,"网签"本身具有审查和公示的作用,其是否也具有一定的物权效力,特别是在房屋买卖已"网签"但未预告登记时,能否对抗房屋抵押权人。[3] 在实务中,对于"网签"是否具备预告登记一样的阻碍房企再处分的效力也有争议。[4] 通说认为"网签"与预告登记并不相同。[5] 从功能上看,"网签"主要是房地产管理部门的监管措施,以便于实现数据统计、税收征管、"限购"政策等行政目的。因"网签"具有公示性,间接上可防止"一房二卖"等情形出现,从而起到保护交易安全的作用。但由于在抵押审查时通常仅关注房屋产权是否有瑕疵,不审查是否已"网签",使得已"网签"的房屋仍可能被房企用作抵押。不同于"网签"的房屋买卖合同备案制度属性,预告登记作为不动产登记之一种,不仅具有公示性,而且使预告登记权利人的债权物权化。[6]

然而,由于"网签"与登记具有信息勾连性和互通性,其可在一定程度上保障购房者权益。理论上,特定债权要具有优先性,通常需要借助登记等公示方式,如预

---

[1] 随着信息技术的发展,当下网上签约即可立即完成网上备案,两者已合一为"网签"程序。

[2] 常鹏翱:《中国式买房:网签备案的功能分析》,载《法律科学(西北政法大学学报)》2020年第4期;常鹏翱:《存量房买卖网签的法律效力》,载《当代法学》2017年第1期。

[3] 持"不得对抗"见解者,参见曹利华:《存量房网签与房屋登记的冲突辨析》,载《中国房地产》2015年第28期;持"得对抗"见解者,参见郑君、于磊:《存量房网签合同对不动产登记的影响》,载《房地产权产籍》2016年第2期。

[4] 在"一房二卖"均未过户登记的情形下,"网签"以及与之相结合的其他履行因素是否作为优先保护的因素就存在争议。综合"网签"与其他履行因素作为优先考虑因素的裁判,参见山东省青岛市中级人民法院民事判决书,(2015)青民一终字第993号;最高人民法院民事判决书,(2018)最高法民终447号。观点相反的裁判,参见四川省成都市中级人民法院民事判决书,(2015)成民终字第6441号;湖南省浏阳市人民法院民事判决书,(2018)湘0181民初4234号。参见2010年北京市高级人民法院《关于审理房屋买卖合同纠纷案件适用法律若干问题的指导意见(试行)》第13条、2014年北京市高级人民法院《关于审理房屋买卖合同纠纷案件若干疑难问题的会议纪要》第16条。

[5] 住房和城乡建设部政策法规司等编:《房屋登记办法释义》,人民出版社2008年版,第304页以下;滕恩荣:《商品房预售合同登记备案行为不具有物权公示效力——李某不服北京市某委房屋行政登记案相关法律问题研究》,载北京市高级人民法院编:《审判前沿——新类型案件审判实务》(总第47集),法律出版社2014年版,第14-16页;程啸:《不动产登记法研究》(第2版),法律出版社2018年版,第783-785页。

[6] 张双根:《商品房预售中预告登记制度之质疑》,载《清华法学》2014年第2期。

告登记债权。依此思路，“网签”也具有将房屋买卖的债权予以公示的功效。而且“网签”与登记具有信息勾连性和互通性。在不动产登记统一前，房地产主管部门负责房屋“网签”和登记，信息可互通，“网签”与房屋登记实际上在一套系统中完成。随着不动产登记统一化的推进，即使“网签”部门与不动产登记部门相区分，但不同部门间的登记信息也开始互通、共享。[1] “网签”虽在法律上与预告登记不同，但实际上不动产登记部门在进行其他房屋登记时均受制于“网签”。因而，理论上“网签”也应当具有与预告登记一样的保障购房者权益的功能。[2]

（二）“网签”下房屋给付债权的特别保护

虽然“网签”与预告登记同样使得债权公示，但此仅影响房屋所有权登记，即“网签”的房屋不可能发生新的所有权登记。由于《不动产登记暂行条例实施细则》中“网签”与房屋登记的信息共享仅存在于房屋买卖情形，对房屋抵押情形并未作具体要求，[3] 因此仍有疑问的是“网签”之后的债权可否对抗有抵押权的债权。

实务中通常会考量购房合同的不同履行阶段或要素以决定是否对购房者进行保护，这些要素包括交付（移转占有、实际入住等）、支付全部或大部分购房款等。“网签”能否优先保护通常会与交付（移转占有、实际入住等）、支付全部或大部分购房款等相结合而作综合判断。[4] 但是“网签”对购房者的保护毕竟不同于预告登记等其他使债权具有优先保护性的情形。因而，除了“网签”的公示之外，附加其他履行要素才保护购房者更妥当，也更能平衡购房者与其他债权人的利益。

对于抵押权登记而言，虽然《不动产登记暂行条例实施细则》第九节“抵押权登记”并未直接规定抵押时各部门的信息共享，但按照其第75条，在建建筑物的抵

---

〔1〕《不动产登记暂行条例》第四章“登记信息共享与保护”第24条第1款、《不动产登记暂行条例实施细则》第38条第2款。

〔2〕常鹏翱：《中国式买房：网签备案的功能分析》，载《法律科学（西北政法大学学报）》2020年第4期；张伟：《〈民法典〉时代非典型担保的逻辑追问与效力审视——以买卖型担保为分析视角》，载《社会科学战线》2022年第3期。实务中认为“网签”防止“一房数卖”的作用与预告登记类似的案例，参见河南省南阳市中级人民法院民事判决书，（2014）南民二终字第01188号。

〔3〕《不动产登记暂行条例实施细则》第九节“抵押权登记”。

〔4〕例如，《广东省高级人民法院关于审理房屋买卖合同纠纷案件的指引》第24条第1款；最高人民法院民事判决书，（2018）最高法民终447号；四川省南充市中级人民法院民事判决书，（2014）南中法民终字第145号；山东省青岛市中级人民法院民事判决书，（2015）青民一终字第993号。

押不包括已“网签”的商品房。以此类推,以全部建成的房屋抵押的,也不应当包括已“网签”的商品房。从此角度而言,房企以房屋或在建建筑物抵押时,登记机关均会审查是否有已“网签”的商品房。若房企以建设用地使用权进行抵押登记,则与预告登记情形类似,也会导致以房地一体处置实现抵押权,进而引发购房者保护问题。此时,“网签”需加上其他履行要素,如已交付(移转占有、实际入住等)、[1]支付全部或大部分购房款等,方可起到与预告登记相似的功效。但其他履行要素与《执行异议和复议规定》第29条中的规定并非重合。“网签”下对购房者的保护也是考虑到一般的购房者都会“网签”,但并不一定知晓预告登记及其效力,因而在房企破产时,可考虑在购房者已实际居住或支付全部或大部分购房款等情况下对其予以特别保护。此时要注意甄别非一般的购房者,如机构购房者、以房屋买卖为其他债权进行担保等情形,这些购房者仅在“网签”时无法得到保护。若一般购房者具备“网签”与其他履行要素等条件时,就可以参照上述预告登记情形进行具体保护。对于建设工程款优先权,类似的也需要是消费型购房者时,才能在“网签”附加其他履行要素下排除其优先性,具体的分析依然可参照上述预告登记情形。当然需注意的是,已经“网签”且支付全部或大部分购房款的消费型购房者对抗建设工程款优先权时,已经与《执行异议和复议规定》第29条的要件相同,但此时不同的是因为有“网签”的存在,并不需要过多考虑继续履行是否损害房企和其他破产债权人利益等问题。

四、购房者未预告登记且未“网签”情形下的权益保护

实务中最棘手的问题是,购房者既未预告登记也未“网签”时的权益是否可以受到保护,如果可以,如何保护?对此,仍需区分房企是以房屋还是以建设用地使用权进行抵押。上述关于现房买卖与期房买卖的分析仍得以适用,此处的关键是购房者是否已支付了全部或大部分购房款,如果均不符合,购房者的债权就只能作为破产普通债权获得保护。

---

[1] 关于占有在不动产物权变动中的作用,具体分析参见石一峰:《占有在不动产物权变动中的作用——以“一房二卖”为视角》,载陈小君主编:《私法研究》第12卷,法律出版社2012年版。

(一)房企以房屋进行抵押之情形

1. 支付全部或大部分购房款者特别优先权的属性

(1)消费型购房者法定特别优先权的正当性

在购房者支付全部或大部分价款的类型中,可能发生的案情如下:〔1〕房企甲与购房者乙签订期房购买合同,乙已经支付购房款,但房屋因未完成建造而无法立即办理过户登记。甲在房屋建设完毕后,立即向银行贷款,并以此房屋作为抵押。后甲破产,此时乙能否请求优先于银行的抵押权受偿而获得房屋所有权?若房屋已经全部预售完毕,此时的众多购房者聚集等社会问题该如何处理?

首先,按照一般的物权变动规则进行解释,在购房者取得所有权之前,若房屋已被抵押,因购房者未进行预告登记,所以抵押权的设立有效。同时,依据《民法典》第397条的规定,建筑物与建设用地使用权存在"一并抵押"规则。当房企以房屋抵押时,房屋下的建设用地使用权一并抵押,未一并抵押的视为一并抵押。因此,银行等融资机构有抵押权的债权应当优先于购房者的债权。在房屋过户手续办理完毕之前,若房企已进入破产程序,银行等融资机构因对房屋有抵押权而可依据《企业破产法》第109条就该特定财产优先受偿。

其次,《企业破产法》第109条对于物权性担保权的优先性并非没有例外。该条除了规定针对有担保物权的债权外,还针对具有法定特别优先权的债权。在我国现行法上,典型的法定优先权包括建设工程款优先权、船舶优先权、航空器优先权等。其中,《执行异议和复议规定》第29条已使特定消费型购房者的债权具有绝对优先性,可对抗有抵押的债权、建设工程款优先权等。〔2〕为此,即使购房者未预告登记亦未"网签",若其已支付全部或大部分购房款,应适当突破"破产法中担保权一律优先保护"的教义,赋予消费型购房者法定特别优先权。

最后,《执行异议和复议规定》第29条创设新的法定特别优先权是法政策倾斜保护下利益衡量的结果。对于普通消费型购房者而言,其合法权益的保护方式较为单一;而银行等融资机构作为强势的抵押权人,其贷款后的保障手段众多。虽然

〔1〕本案例改编自"济南彩石山庄项目案",参见《最高人民法院针对山东省高级人民法院就处置济南彩石山庄房屋买卖合同纠纷案请示的答复》(最高人民法院〔2014〕执他字第23、24号);山东省济南市中级人民法院民事判决书,(2015)济民再字第34号。

〔2〕《全国法院民商事审判工作会议纪要》(法〔2019〕254号)第126条也明确规定,交付全部或者大部分款项的消费型购房者优先于抵押权人。

《执行异议和复议规定》第 29 条针对的是一般强制执行的情形,但一方面破产相当于集中强制执行;另一方面房企破产时往往涉及众多普通消费型购房者,因而也牵涉众多不特定人的居住利益,此时更应该在法政策考量上倾斜保护普通消费型购房者。

(2)消费型购房者法定特别优先权的条件

赋予消费型购房者法定特别优先权是针对实践中商品房预售的不规范,为保护消费者生存权而作出的例外规定,所以其适用条件必须严格控制,以免动摇抵押权等具有优先性的基本原则。此处的"商品房消费者"应当仅限于 2019 年《全国法院民商事审判工作会议纪要》第 125 条规定的商品房消费者。[1]

同时,消费型购房者法定特别优先权的教义学内涵并不等于所有权的直接移转。所谓的优先性,本质上依然是债权受偿具有优先性,由此并不能直接推导出购房者可直接取得房屋所有权的结果。支付购房款仅涉及合同履行,并不引发不动产物权变动,也未有法律规范支撑购房者可因此获得物权期待权。《执行异议和复议规定》第 29 条也仅表述了购房者可提出执行异议,并未赋予其获得房屋所有权的权利。在执行异议成立后,法院应撤销原先的金钱债权执行裁定。购房者能否要求过户并取得房屋所有权取决于房屋买卖合同能否继续履行,在房企破产情形下就需考虑《企业破产法》第 18 条中破产管理人的选择权以及第 16 条中"个别清偿禁止"的规定。

2. 支付全部或大部分购房款者特别优先权的实现

如前所述,在预告登记情形下,破产管理人对房屋买卖合同的解除权应受限制,且不受禁止个别清偿的影响,从而可通过继续履行使购房者获得房屋所有权。但在未预告登记亦未"网签"时,破产管理人的解除权是否受限制有待进一步分析。对此需依据《执行异议和复议规定》第 29 条的规定区分支付全部购房款和支付大部分购房款两种情形。同时,若破产管理人解除权受到限制,可否继续履行也需要分析对禁止个别清偿是否构成影响。

(1)支付全部购房款之情形

在支付全部购房款的情形,分歧主要在于"双方均未履行完毕"如何界定。购

---

〔1〕 实务中认为"不是为了满足生活居住需要购买商品房的,不属于消费者范畴,就没有予以优先保护的特殊利益"。参见最高人民法院民事裁定书,(2017)最高法民申 3088 号。

房合同中约定的购房者主要义务即是支付购房款，对于支付契税、房屋维修基金等义务，要么权利主体并非房企，要么对合同目的之实现影响不大。因此，从限制破产管理人解除权的角度看，已支付全部购房款应认为合同一方已履行完毕为妥。[1] 对于受领房屋这项义务而言，未受领房屋并未导致房屋买卖合同目的不能实现，也不会致使房企受到损害。[2] 若有相应的物业管理或无因管理事项，仍可要求购房者承担责任，因此支付全部购房款可视为购房者已履行完毕。[3]

但需注意的是，即使破产管理人无权解除合同，能否继续履行合同还取决于是否构成个别清偿。对于具有优先性债权的继续履行，法律并未明确其能否以个别清偿的形式获得更优先的履行。但实务中有法院认为，判断是否构成个别清偿，需审查继续履行是否损害了其他债权人的利益。[4] "继续履行是否损害其他债权人的利益"的判断与个别清偿撤销例外背后的利益考量一致。《企业破产法》第 32 条明确规定将"个别清偿使债务人财产受益"排除在撤销范围外，[5]虽然该条针对的是破产申请前六个月内的个别清偿，但背后的利益衡量是为了最大化破产财产，从而不影响其他破产债权人。此利益衡量思路在破产程序中亦可适用，即《企业破产法》第 16 条中的个别清偿允许例外。当履行购房合同不会损害房企利益时，购房合同可以优先履行。而这需要破产管理人根据具体的情形予以测算，如房屋的现行价值与购房款及其利息返还和可能的损害赔偿之间何者对房企而言更为有利。

综上，已支付全部购房款的房屋买卖合同，不属于《企业破产法》第 18 条规定的双方均未履行完毕的情形，因此破产管理人无解除权。同时，当该合同的继续履行不损害其他破产债权人利益时，则不构成个别清偿，可在房屋建造完毕后继续履行并完成过户手续，使购房者取得房屋所有权。

---

〔1〕 王欣新、张思明：《房地产开发企业破产中的房屋产权界定与合同履行》，载《人民司法（应用）》2016 年第 7 期。

〔2〕 有学者即认为对于从合同义务的债务不履行，债权人能否解除契约应以对契约目的之达成是否必要为标准。参见王泽鉴：《债法原理》（第 2 版），北京大学出版社 2013 年版，第 81 页。

〔3〕 山东省威海市中级人民法院民事判决书，（2018）鲁 10 民终 2886 号。

〔4〕 "柳明与美裕公司房屋买卖合同纠纷上诉案"，载最高人民法院民事审判第一庭编：《民事审判指导与参考》（第 74 辑），人民法院出版社 2018 年版，第 152 – 160 页。类似的案件参见最高人民法院民事裁定书，（2015）民申字第 1158 号。

〔5〕 具体的排除情形参见最高人民法院《关于适用〈中华人民共和国企业破产法〉若干问题的规定（二）》（法释〔2020〕18 号）第 14 ~ 16 条。

(2)支付大部分购房款之情形

支付大部分购房款之情形在解释上应属于"双方均未履行完毕"。在文义上,破产管理人有权选择解除房屋买卖合同,但最终能否解除还需回到《企业破产法》第18条的规范目的进行解释。《企业破产法》第18条的规范目的在于使破产财产最大化,破产管理人解除权的行使受此规范目的的限制,即考量解除是否影响破产财产的最大化。[1] 由于支付大部分购房款的购房者债权也具有优先性,其本就能以房屋价值获得优先清偿,而购房者的优先债权除了购房款外,还包括利息和履行利益赔偿,按市场价格评估,相当于所购房屋价值。两相比较,履行合同与违约责任承担之间并无差异,承担违约债权还可能增加拍卖、评估等费用,履行合同还能获得剩余购房款。因此,履行合同通常并不会给破产企业造成损失,不影响破产财产的最大化,可以继续履行合同。[2] 当然,具体的情形仍需要破产管理人进行测算,即房屋的价值与解除后的返还与损害赔偿之间孰优孰劣。

此处特别需要明确的问题是"支付大部分购房款"中的"大部分"即支付比例该如何判断。原《建设工程款批复》对此并无清晰规定,但可参照适用《执行异议和复议规定》第29条的规定,该条以"已支付的价款超过合同约定总价款的百分之五十"作为判断标准。其背后保护购房者的利益衡量思维与原《建设工程款批复》中的规定一致,因此可将"百分之五十"作为"支付大部分购房款"的判断标准。若支付购房款接近于50%,且已按照合同约定将剩余价款支付给破产管理人,亦可认为符合"支付大部分购房款"之要件。但《执行异议和复议规定》第29条第2项中"买受人名下无其他用于居住的房屋"与原《建设工程款批复》中"消费型购房者"的关系有待进一步说明。对此不能机械地以房屋套数理解"买受人名下无其他用于居住的房屋"。若原有住房不能满足现有家庭成员的居住要求,再购买房屋是为了对现有居住环境进行必要的改善,其仍属于满足生存权的合理消费范畴,也应

---

[1] 王欣新:《破产法》(第4版),中国人民大学出版社2019年版,第70页以下;韩长印:《破产法学》,中国政法大学出版社2016年版,第68页。联合国国际贸易法委员会《贸易法委员会破产法立法指南》第109条也指出:"使破产财产的价值达到最大化和减少负债,以及在重整的情况下,使债务人能够尽可能不中断地继续生存和营业下去,这些目标如果要实现,将可能涉及利用那些有利于和有助于提高破产财产的价值的合同(包括有利于继续使用可由第三方拥有的关键财产的合同),而拒绝那些造成负担的合同或持续履约成本超过可从合同取得的收益的合同。"See UNCITRAL, *Legislative Guide on Insolvency Law*, Parts One and Two, Article 109, United Nations, New York, 2006, p. 120.

[2] 王欣新、张思明:《房地产开发企业破产中的房屋产权界定与合同履行》,载《人民司法(应用)》2016年第7期;许德风:《论破产中尚未履行完毕的合同》,载《法学家》2009年第6期。

属于“消费型购房者”。[1]

（二）房企以建设用地使用权进行抵押之情形

在房企仅抵押建设用地使用权时，新增建筑物一般不属于抵押财产，但受制于房地一体原则，在实现抵押权时应当将新增建筑物与建设用地使用权一并处分。购房者由于并未进行预告登记，因而一并处分并无法律上的限制，但新增建筑物处分所得不能优先清偿抵押权人，而应优先清偿购房者的债权。有疑问的是，已支付大部分或全部购房款的购房者能否基于其生存权保障的法政策考量，而要求对建设用地使用权的处分所得也享有优先受偿权。

对此，不能依据建设工程款优先权的通常逻辑，认为购房者优先受偿的客体不及于建设用地使用权价值部分。依原《建设工程款批复》的规定，购房者得对抗的是建设工程款优先权，因而购房者也仅获得就房屋等建筑物优先受偿的权利。但该批复已失效，《执行异议和复议规定》第29条的规定使购房者优先权的逻辑发生改变，不再基于可对抗建设工程款优先权而优先，而是直接可对抗其他所有具有优先性的债权。

同时，购房者实际上与建设工程承包人之间仍然有差异，购房者的购房款包含了房屋等建筑物与建设用地使用权的对价，如果其仅能获得就房屋等建筑物优先受偿的权利，将无法满足其债权，也与其支付的对价不对等。此时，依据法政策的现实利益衡量，涉及众多不特定消费型购房者的生存利益应优先于作为强势抵押权人的银行等融资机构。因此，购房者的优先权应及于房屋等建筑物和建设用地使用权。在优先受偿上，基于房地一体原则下的一并处分，购房者可就房屋等建筑物和建设用地使用权的价款优先受偿。同理，在房企破产情形下，已支付全部或大部分购房款的购房者优先权的实现方式，仍可参照上述继续履行路径予以分析解决，在符合条件且房屋建造完毕后可完成过户登记。但同样地，银行等抵押权人以及建设工程款优先受偿权人对购房款可依照上述购房款取得时间和是否特定化区分建设用地使用权与房屋价值的比例决定如何清偿。

五、结论

房企破产中购房者权益的保护涉及诸多利益面向，牵扯众多法律条文。面对

---

〔1〕 2019年《全国法院民商事审判工作会议纪要》第125条；最高人民法院民事裁定书，(2018)民申1972号。

繁芜的规则和问题,需明确分析问题的基点,即以购房者权益的物权化层级为脉络,区分预告登记、"网签"、支付全部或大部分购房款等类型,并将"非购房者权益"嵌入权利优先与否及其实现的制度框架中,区分其与购房者权益进行衡量的层级,具体的利益衡量和实务操作如下:

首先,购房者已预告登记而房企以房屋抵押时,购房者即使未支付完购房款,也可基于预告登记而获得物权期待权。此时购房者权益物权化程度较高,因而可对抗抵押权人。同时,对于经预告登记的消费型购房者,在符合过户登记条件时可对抗建设工程价款优先受偿权并最终取得房屋所有权。若在期房买卖中,房企以在建建筑物进行抵押的,除非在房屋建造完毕前房企已陷入破产而无法完成建造,否则,购房者同样可通过预告登记保护自身权益而取得房屋所有权。当购房者已预告登记而房企以建设用地使用权抵押时,抵押权人实现抵押权需进行一并处分的,可考虑购房者拥有特别优先权,其支付全部购房款即可获得房屋所有权。此时,抵押权人就购房款中建设用地使用权价值部分享有优先受偿权,而建设工程款优先权人就购房款中房屋价值部分享有优先受偿权。在具体操作上,应根据购房者支付购房款在破产程序开始之前还是之后以及是否可特定化而作不同处理。

其次,购房者未办理预告登记而仅"网签"时,并未获得物权期待权,其权益物权化程度较低。但考虑到"网签"也具有公示性,能在一定程度上发挥与预告登记相似的功效,可再加上其他履行要素,如已交付(移转占有、实际入住等)、支付全部或大部分购房款等,以及须符合一般购房者条件时,参照购房者已预告登记情形区分不同影响因素进行处理。

最后,购房者未预告登记亦未"网签"而房企以房屋抵押时,支付全部或大部分购房款的消费型购房者,其权益物权化程度最低,仅作为能对抗其他强制执行的债权。但考虑到购房者债权的优先性,在个别清偿不损害其他债权人利益时,购房者仍可依据测算决定是否通过继续履行路径最终取得房屋所有权。当购房者未预告登记亦未"网签",房企以建设用地使用权抵押时,依据《执行异议和复议规定》第29条,支付全部或大部分购房款的消费型购房者的优先权及于房屋等建筑物和建设用地使用权。在房企破产时,仍可参照上述继续履行路径的分析决定购房者可否最终取得房屋所有权。抵押权人以及建设工程款优先受偿权人也可依据购房款取得的时间及是否特定化等进行不同的处理。

房企破产中的预告登记效力评价

（会议实录）*

发言人（以发言先后为序）：

任一民　京衡律师事务所管理合伙人

张　谷　浙江大学光华法学院教授

庄加园　上海交通大学凯原法学院教授

石一峰　浙江大学光华法学院副教授

李　宇　上海财经大学法学院副教授

陆　青　浙江大学光华法学院副教授

陆家豪　浙江大学光华法学院特聘副研究员

郑云波　浙江师范大学法政学院讲师

黄建洲　北京大成（宁波）律师事务所高级合伙人

韩　骏　京衡律师事务所高级合伙人

何鑑文　北京大成（杭州）律师事务所高级合伙人

章　程　浙江大学光华法学院副教授

胡　敏　京衡律师事务所律师

整理人：

刘子巍　京衡律师事务所律师

任一民：各位老师、嘉宾大家好！很高兴大家参加本次研讨。浙江大学光华法学院破产法研究中心和我们京衡律师事务所联合主办的这次研讨会，有三个背景：

* 由浙江大学光华法学院破产法研究中心、京衡律师事务所联合主办的“房企破产中的预告登记效力评价”研讨会于 2022 年 9 月 4 日顺利召开，本文为研讨会实录。

一是现阶段房地产行业总体处于下行周期,自去年下半年开始,百强房企中有大型房企集团纷纷陷入债务危机,加剧了更多中小房企的破产风险;二是接下来有可能会出台关于房企破产方面的指导文件,我们今天做一些探讨,可以给起草单位提供一些参考;三是最高人民法院《关于适用〈中华人民共和国民法典〉有关担保制度的解释》(以下简称《民法典担保制度解释》)第52条引发了实践中对预告登记的争议。期待今天各位能够充分研讨交流。

一、房屋买卖关系中的预告登记

(一)现房交易中的预告登记

任一民:为了讨论方便,我们假设以下场景:办理预告登记时已经是现房,由于房企与购房者之间有一些附加约定,暂不具备过户条件。在这样的情况下,如果房企破产了,预告登记购房者尚未完成房屋所有权过户登记。当购房者已经付清全款,作为预告登记权利人的权利是取回权还是债权?如果预告登记办理的时候,在先设定有土地使用权抵押登记(按照《不动产登记暂行条例实施细则》第86条第4款规定,[1]如果有在建工程抵押登记,房屋买卖预告登记是办不了的,如果只是土地使用权抵押登记,则未有限制性规定),并且还有工程款优先权待结清,预告登记购房者会受到一种什么样的保护?管理人是否可以解除合同?如果能解除,应适用《企业破产法》第18条的解除权还是民法典合同编的解除权?

张谷:现在有一系列的法律规定,构成实际问题解决的限制性前提。不过,作为学术问题的讨论,我们既要尊重既有的规定,又不要完全受制于这些规定,法律上这些限制未必都是合理的,不排除将来有突破的可能。试想,在预告登记中,现在的《民法典》第221条第1款将后续处分完全系于预告登记权利人的同意,相应地,《不动产登记暂行条例实施细则》第85条第2款简单化地采取"登记簿关闭主义",势必使得与预告登记相关的不动产,其价值受到不必要的沉淀。这样的处理方案,不仅歪曲了预告登记的功能,而且一旦涉及债务人企业破产,后续处分中的债权人利益也无法得到充分的保障。这样的现行立法,到底是好是坏,很难讲。鉴

[1] 《不动产登记暂行条例实施细则》第86条第4款:"申请预告登记的商品房已经办理在建建筑物抵押权首次登记的,当事人应当一并申请在建建筑物抵押权注销登记,并提交不动产权属转移材料、不动产登记证明。不动产登记机构应当先办理在建建筑物抵押权注销登记,再办理预告登记。"

于此,作为学术讨论,还是希望大家畅所欲言。

庄加园:第一,预告登记不是物权,而是债权,但是建设工程价款优先受偿权是法定担保物权,我觉得不存在冲突。因为预告登记的房屋所有权移转请求权至少也要等到房屋建好后才能行使,但是建设工程价款优先受偿权所要保护的是施工人在工程建设中投入的劳动力转化,即便房屋没有建造好,劳动力也已经转化了,因此也享有变价权。

第二,就现房的预告登记而言,预告登记是通过登记簿封锁的方式去实现目的,但是没有改变预告登记权利人作为债权人的地位,虽然有人提出"物权期待权"的说法,但是现实问题是房屋可能还在建甚至永远建不好,连物都还不存在,如何去行使物权?引入预告登记制度最重要的一个目的是避免预告登记义务人丧失物权法上的处分权,比如被执行、被查封、进入破产程序等,打破义务人缺少处分权的这种限制,从而实现不动产物权的取得。但是预告登记不能解决的问题是,如果房子被摧毁了,怎么办?它并不像担保物权那样有物上代位的问题。另外,如果合同无效或者被撤销、被解除,预告登记房屋移转请求权也无从实现。

第三,关于土地使用权已经办理了抵押,又在房屋上办理预告登记,由此形成的"碰撞"。回到民法的一般原理,一并抵押某种意义上是在变价时的一种便利,只是变价的时候一起处置,土地使用权的抵押不应当影响房屋上预告登记人的权利,并且变价拍卖的时候,买受人可以看到房屋带有预告登记,买受时计算的价值应当是原房地一体价值扣掉预告登记房屋价值,也应该预见到该地块完工之后预告登记权利人会要求移转房屋。

石一峰:关于这一"碰撞",虽然购房者对房屋有预告登记权利,但是建设用地使用权抵押权人实现权利的时候,需要将土地、房屋一并处置。在处置的过程中,尤其是破产程序的处置过程中,要考虑购房者最终能否获得房屋?在此,可以考虑的是拍卖过程中能不能赋予购房人一定的优先购买权?这也只是一个理论假设,可以探讨。

李宇:第一,购房者付清全款时,正如庄老师所言,预告登记是债权,因此自然不存在取回权。这种债权也许有一定优先顺位,但本质上不是物权,如果建设工程上存在承包人优先受偿权,那么购房者因尚不享有物权,不存在与优先受偿权人的冲突(两种权利不是指向同一标的)。进一步而言,即便认为预告登记足以使债权物权化,预告登记终究只是确保购房者根据一个比较确定的顺位去最终取得物权,就算请求权顺利实现、预告登记最终转为本登记、购房者取得了房屋所有权,按照物权法的一般原理,优先受偿权发生在前,购房者所取得的所有权也要承受优先受偿权这个负担,更何况现在连本登记都还没办理,权利人如何能够取得比本登记情况下还要优越的地位?而且,就现行法而言,预告登记有权排斥后续处分,但无权排斥此前已发生的物上负担。当然,这不妨碍在现行法上购房者同时具备《执行异议和复议规定》[1]第29条规定的要件时仍可排除执行(包括优先受偿权人的强制执行),但这是出于司法政策的考虑、是该司法解释第29条作用的结果,而不是预告登记制度本身的效果;具备《执行异议和复议规定》第29条要件的购房者,无论是否办理预告登记,都受到此特殊保护。如此,分担工程款的问题自然也就不存在了。预告登记办理时,如果房屋上已经存在抵押权,既然抵押权在先、预告登记在后,购房者即便完成本登记也要承受在先的抵押权,何况尚未办理本登记。与承包人优先受偿权的情形同理,购房者同样不能以预告登记对抗抵押权。如果购房者解除合同,购房者的返还请求权或赔偿请求权都不是取得物权的请求权,不属于预告登记所保障的债权,在效力上仅仅是一般债权,自然不能排斥强制执行或优先受偿。

第二,如果购房者未付清全款,构成根本违约,管理人仍然有权解除合同,但其依据不是《企业破产法》第18条,而是合同解除的一般规定。《企业破产法》第18条并不排斥一般情形中合同解除权的适用,并没有赋予合同相对人超越合同法的待遇,如果购房者违约,管理人当然有权依据《民法典》规定行使一般的合同解除权。如果合同解除,预告登记权利人要求返还购房款,仍然是基于合同解除后清算关系所产生的普通债权,这个普通债权同样不是预告登记所保障的对象。

陆青:关于法定抵押权,我同意庄老师的观点,这并不是单纯对农民工的保护,而是因为承包人在建筑物上投入了其劳力和物力。预告登记是一种对债权请求权实现的保障,但更在于对处分权人予以特定限制,这与合同法层面能否保障合同正常履行是两回事。预告登记购房者不能仅凭预告登记享有取回权的。有意思的

---

[1] 最高人民法院《关于人民法院办理执行异议和复议案件若干问题的规定》,可简称为《执行异议和复议规定》——编者注

是,在意大利法上,也特别针对在建房屋设置过所谓预约登记制度。跟我们不一样,意大利没有预售制度,更多是一种预约的登记,但有意思的是,几年前意大利出过专门法令,明确在破产程序中要特别保障预约登记人的利益,一定程度上限制破产管理人的解除权。我们《企业破产法》第 18 条的解除权是否需要结合购房人利益保护的特殊性予以限制,或许也可以通过深入考察比较法经验进行思考。

陆家豪:关于这个问题,我们还是应当回归到最基础的债务二分的原理来看预告登记制度的性质。我认为,预告登记仍然应当定性为债法上的请求权,但是预告登记制度的特殊性体现在它有一定物权期待权的效果,是具有一定担保功能的债权,可以担保促成合同履行完毕。在这点上它与一般的债权请求权有所区别。预告登记的特殊性具体体现在,预告登记仅仅能够克服法律上的履行障碍(如法律不能),但是不能克服事实上的履行障碍(如事实不能),比如房屋因为地震被摧毁。

预告登记权利人可以根据预告登记向义务人主张办理不动产的过户登记,必要时预告登记权利人还可以向法院申请强制执行。但需要注意的是,预告登记权利人毕竟还没有获得本登记的物权,因此在结果上,预告登记虽然能够保障权利人的继续履行请求权可以在一定程度上让标的物脱离破产责任财产,但是由于预告登记权利人还没有完成本登记,权利人尚未取得标的物的所有权,因此在性质上其与破产取回权还是有所区别的。

另外一个要讨论的问题是,在预告登记权利人办理本登记后,赋予预告登记权利人优先权保护的时点是否可以溯及预告登记时,并进而可以对抗该标的物上在先处分的权利,我认为是存在一定的解释空间的。此外,关于待履行合同的解除问题,在现房付清全款的案型之下,如果购房者已经履行了其付款义务,个人认为,破产管理人不能依据《企业破产法》第 18 条解除合同,因为此时该合同并非双方均未履行完毕的合同,但是并不能认为此时没有合同解除权的成立空间。我们仍然要回归到合同法上的一般的合同解除原理,去考察开发商的违约行为是否符合《民法典》第 563 条规定的法定合同解除的一般要件,依据该条规定,尽管存在争议,但我认为原则上依然是非违约方去行使合同的解除权,此时如果开发商已经构成根本违约,则已经履行了付款义务的购房者有权解除合同。当然如果购房者自己构成根本违约,那是另外一回事了。

郑云波:在全款付清的时候管理人是没有解除权的,但是如果购房者自己要解除,没有理由去限制,但是购房款的返还,既然是他们自己的选择,就要自己承担风险,还是要以原先购买的价格来认定。

黄建洲:我从实务角度谈一些看法。

第一,预告登记在法理上确实是个债权,权利基础是买卖合同。当然我们注意到实务中,有些判例持不同观点,甚至有判例认为对商铺、办公楼付了全款的购房者有权行使取回权。我们认为不成立,这还是破产财产,尚不具备交付条件的房产显然不构成物权。我们看到了司法政策上的倾斜,但是不能因为司法政策倾斜而改变权利的性质。

第二,在现房的情况下,物权期待权、工程优先权和土地抵押权的顺位问题。管理人会去算经济账,如果市场行情不错、土地价值上升,工程债权能够得到保护,能够建好或者是现房,且没有办证的障碍,我认为开发商无权拒绝交房。如果出现整个行情的下行,那么管理人要去评判土地、房屋的价值和状态,工程优先权只能在自己的范围内去受偿,这时对预告登记权人可能会产生冲击,预告登记权利人原来的付出够不够?需不需要承担续建的费用?如果在不能覆盖成本的情况下,要其他债权人负担成本,那就侵害了其他债权人的利益。

第三,对于付清全款的购房者,我认为管理人基本上是没有解除权的,因为购房者已经付清全款,开发商不交房就是根本性违约,但购房者不存在根本性违约的可能了。管理人合同解除权是有边界的,要看对方有没有违约,如果因为开发商自身违约,不能把不利后果转嫁给对方。

韩骏:实务中遇到一个问题是突击预告登记,原来没有预告登记,在破产受理前一年内突击办理,我们可以基于什么理由去撤销?一般考虑是追加物保的撤销。但如果我们把预告登记定性为债权,那么又怎么把这种行为解释为追加物保?

庄加园:最接近的是《企业破产法》第 31 条第 3 项“对没有财产担保的债务提供财产担保”。这里我们怎么理解财产担保,有争议,王欣新老师认为,这里的财产担保仅限于设立担保物权,[1]因此预告登记是不能撤销。但是这里可能要考虑,第31条所针对的偏颇行为或诈害行为,是一种列举式规定,国外一般是概括加列举的方式,肯定会有没列完的,这种情况下,可能要进行比较。虽然预告登记不是物权,但是确实给了预告登记权利人某种意义上在请求继续履行方面对抗管理人的效力,可以说是显著增加了偏颇性,我认为不一定要对《企业破产法》第31条第3项进行如此严格的限制。

何鑑文:在房价上涨的场景下,往往容易解决这个问题。在房价平稳或房价下跌的情况,如果购房者一定要全款保障,那么其他优先权人的利益怎么平衡?我个人倾向是全款预告登记购房者、抵押权人、工程债权人同等保护,同等保护在实务中比较好操作,在同等保护的前提下,管理人和法院有一定的调整空间。

陆青:关于何律师的观点,如果同等保护,限制管理人解除权怎么处理?这是个问题。

张谷:现房交易中的预告登记,我认为付清全款和没付清全款是一样的。

根据前面大家的发言,似乎可以形成以下倾向性意见:

第一,预告登记权利人享有的不是取回权,而是基于买卖合同的债权请求权,但并不意味着预告登记所指向的房产就一定归属于破产财产,因为购房者可以基于请求继续履行合同的权利,要求管理人配合办理过户,办理过户之后自然可以取回。

第二,建设工程价款优先受偿权源自原《合同法》第286条,为《民法典》第807条所承继,涉及承包人利益的保护。对于购房者而言,其所要购买的房产当然应该是没有任何瑕疵(权利瑕疵、物的瑕疵)的房产。倘若开发商由于拖欠工程款,承包人找开发商理论,甚至要把建设工程变价受偿,进而影响到购房者的权利取得,那就是作为发包人的开发商销售的房产上有权利瑕疵。这种权利瑕疵有大有小,对于购房者的影响程度不一,其相应所需要采取的补救措施(要求减价或解约)也可

---

[1] 参见王欣新:《论"对没有财产担保的债务提供财产担保"行为的认定》,载《人民法院报》2016年1月27日,第7版。

能并不一致。如果欠的工程款很少,购房者要不要追究以及如何追究开发商的违约责任？实际情况是很复杂的,没有办法判断是不是一定要分担工程款。具体实践中,如果市场行情好,购房者会考虑建设工程优先权的范围到底有多大等问题;如果市场行情不好,而且还有瑕疵,购房者可能考虑直接解除。管理人有算经济账的思路,但回到法律思路,建设工程归建设工程,购房归购房。建筑市场上竞争也很激烈,有些施工方带资入场,甚至愿意放弃优先权。法定优先权影响是非常大的,对承包人进行保护是应当的,但是这里会不会有冒用建设工程价款而实施欺诈的可能？是否应该补充以登记的方式加以限制,比如说要求将概算中的建设工程的价款予以公示,使得与建设工程后续的担保权人能够明晰风险？

第三,如果购房者付清全款,管理人不能依据《企业破产法》第 18 条解除合同。但购房者自己要解除,当然是可以的。没有付清全款的情形下一样需要受到预告登记的保护,如果购房者有违约,管理人当然可以解除合同,解除以后购房款的退回按照清算规则办理。

(二)期房交易中的预告登记

任一民:接下来我们讨论期房交易中的预告登记,这比现房交易情形更复杂一些。我们假设以下场景:办理预告登记的时候房子刚建到 7 层,建到 12 层时候进入破产程序,后面还有 8 层没造好,第一,如果无法续建了(如找不到融资),以烂尾楼状况拍卖,预告登记权利人的权利如何保护？第二,破产程序中房屋续建完成到 20 层结顶了,预告登记权利人是否应当分担续建成本？再延伸出去,工程款可能分为预告登记之前、预告登记之后至破产受理前、破产受理后三个阶段,应该如何分担？

我先"抛砖引玉",谈谈我的观点:

第一,破产受理后没有续建,烂尾楼的状态,预告登记所保护的债法上的合同客观履行不能,预告登记随之失效,只能按照普通债权来认定;

第二,如果进入破产程序后续建完成,续建成本分担问题。预告登记的时候建设到了 12 层,分别购买了 7 层和 17 层的购房户应如何分担,我认为应该是一体对待,因为预告登记的物都还没有形成,如果建筑面积一样的话就是同比例承担;

第三,如果办预告登记之前就已经存在着土地抵押权和工程款优先权,办预告登记之后又有新的工程款债权,按照一般理解,买卖标的物过户时,标的物上的负担也要随之移转,预告登记的购房人需要分担之前已存在的土地抵押权、工程款优先权,预告登记之后新增的工程款优先权也要分担,购房者还是可以选择拿房,因为房价可能上涨,还是划算的。超出购房合同总价款之外所额外负担的担保债权、工程款优先权等可以作为损失赔偿的性质申报债权,但是只能作为普通债权。如果购房者认为不划算,还不如解除合同,预告登记购房者有权行使合同解除权,但退返购房本金和损害赔偿请求权应作为普通债权。

庄加园:首先,预告登记保护的是债法上的请求权,而不能保障房屋确实能造完,如果确实履行不能,也只能按照普通债权来认定,这个没有争议。其次,续建完成,若购房者可以要求交房,那么续建费用是否需要承担?我大体上赞同任律师的见解。试想,购房者如果不承担,谁来承担?续建费用对于预告登记人、抵押权人都是必不可少的费用,从享有收益者应承担费用的角度来考虑,续建的费用应当优先于前面所有的担保物权人,只有续建投入了,后面的安排才有实现的可能性。至于7层和17层购房户的问题,7层的物还没有形成,也不可能住进去,两者都是享有交付房屋的请求权。关于续建费用产生的时间问题,其实是一样的道理,续建融资的权利优先于所有在先权利。对于购房者超额负担的部分,应如何评价其性质?这个问题尚需讨论。如果购房者行使解除权,预告登记失效,自然是普通债权。

黄建洲:任律师的观点在法律上是没有问题的。实际情况可能更复杂,抵押权人和工程款优先权人是否也要去负担这个续建费用?烂尾楼价值低,对抵押权人、工程款优先权人也不利。我们做管理人经常是利益衡平的问题。法律是否能给管理人处理这个问题留一些空间?否则不论怎么做都可能碰壁。况且,管理人怎么来预测市场的变化?市场的风险大家需要一起合理分担,抵押人和工程款优先权人是不是应该让渡一部分利益?在期房状态下,采取严苛的标准导致购房者购房款变成普通债权是不合理的。毕竟,我国的期房制度是在不完善的情况下形成的,在期房制度下大家有合理的期待权,这是期权制度的基础,或者说是购房的营商环境,现在说市场不好就让他们承担这种风险是不是不公平?或者我们是不是理解为一种共益债务?

韩骏:各层面债权人去分担续建费用是否可理解为实现其债权的费用,或者能否理解为破产费用?

任一民:理解为破产费用是不合适的。破产费用是以破产房企担保物之外的责任财产承担的费用。为方便各位老师讨论,我们假设这种情形:买土地花了5000万元,破产受理前造到10层花了5000万元,总共花了1亿元。续建10层到20层还需要5000万元,总计1.5亿元的投入,行情不好的时候很有可能建成的房屋最终只能卖8000万元,最后怎么来分担?实务中为了让房子建造下去,通常一定要想办法优先保障续建的5000万元,当然总共卖8000万元也有一定因素是投资者所能买到的房屋要扣除其中享有优先权的购房消费者所买受的房屋(对这些购房消费者的交房义务须继续履行完毕),8000万元扣除续建费用5000万元,剩下3000万元由土地抵押权人、工程款优先权人共享,通常会参照评估价的折现率分别计算,土地买过来5000万元可能评估升值到6000万元,造房花了5000万元可能会贬值到4000万元,所以土地抵押权人拿1800万元,工程款优先权人拿1200万元。但是这个逻辑推演可能产生的问题是什么?那就是《破产法解释(三)》[1]第2条将破产受理后的借款在确认其共益债务地位的同时,进一步明确了共益债只能以特定担保物之外的责任财产承担(房企破产中很可能除了担保物以外都没有其他财产了),这就面临共益债务落空的问题。我们进一步地思考,例如许德风老师《破产法论》中提出担保物上的共益债务的概念,[2]续建费用若按担保物上的共益债务来认定,从而使得续建融资债权可以比担保物权人更优先清偿,并且,续建融资的责任财产可以不仅限于续建后在物理状态上新增的财产,还可以指向因续建而使得续建前土地和地上建筑物的价值增加,即财产价值的增益。

陆家豪:我个人认为,不管是已经造完的7层,还是尚为"空中楼阁"的17层,在法律上的定性恐怕都是一样的,在建工程严格意义上还不是物法意义上的独立物,因为其尚未封顶,顶多算个未来物,这一点似乎争议不大。争议大的是续建费用的问题,我存在的一个疑问是,购房者明明按照买卖合同和预告登记只有请求继续履行的权利,为什么还需要投入额外费用去进行续造?基于经济学上的效率最大化的共赢激励我可以理解,但是续建费用的法律上的基础是什么,原理是什么,这个我们需要说清楚。我个人的初步想法是,它肯定不构成破产费用,因为续建费

---

[1] 最高人民法院《关于适用〈中华人民共和国企业破产法〉若干问题的规定(三)》,可简称《破产法解释(三)》。——编者注

[2] 参见许德风:《破产法论——解释与功能比较的视角》,北京大学出版社2015年版,第190页。

用无法纳入《企业破产法》第41条破产费用的辐射范围。刚刚各位老师提到的共益债务，我倒是觉得可能可以在解释上将续建费用纳入共益债务，因为续建费用是为了全体债权人利益使得破产程序得以顺利进行，从而确保获得融资，确保这个工程能够顺利完成并且顺利交房。这一点确实有点像共益债务。但是问题就在于《企业破产法》第42条并没有规定此种类型的共益债务，当然如果我们抛开法条，从共益债务的制度目的出发，我认为应当将续建费用认定为担保物上的共益债务，其可以优先于担保物权进行受偿，这样的目的就是鼓励融资，确保续建费用及时注入，但是在法学方法上如何操作，后续还值得进一步研究。

石一峰：第一，原先担保法中有担保权实现费用，从这一路径解释为共益债务是有可能的。第二，预告登记的购房者债权在可以交房的情况下是有优先性的，那么在解除的情况下债权有没有优先性？从学理上讲应该是普通债权，但从实务来讲可能会造成不公平。有一个路径，建设工程款也可能存在解除的情形，但还是保留优先性，因为争议条款还是有效的，优先性是在争议条款中体现出来的，购房合同被解除的情况下是否有优先性也可以参考。

张谷：我觉得不一样，不管合同有效无效，建设工程价款优先受偿权都是法定的，跟争议条款没有关系。

庄加园：从公法意义上讲，破产法虽然是概括执行法，但不否认私法自治。如果没有续建费用，工程就无法续建，在这种情况下，前面的优先权人也无法实现。假设当事人很少，续建融资的人去找抵押权人、建设工程款债权人、购房者这些优先权人去谈，优先权人放弃优先顺位，来源于私法自治，这种各方的博弈和谈判是可以的。但是在大型企业破产中，谈判成本过高，所以赋予超级优先权，来简化谈判的权利。

韩骏：我也赞同。讲一个特殊案例，续建费用不够，因为里面有很大一部分是装修要达到精装修标准，购房者主动提出来降低装修标准以节约续建费用，这种特殊的处理方式，基本上抵押权人、工程款优先权人是不会反对的。这时候是不是一定要给续建费用定性为共益债务或者破产费用？如果在个案中能协商达到一个意定结果会更合适。续建解决的是在建工程的增值,增值并不一定带来共益,有可能也只是对部分担保权人或者购房者有共益。在续建费用带来增值的情况下,我觉得个案中可以商量。

任一民:对于通过破产程序中协商解决这一问题的观点我有不同意见,有些太过理想化了,抵押权人可能根本就不同意续建,他们觉得按现状拍卖就够了,即使有所损失也无所谓,只求快速实现债权,这时候就很难强迫抵押权人来协商。至于通过调整装修费用来节约一点续建费用,这是很极端的个例并且实践中也是很少发生的。我们不能以个案的协调成功推演到其他案件也能如此操作。我也赞同续建投入未必让全体债权人受益,所以我们要讨论特定担保权上的共益债务。

张谷:续建费用分担的法律基础是什么?是否分担只是处理的结果,问题是处理结果是怎么产生的?本来是可以借助私人自治的协商,但是破产程序中协商的成本太不经济了。一方面讨论续建者的保护,另一方面还要讨论退出的机制。

黄建洲:一般是测算成本、要借多少钱,形成续建方案,通过债权人会议表决后付诸执行。

章程:最大的问题在于续建加上的不管是添附也好还是新的物也好,加上去是不可分的,期房的担保物价值不断上升,从共益费用的角度来讲,是不是存在法律上的限缩性解释,共益债投入了还让别的抵押权人、工程款优先权人优先,这合理吗?我的一个想法跟添附相关,比如两个物添附在一起,添附产生一种类似于不当得利的请求权,这个不当得利是债权性的请求权还是物化的请求权?如果是物化的债权性权利,也可以考虑,续建人的权利不仅仅是个债权,而是物权。

郑云波:我们国家的房地产市场并不是一个完全市场化的,政府在里面起到很大的作用。我跟任律师观点可能有些差异,风险让最弱的购房者承担是不公平、不合理的,社会效果是很差的,有些预告登记购房者在烂尾的情况下面对疫情还仍然要承担房贷,如果没有更好的保护,公信力也会受到很大的影响,政府可能也不会支持这样的思路来处理。同时也要考虑到抵押权人是不是也存在过错在里面的,领取预售证卖房之前是不是要先解除抵押？有些情况下要求抵押权人出同意书，是不是可以理解为抵押权人同意让渡了一部分权利？期房中哪怕不给购房者超级优先的保护，至少应该跟抵押权人同等保护。续建费用的承担我是同意任律师观点，购房者是需要承担的，抵押权人也是应该承担的，这里需要想办法说服抵押权人。

陆家豪：现在的共识是，续建费用需要得到法律上的保护，但是我们学理上需要为续建费用要找一个法律上的基础，刚才各位老师提出了这几种观点，我简要归纳一下。一是共益费用说，我个人相对赞同，共益债务不是说要满足每一个债权人的利益，这样要求太严格了，这里仍然应当适用满足绝大多数人利益的"少数服从多数"的民主法则，因此要确保续建费用的优先性，来激励费用流入，共益费用确实是一条解释路径。但其实我也承认，这是一个没办法的办法，可能还需要进行合目的性的解释，具体怎么操作，学理上也还是要再精细考虑。二是添附说，我的一个疑问是，添附的优先受偿性的基础源于何处？刚刚我跟章程老师确认了一下，这可能有点类似瑞士法的物上之债（Realobligation），但物上之债一定会赋予添附权利人在破产中优先受偿的权利吗？这个恐怕还需要再研究，而且此种解释成本是不是有点过高，也需要再讨论。三是庄老师提出的私法自治协商说，我觉得有道理，但是我觉得这很难成其为一种学说，因为不管法律怎么规定，当事人都可以通过私法自治进行协商，也正是因为法律上没有定性，当事人才不得不进行私法自治的协商安排，但是这个学说仍然没有解决法律定性的问题，而我恰恰认为找到其法律上的基础是很重要的。

张谷：关于续建费用分担的基础，庄老师的观点接近于《民法典》第416条的超级优先权，章老师提到的添附说则涉及法学上的代位的现象。我有个初步想法，可不可以从"必要费用"角度考虑？财产管理人在管理失踪人财产的过程中，为了保存其中的某个物而付出的必要费用，当然要由被管理者承担。与之相若，房企破产时，破产管理人管理的是债务人企业的财产，本来是营业财产，涉及相关建设用地上的建设项目。既然不是简单的破产清算，而是破产重整，并且经债权人会议决定要进行续建，那么，在我看来，此种续建费用就是跟整个营业，或者说跟整个项目相关的必要费用；如果不完成续建，利益无法最大化，各方债权人的利益都会受损，而完成续建,则各方都能获得更多的保障,因此,从必要费用的角度,相关受益的主体都是要分担的,即使是债权人会议表决时的反对方也可能要受决议拘束而成为分担者,倘不如此其会受有不当得利。

任一民:我补充一下:第一,我们对购房者的保护已经有一个生存权的保护,我们待会儿会谈到;第二,对预告登记权利人的保护并不是一种弱者保护,自然人和企业法人都可以办理预告登记,投资性购房和基于生存权的刚需购房也都可以办理预告登记,在这种背景下,预告登记制度就其设定的本身而言是不涉及生存权保障等政策性考量的,特别是在房企破产时,若动辄可以优先保护,那么那些职工债权、税款债权、普通债权、人身侵权类债权还有什么财产可以去保护;第三,各位老师大体上都赞同续建费用一定要保障,只是学理上怎么解释更周全一些,我们可以再探讨。

(三)"一房多卖"中的预告登记

任一民:还有一个小问题,"一房多卖"的预告登记问题。其实在房企破产中"一房多卖"现象已是罕见。若有,应该优先履行哪一份合同?假设这是一个现房,购房群体包括购房消费者、拆迁安置户、预告登记购房者、一般购房者(已实际占有房屋)。第一种思路,基于生存权保障,弱者最优先保障。但不可能所有购房者都是生存权保障,若房企还有其他房源可以交付,相当于可以替代交付,在一房多卖的时候,是否必须优先履行基于生存权保障的购房消费者?第二种思路,从实务来讲,如果购房者真的搬进去了,可能就让占有的优先了,若不保护还要腾退,很麻烦,但是法理上是经不起推敲的。第三种思路,预告登记的优先保护。有观点认为,网签能预防一房多卖,那么预告登记就比网签更进一步,就更要保护。

章程:生存权一般是跟银行这类债权人的比较,买受人和买受人之间没有生存权的考虑。

张谷:还是预告登记权利人应当优先保护,毕竟预告登记是大家都能看得到的。关于不动产的取得,依现行法,跟出让人是否交付、取得人是否占有,没有关系。我不赞同实务中所谓“双重交付标准”的做法，[1]这是完全和以法律行为方式导致不动产物权变动的法则相抵触的。

二、担保的预告登记

（一）抵押权预告登记的效力评价、抵押物范围的确定

任一民：关于《民法典担保制度解释》第52条第2款关于抵押预告登记的规定，实务中面临几个问题，第一，虽然签了抵押预告登记合同，但是合同上附加了期限或条件，假设破产受理时这个条件还没成就（期限可能因破产受理而加速到期），是不是就直接达到了本登记的效力优先性？若条件还没成就，我认为不能。第二，抵押预告登记后，破产临界期内担保物增加，是否构成追加物保？房屋在建设过程中，在建工程抵押只能及于登记时的现状，抵押权人想让新增建筑物纳入担保的范围，可能就要办预告登记（以建成后的房屋作为抵押标的物），这样的预告登记办理以后，后面新增的房屋，可能存在三种状态：一是破产受理后新建，通常认为不能纳入。二是破产临界期新建，是否构成追加物保？我们认为构成，临界期内新增的建筑物往往是以消耗破产企业的其他财产来完成的，相当于将本应用于保障其他债权人的责任财产转换为增加抵押预告登记的责任财产，通过“损人”来达成“利己”的后果，应该属于可以撤销的追加物保。三是破产临界期之前的新增建筑物，这不属于破产法上的追加物保范围。

张谷：依照《民法典担保制度解释》第52条，抵押预告登记似乎建立在抵押合同基础上，而抵押合同何所指呢？查《不动产登记暂行条例实施细则》第66条第2款，谓抵押合同可以说单独订立的书面合同，也可以是主债权合同中的抵押条款。换言之，前述的抵押合同似乎是负担行为和处分行为相结合的一种“混合行为”。这样的规定与《民法典》第395条第1款的规定是非常不同的，因为在该条关于抵押合同内容的规定中，除了和设定物上负担有关外，丝毫看不出任何负担义务的痕

---

〔1〕参见《最高人民法院公报》2015年第10期“连成贤诉臧树林排除妨害纠纷案”：签订房屋买卖合同后出卖方应向买受人履行权利与实物的双重交付，在买受方已取得房屋产权而未实际占有的情况下，其仅仅基于物权请求权要求有权占有人迁出，法院应作慎重审查。若占有人对房屋的占有具有合法性、正当性，买受方应以合同相对方为被告提起债权给付支付，要求对方履行交付房屋的义务或在房屋客观上无法交付的情况下承担相应的违约责任。

迹。于是产生一个问题,到底应该怎么样来理解抵押预告登记?抵押预告登记的基础何在?

我以为,一定要区分抵押合同和先行的设立抵押的约定。众所周知,预告登记针对的是债法上的请求权,同样,抵押预告登记针对的无非是可以请求对方和自己就某不动产签订书面抵押合同并且办理抵押登记的债权请求权,这种债权请求权产生于先行的设立抵押的约定或者约款。而抵押合同的内容是抵押人和债权人在特定不动产上设定抵押权的合意,抵押合同是用以落实或者履行“设立抵押的约定”项下义务的双方行为,是直接导致担保物权产生的设定行为。从逻辑上说,先有设立抵押的约定,再有抵押合同的制定;先有债权请求权,再有抵押负担的设定,两者不容混淆。

不要以为这只是德国的做法,其实即使在法国、意大利这样对物权变动采取合意主义的国家,其合意主义也只是在买卖、赠与这样的场合,而在设定质权、抵押权时,仍然是将债的合意和担保权设立行为分开的,各自的要件并不一样。

必须指出,将“设立抵押的约定”这种负担行为和抵押合同这种处分行为相混淆,也是和我国银行业的实践不相吻合的。我们以中国建设银行借款合同的格式条款为例,不难发现,其中的设立抵押的约款往往约定,借款合同的甲乙双方在15日内有义务签订书面抵押合同并且办理抵押登记,并且以此来决定借款合同的生效或者决定甲方放贷义务的产生。银行业实践中的做法,才是符合《民法典》第395条的正确做法,也更加符合商业实践的需要。而藏身在借款合同中的这种约款,并非抵押合同本身,因为不需要过早地确定抵押标的物,恰恰只是产生债的效力。

设立抵押的约定和抵押合同,还有形式上的差别。抵押合同依法必须以书面形式订立,否则登记机关便无所依凭。但是设立抵押的约定,原则上没有书面形式的要求,即使在自然人之间民间借贷中,双方口头约定,亦无不可。当然,如果需要办理抵押预告登记,还是应该采用书面形式。鉴于在质押的场合,设立质权的约定和质押合同也不同,在那里,形式上的差别,实践意义更为明显。

总之,现在有关法规以及最高人民法院的司法解释,恰恰是把负担、处分行为混淆了,把需要书面形式的抵押合同和不必采取书面形式的约定混淆了,把设定物权的合意和仅仅产生债权的设立抵押的约定混淆了,因此出现《民法典担保制度解释》第52条允许在一定条件下,舍弃真正的抵押合同,而直接从设立抵押的约定中“跨越”式地产生抵押权。这无论对于强制执行还是破产实践都是有害的。

韩骏：我们刚才讲续建费用承担，逐一去协商是不现实的，破产法有一个规则，大致意思是只要能保障这个群体利益全部实现，就不用征求这个群体意见。[1] 当进入破产的时候，在建工程可以通过评估锁定价值，只要保障抵押权人延期清偿的利益，续建的问题是不是就可以不用跟他商量了？如果正常的抵押登记都能这样，那么抵押预告登记也能扩大到后面新增的价值？这样操作是否可行？我之前做一个造船企业破产项目，破产的时候船造到一半，抵押权人说船造完所有价值都是他的，这样是不是保护太过度了？我们认为他的抵押权就在这半条船上。

张谷：还是有些差异。把请求对方签订抵押合同、办理抵押登记的债权去预告登记，这本来不是针对当时的价值来约定的，而是针对建好之后的价值。另外，在建工程的抵押，标的物完成之前的预告登记，本来应该有一个“顺位利益”，我们国家尚无规定，在德国的不动产强制拍卖法和关于破产的法律中都是有规定的，即本来是一个不完全的权利，一旦进入破产程序，就视为完全的权利。

抵押预告登记到底是什么意思？刚才已经说到了。抵押合同到底是一个负担行为还是处分行为，我们很多人没搞清楚。有些人认为，房子建好那么抵押预告登记就实现了，这是值得商榷的。双方有设立抵押的约定，为了确保将来抵押权的产生而去办抵押预告登记；等房子造好了，再签订书面抵押合同、办理抵押权登记，办了抵押权登记，才可以产生抵押权，具有优先受偿效力，而不是说预告登记直接产生优先权。抵押的预告登记只是设立抵押的“约款”（Versprechen），有点像罗马法上说的“裸约”，不是抵押合同本身。跟期房还不一样，期房是未来物买卖，这个抵押预告登记完全把处分和债权行为混同了。

庄加园：《民法典担保制度解释》起草的时候，我看过起草文件，原来他们设定的版本就是抵押预告登记在进入破产后就自动转为抵押权。我心想难道连债权和物权、负担行为和处分行为都不区分吗？有人提出严格按照民法理论来操作太麻烦，何必多此一举去办个抵押权登记？我问他们如果原来的主债权合同无效，怎么办？他们说这种情况非常少见，如果真的出现再具体处理，甚至有些当事人不愿意

---

〔1〕《破产法解释（三）》第 11 条第 2 款，根据《企业破产法》第 82 条规定，对重整计划草案进行分组表决时，权益因重整计划草案受到调整或者影响的债权人或者股东，有权参加表决；权益未受到调整或者影响的债权人或者股东，参照《企业破产法》第 83 条的规定，不参加重整计划草案的表决。

去办本登记,难道要通过起诉去解决吗?又不符合效率原则,既然如此就全部转化。后来开会的时候,我和其他几位老师都提了意见,总有个别情况是不能转化的,后来司法解释调整成现在第52条这个版本。自动转化是有问题的,物要形成、人要作出处分权的意思表示,才会转化。

黄建洲:在我们办理的案件中,银行办理按揭贷款,并做抵押预告登记,目的在于获得更强的法律保护,相当于登记后成为将来的抵押权人,可以主张对所涉房产变现来优先受偿。如果案子复杂一点,涉及续建,这时候处分行为的节点很重要,尤其在续建时进行了预售,银行是不是真的就取得了全部的权利,这是存在疑问的。我们现实中遭遇的问题,《民法典担保制度解释》第52条解决不了,预告登记可能还是一个待定的物权。

胡敏:看到过一种观点,认为抵押权预告登记是一种权利质权。现房的情况下,用房屋本身提供担保,自可以顺利办抵押。期房的情况下,因房屋本身还不存在,融资方只是基于房屋买卖合同享有债权的权利,故抵押预告登记本质上是一种债权质权,它实现的功能上跟债权质权比较像。

庄加园:我以前也听过这个观点,但是我国的权利质权范围很小,虽然有一个兜底条款,[1]但将抵押预告登记作为权利质权恐怕是说不通的。

陆家豪:我稍微补充一下。我国法的预告登记是参考德国而来的,在德国法上,预告登记是一种取得权,所谓取得权,指的是满足一定条件的时候取得权利,所以德国通说上认为它是一种限制物权。[2] 我们要讨论的核心问题是,基于债务二分原则,我们《民法典》规定很清楚,以在建工程设定抵押,“抵押权自登记时设立”(《民法典》第402条)。我很同意张谷老师的观点,在这种案型中,基于负担行为与处分行为的分离原则,此时还没有完成抵押的本登记,处分行为都还没成立,预告登记怎么可以产生抵押的效果?从担保物权为何要有优先受偿效力的制度目的

---

〔1〕《民法典》第440条规定,债务人或者第三人有权处分的下列权利可以出质:“(七)法律、行政法规规定可以出质的其他财产权利。”

〔2〕Vgl. Baur/Stürner, Sachenrecht, 18. Aufl., München 2009, S. 29.

来考虑，我们法律之所以赋予担保物权人优先受偿的权利，是为了促进物的流转和融资需要，通过优先受偿激励来促进物的流通和物尽其用。但是抵押权人在办理抵押预告登记的时候，商品房都还没有流通性，那根据担保权本身的制度目的，我认为在原理上也无法肯认抵押预告登记产生优先受偿的效果。在司法实践中，《最高人民法院公报》2014 年第 9 期有一个案例也明确肯认房屋预告抵押登记不能取得抵押权。[1] 虽然我国的预告登记已经具有自己的中国特色，但是在这一点上倒是有点像德国法上的预告登记制度了（《德国民法典》第 883 条第 2 款），[2] 预告登记要通过限制义务人处分行为的效力来保障权利人取得权利，体现在只要这个行为因妨害债权请求权而有悖于预告登记本身目的的，那么此行为相对于权利人不发生效力，德国法上是通过相对无效的原理来解决的，当然他们的构造跟我们不完全一样。但是德国法就预告登记的权利性质，我们可以做参考，我们仍然应当强调，预告登记只是一个债权上的请求权，因此预告登记权利人只能请求完成抵押权的本登记，因此结论是预告抵押登记不能当然发生优先受偿的效力。

任一民：关于抵押预告登记范围，假如房子原先建到 5 层，破产临界期内房子继续建了 5 层，这是其他财产（本来可以用于清偿其他债权人）投入形成的，由此担保物范围增加，相当于是追加物保，那么这部分价值，抵押权人不能享受。在建工程抵押只能针对抵押权设定时的状态，后面增加的建筑物与其无关。这里涉及对“追加”的理解。从实务来看，《企业破产法》第 31 条第 3 项普遍被认为是偏颇清偿，并且是为自有负债追加物保。为他人负债追加物保通常被视为诈害行为。是否包含事实行为，实践中也有不同理解。

---

〔1〕《最高人民法院公报》2014 年第 9 期“光大银行上海青浦支行诉上海东鹤房地产公司、陈思绮保证合同纠纷案”：预售商品房抵押贷款中，虽然银行与借款人（购房人）对预售商品房做了抵押预告登记，但该预告登记并未使银行获得现实的抵押权，而是待房屋建成交付借款人后银行就该房屋设立抵押权的一种预先的排他性保全。如果房屋建成后的产权未登记至借款人名下，则抵押权设立登记无法完成，银行不能对该预售商品房行使抵押权。

〔2〕《德国民法典》第 883 条预告登记之要件及效力：(1) 土地上设定之让与或废止，或就土地上所负担之权利之让与或废止，或就该权利之内容或次序之变更，保全其请求权者，得在土地登记簿上为预告登记。为保全将来之请求权或附条件之请求权，亦得为预告登记。(2) 在预告登记后，就土地或权利所为之处分，致使请求权蒙受妨害或损害者，于该限度内，其处分不生效力。依强制执行，或假扣押执行，或由破产管理人所为之处分，亦同。(3) 依请求权而主张让与之权利，其次序依预告登记之次序定之。台湾大学法律学院、财团法人台大法学基金会编译：《德国民法（上）——总则编、债编、物权编》，台北，元照出版公司 2016 年版，第 853 页。

庄加园:第一,在建工程抵押就是针对整个在建工程,抵押预告登记很难解释出就是对在建工程第 10 层的预告登记。第二,撤销行为是不是只限于法律行为?事实行为、公法行为行不行?据我了解有些国家的破产法是不限的。在中国,争议很大,司法解释对法院执行行为也是认为原则上不能撤销的。[1] 第三,为什么可以撤销?撤销权的基础是什么?虽然说这个钱是来自债务人财产,这些财产可以分配给其他债权人,但是这到底是诈害行为还是偏颇清偿?怎么解释"对没有财产担保的债务提供财产担保的"?如果视为诈害行为,那么这里撤销权不成立。如果视为偏颇清偿,那么增加财产的行为都可能被纳入,需要讨论的是这个偏颇清偿行为是否不限于法律行为。

胡敏:在建工程是房屋建成前的物理状态,办理房屋预告抵押登记后,房屋未建成开发商即进入破产程序的,在建工程是预售房屋的现时状态。在建工程是不是可以视为不动产(土地使用权)抵押上叠加了一个动产(建设投入资产)的浮动抵押,动产部分在开发商进入破产后责任财产范围结晶了?

任一民:《民法典》第 411 条关于浮动抵押财产确定的规定存在一定争议,主要是遇到浮动抵押人破产时,不是在破产受理时即发生抵押财产确定的效力,而是要等到被宣告破产时候,[2]另外,债权到期未实现可以作为浮动抵押财产确定的条件,那么破产受理时债权加速到期是不是就可以确定了?王欣新老师认为如果从文义解释来看这一理解可能存在争议(这也是民法典与破产法在衔接上出现的问题之一)。[3] 如果破产受理不能发生浮动抵押财产确定的效果,实在是不合适,难道进入破产程序后到被宣告破产前所续建新增的财产也都要纳入浮动抵押财产范围?若重整呢?

---

[1] 《最高人民法院关于适用〈中华人民共和国企业破产法〉若干问题的规定(二)》第 15 条:债务人经诉讼、仲裁、执行程序对债权人进行的个别清偿,管理人依据《企业破产法》第 32 条的规定请求撤销的,人民法院不予支持。但是,债务人与债权人恶意串通损害其他债权人利益的除外。

[2] 《民法典》第 411 条:"依据本法第三百九十六条规定设定抵押的,抵押财产自下列情形之一发生时确定:(一)债务履行期限届满,债权未实现;(二)抵押人被宣告破产或者解散;(三)当事人约定的实现抵押权的情形;(四)严重影响债权实现的其他情形。"

[3] 参见王欣新:《〈民法典〉与破产法的衔接与协调》,载《山西大学学报(哲学社会科学版)》2021 年第 1 期。

张谷:《不动产登记暂行条例》第 21 条中,不动产权属证书和不动产登记证明区别是什么?有什么意义?应该予以重视。刚才大家讨论的针对的在建建筑物,但是在《不动产登记暂行条例实施细则》里,我们是找不到在建建筑物预告登记的规定,我们只有第 75 条抵押的规定,[1]在建工程都不是一个独立的物。还是回归到基本物权理论,所有权都没有,何来的处分权?这是不行的。

(二)"让与担保"(或"买卖型担保")的预告登记

任一民:接下来讨论"让与担保"预告登记。当事人签订买卖合同为借款提供担保,并办理买卖合同预告登记,第一,如果是现房,进入破产程序后怎么处理?第二,如果是期房,让与担保合同效力若不能否定,如果进入破产程序之后还是建不好,是否认可优先权?第三,如果进入破产程序之后续建建好了,是否认可优先权?各优先权如何排序?

张谷:我先说点题外话。《买卖合同解释》是不允许不动产作为所有权保留买卖的对象?[2]为什么在让与担保的时候却允许不动产作为对象?这样一来《买卖合同解释》是不是落空了?以后大家大不了不用不动产去做所有权保留的买卖,而是去做不动产的让与担保?我最近在学习王泽鉴老师的一篇论文《不动产让与担保——第一个习惯物权的创设》,还在思考它的公示方法和可行性问题。在德国,不动产是包括土地和土地上的建筑物,不动产所有权让与依登记生效,特别是在不动产所有权取得时,法律上不允许附条件、附期限,即使有这样的附款,也是不能够登记的。我们不动产让与担保可以,但不动产所有权保留买卖不行?有点奇怪!其实我们实践中所谓的不动产让与担保,指称的可能是不动产买卖式的担保,在那里不动产其实根本没有事先移转,并不符合让与担保中财产权让与的特点。

---

〔1〕《不动产登记暂行条例实施细则》第 75 条:"以建设用地使用权以及全部或者部分在建建筑物设定抵押的,应当一并申请建设用地使用权以及在建建筑物抵押权的首次登记。当事人申请在建建筑物抵押权首次登记时,抵押财产不包括已经办理预告登记的预购商品房和已经办理预售备案的商品房。前款规定的在建建筑物,是指正在建造、尚未办理所有权首次登记的房屋等建筑物。"

〔2〕最高人民法院《关于审理买卖合同纠纷案件适用法律问题的解释》(可简称为《买卖合同解释》)第 25 条:"买卖合同当事人主张合同法第六百四十一条关于标的物所有权保留的规定适用于不动产的,人民法院不予支持。"

庄加园:这里可能不是一个让与担保,就是订立一个买卖合同并办理预告登记,跟普通买房人一样的请求过户的权利。可能要叫作“买卖型担保”的预告登记。

黄建洲:第一个问题,我们遇到过实例,债权人借款给公司,为了给债权有保护,设定一段时间有回购权,如果到期没有回购,房子就要配合过户,最后没有回购,也做了网签。我们也把它叫作“让与担保”,但是这个房子不能处置,还是要交给管理人。无非是处置的价值需要进行结算,如果能覆盖债权,那么就处置变价款优先清偿,如果不足覆盖,那么差额部分就不能优先受偿了。针对这个问题,我觉得不是对物的优先权,而是对物变现以后的价款有优先权。第二个问题,如果破产后房屋尚未建成,不续建了,我个人认为就是一个普通债权,或者退一步讲,房子按评估价值处置掉之后的价款去优先受偿,但是这个可能会导致其他债权人完全没有偿债资源了,并不公平。毕竟让与担保的本意不是买房,而是为借款提供担保。关于第三个问题比较复杂,我认为物仍然由管理人处置,根据处置变现价值,需要算经济账的,要细化到这个财产上大家的份额各有多少,我个人认为让与担保应该劣后于工程款债权和抵押权。

庄加园:我认为“买卖型担保”的预告登记没有特殊性,就是用房屋移转的请求权去担保借款债权,如果已经是现房,那么可以请求交房。这三个问题的讨论还是顺着我们讲的现房、期房交易预告登记的逻辑去讨论的。不是以用途去否定预告登记的效力。如果要解决续建费用优先权问题,更多从破产法上进行一些特别的处理。

李宇:这种担保方式在现行法上似有障碍。《民间借贷解释》[1]第23条(2020年修正前,原司法解释为第24条)第1款规定:“当事人以订立买卖合同作为民间借贷合同的担保,借款到期后借款人不能还款,出借人请求履行买卖合同的,人民法院应当按照民间借贷法律关系审理。当事人根据法庭审理情况变更诉讼请求的,人民法院应当准许。”若无真实的买卖合同(买卖合同是通谋虚伪表示),即便做了预告登记,也未必能达到效果。实际上《民间借贷解释》第23条第1款对移转

---

〔1〕 最高人民法院《关于审理民间借贷案件适用法律若干问题的规定》,可简称为《民间借贷解释》。

房屋所有权的请求权已经作了否定性评价。这个移转请求权本身不被支持,怎么会因为做了预告登记就被支持,甚至能够排除其他债权人的执行呢?

章程:第23条那是没有预告登记的情形,只能走执行程序,如果有预告登记,还是有预告登记的效力,有一些观点认为这就是预告登记的法定效力。

庄加园:如果双方当事人愿意去清算,多退少补,这个没有必要禁止。

章程:正是一方愿意、一方不愿意,或者说一开始愿意但是后来反悔了,所以会打官司到法院去。这并不是经典的让与担保,如果让过去了就结束了。

张谷:这样就要严格解释这里的"借贷"。是不是理解为让与担保的预约的预告登记?这里还没有移转所有权。让与担保本质是以担保为目的的信托转让行为。

陆家豪:买卖型担保应当还是《民法典担保制度解释》第63条[1]所规定的一种非典型担保。另外,就立法与司法解释的起草背景来看,在《民间借贷解释》起草的过程中,当时学理上普遍不承认让与担保,这一结论也在事实上影响了司法部门,最高人民法院民一庭因此就起草了《民间借贷解释》的第24条,《民法典》生效后,新的司法解释将此条一字未动予以保留。但是《民法典》参考了《美国统一商法典》的第九章,引入功能主义的担保观,从而促成了形式主义与功能主义的担保权益的折中体系,最高人民法院后来又颁布了与之配套的《民法典担保制度司法解释》,这就与《民间借贷解释》产生不一致了,因为《民间借贷解释》起草过程中是没有《民法典》时期对于担保体系重构的背景的。

庄加园:我的理解是其实没有冲突,还是要回到当事人意思自治。在"买卖型担保"中没有取得物权,仅仅是取得买卖合同履行请求权+预告登记。《民间借贷解释》第23条只是解决了清算,这两个人之间把房子卖掉去清算当然可以,现在放

---

〔1〕《民法典担保制度解释》第63条:"债权人与担保人订立担保合同,约定以法律、行政法规尚未规定可以担保的财产权利设立担保,当事人主张合同无效的,人民法院不予支持。当事人未在法定的登记机构依法进行登记,主张该担保具有物权效力的,人民法院不予支持。"

到破产程序中,凭什么优先于其他人受偿?这个交易中虽然名字叫买卖合同,但是要主张的并不是实现买卖合同,而是要用这套房子来实现对前债权的担保,其实没有侵害其他人权益。

章程:还有一种路径,过户了以后再清算,对第三人就按预告登记的效力。

李宇:过户和拍卖还有区别,假如过户之后房企破产,房企就无法返还拍卖价款超过债务部分的余额、无法履行清算义务了。就此而言,还不如直接拍卖一步到位。

任一民:如果过户的条件不具备,就没有优先性了。如果过户的条件是具备的,但过户会产生税费,如果还是作为破产房企财产在破产程序中统一清算,既节约税负成本、又避免过户以后拿不回来。而且,这类房子上往往是存在工程款优先权人、土地抵押权人的。事实上买受人追求的是担保权,甚至工程款、土地抵押权发生更早,为什么还一定要过户给你?这对抵押权人、工程款优先权人的权利可能会带来损害。

张谷:如果没有进破产,而是单纯的强制执行,是不是责任财产的组成部分?

黄建洲:是责任财产。法院可以把这个房产保全,具备条件时处置。破产情形下更复杂。

庄加园:优先受偿在理论上是有欠缺的。就是一个"买卖合同履行请求权 + 预告登记",如果不继续履行,他是没有优先权的。毕竟还是房企的责任财产,怎么过户过去?必然要有一个"逻辑上的一秒",从债权到物权的过程。既然当事人选择了预告登记,就应该考虑到将来的税费问题。而且,其他债权人也会看到,凭什么你们两个人债法上的安排改变了我们其他人权利顺位?

张谷:这种所谓"优先",哪怕去清算,担保的债权到底是多少?如果这个债权数字随便填,这怎么行?还是要慎重。

（三）按揭银行的权利保护

任一民：另外一个小问题，办理了购房者抵押预告登记的按揭贷款银行的权利，银行很想用预告登记甚至“双重预告登记”（购房者买房时与房企的购房合同办理了预告登记，购房者申请按揭贷款时以未来可以买受的房屋办理了抵押预告登记，这也是《不动产登记暂行条例实施细则》第78条所要求的）来保护自己的权利，在这种情况下能否让按揭贷款银行在破产程序中主张优先权？

李宇：也要看房子造好没有。如果房子造好，本登记就可以办了，如果房子没造好，连物都还不存在，本登记没法办。

任一民：通常房子还没造好。按揭贷款银行隔了一层，抵押人是购房者而不是房企，这个问题大家倾向性意见应该是没有优先权。

三、房屋买卖合同网签的效力

任一民：关于购房合同没有预告登记、只是办了网签的情形。一般情况下签了买卖合同就一定去办网签了。我们现在大多数意见认为这本质上是一个行政监管行为，不能产生物权法上的效力。但实践中有少数判例认为办了网签就享有优先性了，我个人意见是不应该优先保护。

李宇：网签给优先性，没有任何法律依据和法理基础。网签所具有的防止一房二卖的效果，是登记部门操作的结果，而不是法定的效力。网签不能阻止或对抗抵押、查封。网签的作用，预告登记都有；网签没有的作用，预告登记也有。

张谷：如果是原《物权法》颁布之前，一定要给网签优先，或许还有一些道理，但是物权法颁布之后，我认为是没有道理的。

黄建洲：网签优先与否更多是个涉稳问题，比如一个楼盘大多数房子预售了，都办了网签但是没做预告登记，很多人全款付了甚至按揭办了，这个时候对于这些购房户怎么保护？

李宇:通过司法政策的保护就足够了,如果要保护这样的购房者,只需要把《执行异议和复议规定》第29条扩张适用到破产程序,这些购房者即便没办网签也能得到保护。《执行异议和复议规定》第29条对购房者的特殊保护,本来就不以是否办理预告登记或网签为要件。具备《执行异议和复议规定》第29条要件的购房者,其权利实际上比预告登记的权利还要强大:这类购房者可以排斥发生在前的优先受偿权的强制执行。对于所谓"消费型"购房者,这种强度的保护已经足够了,甚至过度了。把"消费型"购房者特殊保护和网签联系在一起,只会模糊问题、搞乱思维。比如,非"消费型"购房者也会办理网签,如果认为网签有优先效力,岂不是也要一体保护?认为网签有优先效力,会导致保护对象泛化,既破坏物权法原则,又无助于政策目标的精准实现。

四、消费型购房者的生存权保护

任一民:2002年最高人民法院《关于建设工程价款优先受偿权问题的批复》目前处于失效状态。于此场合下,对于购房消费者优先权我们该如何认识?第一,要不要保留?第二,如果保留,优先的效力范围到什么程度?是否继续比工程款优先权、抵押权更优先?第三,如果保留,是不是能够扩展到有些购买了商铺的自然人?安徽高院曾经有过一个房企破产案例,购房者买商铺打算借此经营谋生,被视为生存权保障。[1] 生存权保障要不要进行个案的判断?现在按照《执行异议和复议规定》第29条和《九民纪要》[2]第126条,并不包括商铺,只适用于具有居住功能的房子。第四,假定可以优先,我们实务中,本来一套房的政策是限定于本地,我们实操当中更多考虑到一定压力,而且客观上也难以查询(也许以后会联网),那么就按照在破产房企中购买的一套房认定。这个尺度应该如何把握?

韩骏:商铺那个案子是不合适的,如果这样,那么所有供应商都能够这样主张了。

---

〔1〕 安徽省高级人民法院民事判决书,(2016)皖民终689号"吕耀与被上诉人宣城瀛东投资有限公司、侯应华破产债权确认纠纷案"。具体在本案中,侯应华作为普通农村居民,购买一套面积仅13.10平方米的商品房,该套商品房虽属商铺,具有一定的经营属性,但该套商品房的价值及所预期的经营收益承载了对侯应华及其家人的生存保障功能,该购房行为仍属普通消费购房范畴。侯应华及其家人就该套商品房及所付购房款具有生存利益,在破产债权清偿中应予优先保障。

〔2〕《全国法院民商事审判工作会议纪要》,可简称为《九民纪要》。

黄建洲:生存权的界定到底是什么？给消费者购房者超级优先权,是因为司法政策的倾向。我们在法理上是很困惑的。在实务中,管理人要把账算好、把权利序列排好,却在法律上没有办法自圆其说,就上债权人会议表决作为解决问题的依据。在权利顺位上,土地抵押权人和工程优先权人的对立也是很突出的,到底谁对房屋的贡献更大？抵押权人先提供资金,然后工程单位进来投入,然后是购房者买房资金,如果没有生存权,那将是对购房者是非常不利的,购房者交了钱期待可以交房,但是这是建立在有负担基础上的权利,如果市场下行,房产无法交付,购房者权益就可能受损。

陆家豪:购房者保护确实是政策倾斜的体现,不管是法律还是政策确实也应当尽量保护真正是刚需购房者的权利,这个道理在理论上说起来很简单,但是在司法实践中很难落实,也很难判断,如果要让破产管理人去查每个人名下有多少套房产是不现实的,要让管理人去查明这个房产是投资性住房还是只是单纯的刚需居住就更难了,而且现在大家即使是买第一套刚需住房,除了保障生存权的需要之外,其实多多少少也是带有一定的投资性质,它们都是杂糅在一起的,很难一概而论,这样使得破产管理人的工作更加困难。我认为,我们不能一刀切去认定只要是购房者都是生存权,都拥有超级优先受偿的权利,我们要在实践中去结合个案具体判断这到底是不是生存权,还是要尽量做限缩,不然会造成很大的不公平的结果。

黄建洲:实践中,边界很模糊,我们之前做案子,政府说,有瑕疵的补足瑕疵也能交房,尊重历史、尊重事实。这是基层官员的智慧。试想,购房户交了钱,却不给他交房,跟购房者怎么解释？现在说可以二胎、三胎,甚至有的家庭“五世同堂”,为什么不能买二套房？在个案上管理人和法院是不是有一定的裁量权？每个项目、每个地区对于生存权是否可以有着不同的理解。

张谷:现实中有一种“两限房”,是一种政策性福利性住房。因为房价被限制住了,车位价也是要政府核定,也是受到限制的。为了规避两限房的政策规定,有的开发商便想方设法规避,比如说与施工方串通,佯称无力支付施工方的价款,用一定数量的车位去抵偿。如此一来,施工方便可以超出政府定价的市场价,销售车位,以所得价款冲抵建设工程价款,多出部分又可以与开发商分润。可见,只要有管制的地方,往往就有摆脱管制的对策。

郑云波:对购房消费者的超级优先保护,我个人还是比较赞同。我认为最好的社会效果就是去实现法律效果,可是在这个问题上可能要换一种思路,如果纯粹看法律效果,从基本法理推论来看,不存在太大争议,但是放在现实中会遇到问题。房子对现阶段中国人来说不仅是房子本身,可能还是一个人乃至整个家庭生活的希望,从这个角度来说生存权还是有一定道理的,还是要优先保护的。按照取回权认定是不合适的,可能还是要纳入破产财产并给予特别的保护,优先于建设工程款。从风险承受能力来考虑,建设工程毕竟有施工单位来承担的,投入的也是资本要素为主而不是具体某个人的劳力。生存权的保护也不一定要房子,至少回到买房子的原始资金,能保护原先的付出。

张谷:这样的讨论是必要的,但是这种问题有时候光凭我们是讨论不出结果的。生存权保护,我觉得背后的价值倾向是矛盾的,完全是一种司法政策考量。难道中国的生存权跟国外不一样?这里直接给了优先权,是不是有点过?已经到了破产的时候,大家都要有所牺牲,购房户有生存权,其他债权人也有生存权。消费者的概念本来就跟不动产没有关系。如果用人均住房面积,那么接下来的问题就是"家庭"怎么认定,按户籍还是按共同居住关系?还是兼而有之?有观点以"买卖不破租赁"为例,但"买卖不破租赁"没有限定在不动产,不能作为一个论证的理由,我认为尽量局限在住宅。中国人的观念对房子这个事情到底怎么理解,单纯从法理上分析是简单的,但是这样的结论可能放到实践中难以接受,这个问题就交给立法机关和司法机关多费点心思吧。

任一民:一整天讨论下来,辛苦各位老师、各位嘉宾了,非常感谢各位老师、各位嘉宾的参与。我们对大多数问题应该是形成共识的,至于部分留有争议的地方,我们可以继续探讨研究。

(注:本文所涉观点仅代表个人意见,不代表所在单位的正式法律意见。)

破产学园

破产法新视野

破产程序中融资租赁出租人权利行使路径研究

章银佳*

一、引言

在我国的法律体系下，现有的典型担保方式并不能充分满足交易上保障融资自由与安全的复杂需求，尤其是中小企业面临融资难、融资贵的困境。基于这样的实践背景与立法需求，从优化营商环境的外部压力与发掘我国经济的内在动力出发，我国《民法典》对现有担保制度进行了重大革新，为新的担保形式提供了开放性空间。

《民法典》第388条通过“其他具有担保功能的合同”的概念，并结合《民法典》物权编及最高人民法院《关于适用〈中华人民共和国民法典〉有关担保制度的解释》(以下简称《担保制度解释》)的相关规定，将担保物权之设立、公示、优先顺位和权利实现等规则隐性扩张适用至符合特定条件的所有权保留、融资租赁和保理合同等非典型担保合同。[1]《民法典》对担保制度的改革，在形式主义的基本框架之下分散式继受功能主义思路，[2]依托既有条文与概念，没有专设一章集中规定动产和权利担保制度，但同时植入功能主义的合理元素，通过物权编与合同编的分散规定，初步形成一个形散而神聚的担保体系，[3]采取形式主义和功能主义结合

* 章银佳，北京市金杜律师事务所律师，南开大学法学学士、经济学学士，浙江大学法律硕士。

〔1〕《关于〈中华人民共和国民法典(草案)〉的说明》，载中国人大网2020年5月22日，http://www.npc.gov.cn/c2/c30834/202005/t20200522_306064.html。

〔2〕李运杨：《〈民法典〉动产担保制度对功能主义的分散式继受》，载《华东政法大学学报》2022年第4期。

〔3〕王利明：《担保制度的现代化：对〈民法典〉第388条第1款的评析》，载《法学家》2021年第1期。

的第三条道路,达到形式上多元、实质上一元的效果,体现了典型担保和非典型担保的融合。[1]

目前国内外对于融资租赁制度的理论研究尚不成熟,各地区对于融资租赁的合同性质和法律架构认识不一,尤其是形式主义与功能主义视角下形成的"所有权构成说"与"担保权构成说"的分野,决定了融资租赁不同的制度归属与体系定位。我国《民法典》对融资租赁的担保功能化或者担保交易化,成为典型担保的有益补充,使融资租赁合同在规范实质上发生"转型"。[2] 破产语境之下,权利冲突更是从幕后走向台前。《民法典》第745条规定"出租人对租赁物享有的所有权,未经登记,不得对抗善意第三人",该条删除了原《合同法》第242条中"承租人破产的,租赁物不属于破产财产"的规定。而破产财产的归属与出租人行使权利的方式相联动,租赁物是否属于破产财产的不同界定,相应地,出租人具有取回权和别除权两种权利行使路径。破产法的特殊性与传统民法理论本身存在兼容问题,如管理人待履行合同选择权的行使与出租人解除权的竞合、破产财产范围最大化与特定财产的取回与别除、全体债权人与担保权人利益的冲突等问题。同时,在《民法典》及其司法解释担保功能化的倾向之下,应当如何促进功能主义与大陆法系逻辑性、体系性的融合,出租人在破产程序中应当以何种路径实现担保功能,是《民法典》修改之下的新问题。

较之于出租人破产的情形而言,承租人破产的利益衡量更为全面与复杂。出租人破产时,破产管理人以回收租金债权为第一要义,所面对的交易相对人一般是正常经营的承租人,除个别情形外权利冲突并没有上升到普遍性与显著性的地步;而承租人破产时,出租人的租金债权清偿需要纳入破产程序整体公平清偿,此时与全体债权人的冲突到了白热化的阶段,同时对于租赁物是否应当纳入破产财产亦需要综合衡量各方利益,因而承租人破产的情形更具有讨论的难度与价值。诚然,出租人破产与承租人破产情形本就是一体两面的关系,承租人破产时出租人权利行使路径的思路某种程度上可以嫁接至出租人破产情形的研究。由此,本文将笔墨集中于承租人破产的情形。此外,实践中融资租赁的交易形式呈现出不同的模式,增加了理论研究的难度,需要进行类型化的制度构建。

---

〔1〕 最高人民法院民法典贯彻实施工作领导小组:《中华人民共和国民法典物权编理解与适用》(下册),人民法院出版社2020年版,第995页。

〔2〕 张家勇:《论融资租赁的担保交易化及其限度》,载《社会科学辑刊》2022年第2期。

二、承租人破产时出租人权利行使的路径分歧

融资租赁以融物为手段实现融资的实质,法律形式与经济实质之间的交互关系引发法律规制的难题。尤其当承租人破产时,融资租赁合同交易发生中断,融资租赁物是否应当纳入破产财产,以及出租人应当如何行使权利存在争议,需要回归至融资租赁法律构造之本源,存在"所有权构成说"与"担保权构成说"两种学说,在破产程序中分别对应取回权和担保权两种路径。"所有权构成说"是法律形式主义的拥护者,而"担保权构成说"则更为关注交易的经济实质。

(一)所有权构成说——取回权

"所有权构成说"尊重交易的形式外观,在融资租赁领域,以出租人对租赁物享有的是权能完整的所有权为基础,并相应配置出租人和承租人之间的权利义务关系。[1] 在承租人破产时,出租人作为所有权人,基于民法上的物权返还请求权享有破产取回权。[2] 无论在法定层面还是意定层面,出租人作为租赁物所有权人的地位是毋庸置疑的,即使约定租赁物在租赁期限届满后归承租人所有,也不影响融资租赁合同存续期间出租人享有的所有权。

整体而言,我国民法的物权体系是以所有权为逻辑起点的,而后推及至其他物权,如用益物权和担保物权等。[3] 所有权又称为完全物权,原则上享有所有可能的权能。[4] 我国《民法典》第 240 条规定,所有权人对标的物享有占有、使用、收益、处分的权利,即使这些权能与所有权人暂时分离,基于所有权的弹力性,在分离条件消除后即可复归至完整的所有权。融资租赁交易中虽然表面上出租人不能对租赁物享有占有、使用、收益等权能,但仍然保留通过合同机制复归这些权能的权利,即本质上出租人仍对租赁物享有控制权。

"所有权构成说"坚持了形式主义的立场,与大陆法系追求逻辑严密性与体系性相一致,其背后是坚实的物债二分体系与物权法定主义等传统理论。其一,物债二分最初来自罗马法对世(in rem)与对人(in personam)的区分,后《德国民法典》

---

〔1〕 邹海林:《论出卖人在破产程序中的取回权——以所有权保留制度为中心》,载《上海政法学院学报(法治论丛)》2021 年第 4 期。

〔2〕 史燕平:《融资租赁及其宏观经济效应》,对外经济贸易大学出版社 2004 年版,第 64 – 66 页。

〔3〕 高圣平:《担保法前沿问题与判解研究》(第 3 卷),人民法院出版社 2019 年版,第 267 页。

〔4〕 [德]曼弗雷德 · 沃尔夫:《物权法》,吴越、李大雪译,法律出版社 2002 年版,第 6 页。

以债权编和物权编分立的立法体例得以确立,我国亦采取这样的立法例,担保物权和具有担保功能的债权被分别归入物权编和债权编;其二,在严格的物权法定主义原则之下,担保物权具有类型化的典型特征,区分抵押权、质押权、留置权等不同担保物权类型,并分设不同的法律规则。与之相对应,当事人在物权的种类、设定、内容和公示方法等方面的意思自治被严格限制,实践中产生的新型"担保权"必须经过法律的确认才能成为名正言顺的担保物权。由于融资租赁不属于法定担保物权的类型,而交易本身无法创设担保物权,出租人所享有的仅是"具有担保功能"的所有权,并不与"担保物权"画上等号,"所有权构成说"之下出租人对租赁物享有的仍然是所有权。

(二)担保权构成说——别除权

"担保权构成说"指交易以担保债权受偿为目的而设立,故应认为其构成担保权,标的物的所有权实质上归属于担保人。[1] 具体到融资租赁领域,"担保权构成说"关注到出租人虽然作为法律上的所有权人,但与单纯支配功能的所有权人的地位显然不同,出租人形式上的所有权实质上仅具有担保功能,对完整所有权的效果发生偏离,在概念构造上存在一种功能主义的取向。[2] 在破产程序中,出租人仅能就租赁物行使别除权,而无法行使取回权。

从域外法角度来看,融资租赁"担保权构成说"的发展已经相对成熟。《美国统一商法典》第 1 – 201 条第 37 项对担保权作了界定,即"对动产或者不动产附着物所享有的用以担保债务之清偿或履行的权利"。进一步,第 1 – 203 条明确租赁与设立担保权益的融资租赁的区分要素,包括交易对价、租赁期限、双方权利义务构造、所有权归属等,[3]并以第 2A 编"租赁"对一般租赁进行规范,以第 9 编对设立担保权益进行规范,即无论其权利构造、权利类型、所有权归属、交易安排如何,只要起着相同的担保功能,就适用相同的法律,将各种担保手段均纳入该编统一调整。[4] 同时,交易需要完成登记、占有等公示,才具有优先效力,从而有效规避隐

---

〔1〕 冉克平:《破产程序中让与担保权人的权利实现路径》,载《东方法学》2018 年第 2 期。

〔2〕 张家勇:《体系视角下所有权担保的规范效果》,载《法学》2020 年第 8 期。

〔3〕 [美]美国统一州法全国委员会、美国法学会等:《美国统一商法典(中英双语)》,潘琪译,法律出版社 2018 年版,第 14 页。

〔4〕 高圣平:《动产担保交易的功能主义与形式主义——中国〈民法典〉的处理模式及其影响》,载《国外社会科学》2020 年第 4 期。

形担保对交易安全的危害。[1] 大陆法系动产担保立法也开始借鉴美国功能主义的立法模式,《欧洲示范民法典草案》单独设立第九卷"动产担保物权",其不仅适用于狭义担保物权,而且将所有权保留、让与担保等广义担保物权也纳入调整的范围,将定限担保物权和所有权担保一体规定,所有权归属变得无关紧要,而更加注重所有权赋予的经济功能,均以担保一体化处理。[2] 《联合国贸易法委员会担保交易示范法》也借鉴了《美国统一商法典》的方案,将担保性质的所有权纳入广义的动产担保物权予以调整。

融资租赁合同构成一种"所有权担保",这实际上是最早的担保形态之一。担保的发展轨迹经历从转移标的物所有权演变到仅转移标的物的占有但不转移所有权,再进化到标的物的所有权与占有均不转移,如今权利移转的担保方式又逐渐复兴,即经历"所有权担保—占有质权担保—不占有质权担保(如抵押权)—权利转移型担保"的过程。[3] 有学者将担保物权的发展过程概括为,从"所有权到制限性物权",再从"制限性物权到所有权"的反向运动。[4] 所有权担保的复兴与功能主义立法注重交易的实质密不可分,也是所有权与担保权的内涵与外延在实践中不断发展的结果。

长久以来,物权是财富的象征,一切债权行为都是为了获得物权,物权处于核心位置,保护物权静的安全是第一要义。随着生产力的发展,受物尽其用思想的影响,所有权这一概念也走上了实用主义、功能主义的道路,打破之前抽象、形式化的框架限制,发展出所有权区分理论、所有权弱化理论等。物权和债权的地位发生转变,物脱离单纯的物逐渐开始携带资本的属性,债权成为物权的目的,而不仅是物权的手段。[5] 由此,物权与债权深度融合在一起,物债二分的界限更为模糊,物权和债权之间存在稳态的、有意义的中间状态。[6] 由此,在近代社会中拥有财产并非拥有物,而是拥有对他人的债权请求权。[7] 融资租赁法律关系的核心即聚焦于

---

〔1〕 黄海涛:《"担保制度司法解释"对功能主义担保的借鉴与发展》,载《人民法院报》2021 年 3 月 18 日,第 8 版。

〔2〕 高圣平:《担保法前沿问题与判解研究》(第 3 卷),人民法院出版社 2019 年版,第 266 – 267 页。

〔3〕 谢在全:《民法物权论》(下册),中国政法大学出版社 2011 年版,第 1102 页。

〔4〕 王闯:《让与担保法律制度研究》,法律出版社 2000 年版,第 11 – 12 页。

〔5〕 [德]拉德布鲁赫:《法学导论》,米健、朱林等译,中国大百科全书出版社 1997 年版,第 64 页。

〔6〕 龙俊:《民法典中的动产和权利担保体系》,载《法学研究》2020 年第 6 期。

〔7〕 [日]我妻荣:《债权在近代法中的优越地位》,王书江等译,中国大百科全书出版社 1999 年版,第 17 页。

所有权的概念,包括法律上的所有权与经济上的所有权两个维度,所有权的归属功能和变价功能成为独立的价值形态,其归属功能逐渐弱化,工具价值不断强化。

由此可见,"担保权构成说"的正当性,一方面,来自所有权的归属确认功能的弱化,交换价值取而代之成为关键所在;另一方面,来自担保物权规则适用范围的扩张,我国《民法典》通过"其他具有担保功能的合同"将融资租赁等非典型担保纳入广义担保权的范畴。以上两方面的发展共同促进所有权担保的复兴。

(三)小结:两种学说之评析

"所有权构成说"与"担保权构成说"本质上是形式主义与功能主义的分野。形式主义关注交易的形式或概念的区隔,构建差异化的法律规范,关注逻辑与形式的统一性;功能主义则是求同存异,关注形形色色交易形式中相同的担保功能,一体化适用担保规则,更为注重交易的实质目的,具有实用性。不乏有学者主张法律应坚持形式优于实质的原则,[1]认为形式主义有其固有的优越性,类型化的规范让不同类型的物权有明确的指引,这样既能增加交易的确定性,也能方便法律的精准适用。[2] 当然,形式主义立法的不足也显而易见,一方面,担保交易结构的形式被人为限缩,对于新类型的担保交易结构的容纳度较低,极大束缚投资者获得信贷的机会与金融担保的创新,无法充分回应商事实践的快速发展;另一方面,固定的法律结构使司法裁判容易陷入生搬硬套的境地,可能会扭曲当事人真实意思,甚至与民法意思自治与契约自由之基本精神背道而驰。

功能主义较之形式主义存在诸多亮点:其一,触碰到了交易的核心,最大限度尊重当事人的交易目的与真实意思;其二,契合商事交易灵活性、效率性的特质,鼓励交易并促进资金融通,还为金融担保创新提供空间;其三,与优化营商环境的大目标、与国际担保制度接轨等顶层设计相契合。上述亮点也是《民法典》对担保制度的革新极大吸纳功能主义色彩的原因所在。然而,如何应对功能主义对传统民商事法律与原则的冲击,如何处理形式所有权与实质所有权之分离在规范适用方面引发的紧张关系,是《民法典》动产和权利担保制度革新之下不可避免的新课题,尤其是在破产语境之下需要进行多方利益平衡。

当然,我国动产和权利担保制度对功能主义色彩的吸纳并不意味完全功能主

---

〔1〕 李永军:《论破产管理人合同解除权的限制》,载《中国政法大学学报》2012 年第 6 期。

〔2〕 王利明:《担保制度的现代化:对〈民法典〉第 388 条第 1 款的评析》,载《法学家》2021 年第 1 期。

义的转向，一方面，完全功能主义化将突破物权法定主义原则，摈弃担保权利类型划分，扰乱物债二分体系，甚至使“所有权”与“担保物权”的内涵异化，对原有法律体系产生巨大的冲击；另一方面，功能主义的立法模式本身也并非十全十美，如可能导致民法规范透明度的降低，形式主义明确规范指引的优越性被功能主义的弹性立法方式所消解，进而影响交易安全和交易秩序，需要各种配套制度予以纠正和缓和，将面临巨大的制度变迁成本。因此，完全功能主义化目前在我国尚不具有可行性，对于功能主义立法的参考需要化解水土不服的效应，探寻本土根基之上的“担保权构成说”。

国际规则与域外规则也倾向于采取功能主义和形式主义相结合的第三条道路。联合国贸易法委员会、国际私法统一协会对于动产担保交易规则的统一，在功能主义模式之外充分尊重各国由于法制传统的差异而留有形式主义的余地。国际统一私法协会起草的《移动设备国际利益公约》未将融资租赁直接纳入担保交易，仅在登记公示、优先顺位等规则上参照担保物权规则，以此解决权利冲突问题。《动产担保交易立法指南》虽然建议各国的动产担保交易法采取功能主义立法方法，同时也保留“非统一化路径”，提供差异化、包容化的解决方案。

我国《民法典》改革亦是在坚持形式主义的基础上，吸收功能主义的合理色彩。形式主义基础之上的功能主义必定是有限度的功能主义。具体而言，担保物权仍然以类型化为基础，并将具有担保功能的合同的规范效果与担保物权制度不断靠拢。对于《民法典》规范的解读也应当站在最大限度尊重形式主义立法传统之上，采取不突破现有基本原则下的解释路径，审视每一项交易中所有权归属功能之存废与复归，以此决定功能主义渗透的程度与深度。

在融资租赁法律关系中，“所有权构成说”与“担保权构成说”的实质分歧在于出租人享有的所有权具有“归属确认功能”还是仅具有“变价功能”。在追求逻辑统一的大陆法系下，如何找到“法律所有权”与“经济所有权”二元对立的统一性，关键在于对于出租人所有权功能与效力的认定，是尊重外观，还是穿透形式，即形式所有权的担保功能应当坚持所有权路径还是以担保权纳入体系。

当然，“所有权构成说”与“担保权构成说”并非泾渭分明，本文的基本立场也并非择一，而是提取具有评价意义的要素，类型化、分场景适用两种学说，以此构建出租人在破产程序中的权利行使路径，本质上是在形式主义与功能主义之间架起桥梁。在我国形式主义传统之下，以担保功能为导向，置重权利的冲突与实现问题,而非权利的定性,有助于扩充担保合同的形态,由此使得担保物权制度仍具有相对稳定的框架,能妥当照料当事人的交易预期,这也是功能主义对形式主义进行优化的表现。

三、《民法典》视角下出租人权利的法律构造分析

《民法典》担保制度革新中对功能主义的吸收,融资租赁的实质功能目的被不断强化,某种程度上更为触及交易的内核,本质上是"所有权构成说"与"担保权构成说"之间的转化。在《民法典》视角下融资租赁出租人所有权担保功能化的表现与法律效果的厘清,是分析该种担保功能在破产法上权利行使路径的前提,破产法本身也应当站立在充分尊重一般民法规则的立场之上。

(一)融资租赁的基本交易构造

融资租赁最初产生于"二战"后工业设备融资需求大的背景之下,传统的融资手段显得捉襟见肘,出现新型的以融物为手段实现融资目的的交易方式,作为交易实践的精巧安排,出租人通过保有租赁物形式所有权的方式为租金收取提供保障,而承租人一方面获得了融资,另一方面也不妨碍其对租赁物的占有与使用。

我国《民法典》第735条对融资租赁的基本构造进行界定,典型的融资租赁交易涉及三方主体、两个合同,但对于融资租赁合同本身包含三方主体还是两方主体,存在一定争议,目前主流观点为两方主体说,[1]本文亦采取该观点。同时,最高人民法院《关于审理融资租赁合同纠纷案件适用法律问题的解释》(以下简称《融资租赁解释》)第1条规定,需要结合租赁物的性质、价值、租金的构成以及当事人的权利和义务,判断是否构成融资租赁法律关系。在司法实践中,法院往往聚焦于融资和融物的双重属性,判断是否构成融资租赁法律关系,与普通租赁、融资或借贷关系相区分,主要考量因素有三:一是合理对价,尤其是不存在低值高卖的情形;二是所有权发生移转;三是租赁物真实存在。[2] 与之相对应,常见的不构成融资租赁法律关系的情形包括:虚构租赁物或租赁物不特定、租金与租赁物价值严重

---

〔1〕 王轶、高圣平、石佳友:《中国民法典释评合同编典型合同》(上卷),中国人民大学出版社2020年,第506-509页。

〔2〕 国泰租赁有限公司与山东鑫海投资有限公司、山东鑫海担保有限公司等企业借贷纠纷案,最高人民法院民事判决书,(2014)民二终字第109号;成都沃沐置业有限公司、天津渤海租赁有限公司等融资租赁合同纠纷案,最高人民法院民事判决书,(2020)最高法民终173号;洛阳伟翔置业有限公司、陈龙等融资租赁合同纠纷案,最高人民法院民事判决书,(2021)最高法民终44号。

失衡、不存在租赁关系或买卖实质交易等，最为常见的即是“名为融资租赁，实为借贷”的交易，应当依据借贷法律关系认定。[1]

融资租赁作为一种灵活的融资工具，在实践中发展出不同的交易模式，实践中主要包括直租和售后回租两种典型的模式，直租为“出租人—承租人—出卖人”三方结构，回租模式出卖人和出租人合二为一，具有显著的融资性质。总体而言，融资租赁合同以融资为目的、融物为手段，集借贷、买卖、租赁于一体，不是买卖合同、租赁合同的简单相加，而是一种相互交错的复杂关系，具有独特的权利属性。[2]

（二）出租人所有权的担保功能化

1. 所有权担保功能化的表现

在租赁期间，融资租赁出租人享有法律意义上的所有权，并将标的物以租赁的形式出租给承租人，其中包含的租赁法律关系与传统租赁合同具有相通之处，然而，两者的差异更为显著。

首先，关于出卖人与租赁物的选择。依据《民法典》第 735 条、第 744 条之规定，出租人根据承租人的指示选择交易对象与标的物，且变更合同内容需要经过承租人的同意，这与合同相对性原则有所抵牾。在融资租赁交易中，承租人的关切与销售交易中买方类似，希望能够使用其选择的设备，而不受第三方竞合债权的影响，并享有与直接从供应商处购买设备时基本相同的保修维护与索赔权利；而出租人的关切则与融资人更为相似，希望从承租人处回收租金债权，由于其对设备的选择和购买参与有限，出租人希望不必承担有关租赁物的责任，由承租人直接寻求供应商的保修责任。因而承租人才更似幕后真正的买受人，[3]租赁物的选择完全遵从承租人的意志和需要，而出租人在融资租赁法律关系中实质上不参与对租赁物和出卖人的选择，也并不关注租赁物的所有权归属，而是通过形式上享有所有权来保障融资价款以租金的形式回收，此即所有权的担保功能化。

其次，关于租金的性质。依据《民法典》第 746 条之规定，融资租赁合同中租金

---

〔1〕 长城国兴金融租赁有限公司、天津大通融汇租赁有限公司诉天津胜利宾馆有限公司、天津市市政建设开发有限责任公司、天津市政建设集团有限公司融资租赁合同纠纷案，最高人民法院民事判决书，(2020)最高法民终 1154 号。

〔2〕 高圣平、王思源：《论融资租赁交易的法律构造》，载《法律科学（西北政法大学学报）》2013 年第 1 期。

〔3〕 See Levy D. A. , *Financial Leasing Under the UNIDROIT Convention and the Uniform Commercial Code: A Comparative Analysis*, Indiana International & Comparative Law Review, Vol. 5:2, p. 267 - 302 + 276 (1995).

的性质,并非传统租赁合同中作为占有、使用租赁物的对价,而是与“融资”目的相关联,本质上是融资价款及合理利润在租赁期内的分摊,这也是判断是否构成融资租赁法律关系的重要依据之一。某种程度上,租赁期限届满时归承租人所有或支付象征性价款由承租人取得租赁物时,该对价可以视为对租赁物所有权的买断,对租赁物的占有、使用等权益当然包含其中。与之相印证的是,《民法典》第751条规定由承租人承担租赁物毁损、灭失的风险,《民法典》第752条规定承租人迟延支付时,出租人主张租金加速到期的权利,均说明租金与是否实际承租并无直接联系,租金的融资对价属性从侧面得以证成。因此,融资租赁出租人享有的租金债权虽然名义上以租金的形式收取,但是实质上是以融物为手段实现融资的目的。

再次,关于双方的权利义务结构。融资租赁合同虽有租赁合同的外观形式,但与传统租赁合同中出租人与承租人的权利义务谱系大相径庭,核心特征在于增强承租人对租赁物的控制,同时削弱出租人对租赁物的义务。

出租人的主给付义务是支付购买租赁物的价款,属于先履行义务,而承租人的主给付义务是按期支付租金。当然,租赁物的使用亦是合同目的的一部分,融资合同脱离融物的特性就成为单纯的借贷合同。就双方的权利构造而言,承租人无论在租赁物的选择还是维护上均是真正对物具有支配权利的实质所有权人,出租人的所有权仅是作为租金债权实现的担保,在双方具体的权利构造上可见一斑。例如,传统租赁合同中的维修义务一般由出租人承担,而融资租赁中的承租人不仅需要履行租赁期间妥善保管、使用的义务,而且需要履行维修义务,并承担因维修支付的必要费用;传统租赁合同中的租赁物的瑕疵担保责任一般由出租人承担,在融资租赁法律关系中,出租人不承担瑕疵担保责任;传统租赁合同中租赁物毁损、灭失时,价金风险由出租人承担,但在融资租赁合同中由承租人承担。[1]

最后,关于租赁期限届满时所有权的归属。融资租赁交易当事人可以对租赁期限届满时所有权的归属进行约定,双方通过事先的安排决定在交易圆满时租赁物的剩余价值索取权之归属,由此推定当事人对真正所有权人的安排,并由其承担租赁物价值变化的市场风险。这与传统租赁关系中租赁物在租赁期限届满后当然复归至出租人不同,该种特殊的交易安排进一步彰显承租人对租赁物的实质所有权,以及出租人所有权的担保功能化。出租人所有权的归属功能通过该种合同机

〔1〕 周江洪:《融资租赁合同解除与风险负担规则并存模式之评析》,载《晋阳学刊》2015年第1期。

制予以保留，也是充分尊重当事人意思自治的表现。约定归属的不同，将直接影响"所有权构成"或是"担保权构成"的适用，将在第五章展开分析。

通过传统租赁合同与融资租赁合同在交易对象与交易标的、交易对价、权利义务构造、租赁期限届满所有权的归属等多维度的比对，可以明显发现，尽管融资租赁在经济效果上兼具融资与融物的双重属性，但在法律架构上，其融物功能基本附属于融资功能，[1] 出租人的所有权本质上仅发挥担保功能，与所有权有关的风险和报酬由出租人转移至承租人。在承租人破产时，融资租赁所有权的形式性是否影响租赁物属于破产财产的认定，是否在破产程序中将剥夺出租人破产取回权的基础，需要回归至租金的性质、出租人的关切、贡献以及权利义务构造等进行综合考量。

2. 所有权担保功能的法律效果

在功能主义视角之下，具体合同权利与义务的配置所反映的交易目的决定了交易类型归属，反过来类型定位又会影响当事人之间的权利与义务关系。融资租赁出租人的所有权在事实上体现担保功能，但《民法典》及其司法解释对于融资租赁所有权担保功能之法律效果并未作明确的规定，如何界定出租人所有权担保的法律效果，不仅涉及典型担保与非典型担保的法律效果之衔接，而且涉及形式主义下合同效力规则与功能主义下担保效果的协调。[2]

（1）担保功能合同的物权效力

融资租赁系双方真实效果意思表示，其合同的有效性目前已无争议。《全国法院民商事审判工作会议纪要》（以下简称《九民纪要》）第 66 条亦对此明确规定，对于当事人订立的具有担保功能的合同，除存在法定无效情形外，应当认定有效。虽然融资租赁交易不属于典型担保物权的类型之一，但应当肯定其担保功能。《九民纪要》第 67 条进一步说明"具有担保功能的合同"若未进行登记，则不产生物权效力，即不具有对抗效力和优先效力。

一种财产权欲构成担保权，从而具有物权效力，一般需要从两个角度证成：一是在静态交易结构层面上，具有针对特定财产以实现担保功能的适当的法律构造；二是在动态交易安全层面上，由于担保具有外部性因而需要完成权利公示，以维护

---

〔1〕 张家勇：《论融资租赁的担保交易化及其限度》，载《社会科学辑刊》2022 年第 2 期。

〔2〕 张家勇：《体系视角下所有权担保的规范效果》，载《法学》2020 年第 8 期。

交易第三人的合理信赖利益。[1] 在融资租赁法律关系中,承租人作为租赁物的实质所有权人,以赋予出租人形式所有权的方式担保租金债权的实现,具有担保机能的法律构成与权利构造。同时,鉴于目前我国《动产和权利担保统一登记办法》已经开始实施,为融资租赁等非典型担保发挥应有的物权效力提供强有力的制度保障,若融资租赁依托于登记制度完成公示,以维护交易安全和保护善意第三人的利益,在个别债权人获得优先受偿的同时不损害其他债权人的预期利益,应当承认融资租赁的物权效力。

理论上,融资租赁法律关系中所有权担保参照动产抵押的设立规则,采取登记对抗主义,因此是否登记本身并不影响权利的设立与性质,但由于立法旨在消灭隐形担保,推崇与强化公示的作用,对于未经登记不可对抗的善意第三人之范围进行扩张,特别是将破产债权人均认定为善意第三人,因此在破产情形下是否登记将直接影响权利的优先性。

(2)参照担保物权规则的范围及效果

功能主义具有实用工具主义色彩,面向权利冲突问题,这一点也与破产程序的特点及目标不谋而合。由于"具有担保功能的合同"并没有取得担保物权的法定地位,而出租人的核心关切又仅在于租金债权的优先受偿问题,因此需要对"具有担保功能的合同"的法律效果进行适度限缩,仅对担保物权规则中的登记对抗效力、权利顺位规则、权利实现规则进行参照适用。

第一,登记对抗效力。《民法典》第403条、第641条第2款、第745条均采取登记对抗主义,将登记对抗效力扩大至融资租赁等非典型担保领域,是贯彻消灭隐形担保立法初衷的根本举措,担保规则进一步开放,并通过加强统一登记的作用,以提升"获得信贷"的便利度,以此达到优化营商环境之目的。

第二,权利顺位规则。动产担保物权的权利顺位规则,是担保物权制度的核心,其他关于动产担保物权的设定、公示以及实现等规则都是以此为实施条件或为其服务的。《民法典》第414条统一了权利顺位规则,并通过《担保制度解释》明确"其他可以登记的担保物权"包括融资租赁、所有权保留等,由此一体化适用以登记优先的权利顺位规则,同时《担保制度解释》亦是明确融资租赁对于正常经营买受人优先权、价金超级优先权等特殊权利顺位规则一并适用。

---

〔1〕 王闯:《让与担保法律制度研究》,法律出版社2000年版,第13页。

第三，权利实现规则。《民法典》第 410 条规定了抵押权实现规则、第 437 条规定质权的权利行使规则，在解释上融资租赁、所有权保留等非典型担保均可以参照适用担保物权的权利实现规则。在《担保制度解释》第 65 条规定中，更是对融资租赁债权实现规则进行详细规定，可以参照适用“担保物权案件”之规定，以租赁物拍卖、变卖所得价款支付租金。

由于非典型担保并未获得担保物权的体系定位，因此对于其参照担保物权规则的范围应当以正面清单的形式来解读，即对于登记对抗效力、权利顺位规则、权利实现规则可以参照担保物权制度，而其他未予明文规定的情形，则不应当直接与担保物权一体化处理，该种解释路径符合形式主义传统之基本面向，亦已基本解决功能主义所核心面向的权利冲突问题。

（三）出租人所有权担保功能的限度

从融资租赁的交易结构中可以看出所有权的担保功能化，在立法层面也明确在登记对抗、权利顺位、权利实现等方面一体化适用担保物权规则，然而由于出租人所有权担保功能未获得担保物权的法律地位，尚可以通过灵活的合同机制实现对所有权的回归，因此出租人所有权担保功能亦存在限度。

1. 所有权担保无法获得担保物权的体系地位

对于融资租赁出租人享有的权利能否纳入担保物权的范畴，理论界对此争议不断。有学者认为融资租赁合同被纳入担保合同，意味着出租人对租赁物的“所有权”在法律上是按照担保物权来对待的。[1] 有学者亦认为实质上具有担保功能的交易形态，如可以通过登记等方式予以公示，就应承认其可以发挥功能化担保物权的效力。[2] 甚有学者认为《民法典》第 388 条直接扩展了担保物权的类型，实现担保物权的多样化，体现物权法定原则的缓和。[3] 也有学者提出对于可特定化物而言，只要新创设的财产权类型能获得足够公示，能清晰地向外界披露当事人在该物上的财产权分割状况，就应承认它们的物权地位。[4] 但也有学者观点不同，认为一方面应当承认融资租赁具有担保效力，融资租赁等特定债权优先于普通债权受

---

〔1〕 龙卫球：《中华人民共和国民法典合同编释义》（下册），中国法制出版社 2020 年版，第 102 页。

〔2〕 王利明：《担保物权制度的现代化与我国〈民法典〉的亮点》，载《上海政法学院学报（法治论丛）》2021 年第 1 期。

〔3〕 杨立新：《物权法定缓和的绝处逢生与继续完善——〈民法典〉规定“其他具有担保功能的合同”概念价值》，载《上海政法学院学报（法治论丛）》2021 年第 1 期。

〔4〕 常鹏翱：《体系化视角中的物权法定》，载《法学研究》2006 年第 5 期。

偿,实效上类似于抵押、质押等;另一方面并非所有的担保合同均可设立担保物权,《民法典》第388条仅是一种表达具有担保功能的合同之代称,并不直接导向担保物权。[1]

对此,笔者的观点是将融资租赁直接作为担保物权尚无实定法的依据,否则在形式主义传统下容易造成体系与逻辑的混乱。虽然《担保制度解释》对融资租赁的规则适用极大参照了担保物权,但在规则设计上亦有所保留。例如,第1条开宗明义规定该解释适用的范围包括融资租赁等非典型担保,但同时限定为涉及担保功能发生的纠纷之范围内;第56条虽明确将已经办理登记手续的融资租赁合同的出租人纳入"担保物权人"的范围,但是在解释上也存在特定的场域;第65条规定,融资租赁出租人可以请求参照"实现担保物权案件"的有关规定,以及融资租赁中出租人所有权未经登记不得对抗的"善意第三人"的范围及其效力参照动产抵押的规定等,但并未明确融资租赁为担保物权。

然而,问题的症结似乎并不在融资租赁等非典型担保是否被赋予"担保物权"的正名,抑或明确融资租赁的体系定位,功能主义本质上也不是为了获得权利的定性,而是在权利实现过程中为解决权利冲突问题上取得实益,尤其破产程序聚焦于解决权利冲突和利益平衡的难题。

2. 建立所有权担保功能限度的差序格局

在所有权担保效果与担保物权制度法律效果的衔接问题上,应当建立多层次的差序格局。第一个层次是从体系的视角来看,不同担保形式的功能主义程度不同。[2] 由于所有权复归具有弹力性,对不同类型的所有权担保交易围绕所有权的归属功能不同采取差异化的功能主义进路。如让与担保的所有权完全丧失了归属确认功能,仅具有变价功能,而对于所有权保留、融资租赁在承认其担保功能的同时,一定程度保留通过合同机制向完全所有权回归的机会。同时,由于所有权保留与融资租赁在实质交易目的与当事人对租赁物处置能力等方面存在差异,所有权保留的出卖人本身就是物的所有权人,而融资租赁出租人几乎未参与标的物的选择、购买、维护等各个环节,亦从未真正占有标的物。二者对标的物归属的动因与对标的物的变价能力不同,导致二者在权利实现规则上也并不完全等同,尤其是对

---

[1] 崔建远:《中国民法典释评·物权编》(下卷),中国人民大学出版社2020年版,第321页。

[2] 纪海龙:《民法典动产与权利担保制度的体系展开》,载《法学家》2021年第1期。

于融资性质更为显著的售后回租模式,租赁物本身为承租人所有。

第二个层次是融资租赁等非典型担保的担保效果与法定担保物权的差异化保护。融资租赁等非典型担保对担保物权规则的适用范围应当限缩于与权利冲突及实现紧密联系的规则,对于其他规则应当审慎进行同一化类推适用。同时,由于融资租赁因内嵌于所担保债权的交易结构,具有不完全担保功能化的特点,在法律效果上需要区分交易场景进行讨论。

3. 维持"所有权"与"担保物权"概念不异化

在融资租赁法律关系的讨论中,所有权区分理论将所有权的归属功能与变价功能进行区分,旨在更好厘清当事人的真实交易目的,并非要异化所有权完整权能的本源。实则,所有权担保中的"形式所有权"本身即不属于真正所有权的范畴,因此谈不上对所有权概念的异化,也可以化解对所有权概念的颠覆与体系性冲击的担忧,真正需要关注的应当是通过合同客观安排如何鉴别形式所有权与真正所有权。

对"担保物权"之概念的异化亦是如此。有学者认为凡是使有担保的债权人较其他债权人有更多受偿机会的制度均为担保,此为广义的担保观;〔1〕另有学者则主张狭义的担保观,认为应当严格区分担保和具有担保作用的交易,真正的担保具有从属性、补充性和保证性,担保的范围应当严格限制。〔2〕 融资租赁等非典型担保与担保物权规则的局部一体化适用将造成担保范围的扩张,尤其融资租赁作为内嵌于债权结构之内的担保,可能改变担保的基本要素,因此,出租人所有权担保功能的限度亦站立在最大限度保有原担保概念的立场上。在形式主义立法之下,担保物权的概念仍然局限于典型担保物权,有助于严格限制担保物权概念的泛化与体系规则的混乱。然而,功能主义丰富了担保制度的内涵,以典型担保、非典型担保、其他具有担保作用划分为三个层级。其中,典型担保包括质押、抵押、留置等;非典型担保包括融资租赁、保理、所有权保留等;其他具有担保作用的制度包括定金、抵消、连带债务、并存的债务承担、履行抗辩权、债的保全、预告登记等。以多元分层的方式构筑担保规范体系,将担保物权的范围限制于典型担保,同时,非典型担保仅在登记对抗效力、权利顺位规则、权利实现规则等特定领域参照适用担保

〔1〕 谢在全:《担保物权制度的成长与蜕变》,载《法学家》2019 年第 1 期。

〔2〕 崔建远:《"担保"辨——基于担保泛化弊端严重的思考》,载《政治与法律》2015 年第 12 期。

物权的规则,其他具有担保作用的制度则仅就债务人一般责任财产享有权利。

因而,所有权担保功能的法律效果具有功能限度,并未僭越或异化现有的"所有权"或"担保物权"的概念,而是以对担保物权规则选择性适用的方式,建立多层次的差序格局。

(四)小结:所有权担保功能化与破产制度的联动

《民法典》借助"其他具有担保功能的合同"概念一定程度上缓和了物权法定原则,从而将担保物权的规范效果在一定范围内扩及于所有权担保合同等交易形态,达到事实上的准用效果,[1]就准用的范围与效果应当限定于登记对抗效力、权利顺位规则、权利实现规则等解决权利冲突的规范。

《民法典》第745条删除原《合同法》中"承租人破产的,租赁物不属于破产财产"的规定,是融资租赁法律关系与破产法产生联动的直接规范依据,引发现行法下租赁物究竟是否属于破产财产的争议,以及出租人究竟应当行使取回权还是别除权路径的分歧。在"所有权构成说"的法律构造下强调交易的外观,出租人行使取回权;在"担保权构成说"的法律构造下强调交易的实质目的,出租人行使别除权。

在我国形式主义立法传统之下,《民法典》尚无法给予融资租赁以担保物权的法定地位,即使事实上已经在诸多规范中显示出融资租赁出租人所有权的担保功能,但与法律明文规定的担保物权并不等同,而只是局部适用担保物权的规则。该种所有权担保功能在破产程序中将导向何种路径,规则的适用受到破产法特殊规则或立法目的的限制,进而民法上的一般性结论在破产法上是否应当一以贯之,需要在破产法语境下特别证成。

破产法下对融资租赁的研究具有特殊性,首先,在破产语境下,债权人之间的利益冲突已经白热化,《民法典》中关于融资租赁合同法律关系的讨论将目光聚焦于出租人和承租人两个主体,而破产程序作为概括清偿程序,即使在租赁物上不存在直接权利冲突人,也需要同时关注与其他普通债权人之间的利益平衡,注重个别清偿与集体清偿的动态平衡。其次,破产程序的任务之一是对破产财产范围的确认,因此租赁物是否应当纳入破产财产的问题是破产程序中首要的议题。再次,管理人待履行合同选择权规则作为破产法上的特别制度,将对出租人的合同解除权

[1] 张家勇:《体系视角下所有权担保的规范效果》,载《法学》2020年第8期。

产生限制，尤其融资租赁交易中将解除的效果与租赁物的返还糅杂在一起，增加了理论分析与规则厘清的难度。最后，对于出租人权利行使路径的研究，需要置于《民法典》对担保制度革新的背景之下，如果租赁物不纳入破产财产，出租人是否得以行使取回权，在担保功能主义的影响之下，取回权的行使会有怎样的变化和限制；如果租赁物纳入破产财产，出租人能否行使别除权，需要突破怎样的理论障碍，又如何和传统理论相适应，这些都是需要探究的方向。

四、《企业破产法》视角下出租人的权利行使路径分析

融资租赁交易结构复杂，我国现有破产规则未能对融资租赁的特殊性和复杂性作出应有的回应，不能完全适配承租人与出租人在破产程序中的权利配置与需求。对于出租人在破产程序中的权利行使路径，一方面，破产法充分尊重一般民商事法律，另一方面，破产法作为特别法，应当优先适用，基于破产法的立法目的与立法价值，较之于一般民商事法律亦存在彰显个性之处。

（一）管理人待履行合同选择权命运对出租人权利行使的影响

《企业破产法》第 18 条之所以赋予管理人对双方均未履行完毕合同的选择权，主要基于保护全体债权人利益的考虑，在破产程序中，全体债权人的利益与个别交易相对人的利益处于紧张的博弈关系，管理人通过解除对债务人财产构成负担的合同，继续履行有利于债务人财产最大化的合同，从而最大限度实现债务人财产的保值增值，并实现分配正义之目的。[1] 诚然，管理人选择解除合同时要维护交易安全和保护合同当事人的预期，避免严重损害相对人的信赖利益和生存需求；管理人选择继续履行合同时，由于以共益债优先清偿，需要避免产生个别债权人的偏颇清偿。[2]

如前所述，管理人选择权适用的前提是双方均未履行完毕的合同，而如何界定“双方均未履行完毕”存在不同的观点，分歧主要在于履行完毕的标准是否意味着需要完成包括主合同义务、从合同义务、附随义务等全部内容。一种观点认为履行

---

〔1〕 刘颖：《反思〈破产法〉对合同的处理》，载《现代法学》2016 年第 3 期。

〔2〕 许德风：《论破产中尚未履行完毕的合同》，载《法学家》2009 年第 6 期。

完毕是指向上述所有义务;[1]另一种观点认为履行完毕是指主合同义务和从合同义务均履行完毕,[2]司法判决中亦有类似的观点,如沈阳市中级人民法院认为,"未履行"仅指主给付义务和从给付义务的未履行,而不包括附随义务。[3] 还有一种观点则认为合同履行完毕以合同实质性目的的实现为判断基准,因而主要义务或实质性义务履行完毕即可。[4] 最高人民法院第二巡回法庭对该观点作进一步的阐述,即如果从给付义务的违反直接影响主给付义务的履行效果,导致对方合同目的无法实现,或附随义务的违反导致对方合同目的落空,则从给付义务或附随义务的未履行或未适当履行亦可成立待履行合同。[5]

由此可见,无论是主合同义务、从合同义务还是附随义务,对于合同是否履行完毕的判断还是应当落脚至合同目的实现。具体到融资租赁合同的目的,天津市高级人民法院认为,出租人的义务分为积极义务和消极义务。积极义务包括支付价款与交付租赁物;消极义务是保证承租人对租赁物的占有与使用。在出租人积极义务履行完毕的情况下,融资租赁合同的目的就已经实现,即可认定出租人已经完全履行了融资租赁合同,此时管理人不享有待履行合同选择权。[6]

对此,笔者有不同的观点。融资租赁法律构造复杂,是融资和融物的结合,既不是纯粹的租赁合同,也未见独立的担保合同。虽然其实质交易目的是融资,但如果脱离融物的手段也不构成法律意义上的融资租赁关系,租赁的形式构造属于当事人的真意安排,具有形式价值,使用租赁物也是当事人交易的主要目的之一,即使是售后回租模式,亦是如此。因此,在租赁期限届满前,鉴于租赁物所有权未根据合同可能的安排移转,承租人未支付完毕租金,出租人负有消极保持承租人之占

---

[1] 文普华诉株洲千姿置业有限公司房屋租赁合同纠纷再审案,湖南省高级人民法院民事判决书,(2017)湘民再461号;全椒县宏德夹芯板厂、安徽安福建材市场管理有限公司房屋租赁合同纠纷案,安徽省滁州市中级人民法院民事判决书,(2019)皖11民终2233号;陈明宇诉苏州和惠电子有限公司房屋租赁合同纠纷案,江苏省苏州市中级人民法院民事判决书,(2017)苏05民终8010号。

[2] 王茜:《论破产管理人待履行合同解除权的限制》,吉林大学2014年硕士学位论文,第11-12页。

[3] 沈阳市亚东百货商行与北京大成(沈阳)律师事务所委托合同纠纷案,沈阳市中级人民法院民事判决书,(2018)辽01民终7729号。

[4] 王欣新,张思明:《房地产开发企业破产中的房屋产权界定与合同履行》,载《人民司法(应用)》2016年第7期;See Vern Countryman, *Executory Contracts in Bankruptcy: Part* Ⅰ, 57 Minnesota Law Review 439 (1973)。

[5] 贺晓荣编:《最高人民法院第二巡回法庭法官会议纪要》(第二辑),人民法院出版社2021年,第4-10页。

[6] 中信富通融资租赁有限公司与江苏隆亨纸业有限公司等融资租赁合同纠纷案,天津市高级人民法院民事判决书,(2015)津高民二终字第0070号。

有与使用的义务,应当视为双方均未履行完毕的合同,管理人享有待履行合同选择权。此外,所有权保留是所有权担保的另一重要类型,与融资租赁的实质功能具有相通性,其规定亦可作为参考。根据最高人民法院《关于适用〈中华人民共和国企业破产法〉若干问题的规定(二)》[以下简称《破产法解释(二)》]第34条的规定,标的物未移转前,所有权保留合同属于双方均未履行完毕的合同,管理人有权行使待履行合同选择权。

在承租人未按期支付租金时,《民法典》第752条赋予出租人主张租金加速到期或解除合同并要求返还租赁物的救济权利,与管理人的待履行合同选择权可能存在冲突:第一,对于出租人主张租金加速到期的情形,并不意味着合同解除或必然对租赁物进行清算,而是仅使承租人丧失租金根据合同安排分期支付的期限利益,并未改变合同的其他约定,承租人继续基于合同安排占有、使用租赁物的权益不受影响,因此,管理人仍然可以对融资租赁合同选择解除或继续履行,并无直接的冲突。第二,对于出租人要求解除合同并返还租赁物,则与管理人待履行合同选择权产生直接的冲突。笔者认为,出租人的解除权应当受到管理人待履行合同选择权的限制,否则将实质上架空管理人对待履行合同的选择权。管理人在破产程序中对合同履行状态的选择应当是基于破产财产价值最大化整体性、前置性的判断,个别交易中出租人的解除权应当让位于管理人的选择权。此外,若出租人依据《担保制度解释》第65条参照担保物权的程序对租赁物进行清算,也与管理人要求继续使用租赁物创造更大价值的目的相违背。因此,出租人的权利一定程度上让位于管理人的待履行合同选择权。

(二)取回权路径分析

1. 取回权的权利来源

取回权系指破产管理人占有的不属于破产财团之财产,财产真正权利人得不依破产程序,直接对该项财产行使权利,从破产财团取回其财产的权利。[1] 取回权制度的价值基础是朴素的公平观念,即不得将他人财产据为己有,在破产程序中将其作为偿债资源。

民法上融资租赁出租人取回权的发生于两种场合:其一,交易圆满结束,承租

---

[1] 陈荣宗:《破产法》,台北,三民书局1986年版,第218页。

人没有留购租赁物;其二,交易中断的场合,承租人违约导致合同解除或承租人破产。[1]

由此可见,民法上的取回权比破产取回权的范围更广,包括合同解除、不当得利返还等丧失合法占有基础的场景;而破产取回权则是基于破产这一交易中断情形,对所有权归属发生错位的复归,破产中取回权的行使不需要以合同解除为前提。当然,在破产程序中基于合同解除也可能产生破产取回权的问题,但需要协调合同解除其他的法律效果,不一定产生直接返还原物的效果。此外,取回权并非一项破产法新创设的、独立的权利,而只是破产法对实体法上已有财产权利的承认与保护,是权利人基于物权等基础性权利主张财产不属于债务人,取回权本质上是所有权返还请求权。而由于破产作为交易中断的情形之一,破产法上设置一项独立的破产取回权。

在融资租赁法律关系中,根据所有权构成理论及租赁合同的形式外观,出租人为法律上的所有权人,在承租人破产时,双方当事人意思自治中所包含的所有权复归功能,在归属与实际控制不一致时,有主张取回权的空间。依据《破产法解释(二)》第2条第1项,债务人基于租赁合同法律关系占有、使用的他人财产,应当认定不属于债务人财产,由此出租人可以依据《企业破产法》第38条向管理人主张行使取回权。有学者认为出租人既然享有标的物的所有权,那么在破产程序中自然享有取回权。[2]

需要指出的是,取回权的本意是指财产的取回,但同样作为非典型担保的所有权保留买卖中的"取回",乃是存在清算义务的"取回",而并不是单纯的财产取回,即依据《民法典》第643条的规定,出卖人处置标的物所得价款应当根据买受人未支付的价款以及必要费用进行多退少补,这一清算义务本质上是为了维护双方利益的均衡。在现行法律规范下,融资租赁交易也存在清算规则,但法律规定了特定条件,即根据《民法典》第758条的规定,只有当事人约定租赁期限届满租赁物归承租人所有并且承租人已经支付大部分租金时,才应当将标的物处置超额部分返还给承租人。

---

〔1〕 高圣平、乐沸涛:《融资租赁登记与取回权》,当代中国出版社2007年版,第151-162页。

〔2〕 史尚宽:《物权法论》,台北,荣泰印书馆1979年版,第388页。

2. 取回权路径的质疑

取回权成立的关键,在于权利在经济、道德层面的实际归属。[1] 法律上的所有权不能当然得出享有破产取回权,而需要基于交易背景、当事人权利义务关系谱系、合同履行情况等综合考虑双方法律关系的性质以及真实交易目的。

虽然从权利外观上看,出租人享有租赁物的所有权,但出租人的所有权是临时的、受限制的、消极的所有权。出租人获得租赁物的所有权并非交易的"目的",而仅是担保债务清偿的"手段",租赁物的实际归属应当是具有买受人关切的承租人。租赁物作为类担保物,一旦债务人进入破产程序,应归属于破产财产,因而出租人不能取回租赁物,只能基于租赁物的价值受偿。

早在《民法典》出台以前,就有学者对出租人行使取回权质疑,如有学者观点认为租赁物的权利属性更接近于动产担保交易,应当返还给承租人的部分利益属于破产财产,明确出租人对租赁物的所有权产生优先受偿的权利。[2] 有学者认为实质主义立法增加了租赁物归属承租人的可能性,进一步提出在破产法司法解释中加入实质主义元素。[3] 《民法典》出台之后,从功能主义视角理解融资租赁合同的学者延续并发展了上述观点,并结合《民法典》功能主义转向的背景。如有学者分别从理论层面和实践层面出发论证实质担保观的正当性。理论层面包括当事人法效意思与交易真实功能的区分、促进融资债权人与融物债权人之间的平衡、所有权的工具化;实践层面包括满足商业实践的需求、消除隐形担保等。[4] 有观点支持融资租赁交易中融资属性的主导地位,需要着重保护承租人在租赁物上的特殊利益。[5]

基于对形式所有权和实质所有权的二分,一旦认定出租人仅享有形式所有权,租赁物本质上发挥担保功能,并且出租人参与合同之目的并不在于获得所有权归属,而在于回收租金债权,将对取回权行使的必要性存疑。虽然融资租赁的取回权在特定情况下需要履行清算义务,但实质担保观与"担保权构成说"的兴起则是将

---

〔1〕 许德风:《破产法论:解释与功能比较的视角》,北京大学出版社 2015 年版,第 209 页。

〔2〕 钱晓晨:《关于〈中华人民共和国融资租赁法(草案)〉民事法律规范若干问题的评析》,载《法律适用》2006 年第 4 期。

〔3〕 张钦昱:《论融资租赁中的破产》,载《政法论坛》2013 年第 5 期。

〔4〕 谢鸿飞:《〈民法典〉实质担保观的规则适用与冲突化解》,载《法学》2020 年第 9 期。

〔5〕 冉克平、曾佳:《实质融资租赁当事人破产法律关系之构造——以一种利益平衡的方法》,载《山东法官培训学院学报》2020 年第 2 期。

清算义务贯彻至更广泛的领域,同时限制出租人自行取回租赁物的权利。对此,《担保制度解释》第65条第1款直接规定了融资租赁出租人可以参照担保物权的权利实现方式,为破产程序中出租人行使别除权提供依据。

(三)别除权路径分析

1. 别除权的权利来源

别除权是指就债务人的特定财产上设定担保物权或其他特别优先权的,权利人享有就该特定财产优先获得清偿和满足的权利。[1] 与取回权一样,别除权也并非破产法创设的一项新的权利,而是担保物权和法定特别优先权在破产法上的转化形式,[2]因而需要注重破产法和其他法律制度的衔接。关于别除权的基础权利是否包含非典型担保,如所有权保留、融资租赁、保理、让与担保等,抑或非典型担保是否可以参照担保物权在破产程序中行使别除权,我国《企业破产法》及相关司法解释对其未作明确规定。因此,首先需要厘清破产法中别除权基础权利的范围,进而细化破产法中的优先权划分。

在域外法上,大陆法系国家对于非典型担保在破产程序中的处理,也倾向于借鉴功能主义的立场,从"担保权构成"的角度承认破产别除权。德国法上,根据《德国破产法》第50条及第51条,债务人出于担保某一请求权的目的而向其转让动产或权利的债权人,有权对主要债权、利息和成本从担保物中别除地受偿。所有权担保人属于别除权人,受限的物权一般仅有权进行别除,[3]也即,对于某一属于债务人财产标的物享有担保权的人,并不应当取回物本身,而是以被担保的债权额为限获得它所体现的价值。[4] 在日本,目前主流观点认为所有权保留、融资租赁的法律性质是所有权担保权的一种,倒产程序中应该将非典型担保视为担保权来处理,承认别除权。[5]

我国也有不少学者认为所有权弱化的理论与实践导致取回权路径的正当性不足,而担保功能的强化则转向别除权路径,如有观点认为所有权在弱化的同时具有

---

〔1〕 韩长印:《破产法学》(第2版),中国政法大学出版社2016年版,第151页。

〔2〕 王欣新:《破产别除权理论与实务研究》,载《政法论坛》2007年第1期。

〔3〕 [德]乌尔里希·福尔斯特:《德国破产法》,张宇晖译,中国法制出版社2019年版,第50、204页。

〔4〕 [德]莱因哈德·波克:《德国破产法导论》(第6版),王艳柯译,北京大学出版社2014年版,第136页。

〔5〕 [日]谷口安平主编:《日本倒产法概述》,佐藤孝宏等译,中国政法大学出版社2017年版,第130页;[日]山本和彦:《日本倒产处理法入门》,金春等译,法律出版社2016年版,第80-81页。

担保性从而不同于传统所有权,融资租赁可以作为别除权的基本权利。[1] 有观点认为民法所有权不完全决定破产财产归属,从平等对待破产债权人的角度,租赁物应归属于承租人破产财产,融资租赁公司仅享有破产别除权。[2] 在司法实践中,法院的裁判中也对出租人对融资租赁物享有的形式所有权予以承认,认为出租人享有的是仅限于权利担保意义上的形式所有权,出租人如对外转让租赁物所有权,转让的实际也是其在融资租赁合同项下的权利。[3]

2. 别除权路径的理论障碍

(1)所有权归属的重要意义

所有权是财富的象征,是权能丰富的完全物权。实践中,所有权分化为归属意义上的所有权和工具意义上的所有权。前者以获得完整所有权权能为目的;后者则是在债务人不履行债务或发生特定情形时,所有权人享有对标的物予以处分并以所得的价款清偿债权的权利。

不可否认的是,所有权概念在整个大陆法系具有重要作用,其他所有权利如用益物权、担保物权均可视为所有权的衍生权利。从经济学角度而言,所有权归属不清晰或产权制度的缺失将影响市场配置资源的效率。[4] 在融资租赁法律关系这一具体的交易场景中,所有权归属具有不可忽略的作用,即形式的外观本身是具有重要意义的,是优先受偿性的正当性来源所在,如果所有权概念被消解,作为所有权效力之上的担保功能也随之消解。在这个意义上,形式主义与功能主义实则是互相成就的。

形式主义与功能主义有机结合的立法模式与解释方案并未破坏所有权本身的概念,而是以实质所有权替代形式所有权获得真正所有权的地位。

(2)债务关系之内的保障

设立担保物权需要订立担保合同,担保合同是主债权债务合同的从合同。从融资租赁的交易结构可以看出,出租人与承租人并未签订独立的担保合同,融资租赁的担保关系内嵌于基础债权关系之中,属于债务关系之内的债权保障,并未在债

---

〔1〕 戴宏伟:《论别除权基础权利中的非典型担保》,厦门大学2019年硕士学位论文,第14页。

〔2〕 云晋升:《民商二元视角下"售后回租"之分析》,载《社会科学》2020年第8期。

〔3〕 成都沃沐置业有限公司、天津渤海租赁有限公司等融资租赁合同纠纷案,最高人民法院民事判决书,(2020)最高法民终173号。

〔4〕 [美]曼昆:《经济学原理:微观经济学分册》(第7版),梁小民、梁砾译,北京大学出版社2015年版,第246-247页。

权之外通过其他财产增强交易的信用,虽然具有债权实现的保障功能,但与一般担保措施以担保交易结构之外的债务人或第三人的财产保障债权实现有所不同。该种利用交易结构本身的安排保障债权实现的交易模式如等同于担保权,将改变"担保"的含义,即担保不再表现为必须以权利义务关系结构之外确保债务履行的法律措施。[1] 有学者亦主张不得泛化与滥用担保概念,不能把任何直接或间接的有助于增加债权受偿的方法或手段,都称为"担保"。[2]

本文对于担保权概念的基本立场是在债务履行不能时,针对特定财产享有优先受偿的权利。即使融资租赁的担保关系内嵌于交易结构,属于债务关系之内的债权保障,但其具备实现担保机能的适当的法律构成,承租人以其享有实质所有权的租赁物向出租人提供担保,并在租金债权无法实现时就租赁物的价值优先受偿,增强了交易的信用,符合担保权的本质。当然,这里也并非主张"泛担保化",仍然需要区分"具有担保功能"与"担保物权",而从担保权的本质出发将对标的物产生优先效力的交易类型认定属于"广义担保物权",是丰富了担保内涵的体现。

(3)超越当事人意思自治

意思自治是私法自治的集中体现,是合同法领域的核心原则。对于当事人真实意思的判断应当遵循从客观到主观的判断路径,通过融资租赁合同中相关条款对于双方权利义务关系的安排,探究融资租赁交易的真实目的。在融资租赁合同的文本中,当事人并无担保的合意表达,合同中无法拟制出默示的担保条款。所有权担保功能并非来自当事人的合同意思,而是寻求当事人实现的内在目标与经济功能。因而,出于对经济上所有权与交易目的的解读,赋予承租人的实质所有权的地位以及租赁物的担保功能,并无合同约定与法律规定的直接依据,某种程度上是一种超越合同真意的效力。

同时,对于交易目的与经济功能的理解存在自由裁量的空间。有学者认为,经济上的归属仅为基于社会一般观念的模糊判断,只反映当事人之间经济上的关联或日常观念对交易过程中未必准确的感性认识,而对于法律上具体应如何处置并无法提供充分的参照。[3] 融资租赁合同具有灵活的安排与高度的复杂性,实践中层出不穷的模式将难以被担保功能一体消化,当事人真实意思的表达基于经济功

[1] 张家勇:《体系视角下所有权担保的规范效果》,载《法学》2020年第8期。

[2] 崔建远:《"担保"辨——基于担保泛化弊端严重的思考》,载《政治与法律》2015年第12期。

[3] 许德风:《破产法论:解释与功能比较的视角》,北京大学出版社2015年版,第225页。

能的判断存在一定不确定性。

（四）路径选择的考量因素

破产取回权聚焦于出租人所有权的归属价值，而破产别除权则关注出租人所有权的工具价值。两种路径对于出租人权利保护的差异，一方面，来自权利的自主性，别除权的基础财产属于破产财产，因此受限于破产程序的统一安排，而取回权指向的财产不属于破产财产，其权利的行使具有更强的自由度；另一方面，在"超额担保"的情形下，取回权路径将清算后的超额部分归于出租人所有，别除权路径则将超额部分用于清偿后顺位的其他债权人。当然，取回权与别除权并非泾渭分明的两种权利，如对取回权同时赋予清算义务并返还超额价款时，在实体结果上已经与别除权路径十分相近。在我国立法采取形式主义与功能主义结合的大背景下，两种路径都存在解释的空间。结合破产法的特殊性，充分考虑破产财产价值最大化、整体债权债务关系公平清理等破产法的立法目的与功能价值，并从自由、平等、效率等民商事法律基本原则，对两种路径进行比较分析。

1. 破产法的立法目的与功能价值

《企业破产法》开宗明义对立法目的进行明确，即公平清理债权债务、保护债权人和债务人的合法权益、维护社会主义市场经济秩序。破产程序作为概括执行程序，尤其是清算程序将一并清理所有的债权债务关系，权利人之间的冲突与争夺到了白热化的阶段。本质上，破产法不是利益分配的问题，而是风险和损失谁来承担的问题。因此，应当置重于破产程序与权利正常运行阶段的差异性，此即民法典视角与破产法视角下可能存在不同处理的原因所在。

债务人财产保值增值原则是破产法的基石原则，[1]是公平清理债权债务关系的内在要求与前提条件，也是管理人履职的重要遵循。换言之，管理人的工作是围绕破产财产价值最大化展开的。关于融资租赁物是否属于破产财产的问题，将直接影响出租人权利行使路径的选择。如果不属于破产财产，由出租人享有取回权，在融资租赁物与其他资产无法拆分或者与其他资产一并处置将显著增加财产价值时，出租人对租赁物的取回将减损财产变现价值，在客观上排除企业资产整体变价的可能性，阻碍"出售式重整"等多元的重整方案设计，影响破产程序的清算价值最大化或重整成功的可能性。当租赁物存在超额价值时，即使赋予出租人清算义务，

---

〔1〕 齐明：《论破产法中债务人财产保值增值原则》，载《清华法学》2018 年第 3 期。

此时出租人在变现时只关心其债权的实现而不追求担保物变现价值的最大化,不利于破产财产价值最大化的实现与债权人整体利益的实现。

同时,管理人作为一支专业化的债务清理团队,具有专业的知识、技能与经验。将尽可能多的财产纳入破产财产中,在底层资产之上,管理人才有方案设计的可能与协商运作的空间,管理人对破产财产的统筹调整、通盘考虑更有利于从实现破产财产价值最大化,从而从整体上优化债务清理方案。

2. 意思自治原则是权利安排的逻辑起点

对于融资租赁法律关系的处理,需要从形式外观中理解当事人交易的目的从而不断靠近当事人的真实意思,因为意思自治原则是私法规范中的逻辑起点。

对合同意思的判断是一个从客观到主观的过程,无论是"真实法效意思"、"经济功能"抑或"交易目的"都需要从客观交易条款的设计分析权利义务构造与当事人主观意图,文本之外的真意也应当获得尊重,并不当然超越当事人的表达。在融资租赁合同安排中,从对租赁物与出卖人的选择、租金的性质、租赁期限届满租赁物的归属、双方的权利义务构造等约定,充分显示出与传统租赁合同的差异,虽然出租人享有所有权,但该所有权并不像租赁合同中出租人的所有权那样获得绝对的保护。[1] 当事人交易安排的本质是以出租人保有形式所有权的方式担保租金债权的实现,即当事人交易安排的真实意思实际是以租赁物的价值对出租人的债权进行担保。当然,当事人对租赁期限届满时租赁物归属的约定,是融资租赁交易复杂性与灵活性的表现,也是探究当事人意思的重要密钥,不同的安排决定剩余价值索取权以及融资租赁的法律构造属于"所有权构成"或"担保权构成"的差别。

3. 衡平原则是私法的灵魂

实现交易双方当事人的利益平衡以及与其他债权人的利益适当平衡是包括破产法在内的所有法律制度的愿望,但侧重点有所不同:一般民商事法律更加关注个体交易的公平性,而破产法对利益平衡的考量范围更为广泛,将目光流转于全体债权人利益的实现。

在破产程序中,除了需要考量出租人与承租人之间、出租人与其他担保权人的利益平衡之外,还需要考虑出租人与其他普通债权人之间的利益平衡。由于全体债权人处于彼此零和博弈的关系,防止债权人个别行使权利,分配给全体债权人的

---

〔1〕 许德风:《破产法论:解释与功能比较的视角》,北京大学出版社 2015 年版,第 221 页。

清偿额就会增加。[1] 相反，若融资租赁债权人获得优先受偿，其他债权人的偿债资源势必会减少，因此需要有正当理由才能优先于普通债权人以别除权清偿乃至直接对租赁物行使取回权，否则容易激化债权人之间的矛盾，甚至产生社会稳定问题。

4. 效率原则是商事活动的特别考量

融资租赁问题来源于商事实践，破产法亦属于商事法律范畴。民事和商事领域的价值导向并不完全一致，最为集中的表现即在于商事领域对灵活性和效率性的追求。商事交易中不仅关注债权的实现，时间成本同样重要。

实践中的商人并不关心权利类型定义或其体系定位，只要能够达到相同的效果，就具有可替代性，[2] 如动产抵押与让与担保、所有权保留、融资租赁就具有一定的功能替代性。目前的破产实践中，破产企业绝大多数财产或财产权利之上都附有各种各样的担保权。当债权人对债务人的履约能力与履约意愿存在信任危机时，设立担保物权是减少当事人之间信息不对称的重要工具，以债务人的特定财产优先受偿以增加债权人获得清偿的概率。然而动产的权利担保类型多样化和分散性，同时商事交易不断催生新的担保形式，导致权利的确定性和可识别性大为减弱，进而对交易安全、交易成本和交易效率产生不利影响。为改变该种困境，我国《民法典》参考美国一元化的担保规则，关注各种担保形式的共同之处，确立了以登记制度为核心展开的一体化权利冲突处理规则，尤其在破产程序中有助于快速确定权利的优先顺位，极大降低了交易的成本、提升了交易的效率。商业活动的弹性与灵活性，对于担保权的明确化与合理化不断提出更高的要求，物权制度也在不断优化，旨在构建有社会实益的担保制度，从而实现物权法之基本功用。[3]

综上所述，取回权和别除权两种解释路径源于对融资租赁“所有权构成”抑或“担保权构成”的不同解读，在新的立法背景下，关键问题在于对两种路径的解释与改造，使得结论符合国际与国内立法趋势和动态，体现体系构建的意义。在破产法与传统民法的张力之下，破产程序中出租人权利行使路径的构建，既来自传统民法基础理论与基本原则的推演与解释，又需要综合考量破产法立法价值与目的、意思自治、权利平衡、交易效率等因素，在规范层面通过限制取回权的行使或将非典型

---

〔1〕 [日]山本和彦:《日本倒产处理法入门》(第4版)，金春等译，法律出版社2016年版，第2页。

〔2〕 龙俊:《民法典中的动产和权利担保体系》，载《法学研究》2020年第6期。

〔3〕 谢在全:《担保物权制度的成长与蜕变》，载《法学家》2019年第1期。

担保权利纳入别除权的基础权利范畴之内,都需要结合特定情形解决体系相容的难题。

五、出租人权利行使路径的类型化构建

《民法典》第735条所界定的融资租赁交易能够容纳多种形态的交易形式,无论是将融资租赁一体化界定为所有权构成或是担保权构成,存在将本身复杂化的交易形式简单化的危险。[1] 在《民法典》颁布以前,不乏有观点认为应当对融资租赁进行类型化的分析。如有学者提出从实质主义的视角区分交易为租赁或以租赁物为担保的借贷,认为前者出租人行使取回权;后者则仅有别除权,在特定情形下融资租赁物可以纳入破产财产。[2] 有学者观点认为出租人的所有权不应当获得绝对的保护,出租人取回权应当受到限制,根据租期是否届满、是否约定承租人获得所有权等对于取回权的行使进行类型化处理。[3] 还有学者观点将期待权理论运用到融资租赁合同的动态履行过程,如果在合同约定租赁期限届满后租赁物归属于承租人所有的情况下,随着租金支付期数增加,承租人对租赁物的物权的期待不断增强,虽然在交易过程中出租人一直享有标的物的所有权,但承租人的权利具有准物权的性质,尤其是在承租人已经支付大部分租金的情况下。因此,可以考虑以是否支付大部分租金为依据,进行类型化处理。[4]

当承租人破产时,出租人对租赁物行使取回权还是别除权的问题,基于"所有权构成"与"担保权构成"的分歧,需要结合具有评价意义的因素进行类型化分析,并对权利竞合场合的法律关系进行厘清,以保证分析框架的完整性,并最大限度涵盖实践中的融资租赁交易场景。具体而言,以所有权归属、是否登记为类型化的要素,在四种不同情形下构建出租人权利行使路径的分析框架:首先,判断管理人待履行合同选择权如何行使;其次,由所有权归属决定适用"所有权构成说"还是"担保权构成说"的分析框架;再次,以是否登记决定在破产程序中能否优先受偿;最后,是否有权利竞合人影响出租人的权利行使与优先顺位,所有权构成之下主要在

---

[1] 张家勇:《论融资租赁的担保交易化及其限度》,载《社会科学辑刊》2022年第2期。

[2] 金海:《判定融资租赁法律性质的经济实质分析法——以承租人破产时租赁物归属为例》,载《华东政法大学学报》2013年第2期。

[3] 许德风:《破产法论:解释与功能比较的视角》,北京大学出版社2015年版,第220-222页。

[4] 吴光荣:《〈民法典〉背景下破产财产的范围及其认定》,载《法律适用》2022年第1期;郭峰:《破产程序中融资租赁物取回权的行使》,载《人民司法(应用)》2020年第16期。

于善意取得的考虑,担保权构成之下主要是对担保顺位规则的判断。

(一)租赁物归属于承租人且已登记的情形

1. 管理人待履行合同的选择

根据《企业破产法》第 18 条的规定,对于双方均未履行完毕的合同,管理人可以选择继续履行合同或解除合同。承租人破产时,管理人对待履行合同的选择权将可能与出租人基于《民法典》第 752 条的合同解除权产生冲突,破产情形之下需要进行特殊的利益平衡和价值考量。

(1)合同继续履行情形

基于融资租赁合同继续性的特点,管理人选择合同继续履行主要适用于破产重整、破产和解程序或租赁期限将要届满的破产清算程序。对于约定租赁物归属于承租人且完成融资租赁登记的情形,若管理人选择继续履行合同,则出租人应当继续负有保证承租人的使用不受到干扰的义务,承租人按照合同约定的到期日继续支付租金,由于继续履行合同的选择出于有利于全体债权人利益的价值衡量,因此作为共益债务,由债务人财产随时清偿。在租赁期限届满时,按照合同约定租赁物归属于承租人。此外,《企业破产法》为保护交易相对方的权利,在管理人选择继续履行合同时,债权人可以要求提供相应担保,若管理人无法提供其他担保,则出租人仍然可以选择解除合同。

对于破产申请受理后新产生的租金认定为共益债务,自无争议。但《企业破产法》第 42 条要求共益债务"发生在人民法院受理破产申请后",这里存在的问题在于,破产申请受理前到期未付租金是属于共益债务还是普通债权。从域外规定来看,《德国破产法》第 55 条第 1 款第 2 项规定:"为破产财团利益而得被要求履行的部分或必须在破产程序开始之后的实际履行的部分为限",此处"实际履行"明确将破产程序开始前产生的债务排除在共益债务之外;而《美国破产法》则规定所有根据合同和租约于破产申请前后产生的债权均享有优先权。[1]

我国的理论与实务也均未形成统一的观点,如有判决支持破产申请前继续履

〔1〕 许德风:《论破产中尚未履行完毕的合同》,载《法学家》2009 年第 6 期。

行合同产生的债务属于共益债务,[1]而有判决则认为不属于共益债务。[2] 笔者认为,融资租赁合同的租金分期安排本质上是融资成本的分摊,结合租赁物的性质以及订立合同的目的,综合考察融资租赁合同履行具有整体性与不可分割性,因此对于破产申请受理前到期未支付的租金,仍然应当认定属于共益债务。

(2)合同解除情形

若管理人选择解除合同,此时应当考虑合同解除的一般效果与破产法上的特殊效果的衔接问题,尤其应当考虑租赁物的归属与处置问题。《民法典》第566条规定了合同解除后的三项法律后果:在破产情形下,其一,对于尚未履行的义务终止履行不具有争议;其二,对于损害赔偿请求可以通过《企业破产法》第53条申报债权,且债权性质为普通债权;其三,在融资租赁交易中,对于民法上合同解除与破产法上的差异关键在于"恢复原状"能否理解为租赁物的返还问题。对此,应当结合破产程序的背景与特殊规定,从破产全局出发,论证租赁物的实质归属以及是否应当纳入破产财产,与取回权、别除权路径的选择具有一致性。此外,融资租赁合同具有继续性合同的外观,参照继续性合同解除的法律效果,已经支付的租金不予返还,双方的清算面向未来应当支付的租金。

对于约定租赁期限届满时归属于承租人的情形,如前所述,适用"担保权构成说"更为符合交易的本质。出租人仅为形式所有权人,直接返还租赁物将造成双方权利失衡,加上融资租赁实质担保功能的特征,《担保制度解释》第65条为出租人提供参照实现担保物权之规定的路径,即解除合同的效果本质与出租人行使别除权相一致。该条中虽然并未出现担保物权部分常用的"优先受偿"字眼,但也不意味着就拍卖、变卖所得价款无优先性。笔者认为,从体系视角来看,现行法律着重强调融资租赁等非典型担保对担保物权规则的一体化适用。此处没有使用"优先受偿"的原因,主要在于融资租赁交易中登记的特别作用,未经登记的情形将影响特定场景如破产情形中出租人债权的优先受偿性,即无法对抗其他无担保债权人。

---

[1] 恒天海龙股份有限公司诉潍坊昌大建设集团有限公司建设工程施工合同纠纷案,山东省高级人民法院民事裁定书,(2017)鲁民申263号;桓台县唐山热电有限公司、上海碳索能源服务股份有限公司技术服务合同纠纷案,山东省高级人民法院民事判决书,(2020)鲁民终603号。

[2] 衢州永宁气体有限公司、浙江中宁硅业有限公司普通破产债权确认纠纷案,浙江省高级人民法院民事判决书,(2018)浙民终421号;山西艾尔德添加剂新技术有限公司与东北特钢集团大连高合金棒线材有限责任公司、东北特钢集团大连高合金棒线材有限责任公司管理人与破产有关的纠纷案,辽宁省大连市中级人民法院民事判决书,(2017)辽02民初472号。

同时,破产法是实体法与程序法的结合,更为聚焦于权利的冲突与权利的实现阶段,因此对于该条的解释应当从实质角度理解融资租赁担保功能在法律效果上的变化及正当性。虽然《担保制度解释》第 65 条对于参照担保物权程序回收租金债权并非“应当”而是“可以”,有观点从文义解释出发,认为该条在《民法典》第 752 条规定的取回权之外,增加了别除权的路径,但其实出租人选择参照担保物权程序回收租金债权是一般理性人的最佳选择。这里《民法典》第 752 条中的“返还”与“取回”并不等同,“返还”是解除合同的派生效果,而取回权是自发的,基于所有权与原物返还请求权,不需要解除的先置条件。返还原物存在诸多例外,仅是解除合同之效力的可能性之一,例如,依据《民法典》第 758 条因客观不能返还的原因如租赁物毁损、灭失或者附合、混合于他物等,合理补偿替代租赁物返还;又如,《民法典》第 760 条,因承租人原因致使合同无效,在返还后会显著降低租赁物效用的,租赁物的所有权归承租人,由承租人给予出租人合理补偿。若租赁物对于重整有重要价值,合同解除后对于租赁物的处置,破产实践中一般通过双方签署新的留债协议,即双方协商租赁物由重整企业继续使用,并以租赁物的评估价值作价抵偿租金债权后重新签订新的留债协议,与抵质押等有财产担保债权的处理方式一致,且安排在同一债权组进行表决。

还应当考虑的是,依据《民法典》第 752 条之规定,在承租人经催告后仍不支付租金的情形下,出租人可以请求全部租金;也可以解除合同,收回租赁物。同时,《融资租赁解释》第 5 条进一步明确出租人请求解除合同的情形包括:一是合同约定解除条件时,承租人经催告后仍未按约定支付租金,二是合同未约定解除条件时,承租人欠付租金达到两期以上或金额占比 15% 以上,经催告后仍未支付。在前述规定下,出租人的合同解除权与管理人待履行合同选择权可能发生竞合。若管理人与出租人均要求解除合同时,双方对于合同的处置意见一致,但是对于解除的后果则应当置于破产特殊背景下进行考量,出租人收回租赁物的主张应当受到限制;若管理人选择继续履行合同,基于特别法优先于一般法的原则,应当优先适用《企业破产法》第 18 条,即出租人依据《民法典》第 752 条行使合同解除权将被限制,否则会破坏破产法保护债权人整体利益的基本目标,下文将展开分析,在此不赘述。

2. 别除权路径的可行性

在合同继续履行情形之下,承租人将可以持续使用租赁物,且在租赁期届满时,根据合同安排,租赁物将归属于承租人,即归属于破产财产。在合同解除情形之下,合同解除在破产法上的效果,集中体现于出租人对于租赁物是享有取回权还是别除权。由于约定归属于承租人,出租人享有形式上的所有权,实质起担保作用,并无归属价值,因此担保权构成更为符合此种情形下融资租赁的法律构造。“担保权构成”到破产程序中别除权路径的选择,还需要经过论证,一方面,需要结合现行破产立法,探究融资租赁出租人行使别除权的解释空间;另一方面,在现行立法规则尚不明确的前提下,还可以结合破产法的立法目的与价值、意思自治原则、衡平原则、效率原则等一般原则,对两种路径进行全面的利益衡量。

(1)现行立法下的解释空间

对于租赁物归属于承租人且完成融资租赁登记的情形,别除权路径的可行性是基于《民法典》担保制度极大吸收功能主义的立法背景,尤其是《担保制度解释》第65条规定出租人可以参照实现担保物权的程序,在破产程序中即体现为别除权路径。此外,现行立法之下对别除权的解释空间,还体现在债务人财产的广义化、别除权基础权利的扩张、担保权利持有过程与担保实现过程的动态二分。由此,别除权路径在该特定情形下具备立法基础与理论基础。

第一,债务人财产的广义化。我国破产法上对于债务人财产采取广义化的理解,将最大范围的财产纳入破产财产中。如从纵向时间维度上,《企业破产法》第30条规定,债务财产的范围不仅包括破产申请受理时属于债务人的全部财产,而且包括破产申请受理后至破产程序终结前债务人取得的财产;从横向种类维度上,《破产法解释(二)》第1条规定,除货币、实物资产外,债务人依法享有的可以用货币估价并可以依法转让的债权、股权、知识产权、用益物权等财产和财产权益,均为债务人财产。据此,成为破产财产仅需符合两个条件:其一,债务人依法享有的财产和财产权益,管理人对破产财产进行接收、管理及变价时,不仅应当关注实物,还应当关注附着于物之上的权益;其二,可以用货币估价并可以依法转让。

在融资租赁交易中,尽管承租人并非法律上的所有权人,但如果承租人对租赁物享有某种财产权益,且该种权益能以货币估价并转让,那么该租赁物或其财产利益也应属于破产财产。其一,承租人对租赁物享有的实质所有权可以视为财产利益,应当纳入破产财产;其二,在《民法典》第758条的清算规则之下,对租赁物超额处置收益归承租人所有,这一部分属于实在的权益,应当纳入破产财产,同时基于财产的不可分割性,应当将租赁物整体纳入破产财产。因而,在债务人财产广义化原则指引下，对于实质归属于承租人的租赁物，应当纳入破产财产，这也为出租人享有破产别除权的前提。

第二，别除权基础权利之扩张。《企业破产法》第109条规定，对破产企业的特定财产享有担保权的权利人，对该特定财产享有优先受偿的权利。其中，条文中运用了“担保权”这一概念，而非“担保物权”，值得注意的是，民法体系的官方用语中并没有这一概念。由此，“担保权”的内涵与外延该如何界定，非典型担保是否应当纳入别除权的权利基础，留下了制度构建的空间，尤其在《民法典》担保功能化倾向之下，将非典型担保一并纳入别除权基础权利并无解释上的障碍。

从立法解释来看，立法者使用这一概念的初衷在于，别除权的基础权利不仅包括担保物权还包括其他法律规定的法定优先受偿权，如建设工程价款优先权、船舶、航空器等优先权。[1] 担保权的概念具有更强的包容性，同时随着商事交易发展与其他法律的出台与修订，留下了扩张解释新的基础权利的空间。从文义解释来看，担保权意味着比担保物权范围更广的权利，具有担保功能的非典型担保合同也可以纳入，尤其融资租赁交易具有针对特定财产的法律构造。从体系解释来看，《民法典》将融资租赁等非典型担保适用担保物权的登记对抗、权利顺位、权利实现等诸多规则，尤其是《担保制度解释》第65条明确融资租赁出租人可以参照适用担保物权的实现方式，破产程序作为权利实现的概括程序，是实体法与程序法的结合，在这里具有担保功能的合同应当与担保物权一体化适用权利实现规则，故融资租赁等针对特定财产的非典型担保也应当纳入别除权的基础权利。

对于“担保权”的内涵，广义上来说，可以分为三个层次来理解，第一个层次为典型担保，即法定的抵押、质押、留置等担保物权；第二个层次为非典型担保，如融资租赁、保理、所有权保留以及让与担保等，其虽未被明文纳入担保物权的范畴，但担保性权利针对特定财产而享有，具有一定的物权效力，具体应当结合交易结构分析担保权的法律效果；第三个层次为具有担保作用的权益，如定金、抵消、连带债务、并存的债务承担、履行抗辩权、债的保全、预告登记等，虽具有一定保障债权实现的功能，但一般并不针对特定财产，因而与上述担保物权与非担保物权明显不同。对于《企业破产法》第109条别除权的范围应当是何种维度与范围下的“担保权”，笔者认为，对“担保权”的解释既不能泛化担保权的范围，也不能过于限缩而

---

〔1〕 邹海林：《破产法——程序理念与制度结构解析》，中国社会科学出版社2016年版，第342页。

阻碍交易的发展,应当以权利是否针对特定财产为把握的基本尺度,将非典型担保也纳入别除权的范畴之内,而不包括其他不针对特定财产具有担保作用的权利。

第三,担保权利持有过程与担保实现过程的动态二分。为避免所有权概念与担保概念的异化,同时保护所有权静的安全与交易动的安全,将权利持有阶段与权利实现阶段进行区分。对于担保物权而言,债权正常履行时并不发挥真正的作用,只有在债权无法兑现的权利实现阶段才需要对担保物真正行使权利,担保权利持有阶段与权利实现阶段的关注点有所不同。形式逻辑和实质逻辑在静态的权利保护与动态的交易安排中并行,但在权利实现阶段,实质逻辑往往占上风,尤其是破产程序对于实质逻辑的关注尤为凸显。

在融资租赁法律关系中,区分担保过程和担保实现阶段。在担保过程中,出租人享有的权利与完整的所有权别无二致;在担保实现阶段,所有权则褪去形式外衣,回归担保本质。在破产程序作为终局性处理债权债务关系的权利实现阶段,所有权应当回归担保本质,即通过所有权的变价功能获得债权的清偿。融资租赁参照担保物权规则的场域是有限的,仅限于权利产生冲突或权利实现阶段,而在其他场合,出租人保有完整的所有权。因此,虽然融资租赁无法在民法中获得担保物权的体系位置,但仍然可能在破产法中行使别除权。

(2)破产法下的特殊价值衡量

虽然别除权路径在现行立法中存在一定的解释空间,但由于破产程序中出租人权利行使路径并无相关规定的直接指引,况且取回权路径与别除权路径本身并非泾渭分明,因此需要结合破产法的立法目的与价值,从意思自治原则、衡平原则、效率原则等角度出发,进行通盘价值衡量,从而选择更为合适的路径。

第一,从意思自治原则出发,融资租赁合同在对租赁物与出卖人的选择、租金的性质、双方的权利义务构造等约定上,与传统租赁合同存在较大差异,尤其是当事人约定租赁期限届满时归属于承租人的交易安排,充分体现当事人的真实意思在于以租赁物的价值对出租人的债权进行担保,因此,别除权路径更为符合当事人交易的真实目的,凸显契约自由之性格,充分体现交易的实质,亦是在破产程序中贯彻私法自治原则的体现。

第二,从衡平原则出发,破产法上的利益平衡,不仅包括交易当事人之间利益的平衡,还包括全体债权人之间的利益平衡。具体而言,关于出租人与承租人的利益平衡,融资租赁交易作为一项担保工具,从担保目的出发,合同的目的并不在于所有权归属,仅在标的物上设定优先受偿权即可,但担保设定人却将最强之权利所有权让与债权人,租赁标的物所有权与担保目的并不匹配。从经济功能上来说,属于出租人的并不是租赁物本身,而是体现变价收益的物所代表的价值,因而取回权将超过融资租赁出租人形式所有权的保护射程,其必要性值得斟酌。

尤其在重整程序中,出租人取回租赁物,将给承租人造成巨大的损失。融资租赁物一般为承租人日常生产经营的设备,同时可能具有专用性,找到相匹配的设备需要一定的时间,其间承租人的生产经营将无以为继。从融资租赁合同的创设目的来看,承租人希望长期占有、使用租赁物,除非特殊情形,否则合同解除被严格限制,反映在破产程序中即为对取回权行使的限制。

关于出租人与其他担保权人的利益平衡。这里并不考虑在同一融资租赁物上存在多个担保权人的复杂情形,而仅从"同债同偿"的角度考虑,出租人与其他担保权人在破产程序中应当被平等对待。在功能主义视角下,对于实质上起担保功能的融资租赁应当与其他有财产担保债权一体化处理,坚持别除权路径。本质上是权利平衡原则的体现,且充分尊重经济生活中当事人的实质交易意图。

关于出租人与普通债权人的利益平衡。破产程序是一种概括的债务清理机制,需要考量个体清偿与集体清偿的互动关系,既需要对单个交易进行考量,也需要对市场整体进行考量,从而促进效率和分配正义的实现。[1] "平等清偿原则"并不意味着所有债权均按比例清偿,而是对于同一类别的债权按比例清偿,即联合国国际贸易法委员会《破产法立法指南草案》中所说的"确保对处境相近的债权人的公平待遇"。因此,平等清偿原则也并不排除一些债权人享有优先受偿的权利,应当构建合理差别的均衡利益格局。本质上,该种类型的融资租赁交易,承租人以租赁物为担保进行融资,应当认为其具有优先受偿性,但是如融资租赁未经登记则不得对抗其他普通债权人,亦是复杂利益平衡的结果。

第三,从效率原则出发,在破产程序中,管理人统筹安排或处置租赁物具有效率性。由于租赁物的专用性特点,在市场上可能变现难。融资租赁物一般为承租人生产经营所必需的机器、设备等重要动产,出租人取回将使承租人丧失继续经营或整体出售的可能性,且出租人本身不具有处置担保物的专业技能,也不具备日常维护、保养租赁设备的专业技能。在这一点上,与所有权保留中出卖人本即标的物

---

〔1〕 [美]查尔斯·J. 泰步:《美国破产法新论》(上册),韩长印等译,中国政法大学出版社 2017 年版,第 4 页。

的所有权人有所不同。无论是资产变现还是继续持有,破产管理人均具备更优的处置能力,能够统筹安排与其他资产整体出售以保障财产价值最大化,或者与战略投资者进行其他灵活的交易安排,由管理人变现后返还款项或者纳入重整方案作为重要资产,均是更有效率的安排。

破产法的特殊性还在于对程序运作效率的追求,程序久拖不决可能造成破产财产价值的减损,因而需要加快破产程序的进程。取回权的行使无法"一揽子"解决租金债权,需要将租赁物的价值与租金数额对标,尤其在取回后需要返还超额价值的场合,不具有效率性。若出租人与承租人无法就租赁物的价值协商一致,将增加双方协商与往来成本,出租人额外聘请评估机构,将产生额外的费用乃至产生新的诉累。即使不需要返还超额价值,仍然需要对租赁物的价值进行清算以完成债权债务关系的清理。如在司法实践中,对于出租人自行收回并处置租赁物的情形,出租人需要提供充分证据证明其处置租赁物价格的合理性。[1] 而在破产程序中,一般需要聘请专业评估机构,且评估机构在人民法院的监督下公开选聘,在确定价值时也综合考虑破产情形与整体资产处置情况,对融资租赁物的价值与其他资产一体化进行评估,更具合理性与可参考性。因此,在破产实务中,管理人往往将融资租赁物纳入资产评估的范围。

由此,将租赁物纳入破产财产,出租人仅得行使别除权,将租赁物价值的确认纳入破产程序对资产的确认过程,是有效率的安排。在破产重整程序中,对于企业生产经营所必需的机器、设备等重要资产,可以直接以评估价值折价取得。在破产清算程序中,担保标的物的变现应由管理人主导,考虑担保标的的性质和破产效率,采取司法拍卖或其他市场化方式进行处置。当然,应当保障出租人对评估过程与处置过程的参与权与异议权。

3. 权利竞合对出租人权利行使路径的影响

在"担保权构造"之下,出租人与其他担保权人发生权利竞合时,参考功能主义以登记顺位为核心的制度设计,《民法典》第 414 条将抵押权的权利冲突规则以登记要件进行统合,将不同类型的担保权利统一以登记的先后确定权利顺位,在解释上融资租赁也应该被纳入"其他可以登记的担保物权"。为聚焦核心争点,以与抵

---

〔1〕 陡誉高瞻融资租赁(中国)有限公司与上海特诚汽车运输有限公司、谷元林等融资租赁合同纠纷案,上海金融法院民事判决书,(2019)沪 74 民终 439 号。

押权竞合为例,可分为抵押权已登记与抵押权未登记两种情形:

第一,在抵押权已登记时,依据融资租赁与抵押权的登记时间确定清偿顺序,例如,出租人甲将动产 A 以融资租赁的形式交付给承租人乙,登记时间为 3 月 15 日,乙将该动产抵押给银行丙进行融资,抵押登记的时间为 3 月 14 日。承租人乙进入破产程序时,根据"登记在先,顺位在先"的规则,抵押权人丙为第一顺位人,出租人甲为第二顺位人。当然,在清偿完毕甲、丙的债权之后,如租赁物处置变现仍有剩余,将用于清偿其他普通债权人。需要注意的是,此时不需要考虑丙是否善意,即使丙明知抵押物为出租人所有的融资租赁物,仍以登记时间先后来确定权利顺位。

第二,在抵押权未登记时,则已登记的融资租赁出租人优先。因动产抵押采取登记对抗主义,原则上即使抵押权人未登记,依然对租赁物享有物权利益,可以优先于一般债权人。但在破产情形下,根据《担保制度解释》第 54 条第 4 项,抵押权人不得在破产程序中主张抵押财产优先受偿,即仅能与其他普通债权人按比例清偿。

当然,除了上述一般性的规则之外,还需要考虑特别顺位规则。根据《民法典》第 404 条规定,以动产抵押时不得对抗正常经营买受人,《担保制度解释》第 56 条对构成正常经营活动买受人的条件进一步细化,并将融资租赁的出租人享有的权利参照适用动产抵押等担保物权。通过适度扩张正常经营买受人的范围,避免金融担保交易对日常民商事交易的侵蚀。[1] 例如,上述案例中出租人甲将动产 A 与承租人进行融资租赁交易并交付租赁物,该动产为承租人乙正常经营活动范围内销售的商品,乙又将动产 A 抵押给丙且先于融资租赁交易完成了登记,若乙后又将动产通过合理对价出卖给丁,且符合其他正常经营买受人的要件。若承租人乙进入破产程序,丁作为正常经营买受人优先于已登记在先的动产抵押权人丙和融资租赁出租人甲,再根据登记顺位,丙优先于甲。因此,丁为第一顺位人,丙为第二顺位人,甲为第三顺位人。当然,若融资租赁在动产交付 10 日内登记,则出租人甲因满足价款超级优先权的条件而优先于动产抵押权人丙。

关于出卖人正常经营活动中的买受人是否需要善意的要件以及是否需要履行查询登记簿等义务,有观点认为,买受人应当是善意的,并从立法论角度应当在法

---

〔1〕 王利明:《论正常经营买受人规则》,载《东方法学》2021 年第 4 期。

条中明确以善意要件替代司法解释中关于排除适用情形的兜底条款的规定。[1]但笔者认为,基于交易效率的考量,应当豁免正常经营活动买受人的查询义务,避免对正常交易课以过高的交易成本。当然,若担保权人可以证明买受人明知购买行为侵犯了在先担保权人的利益,则应当认定担保权人优先。

除了"正常经营买受规则"以外,《民法典》第416条规定了价款超级优先权规则,并于《担保制度解释》第57条明确规定融资租赁适用该规则。该制度主要参考《美国统一商法典》第9-107条及第9-312条规定之"价款债权担保权"(purchase-money security interest,PMSI),一定程度突破了登记在先的受偿规则,通过授予价款提供者超级优先权,提高了借款人的融资能力,尤其是增加了中小企业融资担保的灵活性。[2] 以一般动产抵押为例,承租人乙于3月10日与出租人甲签订融资租赁合同,供应商直接将租赁物交付给承租人。承租人于3月14日将租赁物抵押给银行且办理抵押登记,后出租人甲于3月15日办理融资租赁登记,符合动产交付十日内办理登记。虽然出租人办理登记时间晚于抵押权人,但依据价款超级优先权规则,出租人对于租赁物的权利优先于丙银行在先设立的动产抵押权,此时融资租赁出租人为第一顺位人,银行为第二顺位人,与前述第一个案例有了不同的结论。由于融资租赁交易满足担保的主债权是租赁物本身的价款之条件,只需要满足动产交付10日内办理登记的要件,即可以对抗在先登记的担保物权人。如果超出十日办理登记的,仅丧失超级优先效力,并不因此丧失动产担保效力。

值得讨论的是,对于售后回租形式的融资租赁交易模式,有观点认为,由于租赁物本身为承租人所有,并未增加债务人的责任财产,[3]与价款超级优先权增加承租人可支配资产、鼓励债务人融资、增强其清偿能力的立法初衷并不一致,难言具有优先的正当性。出于平衡在先担保物权人、出租人利益,笔者认为售后回租模式应当排除适用价款超级优先权的适用。

由此可见,担保权框架下的权利顺位规则以公示制度进行统合,分析框架更为简洁,现代动产担保交易的法律构建与顺位规则的核心价值指向了确定性,充分考

---

〔1〕 王利明:《论正常经营买受人规则》,载《东方法学》2021年第4期。

〔2〕 邹海林:《价款债权抵押权的制度价值与解释》,载《北方法学》2021年第4期。

〔3〕 高圣平:《担保法前沿问题与判解研究——最高人民法院新担保制度司法解释条文释评》(第5卷),人民法院出版社2021年版,第415页。

虑了交易的安全与效率。[1]

综上所述,针对当事人约定租赁期届满时租赁物归承租人所有或支付象征性价款,且已完成融资租赁登记的情形,“担保权构成”之下出租人没有行使取回权的正当性与必要性,此时出租人有权依据《担保制度解释》第65条第1款请求按照担保物权方式行使别除权,要求就剩余租金优先受偿。

(二)租赁物归属于承租人且未登记的情形

1.管理人待履行合同的选择

关于管理人选择继续履行或解除合同,是出于破产财产价值最大化的考虑。由于融资租赁未登记时,根据《担保制度解释》第54条第4项的规定,出租人的权利不能对抗破产管理人与普通债权人。继续履行合同实则赋予相对方优先受偿的权利,因此,管理人解除合同的选择明显较之于继续履行更有利于破产财产价值最大化。

由于约定租赁期限届满后归属于承租人所有,适用“担保权构成说”,此时租赁物属于破产财产,由管理人统一变价分配,承租人对租赁物享有剩余价值索取权。

2.“未经登记不得对抗善意第三人”规则对权利路径选择的影响

中国人民银行是融资租赁的登记公示平台,现行有效的登记细则是2014年出台的《中国人民银行征信中心中征动产融资统一登记平台操作规则》和2022年修订的《中国人民银行征信中心动产融资统一登记公示系统操作规则》,在前述规则中,中国人民银行按照动产担保登记的模式解决融资租赁登记问题,登记的内容包括交易当事人以及标的物的信息。融资租赁登记实质上是一种对租赁交易关系的登记公示,而非对租赁动产所有权的登记。据此,《民法典》第745条所言之“未经登记不得对抗善意第三人”规则中的“登记”指的是融资租赁登记,并非租赁物所有权的登记。当然,租赁物所有权本身的登记亦十分重要,尤其在不动产售后回租交易中,是否完成不动产过户手续是认定构成真正融资租赁关系或是金融借贷关系的重要依据。[2]

(1)善意第三人范围的扩张

无论债务人有无设立担保,均需以全部责任财产对债务承担无限责任,设立担

---

[1] 高圣平:《民法典动产担保权优先顺位规则的解释论》,载《清华法学》2020年第3期。

[2] 惠州市帝景房地产开发有限公司、惠州市帝景集团有限公司合同纠纷案,最高人民法院民事判决书,(2018)最高法民终467号。

保的目的,并非解决债权人和债务人的利益冲突,而在于解决债权人与债务人的其他潜在债权人之间的利益冲突问题。融资租赁是否发挥担保功能参照动产抵押的物权设立规则,即采取债权意思主义,登记并非权利的生效要件,合同的生效即意味着担保物权的成立,未进行权利登记并不影响权利的定性,只要在同一物上没有权利冲突者,依然可以对抗其他无担保债权人而优先受偿,但未经登记的权利因欠缺公示要件,不得对抗善意第三人。所谓"对抗"是指对他人的权利或主张予以反驳或排除的权利。[1] 这里的核心要点在于对善意第三人范围的界定,需要从保护交易安全、提高交易效率的制度目的出发。

一般情况下,民法上所称的善意第三人指的是与标的物有正当利益关系的物权第三人。而不包括债权第三人,由于一般债权人基于信赖债务人的清偿能力而与其建立债权债务关系,并非基于对抵押标的物未来价值变现的期待。因而,是否登记影响的是特定物权之上存在权利冲突之人,而并不包括与特定物无直接关联的债权人。当然,简单使用物权和债权二元对立的分析框架来解释善意第三人的范围存在一定的局限性,因为区分是否具有对抗关系的关键点并非第三人权利性质是债权还是物权,而在于是否"具有物的竞争关系"。因此,虽然融资租赁尚无法直接认定为担保物权,但显然就租赁物与其他担保物权人形成竞争关系。同时,一般而言,要求第三人是"善意"的,但结合《民法典》第 414 条以及《担保制度解释》第 54 条的规定,"善意第三人"还包括部分不需要判断是否善意即可能知情的第三人,《民法典》第 414 条规定"抵押权已经登记的先于未登记的受偿",即使在后的抵押权人对在先未登记的抵押权知情即为恶意第三人,未登记的抵押权依然不可对抗之。《担保制度解释》第 54 条第 3 项、第 4 项,对于已受保全或执行程序保护的债权人或破产债权人,也不考虑善意的要件。立法对于善意第三人范围的扩张,一是响应和贯彻《民法典》关于强化担保物权的公示性并消灭隐性担保的基本宗旨,隐性担保的广泛存在将会在很大程度上危害交易的安全,损害不特定第三人的利益;二是在于以登记公示要件统一担保权的清偿顺位规则,提高交易的效率与稳定当事人的预期。

在融资租赁业务中,一方面,正如前文所述,未经登记不得对抗的,并非出租人

---

[1] 高圣平:《担保法前沿问题与判解研究——最高人民法院新担保制度司法解释条文释评》(第 5 卷),人民法院出版社 2021 年版,第 382 页。

的所有权，而是具有特定目的的所有权之上的“担保权”。另一方面，《民法典》及相关司法解释将未经登记不得对抗的“善意第三人”的范围进行扩张，不仅包括主观上善意的直接受让租赁物的交易相对人或者善意的承租人，而且包括未直接以租赁物为交易标的其他第三人，如已受保全或执行程序保护的债权人和破产债权人，并且该等第三人主观上不要求满足善意要件。

(2)登记对抗规则在破产程序中的变化

在传统民法上，债权意思主义变动规则之下，是否登记并不影响权利的定性与设立，只影响对特定物存在竞争关系的主体之间的受偿顺位。然而，在破产程序中，对于未经登记的担保权人是否享有破产别除权，则存在一定争议。

在《民法典》颁布以前，破产实务中一般延续非破产情形的处理，认为“未经登记不得对抗善意第三人”中的“第三人”并不包括破产中的普通债权人，因此，仍得以优先于普通债权人受偿。如有法院认为：“动产抵押权未办理登记并不因此丧失其优先受偿的性质，否则与物权制度的初衷相违背。”[1] 在《民法典》颁布以后，结合《担保制度解释》第54条第4项和第67条，对善意第三人范围扩张至破产普通债权人，抵押人破产时，未经登记的抵押权人不得就抵押物优先受偿，融资租赁亦得以适用这一规定，本质上未经登记的融资租赁债权在破产程序中不得对抗全体债权人，仅享有普通债权的地位。司法实践也对该问题作出及时回应，如有法院从动产抵押登记对抗主义和破产程序概括清偿的法理出发，阐述善意第三人扩张至破产普通债权人的正当性，认为未经登记的担保权在破产程序中不得优先受偿。[2]

之所以“第三人”的范围扩张至已受保全或执行程序保护的债权人或破产债权人，是因为，其一，通过强制执行程序查封、扣押财产时，虽然债权人本身的基础债权并非该财产之上的物权，但通过司法强制手段，其对该抵押财产已经取得了对物的支配权，展开对物直接的争夺，债权人就与未登记物权人的利益发生了实质性冲突。破产程序作为概括执行程序，本质上与司法执行程序具有同一性，企业进入破产程序需要经过法院的宣告，因此债权人取得一种司法保护效力，具有类似

---

[1] 辽宁辉山乳业集团四合城牧业有限公司、辽宁辉山乳业集团金星牧业有限公司破产债权确认纠纷案，辽宁省高级人民法院民事判决书，(2019)辽民终1722号。

[2] 安阳化学工业集团有限责任公司与深圳市海格金谷工业科技有限公司合同纠纷案，河南省高级人民法院民事判决书，(2021)豫民终1437号。

于债务人责任财产的保全与执行申请人的地位。其二,由于破产终局性清理债权债务关系,本质上是风险分配的问题,个别交易的内部风险控制让渡于集体利益的外部效力,对于未经公示的债权从债务人财产中优先受偿,本质上是由全体债权人承担该种风险,不具有正当性。其三,以登记公示的外观区分能否优先受偿,是对不知情因而没有调节能力的债权人加以保护的方式。因而在破产程序中,善意第三人范围扩张到普通债权人,难言不当。

因此,未经登记的融资租赁债权,在破产程序中仅能以普通债权进行申报,就租赁物并无优先受偿的权利。由于约定租赁期限届满后归属于承租人所有,担保权构成之下,承租人对租赁物享有剩余价值索取权,因而租赁物残值属于破产财产。同时,由于融资租赁未进行登记,实质上,出租人在破产程序中对租赁物不享有任何物权性质的权利,出租人的取回权与别除权均丧失实体上的行权依据,而仅与普通债权人的地位一致。具体而言,出租人仅能就其剩余租金向管理人申报债权,债权性质为普通债权。出租人如仍有损失,可以依据《企业破产法》第 53 条请求损害赔偿。

(三)租赁物归属于出租人且已登记的情形

1. 管理人待履行合同的选择

在承租人破产时,管理人基于破产财产价值最大化的考虑,可以依据《企业破产法》第 18 条决定解除或继续履行合同。若管理人要求继续履行合同,出租人的租金债权作为共益债务以债务人财产随时清偿,且基于合同目的与整体性的考虑,共益债务的范围包含破产申请受理前到期未支付的租金。在期限届满后由出租人取得租赁物。若管理人决定解除或最终视为解除,所有权构成之下出租人可以行使取回权。实际上,管理人选择合同继续履行是对出租人取回权的一种限制。

2. 所有权归属对权利行使路径的影响

前述两种情形约定归属于承租人,根据当事人的权利安排,融资租赁承租人为实质上租赁物的所有权人,适用"担保权构成说"。对于约定归属于出租人的情况,此时出租人的形式所有权可以通过合同机制复归,出租人对租赁物不仅享有法律上的形式所有权,而且享有经济上的"剩余价值索取权"。此时,承租人的"实质所有权"丧失存在的基础,进而别除权之路径缺乏基础,"所有权构成"之下的取回权将更为契合当事人的意思自治。

融资租赁合同的复杂性很大程度来自当事人约定的多元化,融资租赁合同在租赁期限届满时,所有权归属可能存在不同的安排,根据最终归属结果,可以分为两大类:第一类,归属于出租人所有,包括合同中直接约定归属出租人、没有约定或约定不明的情形、承租人享有实质选择权时选择不购买;第二类,归属于承租人所有,包括合同中直接约定归属承租人、支付象征性价款的形式选择权、承租人享有实质选择权时选择购买的情形。当然,我们这里聚焦的是交易中断的场景,承租人的"实质选择权"使租赁物的归属结果具有不确定性,一般而言,若选择购买,需要支付与租赁物彼时的转让价值相当的价款;若不购买,由出租人取回租赁物,同时承租人可能需支付一定的改造费用,根据行使选择权后价款支付义务的约定,显然将出租人作为真正所有权人,虽然按照正常合同履行时存在承租人选择购买获得租赁物的可能性,但出租人依然享有租赁物的剩余价值,同时承担租赁物随市场价值波动的风险,因此该种类型在交易中断时可以纳入所有权归属于出租人的情形。

破产作为交易中断的情形,在讨论出租人权利行使路径时,之所以需要参考合同正常履行完毕后所有权的归属,一方面,此为对当事人法效意思背后的交易目的判断的直接依据,若约定归属于出租人所有,则形式所有权得以向完全所有权回归,此时以"所有权构成说"的分析框架更为符合双方交易的法律构造;另一方面,租赁期限届满的所有权归属将决定享有租赁物剩余价值索取权的主体,在对租赁物的超额收益归属于出租人时,出租人同时享有法律上所有权与经济上所有权,在破产程序中出租人享有取回权更为符合交易架构与当事人意思自治的安排。

对此,最高人民法院亦支持上述观点,2022 年 1 月 27 日,在"全国人大代表全国政协委员联络沟通平台"公布《对十三届全国人大四次会议第 9022 号建议的答复》中,提出融资租赁项下的租赁物是否具有担保功能,取决于融资租赁合同是否约定租赁期限届满后租赁物归承租人所有,若约定归承租人所有或支付象征性价款视为约定归属于承租人时,则租赁物具有担保功能;若约定归出租人所有,则租赁物不具有担保功能。此外,《企业会计准则第 21 号——租赁》中,将约定归属于承租人所有作为判断构成融资租赁交易的重要依据之一。在域外法上,美国破产案件中,如 United Airlines, Inc. v. HSBC Bank USA,租赁物的处理很大程度上是基于破产法庭对于融资租赁合同是真实租赁还是担保交易的判断,法院判断的核心标准是当租赁物仍然具有剩余经济寿命时,出租人是否有机会使租赁物归属于自己。《美国统一商法典》第 1 编第 1—203 条也对此予以规定,判断一项交易为租赁还是担保权益,需要根据交易的事实确定,其中一项重要的要素是承租人是否可以不支付对价或支付象征性对价获得租赁物所有权。

虽然交易条款的达成与当事人谈判地位与谈判能力有一定关联,但是出租人在订立合同时可以通过合同约定表达对租赁物归属意义所有权的占有之诉求,合同开放的机制赋予当事人双方充分的协商自由。尤其是作为专业的融资租赁公司,一般是融资租赁格式合同的提供方,具有专业性与商业风险判断能力。融资租赁通过合同机制保留出租人所有权的复归功能,所有权归属确认的权能并未在担保功能的浪潮中淹没,可以通过当事人自主的安排向真正所有权复归。这是区别于让与担保法律关系中所有权被完全工具化的特性,显示出功能主义在不同类型交易类型中的功能限度的差序格局。

3. 取回权路径的可行性

(1)现行立法下取回权的解释空间

《民法典》第 745 条明文规定出租人享有租赁物的所有权;《民法典》第 757 条规定在双方对租赁物的归属无约定或约定不明确,也无法达成补充协议或通过合同相关条款、交易习惯得出时,租赁物的所有权归出租人;《民法典》第 760 条规定融资租赁合同无效时,在无约定或约定不明确时,一般租赁物应当返还出租人。以上的法律拟制展示出立法者对于出租人所有权地位的默认与巩固。在《民法典》整个融资租赁合同章节中维持出租人所有权人的法律地位,不因融资租赁的担保化功能主义倾向而使所有权变性为担保物权。《担保制度解释》第 65 条对出租人所有权的担保功能予以回应,对此一种解释方案是,在取回权路径之外增加参照"实现担保物权案件"的有关规定以清偿租金债权,即《民法典》第 752 条认可和保留了出租人取回权的同时,增加出租人依据《担保制度解释》第 65 条参照担保物权的债权实现方式。《民法典》的改革对于出租人的权利实现方式不是减法,而是加法,出租人可以选择行使。当然,笔者认为,出租人并非可以任意选择,对于取回权路径应当基于类型化的差异而限定于特定情形,尤其在破产程序中受到多方利益平衡的限制。

(2)取回权行使的限制

取回权作为"所有权构成说"之下形式主义的产物,而功能主义立法倾向之下强调出租人所有权的工具价值与担保功能,坚持取回权路径将减损与消解功能主义制度的价值，若在功能主义逻辑下坚持取回权路径则必须对其本身进行一定的改造，需要提出适时的解释方案以巩固取回权之地位，由此充分发挥形式主义与功能主义的优势，达到各方利益的平衡。

关于此处的取回权是否需要履行清算义务以及超额部分的归属，笔者认为，基于融资租赁交易中租金与租赁物的价值相勾连，虽然理论上出租人享有对租赁物的剩余价值索取权，但从价值层面与利益平衡角度，即使出租人行使取回权，也应当以未支付的租金为限获得受偿，与一般情况下的取回权有所不同。因此，出租人在行使取回权时需要确定租赁物的价值，并抵扣未支付的租金，如有不足部分，按普通债权申报，如有超额部分，由承租人享有。同时，取回权的行使还需要受到破产管理人待履行合同选择权、重整程序、第三人善意取得等多重限制，详述如下：

其一，只要融资租赁合同租赁期未届满，如前所述，管理人可以选择继续履行合同，此时出租人无法行使取回权。当然，出租人可以要求提供担保，若管理人无法提供担保，则合同视为解除，出租人仍可以行使取回权，并履行清算义务。

其二，《企业破产法》第 76 条规定，对于债务人合法占有的他人财产，该财产的权利人在重整期间要求取回的，应当符合事先约定的条件，如关于对取回财产的时间、方式、范围等进行的约定。由于重整企业需持续经营，尤其当租赁物作为承租人持续经营不可或缺的资产时，若允许出租人在重整阶段行使取回权，将影响重整目的实现，降低债权人的整体利益。因此，对于重整至关重要的财产，应当限制出租人取回权的行使。司法实践有裁判支持该种观点，认为出于保护全体债权人利益的需要，不得将重整的重要资产取回，以普通债权认定。[1] 当然，笔者认为，该案中作为普通债权的处理方式使得出租人的权益损失较大，可以考虑以融资租赁物的评估价值为限或以共益债务的形式优先受偿，以平衡各方利益。总体而言，租赁物的重整价值优先于个别债权人的清偿价值，此即重整程序对出租人取回权的限制。

其三，承租人对租赁物施加物权处分行为，第三人基于承租人占有外观的信赖，存在善意取得制度适用的空间。当交易符合《民法典》第 311 条第三人不知情、价格合理且动产完成交付等善意取得的要件，第三人即善意取得租赁物，此时出租

〔1〕 泰和融资租赁有限公司与张海鸥等融资租赁合同纠纷案，北京市第二中级人民法院民事判决书，(2018)京 02 民初 177 号。

人无法行使取回权。根据《破产解释(二)》第30条,若转让行为发生在破产申请受理前,出租人因财产损失形成的债权作为普通债权清偿,此处主要包括损失的租金债权与租赁物残值;若转让行为发生在破产申请受理后,由于管理人需要履行忠实、勤勉的义务,因管理人或相关人员执行职务导致出租人损失产生的债务,作为共益债务清偿。

值得注意的是,对于约定直接归出租人所有的情形,需要结合租金的性质、权利义务构造等综合因素判断是否构成真正的融资租赁,还需要结合会计准则上关于租赁期限占租赁资产使用寿命的比例、租金的对价、资产是否具有专用性等因素综合判断。

综上所述,针对当事人约定租赁期届满时租赁物归出租人所有或约定不明的,且已完成融资租赁登记的情形,采取"所有权构成说",保留出租人的取回权,但与一般民法意义上的取回有所不同,需要履行清算义务,并受到多重限制。

(四)租赁物归属于出租人且未登记的情形

如前所述,对于融资租赁未登记的情形,管理人解除合同的选择较之于继续履行更有利于破产财产价值最大化。由于约定租赁期限届满后归属于出租人所有或没有约定视为出租人所有,出租人对租赁物享有剩余价值索取权,因此适用"所有权构成说"。但由于融资租赁未进行登记,实质上,出租人在破产程序中对租赁物不享有任何物权性质的权利,此时租赁物属于破产财产,由管理人统一变价分配。在承租人破产时,出租人的取回权与别除权均丧失实体上的行权依据,而仅与普通债权人的地位一致,具体而言,出租人仅能就其剩余租金及租赁期满后的租赁物残值损失,向管理人申报债权,债权性质为普通债权。出租人如仍有损失,可以依据《企业破产法》第53条请求损害赔偿。

(五)小结:出租人权利行使路径的类型化整合

结合前文的分析,根据租赁物期限届满后的归属情况与融资租赁是否登记划分为四种类型,并将管理人待履行合同选择权的行使、权利竞合的情况纳入考量,对出租人权利行使路径进行类型化整合与梳理,具体见表1。

表 1　出租人权利路径的类型化整合

所有权归属	融资租赁未登记	融资租赁已登记
所有权归属于出租人	出租人以剩余租金和残值申报普通债权	1. 管理人选择继续履行合同,出租人以共益债务按期收取租金,期满后取回租赁物; 2. 管理人解除合同,出租人行使取回权,需要履行清算义务,并受到善意取得制度、重整程序等多重限制
所有权归属于承租人	出租人以剩余租金申报普通债权	1. 管理人选择继续履行合同,出租人以共益债务按期收取租金,期满后承租人获得租赁物; 2. 管理人选择解除合同,出租人行使别除权优先受偿,若存在权利竞合者,优先考虑是否适用正常经营买受人规则与价款超级优先权,一般为"登记在先,顺位在先"

针对当事人约定租赁期届满时租赁物归出租人所有或约定不明的,且已完成融资租赁登记的情形,在承租人破产时,管理人可以依据《企业破产法》第 18 条决定解除或继续履行合同。若管理人要求继续履行合同,在此期间,出租人的租金债权以共益债务随时清偿,并在期限届满后取得租赁物;若管理人决定解除合同或合同最终被视为解除,则出租人可以行使取回权。出租人仍有损失的,应当依据《企业破产法》第 53 条以合同解除所产生的损害赔偿请求权申报债权,债权性质为普通债权。但这里的取回权受到多重限制:其一,出租人应当履行清算义务,确定租赁物的价值以抵扣相应租金债权,剩余租金及损失以普通债权申报,如有超额归破产财产所有;其二,租赁物之上存在权利竞合时,此时应当以"所有权构成说"分析第三人是否构成善意取得;其三,破产重整程序具有特殊性,取回权的行使应当符合事先约定的条件,若融资租赁物对于债务人在重整期间的持续经营具有价值,将限制取回权的行使,应当以租赁物价值为限优先受偿,即以别除权代替。

针对当事人约定租赁期届满时租赁物归出租人所有或约定不明的,但未进行融资租赁登记的情形,此时管理人选择解除合同明显较之于继续履行更有利于破产财产价值最大化。虽然适用"所有权构成说",但由于融资租赁未进行登记,在承租人破产时,根据《担保制度解释》第 54 条第 4 项,出租人的权利不能对抗破产管理人与债权人。实质上,在破产程序中对租赁物不享有任何物权性质的权利,此时租赁物属于破产财产,即出租人的取回权亦丧失实体上的行权依据。出租人仅能就其剩余租金及租赁期满后的租赁物损失残值,向管理人申报债权,债权性质为普通债权。出租人如仍有损失,可以依据《企业破产法》第 53 条请求损害赔偿。

针对当事人约定租赁期届满时租赁物归承租人所有,且已完成融资租赁登记的情形,在承租人破产时,若管理人要求继续履行合同,出租人的租金以共益债务清偿,租赁期限届满后由承租人获得租赁物,租赁物属于破产财产;若管理人要求解除合同或合同被视为解除的情形,合同解除的效果关键在于出租人能否要求返还租赁物,在"担保权构成"之下出租人没有行使取回权的正当性与必要性,此时出租人有权依据《担保制度解释》第 65 条第 1 款请求按照担保物权方式行使别除权,要求就剩余租金优先受偿。此时若还存在权利竞合的情形,受《民法典》第 414 条物权顺位规则、第 404 条正常经营买受人规则、第 416 条价款超级优先权规则的约束。

针对当事人约定租赁期届满时租赁物归承租人所有,但未进行融资租赁登记的情形,在承租人破产时,管理人解除合同的选择明显较之于继续履行更有利于破产财产价值最大化,适用"担保权构成说",租赁物属于破产财产。但因融资租赁未登记,根据《担保制度解释》第 54 条第 4 项,出租人不能主张对租赁物优先受偿,由管理人统一变价分配,出租人仅能就其剩余租金申报普通债权。

六、结语

担保制度横跨物权和债权两大领域,《民法典》及相关司法解释对于担保制度的革新,在坚持形式主义基础之上,对功能主义进行吸收与融合,全力协调形式主义的合同规则与功能主义的担保效果。形式主义与功能主义的本质差异在于对所有权的界定不同,形式主义立法下所有权归属是核心问题,功能主义则认为所有权归属本身并不重要。《民法典》通过统一的登记公示制度、权利顺位规则及权利实现程序对融资租赁制度进行了功能主义的规范重构,缓解了非典型担保法律规范供给的不足,充分回应商事实践的发展。

对于融资租赁的破产处理,不仅涉及《民法典》体系内的协调,而且需要关注在整个私法体系中的定位与协调,尤其是《民法典》与《企业破产法》等商事法律之间的衔接与互动问题。破产法在充分尊重民商事法律的前提下,保留其特殊性,即破产程序以救济企业与保护债权人为宗旨,同时具有较强的社会经济制度的属性,也有别于以行使个别权利、充分体现个案正义为前提的民事程序,在一些特定场景可能突破"契约严守"这一传统民法原则。一方面,破产程序本身立足于契约,以调整个别的权利关系为前提,具有面向债权人、利害关系人等的属性;另一方面,作为概括的执行程序,破产程序也需要面向众多利益主体进行全局的利益平衡。因此,以破产法的立法价值与目的、当事人意思自治、权利平衡、商事交易效率等衡量因素为基准,以所有权归属、是否登记为核心要素,构建类型化交易场景下融资租赁出租人权利行使路径选择的制度。

当然,大陆法系形式主义立法传统下对功能主义的吸收,并不是被一元化担保模式裹挟前进,而是在充分尊重大陆法系传统的前提下,主动选择、汲取功能主义的合理元素,用以改良目前形式主义立法中可能存在的不足,两种主义有机结合才能既发挥功能主义的优势,又保留诸多非典型担保制度的独特价值。在实用主义法律观念地推动下,以鼓励交易为原则,保证交易的高效性与灵活性,促成市场经济的繁荣,这也是本文解释方法的出发点与立足点。

域外来鸿

我国台湾地区“债务清理法”修正草案简介与评释

王冠玺

我国台湾地区“破产法”自1935年颁布以来，历经三次修订，唯其整体结构并未改变。近几十年来，我国台湾地区的社会发展与经济活动发生了巨大变化，现行规定难以满足现代社会经济需求和发展趋势。自1993年起，我国台湾地区邀请了学者和实务专家共同组成委员会（小组），对现行规定进行了全面审查和修订。为了适应现代经济生活所需，根据经济困难的债务人之债务情况，按照法律规定的重建型债务清理程序（和解、重组）或清理型债务清理程序（破产）进行清理，妥善调整债务人、债权人和利害关系人之间的权利和义务，确保债权人得到公平的支付，争取重建债务人的事业或恢复经济生活，从而促进社会经济的健康发展。

一、我国台湾地区“债务清理法”修正草案要点简介[1]

我国台湾地区的债务清理程序修正，扩大了程序的主体，方便债务清理程序运行；丰富了债务人的财产保全制度，增强了债务清理的效力；增加了公法人的债务清理程序和外国债务清理程序的认可；原“破产法”的名称被“债务清理法”所取代。其主要修订内容如下。

（一）放宽程序适用和扩大使用对象

债务清理的理由不限于债务人无力偿还债务，对于有可能无力偿还债务，或因财务困难而有可能暂停营业或停止经营，或资产不足以支付债务者，可以分别按照

---

〔1〕 本段主要内容汇编自：我国台湾地区《“破产法”“债务清理法”修正草案总说明》，载法源法律网2016年4月29日，https://www.lawbank.com.tw/news/NewsContent.aspx？nid=135799.00。

该法规定的清理、破产,或重组程序进行清理。非法人团体得遵循和解和破产程序进行债务清理。此外,在法院和解一节中,原来仅有债务人得声请和解的规定被扩大到了债权人。在破产程序中,如果债务人没有财产或没有足够的财产满足破产程序所需费用,作为自然人的债务人可根据该法规定免除责任,并有机会再生;若非自然人,则可根据破产程序使其消灭。破产的启动不限于多数债权人,即使只有一个债权人,亦得以裁定启动破产程序。

若同一债务人有多项债务清偿之声请者,法院应考虑所有利益相关者的利益,选择最合适的债务清理程序。因此,如果同一债务人有两种以上的债务清偿、破产或重整的债权,除有重整之声请,应由负责重整的法院审理外,原则上应由先受理的法院予以合并审理。如法院裁定全部或部分驳回,部分准许,若只对部分案件提出抗告,为避免抗诉后判决结果的差异,并贯彻单一程序进入的原则,应视为全部提出抗告。

(二)充实债务人的财产保全制度

债务清理声请后,在债务清理程序终止或结束前,为防止债务人的财产减少或经营状况恶化,维护债权人之间的公平受偿,使债务人有重建机会,法院可以根据债权人、债务人或其他相关方的要求,或依职权作出保全处分,选任保全管理人。该法还规定了保全管理人的权限。此外,为使债务清理程序快速进行,避免诉讼浪费法院和相关当事人之人力、时间和费用,现行规定的第 78 条和第 79 条关于撤销债务人实施的欺诈和偏袒行为的规定,被修改为由监督人或管理人以意思表示为之,并明确规定了撤销纠纷处理程序和撤销上述行为的法律效力,以及在程序开始时未履行之双务合同的效力与其争议处理。另外,为了明确债务人的财产,保证交易安全,规定在债务清理程序开始后,法院应责成主管部门对债务清理的原因、财产等进行登记,并通知有关主管部门;在破产重整程序中,将债务人的经营性财产账目记为封存账目,并对账目情况作简略说明。

(三)监督人、管理人、司法事务官、保全管理人、监察人

债务清理事件往往涉及公共利益,或与不少人有利害关系。此外,和解、破产或重组程序涉及法律、会计或企业管理等专业。为了考虑实际需要,明文规定除具体规范另有规定外,法院应指定律师、会计师或其他适当的自然人或法人担任和解和重组程序的监督人,或担任破产或重组程序的管理人,监督和处理债务和解事宜。监督人或管理人不是自然人债务清理的强制性机构,因此,债务人不必因此程

序向监督人或管理人支付费用。监督人或管理人的选择方法及其报酬标准,由“司法院”决定。此外,为协助法官处理此类事务,明确规定法院可结合实际情况,指定司法事务官进行债务清理程序。

在法院对债务清理的声请作出裁决之前,法院可以根据诉求或依职权推选一名保全管理人行使职权,以保全债务人的财产,并可在程序开始后优先推选其为监督人或管理人。为了监督破产管理人处理破产事务,债权人会议可以推选 1 至 5 名债权人为监督人,行使其职权。

(四)健全债权人会议、关系人会议和可决标准调整

虽然法院对债务清理程序进行监督,唯和解方案和重整计划系属债务人与债权人或相关方之间签订的合同,应给予当事人表达意见之机会。因此,在和解程序和破产程序中设立了债权人会议,在重整程序中则设立关系人会议,并对债权人会议和关系人会议的召开程序、出席会议人员、被报告人员和决议方式等,进行了明确规定,作为诉讼的依据。根据现行规范第 27 条和第 123 条之规定,在和解、破产程序之债权人决议时,应经出席会议的债权人过半数同意,其代表的债权数额分别占无担保债权总额的 2/3 以上(和解),或者占债权总额的 1/2 以上(破产);由于此一限制过严,导致和解不易成立,破产程序迟缓。因此,对上述债权人会议的批准条件进行了修改,取消了对决议人数的限制,并将批准和解的标准降低到与会债权人所代表的债权数额超过所申报的无担保和非优先债权总额的 1/2。

虽然在重整过程中,各权利人组在关系人会议上的决议标准是以各组总表决权的 1/2 以上同意为标准,但有担保的重整债权原可在抵押物的价值范围内全额受偿,如果管理人提出的重整方案不能全额支付有担保的重整债权,为了保护担保权,特此将该权利人组可以投票决议的比例提高到该组表决权总额的 2/3 以上之同意。为促进和解进程,明确规定和解计划可以通过书面决议方式为之。债权人在接到法院通知后,在规定时间内没有明确表示反对的,视为同意。

(五)债权的行使和限制

债务清理程序的目的是调整债务人与债权人间的关系,保护债权人公平受偿,帮助债务人重建其业务和经济生活。为了便于债务清理和公平清偿债权,规定债权人在债务清理程序开始前经法院裁定取得的债权,无论有无执行名义,除按债务清理程序行使外,均不得行使。为使债务清理程序顺利进行,明确规定了债务清理程序的启动和有关裁定的生效时间、债权申报程序、异议程序、债权的行使和限制、

债权消灭时效的中断和未完成、法定期间的停止等,以方便债务人、债权人和利害关系人。如果债务人为了重建或经济生活或获得资金而需要消灭特定财产的担保,允许债务人提供现金以消灭标的财产的担保或优先权。

现行规定对债权人在和解和重整程序中行使抵销权的问题没有作出适当规定。为了避免在和解和重组程序中,债权人只得到部分债务偿付的不公平现象,明确规定债权人可以在提出债权的期限届满前行使抵销权。此外,现行规定没有对和解过程中的费用清偿作出规定。为了保护和解过程中发生的费用或债务人继续经营所产生的债务等共益债权,明确规定上述债权应优先于无担保的、非优先的和解债权,以利于和解过程的顺利进行。

此外,根据现行规范,财团费用和财团债务应先于破产债权,随时由破产财团予以清偿,但是在破产财团不足以清偿各债务时,应如何处理则未做规定。本次修订,不仅将财团费用和财团债务分别更名为共益费用和共益债务,而且调整了相关费用和债务的范围,以满足破产程序中债权人的共同利益,并规定当破产财团的资产不足以清偿上述债权时,费用和债务的清偿顺序,应当按照债权数额的比例清偿,以弥除争议。

(六)采用非讼化审理和加强裁定的效力

债务清偿案件涉及利益相关方的实体权利。考虑到如果利害关系人需要另诉争执,不仅影响债务清理程序的快速进行,还可能因债务清理法院与民事法院的裁判不同而产生程序问题,故而采用非讼化审理方式,债务清理法院应当对利害关系人的争议进行实体审查,使利害关系人有机会陈述意见。当事人不服裁定而提出抗告时,法院应践行言词辩论程序,使当事人得以在适当和完整的辩论中提出证据和进行攻防。经此程序后,当事人的程序性权利得到了充分保障,即可赋予确定判决同一之效力。

(七)保护劳工的工资债权、债务人、准债务人及其使用人的协力义务

为了保护劳工的基本生存权,如果用人单位被责令启动清理程序,并积压了拖欠劳工的工资,规定在法院责令开始债务清理程序的前6个月内,债务人因劳动合同拖欠劳工的工资无法通过其他方式受偿(如未能通过"劳动基准法"第28条规定的工资垫偿基金受偿)的,在和解和重整程序中属于共益债权。在破产程序中,则属财团债权,不受债务清理程序的限制,可随时优先受偿。

按照债务清理程序清偿债务的债务人最终可免于承担责任,但存在任何不诚

实或不正当的行为者除外。债务人有义务在债务清理程序中配合工作,此一义务也适用于与债务人有一定关系的利害关系人。例如,债务人、准债务人,及其使用人,有回答法院、监督人和管理人的询问,报告其财产的变化,并提交财产和收入报表以及债权人和债务人的清册等文件,提出和解方案,并以书面形式报告破产财团的附属事业权利行使等义务。

(八)债务清理程序的转换和衔接

法院裁定启动和解或重组程序后,债务人不履行其义务或出现其他情况,使法院、监督人或管理人无法进行程序时,即可证明债务人缺乏重建型债务清理的诚意。为了防止债务人借机拖延,应设置机制让法院依职权或通过声请将和解或重组程序转为破产程序。此外,和解程序进行中,如果符合重整要求、适合债权人一般利益的情况下,法院可以决定将该程序转为重整程序,以促进债务清理的有效性。此外,在破产程序启动后,作为法人或非法人团体的债务人也可以与管理人一起向法院提出调解声请,以避免破产的结果。程序转换后,在原债务清理程序中进行的程序可以在后来的债务清理程序中使用,合并为后程序的一部分,以符合程序经济。

(九)增订和解方案与履行监督机制

根据现行规范第32条之规定,和解方案经法院批准后,程序即告终止;后续并没有对债务人履行和解条款的监督机制,这凸显了重建型债务清理程序的和解制度的不完整。为弥补该制度缺陷,明确规定结算程序将根据和解方案的内容之不同,其终结时间点有异。在和解程序结束前,监督人应监督和解方案的执行情况,并赋予债权人认可的和解方案为执行名义。和解方案经认可后,债务人可能因不可归责于己的事由而出现履行困难,唯现行规定并未提供调整和解的机会,致使影响和解效果。鉴于此,债务人在履行和解方案时有困难且有正当理由的,可以向法院声请延长履行期限。

(十)准债务人的赔偿责任和股东滥用法人地位的法律责任

修正条文的第3条规定的准债务人,根据我国台湾地区民事、公司及其他相关规定对债务人负有损害赔偿责任的,明确允许管理人向法院声请裁定责令准债务人承担损害赔偿责任,以便迅速有效保障债务人和债权人的权益。另外,被法院裁定启动破产或重整程序的债务人是股份有限公司时,其股东滥用公司法人地位,致使公司负担特定债务,并有明显的偿债困难情事,而应当按照我国台湾地区"公司法”第 154 条第 2 款规定对全体债权人承担责任时。该股东虽非破产或重整的债务人,但其责任的目的与公司相同,为避免债权人单独行使权利,致使不能公平受偿,明确规定由管理人在公司破产或重整程序中承担角色,行使权利。

(十一)调整自然人破产财团的范围与破产程序免责制度的合理化

债务人是自然人时,若破产财团的构成采用膨胀主义,破产财团即不易确定,此将影响破产财团财产的分配和破产程序的进行,也可能降低债务人取得新财产的意愿。为了保护债务人的生存权,鼓励其自力更生,恢复经济活动,并采固定主义,规定债务人在破产程序开始后至破产程序终止或结束前有偿取得的财产不属于破产财团,法院还可以考虑债务人的生活状况和可预见的收入,裁定不属于破产财团财产的范围。

现行规定的自然人破产案件中,如果债权人已经按照破产程序已受清偿者,其未清偿部分,请求权视为消灭(我国台湾地区“破产法”第 149 条)。为防止债务人滥用破产程序获得免责,维护破产程序的公正性和完整性,完善免责机制。破产程序终止或终结后,法院应考虑是否免除债务人的责任,并作出免除或不免除债务人责任的裁定。

(十二)增订法人重整程序

重整程序是一个集团性的债务清理程序,以调和债务人与债权人、股东、雇员、主要贸易伙伴和其他利害关系人的权利和义务。重整程序的规范是为了建立一个完整的债务清理体系,并使债务人的事业得以持续。为了给陷入财务困境的法人提供重建和恢复的机会,适用重整程序对象的范围被扩大,不仅包括公开发行股票或公司债券的公司,还包括了无限公司、有限公司、合资企业,以及根据其他民商事法设立的法人。为了遵守程序经济和费用相当性的原则,明确规定只有那些注册财产总额或资本总额不低于新台币 1 亿元的公司可以进行重整,以避免滥用程序。此外,为了给重整程序提供依据,明定了重整的声请、重整的开始和效力、重整债权、社员权和共益债权的行使、关联人会议、重整计划的可决和认可、程序的执行和结束等相关事项。

为了使公法人能够作为一个集团性债务清理,明确规定公法人和公法上的非法人团体也可以根据本规范进行债务清理。然而,公法之非法人团体具有公共机能,不宜适用与自然人或私法人相同的清理程序,因而增订了公法人债务清理的和解程序,且无法律明文规定者,其无破产与重整程序的适用。

二、我国台湾地区“债务清理法”修正草案的评释[1]

(一)受债务清理法约束的债务人的范围

“债务清理法”修正案草案第 2 条至第 4 条规定,可以依照“债务清理法”修正案草案清偿债务的债务人,包括自然人、法人和非法人团体。其中,自然人和法人具有债务清理程序的主体资格,享有当事人资格;非法人社团则不具备这种资格,其与合伙类似;而合伙的财产不足以清偿合伙的债务时,各合伙人应对不足部分承担连带责任(我国台湾地区“民法”第 681 条)。因此,如果债务人是非法人团体,即使该团体的财产不足以清偿债务,该团体的所有成员也应承担连带责任,此即不符“债务清理法”修正案草案第 2 条关于“债务人不能清偿债务”的条件。这与非法人组织可以成为民事诉讼的主体并享有当事人资格的基本结构不一致,将非法人团体作为债务人纳入“债务清理法”修正草案的适用范围并不恰当。[2]

(二)债务清理事件的判决法院

债务清理程序应包括和解、破产、重整等程序,这些程序比较复杂,有时会根据具体情况发生程序转换,需由专业法官承办,方能胜任。民事诉讼只对被判决的当事人有效,对社会秩序影响较小;但是债务清理程序启动后,对所有债权人都有效(“债务清理法”修正草案第 49 条、第 106 条、第 201 条、第 296 条、第 320 条)。更何况,债务清理程序所要清理的债权债务总额大小不一,有者达百亿元以上。根据“债务清理法”修正草案第 20 条第 1 项规定,除本规范另有规定外(指抗告程序),债务清理的裁定由法官一人作出,显得过于轻率;更合适的设计,应是“由一名法官独任或三人合议行之”。

此外,法律所规定了各种诉讼和非诉讼程序,本应由法官依法践行。但是,现在各级法院人手不足,工作繁多,所以法律规定,由司法事务官处理一部分原来由法官审理的案件,以减轻法官的负担。但是,债务清理程序比民事诉讼程序要复杂得多,即便是资深法官都不一定能处理得宜,交由司法事务官进行处理,显非合适。此外,若由司法事务官主持债务清理程序,亦须遵循“民事诉讼法”第 240 - 1 条至

---

〔1〕 本段主要内容汇编自吴明轩:《“债务清理法”修正草案之商榷》,载《月旦法学杂志》2014 年第 6 期。

〔2〕 我国台湾地区“民事诉讼法”第 40 条第 3 款规定,“有代表人或管理人的非法人团体具有当事人资格”,据此,非法人团体可以成为民事诉讼中确定私权请求或为其相对人。但是,程序法承认非法人团体具有形式上的当事人资格,尚不能因之谓非法人团体具有实体上的权利能力。

第 240－4 条规定的程序,这也可能导致程序延误。

再者,“债务清理法”修正草案第 25 条第 3 项规定:“第 1 项情形(法官命司法事务官进行债务清理程序),法院未选任监督人(和解及重整程序之监督人)或管理人(破产及重整程序之管理人)者,除别有规定或法院另有限制外,有关监督人、管理人之职务,由司法事务官为之。”此规定违背了监督人与受监督人的界线。“债务清理法”修正草案第 32 条第 1 项规定,监督人及管理人应受法院之指挥、监督,法院得随时命其为债务清理事务之报告,并命其为必要之调查,而司法事务官依“债务清理法”修正草案第 25 条第 1 项规定代行法院之职权,进行债务清理程序时,却又自为应受法院指挥、监督之监督人或管理人,集监督人与受监督人于一身,球员兼裁判,将难以发挥监督的效果。

(三)债务清理程序的转换

“债务清理法”修正草案第 72 条规定:“债权人声请和解时,法院应讯问债务人是否同意和解(第 1 项)。债务人同意和解者,法院应定期间命其提出第 70 条规定之关系文书(第 2 项)。债务人有下列情形之一者,以债权人和解之声请,视为声请破产:一、不同意和解。二、经法院通知,无正当理由不到场。三、不依前项或第 16 条规定办理(第 3 项)。”但是,作为重建型债务清理程序的和解,其目的、要件、实行的程序和产生的法律效力,与作为清理型债务清理程序的破产不同。如果债务人在同意债权人的和解要求后拒绝同意和解,不按照法院的命令提交相关文件,或无正当理由不出庭,法院应按破产程序处理。这一条规定对程序转换的要求和限制过于宽松和不合理,有违程序法的规范。

“债务清理法”修正草案第 101 条规定:“债务人为第 220 条第四项所定法人(指依法设立登记而其登记之财产总额或资本额达新台币一亿元以上者),其重整适合债权人之一般利益者,于和解方案可决前,法院得依债务人或监督人之声请,以裁定开始重整程序(第 1 项)。法院为前项裁定前,得裁定停止和解程序(第 2 项)。前项裁定不得抗告,法院应公告之,并送达于债务人及监督人(第 3 项)。”

上述规定中,颇有不符相应规定的基本原则之内容,详述如下:

1. 债务人为依规定登记财产总额或资本总额一亿元以上之法人,如具备“债务清理法”修正草案第 220 条第 1 项所定要件,得自行向法院声请重整。虽不备该条项所定要件,而向法院声请和解者,依“债务清理法”修正草案第 101 条第 1 项规定,其重整适合债权人之一般利益,法院亦得于和解方案可决前,依债务人声请开始重整程序。果系如此,法院于债务人声请和解时,即已可判断重整是否适合债权人之一般利益,何须等待践行和解程序至和解方案之可决,徒增法院与利害关系人成本。

2. 何谓"债务清理法"修正草案第 101 条第 1 项所定"重整适合债权人之一般利益",此乃不确定之法律概念,其无客观明确标准可循,在实务上适用时将产生争议。

3. 法院依"债务清理法"修正草案第 101 条第 1 项所定以裁定开始重整程序,系属债权人之一般利益,理论上债权人应有声请裁定之权,草案却规定债务人得声请法院以裁定开始重整程序,有违民事程序法理。如债务人怠于或拒绝声请,本条项之规定形同虚设。

4. 法院依此规定以裁定开始重整程序,裁定前之和解程序因而当然停止进行。"债务清理法"修正草案同条第 2 项所定之"法院为前项裁定前,得停止和解程序"及第 3 项所定之"前项裁定不得抗告,法院应公告之,并送达于债务人及监督人",是为当然之解释,不必额外明文规定。因为法院以裁定开始重整程序之后,和解程序如不停止,重整程序将无法进行。

5. 法院依此规定裁定改用重整程序后,若发现改用重整程序不符债权人一般利益,反倒是践行和解程序更为便捷,唯此时已无实现可能。

(四)优先债权人行使权利的方法

"债务清理法"修正草案第 111 条规定:"债务人于和解程序终结前,得定一个月以上之相当期限,催告前条第 1 项之债权人(指对于债务人之特定财产有担保或优先权之债权人)行使权利(第 1 项)。前项债权附有期限而未到期者,于受催告时,视为到期(第 3 项)。第 1 项债权人如于催告期限内,不行使其权利时,债务人得声请法院裁定许可,由监督人行使之(第 3 项)。前项裁定得为执行名义(第 4 项)。"这一规定是基于享有优先权的债权人,得不依照和解程序行使其权利。然而,债权人若在债务清理程序中迟迟不行使其权利,此一和解程序将长期处于不确定状态。因此,"债务清理法"修订草案第 111 条第 1 项和第 2 项规定,债务人可以催告优先权人行使其权利,此一设计堪称合宜。

然而,该条文第 3 项规定:"第 1 项债权人如于催告期限内,不行使其权利时,债务人得声请法院裁定许可,由监督人行使之。"该法律的适当性有待商榷。"债务清理法"修正草案规定了和解程序的监督人制度,其目的是保护所有债权人的利益。因此,如果债务人在法院决定启动债务清理程序(包括清偿程序)之前诈骗债权人,监督人可以为了所有债权人的利益,以自己的名义依职权行使撤销权("债务清理法"修正案草案第40条)。在优先权人被催告后怠于行使权利的情况下,应授权监事依职权代表优先权人行使权利,以避免优先权人随意行使权利,致使已进行的和解程序归于无效。唯本条居然规定,监督人只有在债务人请求法院允许后才能行使其权利,那么若是债务人拒绝声请,优先债权仍然存在,则和解程序将始终处在不安定状态。

此外,有关规定使用的法律术语应尽可能简洁。"债务清理法"修正草案第110条第1项规定,对于债务人之特定财产有担保或优先权之债权人,其中"担保或"三字可以省略,因为以债务人特定财产(抵押、质押、留置)为担保的债权也是一种优先权,删除"担保或"一词对原条款的含义没有影响。

(五)对"债务清理法"和"消费者债务清理条例"并存所导致之问题

"消费者债务清理条例"于2007年6月通过,并于2008年4月正式实施。学者许仕宦认为,虽然这一规定是为了应对近年来消费金融过剩引发的双卡(现金卡和信用卡)风暴,以解决卡债或卡奴问题为契机,实际上是对现代经济社会中多头、多额消费债务的清理,清理多头债务,让消费者重建经济生活,其目的良善。有关规定规范了裁判外的协商程序和裁判上的更生与清算程序,但前者采取前置主义,而后者则由债务人自己选择。在债务清理的程序规定中,监管人和管理人不需要是程序性机关,法院对债权纠纷所作出的裁定具有既判力。在债务清理的实体规定中,监督人和管理人不仅有权撤销、终止和解除债务人在诉讼程序开始前的欺诈、偏袒行为和不完全履行双务合同的行为,还有权在更生程序中为自用住宅贷款特别条款与担保权消灭声明等制度,以维持债务人的自用住宅或其他财产。此外,在更生程序中,引进了困难免责制度,在清算程序中,则引进了裁量免责制度,分别赋予了债务人能够重新回到正常的经济生活中的机会。

上述新的消费者债务清理制度是对现有的和解与破产程序的重大改变。新制度可以起到方便、快捷、经济、有效地清理消费者债务的作用,并达到最大限度地满足债权人和公平的目的,谋求消费者的经济恢复。[1]

然而,学者吴明轩认为,拟议中的"债务清理法"修正草案(前者)并没有将"消

---

〔1〕 许士宦:《消费者债务清理制度之新变革》,载《台大法学论丛》2008年第4期。

者债务清理条例"(后者)废止。前者应限于第 2 条规定的作为消费者的自然人,而后者的适用范围也包括自然人,两者之间没有明确的界限,难以区分,而将同一自然人划分为受不同规定约束的主体,可能造成混乱,二者的管辖法院也不相同。然而,二者均属债务清理法院,为何管辖法院设计如此区别?例如,前者所定的自然人误向后者的管辖法院提出声请,或后者所定的自然人误向前者的管辖法院提出声请,受诉的法院是否应该径为审理?或予以移送?则可能会出现以下歧异。第一,若不为移送,则违背专属管辖的规定,该裁定为违背法令("民事诉讼法"第 469 条第 3 款)。第二,若作出移送裁定,则由一个债务清理法院移送到另一个债务清理法院,有何必要?故此,上述两部规范文件以合并为宜。

三、关于债务清理程序中撤销权设计的争议[1]

我国台湾地区除了其"民法"第 244 条规定的债权人撤销权外,其"破产法"和"消费者债务清理法"也规定了撤销权制度,但三者的规定不尽相同。首先,"民法"在行使方式上,债权人的撤销权是提起诉讼,向法院声请撤销债务人的有偿或无偿行为,要求回复原状。现行"破产法"区分了两种行使撤销权的方式,其中一种涉及欺诈性的债权行为,与"民法"规定的债权人行使撤销权相同,必须由撤销机关请求法院撤销。债务人于破产宣告前所为之无偿或有偿行为,有损于债权人之权利,依"民法"规定可撤销者,破产管理人应声请法院予以撤销(我国台湾地区"破产法"第 78 条);反之,破产管理人可撤销的偏颇行为,非由法院撤销,而是通过撤销人的意思表示予以撤销。例如,债务人在破产宣告后 6 个月内为现有债务提供担保(但不包括债务人在破产宣告前 6 个月已承诺为该债务提供担保者),或是债务人清偿未到期的债务。然而,这种区分是否必要,值得怀疑。因为此二者的目的都是将逃逸的资产回复给破产财团,其必以诉讼方式为之者,显得毫无必要。

换句话说,如果双方在行使撤销权方面没有争议,或者不需要起诉请求回复原状,就没有必要提起诉讼。"债务清理法"修正草案延续了"消费者债务清理法"的方向,不再区分行使撤销权的方式,而是由管理人或监督人通过意思表示行使撤销权,无须声请法院撤销,其之理由与"消费者债务清理法"一致。有关撤销权行使的

---

〔1〕 本段主要内容汇编自沈冠伶:《债务清理程序之撤销权制度与撤销诉讼》,载《台大法学论丛》2011 年第 3 期;吴明轩:《"债务清理法"修正草案之商榷》,载《月旦法学杂志》2014 年第 6 期。

规定发生变化后,如若管理人或监督人行使撤销权后,撤销相对人,也就是受益人仍未回复原状于债务清理财团时,原告得以受益人对应负回复原状之责为由提起诉讼,诉讼标的为回复原状的给付请求,此非形成之诉,而是给付之诉。因此,“债务清理法”完成后,此之债务清偿撤销权的行使与我国台湾地区“民法”规定的债权人撤销权的行使将有所不同,此时“民法”所规定的债权人撤销权制度是否应该保留,即值检讨。[1]

学者吴明轩认为,我国台湾地区现行“破产法”第 78 条规定“债务人在破产宣告前所为之无偿或有偿行为,有损害于债权人之权利,依我国台湾地区‘民法’之规定得撤销者,破产管理人应声请法院撤销之”。破产管理人依此规定行使撤销权,仍须依我国台湾地区“民法”第 244 条第 1 项或第 2 项规定,提起撤销诈害行为之诉,并待受胜诉判决确定,始生撤销之效力;[2]而破产管理人依“破产法”第 79 条行使撤销权,仅须以意思表示向债务人为之,即生撤销之效力。如以诉讼方式请求撤销,法院应以其诉讼并无保护必要,而以判决驳回之。

关于诈害行为之撤销,“债务清理法”修正草案第 400 条第 1 项规定:“债务人于法院裁定开始债务清理程序前所为之下列行为,有害及债权者,除本法别有规定外,监督人或管理人得撤销之:一、无偿行为。二、有偿行为,于行为时明知有损害于债权人之权利,受益人于受益时亦知其情事(以下三、四款省略)。”此项修正之内容,与我国台湾地区之“破产法”第 78 条及“民法”第 244 条之规定完全相同,仅行使撤销权之方法,乃由破产管理人诉请法院撤销,改为由监督人或管理人以意思表示撤销即可,两者有显著之区别。

“债务清理法”修正草案所持理由,系以:“为使债务清理程序迅速进行,避免采取诉讼方式,浪费法院及关系人劳力、时间及费用。”且此项撤销为“民法”第 244 条之特别规定,债务清理程序开始后,一律由监督人或管理人以意思表示行使之,不许债权人再依“民法”第 244 条“提起撤销诉讼”为论据。如此修正,显有问题。盖我国台湾地区“民法”规定得撤销之法律行为甚多,关于撤销权行使之方法,原则上由撤销权人以意思表示为之(我国台湾地区“民法”第 116 条),然对于极为重要

〔1〕 郑玉山:《特定物债权撤销诉权之行使:台湾地区“民法”第 244 条第 3 项修正之回顾与展望(二)》,载《法学丛刊》,2011 年(总第 222 期)。

〔2〕 破产人在破产宣告前所为之有偿行为,有损害于债权人之权利,依“破产法”第 78 条之规定,破产管理人固得声请法院撤销之,唯仍应以依我国台湾地区“民法”第 244 条第 2 项之规定得撤销者,始得撤销之。

之法律行为,因其对于关系人之影响重大,特别另以法律明定撤销权人得向法院请求撤销之。如消灭婚姻或收养关系之撤销权,即明文规定撤销权人"得向法院请求撤销之"(我国台湾地区"民法"第 989 条至第 997 条、第 1079 条之 5)。亦即撤销权人遇有结婚或收养撤销之原因,如欲消灭该婚姻或收养关系,必须据以向法院提起撤销婚姻或收养关系之诉,经法院判决其胜诉确定,始生撤销之效力。如其行使撤销权仅以意思表示为之者,自为法所不许。

我国台湾地区"民法"第 244 条明定债权人撤销诈害行为,应以向法院提起撤销之诉方式为之,其目的在对撤销诈害行为之重视,提升至与撤销身份行为同一位阶。因此,在我国台湾地区"民法"第 244 条修正为得以意思表示之前,不应以修正"破产法"之方法突破"民法"所设之限制。盖民事规定为实体规定,在规范当事人间之权利义务关系,破产规定为程序规定,其目的在为实体规定所定权利之实行,不能变更权利之本质。

我国台湾地区"民法"第 244 条规定之内容与"债务清理法"修正草案第 40 条第 1 项第 1 款及第 2 款之规定完全相同,所不同者,仅行使撤销权,前者由债权人自己行使,后者由监督人或管理人为债权人全体行使而已。如依"债务清理法"修正草案第 40 条第 1 项第 1 款及第 2 款规定完成规制程序,不仅有程序规定能否变更实体规定本质之争议,抑且在实务上亦窒碍难行。试举一例:债权人于债务清理程序开始前,依我国台湾地区"民法"第 244 条第 1 项或第 2 项规定,对债务人及受益人提起撤销诈害行为之诉,在诉讼系属中,开始债务清理程序,诉讼程序因开始债务清理程序而中断,改由监督人或管理人承受诉讼(我国台湾地区"民事诉讼法"第 174 条)。在债权人起诉时,提起撤销诈害行为之诉,应以诉为之;开始债务清理程序后,改由监督人或管理人承受诉讼,撤销诈害行为之方法,仅须以意思表示为之,即生撤销之效力。法院遇此情形,应如何处理,十分棘手。[1]

四、结论

我国台湾地区邀请学者专家组成"破产法"研究修正委员会,就"破产法"之制度体例,进行全面检讨及修正,完成"债务清理法"修正草案。其目的在于将债务清理制度作全面之检讨及修正,除将适用之范围扩及重整、公法人之债务清理等外,

---

〔1〕 吴明轩:《"债务清理法"修正草案之商榷》,载《月旦法学杂志》2014 年第 6 期。

并将公司及金融机构合并有关重整之规定删除,并入"债务清理法"修正草案。唯其若干规定与法理不合,或与现行规定多有冲突;凡此种种,宜再为斟酌,不应贸然实施。[1]

---

〔1〕 吴明轩:《"债务清理法"修正草案之商榷》,载《月旦法学杂志》2014 年第 6 期。

日本中小企业基本法

刘子巍[*] 译

第一章 总 则

第一条 【目的】本法的目的是，通过对中小企业相关措施的基本理念、基本方针、国家与地方公共团体的相关权利义务以及其他事项作出规定，以一系列综合手段推进相关政策的实施，实现国民经济和国民生活的健全发展。

第二条 【中小企业者的范围与用语的定义】根据本法作为政策实施对象的中小企业者，如以下各项所载。其范围的确定是为了有效实现本法的目标和基本理念。

1. 以制造业、建筑业、运输业或其他行业（以下列举除外）为主营业务，其资本金或出资总额在三亿日元以下以及固定员工人数在三百人以下的公司和个人。

2. 以批发业为主营业务，其资本金或出资总额在一亿日元以下以及固定员工人数在一百人以下的公司和个人。

3. 以服务业为主营业务，其资本金或出资总额在五千万日元以下以及固定员工人数在一百人以下的公司和个人。

4. 以零售业为主营业务，其资本金或出资总额在五千万日元以下以及固定员工人数在五十人以下的公司和个人。

本法中的"经营革新"是指，通过开发、生产、提供新商品、新劳务，或引入新的商品生产或销售模式、劳务提供方式、经营管理方式，或采取其他新的业务活动，以在相当程度上改善经营。

---

* 刘子巍，京衡律师事务所律师。本文系浙江省委政法委、浙江省法学会 2022 年度法学研究重点课题（编号：2022NC03）"共同富裕背景下浙江中小企业破产重整模式探索"的阶段性成果。

本法中的“创造性的业务活动”是指,在以经营革新或创业为目标的业务活动中,灵活运用具有显著新颖性的技术或创造性的经营管理方法。

本法中的“经营资源”是指,能够在业务活动中灵活运用的设备、技术、个人拥有的知识或技能或其他资源。

本法中的“小规模企业者”是指,固定员工大致在二十人(如以商业或服务业为主营业务,则为五人)以下的业者。

第三条 【基本理念】中小企业在不同行业开展有特色的业务活动、提供多样的就业机会、为个人提供施展才华的机会,以此形成了日本经济的基础。特别是,多数中小企业者通过创造性的方式提高经营水平、形成新产业、扩大就业机会、促进市场竞争和地方经济活性化,使得日本经济活力得以维持和强化,这也是中小企业的重要使命。鉴于此,为了激励中小企业自主努力成长,有必要促进其经营革新和创业、强化其经营基础、帮助其顺利适应经济社会环境的变化、实现多样化且有活力的成长。

在中小企业实现多样化的有活力的成长过程中,小规模企业开展具备地域特色的业务活动,通过提供就业机会等方式为地域经济稳定、提高居民生活水平、促进交流等作出贡献的同时,通过开展创造性的业务活动、形成新产业等方式为日本经济社会发展作出贡献。考虑到这方面的意义,为了激励独立的小规模企业者的自主努力成长,有必要提供一系列有助于其开展业务活动的业务环境,以最大限度发挥其活力。

第四条 【国家的职责】国家基于前述的基本理念(以下简称基本理念),有义务制定并推行与中小企业有关的综合性措施。

第五条 【基本方针】政府基于以下基本方针,制定与中小企业有关的政策。

1. 以促进中小企业者的经营革新以及创业或创造性业务活动为目的。

2. 通过顺利确保中小企业经营资源、与中小企业相关交易的正常化等方式,实现中小企业经营基础的强化。

3. 即时响应经济社会环境的变化,通过稳定中小企业的经营、确保其顺利转变业务等方式实现对变化的适应。

4. 确保中小企业资金供给便利性和中小企业自有资本充实性。

第六条 【地方公共团体的职责】地方公共团体按照上述基本理念,与国家适当分担职责,就其区域范围内有关中小企业的自然、经济、社会等条件,有责任制定并推行相关措施。

第七条 【中小企业者的努力等】中小企业者为了及时响应经济社会环境的变化并实现业务发展,应当致力于经营和交易条件的改善。

与中小企业开展业务有关的其他同业组织或团体,在开展业务活动中,应当主动与中小企业者一道实现本法的基本理念。

中小企业者以外的其他人,在开展业务活动中涉及中小企业,应当协助国家和地方公共团体发布的有关中小企业的政策得以实施。

第八条 【针对小规模企业的政策方针】国家按照以下方针,制定针对小规模企业者的与中小企业相关的政策。

1. 小规模企业对于地域经济稳定、提高居民生活水平、促进交流等有着积极作用和重要意义。通过确保适当且充分的经营资源,以推动地域小规模企业开展持续性业务活动,同时,与多方主体协同推进,实现地域业务活动的活性化。

2. 小规模企业对于将来我国经济社会发展有着积极作用和重要意义,在小规模企业成长过程中,根据实际情况提供有助于实现切实有效发展的必要外部环境。

3. 鉴于多数小规模企业面临经营资源匮乏的困难,在推动和改善小规模企业经营的同时,根据小规模企业的实际状况,在金融、税制、情报提供等事项上进行必要考虑。

第九条 【法制等方面的措施】政府为了推进中小企业相关政策的落实,有必要出台法制、财政、金融方面的措施。

第十条 【调查】政府应听取中小企业政策审议会的意见,定期对中小企业的实际情况进行必要的调查,并公布结果。

第十一条 【年度报告等】政府每年必须向国会提出关于中小企业动向以及政府对中小企业所采取措施的报告。

政府必须每年听取中小企业政策审议会的意见,在考虑有关前款报告中的中小企业的动向后,应明确要采取的措施,并形成书面文件提交给国会。

第二章 基本措施

第一节 中小企业的经营革新与创业促进

第十二条 【促进经营革新】为了促进中小企业的经营革新,国家应当采取措施促进与新商品或新业务开发有关的技术研究,引入显著提高商品生产或销售效率的设备,引入对商品开发、生产、运输和销售进行统一管理的新型经营管理模式,或者其他的必要措施。

第十三条 【促进创业】为了促进中小企业创业(尤其是通过女性和青年的力量),国家在采取提供创业相关信息、提供充实的研修机会、便利创业资金供给或其他必要措施的同时,应致力于增进国民对创业的意义及其必要性的关心和理解。

第十四条 【促进创造性的业务活动】为了促进中小企业开展创造性的业务活动,国家应当采取措施促进在商品生产、销售、劳务提供等方面有显著新颖性的技术研究,出台多种必要的制度或措施以便利资金筹措,包括对创造性的业务活动而言必要的人力资源、资金股份、公司债或其他手段。

第二节 中小企业经营基础的强化

第十五条 【确保经营资源】为了改善经营方法、提高技术或确保其他对强化中小企业经营基础确有必要的资源,国家有必要采取以下措施。

1. 为了中小企业能够引入设施或设备,促进相关设施或设备的整备。

2. 为了中小企业能够提高技术,促进相关的研究开发,并鼓励中小企业者积极参与相关开发,推动国家、独立行政法人、地方公共团体或其他地方独立行政法人下属的研究机构以及大学与中小企业的协作以及技术研究、专业人员培养等事项。

3. 为了中小企业能够获得有用的知识,在对经营管理者加强培训的同时,提供与新业务开拓相关的其他信息。

除前款规定外,根据中小企业的需求,国家通过提供信息、指导或其他方式,提供各种配套制度以确保中小企业者的经营资源。

第十六条 【促进海外业务的开拓】国家既要促进中小企业开展国内业务,也要促进中小企业开拓海外业务。国家在采取提供海外业务相关信息、加强培训、便利资金供给等必要措施的同时,也应该采取措施增进中小企业商品或劳务在海外的接受度。

第十七条 【促进信息通信技术的活用】为了促进中小企业对信息通信技术的活用,国家应当采取以充实信息通信技术相关信息、实现资金供给便利化等为内容的必要措施。

第十八条 【促进交流或协作、协同化】为了推进中小企业者相互之间的资源互助,国家应当采取以推进中小企业者的交流或者协作、构建中小企业者业务协同化组织等为内容的必要措施。

第十九条 【产业集聚活性化】以产业集聚活性化为目标,在自然、经济、社会条件等方面具有一体化特征的区域内,国家应当采取措施以促进相当数量的同业或高度关联的中小企业达成有机协作。

第二十条 【商业集聚活性化】以商业集聚活性化为目标,在相当数量的中小零售业者或中小服务业者聚集的商业街或其他区域内,国家应当采取措施以促进顾客或其他居民的利用便利或推进共享店铺的设置。

第二十一条 【推行与劳动相关的政策】在采取措施使中小企业劳资关系正常化和提高职工福利的同时,为确保中小企业必要的劳动力,国家应采取措施以加强职业培训和职业介绍等业务。

第二十二条 【交易的正常化】为了实现中小企业相关交易的正常化,国家应当采取防止承包价款拖欠的措施以及其他使得交易条件明确化的必要措施。

第二十三条 【来自国家等的订单机会的增加】为了促进中小企业相关商品和劳务的供给,在与国家等方面相关的物品、劳务的筹措上,国家应当采取措施确保增加中小企业者接受相关订单的机会。

第三节 顺利适应社会经济环境变化

第二十四条 受到贸易结构、原材料供给情况或其他对经济社会环境带来显著变化的事项的影响,当同一地域或同一业务范围内相当数量的中小企业者的业务活动面临显著障碍或者有面临显著障碍之虞,国家应当采取措施以确保中小企业经营的安定以及业务转换的便利性。

为了防止中小企业者的利益受到他人不当侵害,国家应当制定确保中小企业经营安定化的制度与措施。

为了防止中小企业因交易相对方的破产而陷入破产境地,国家应当制定中小企业相关的共济制度。

为了实现中小企业业务再生、承继或者歇业的便利化,国家应当制定事业再生、事业承继、小规模企业共济等必要的制度。

国家在制定和实施前项政策时,应当从便利中小企业从业人员就业的角度进行考虑。

第四节 资金供给的便利化与自有资本的充实

第二十五条 【资金供给的便利化】为了实现中小企业资金供给的便利化,国家应当采取必要措施,加强政府背景金融机构的职能、充实信用补充保证制度、指导民营金融机构对中小企进行适当的资金融通。

第二十六条 【自有资本的充实】为了充实中小企业的自有资本、强化其经营基础,国家应当采取措施实现对中小企业投资的便利化,并使得中小企业的租税负担适当化。

第三章 中小企业相关的行政机构

第二十七条 国家和地方公共团体在同心协力推行中小企业相关政策的同时,还应当努力完善行政组织的设置、提高行政运营的效率。

第四章 中小企业政策审议会

第二十八条 【机构设置】国家在经济产业省下设“中小企业政策审议会”(以下简称审议会)。

第二十九条 【权限】审议会享有本法规定的权限,除此之外,按照经济产业大臣或其他相关大臣的咨询,对本法相关的重要事项进行调查审议。

审议会可就前款规定事项向经济产业大臣或其他相关大臣陈述意见。

除前两款规定之外,审议会享有根据中小企业等协同合作社法、中小企业支援法、小规模企业共济法、承包中小企业振兴法、中小零售业振兴法、为确保中小企业业务活动机会的大型企业业务活动调整相关法律、为确保中小企业劳动力和良好雇佣机会的雇佣管理改善促进相关法律、商工会和商工会议所关于支援小规模事业者的相关法律、中小企业等经营强化法、促进流通业务综合化及效率化的相关法律、促进中小企业者与农林渔业者协同的相关法律、促进以商业街活性化为目的的居民需求的相关法律、产业竞争力强化法、小规模企业振兴基本法的法律规定的权限。

第三十条 【组织】审议会由三十人以内的委员组成。

委员从对前条第一款规定有学识经验的人中挑选,由产业经济大臣任命。

委员是兼职职务。

除第二款规定之外,根据相关政令,审议会的职员由产业经济大臣任命。

第三十一条 【提交资料等的要求】审议会为处理事务,在必要的时候,可以要求相关行政机关负责人提供资料、陈述意见以及提供其他必要帮助。

第三十二条 【委任规定】除本法规定之外,有关审议会的组织及管理的必要事项,由政令规定。

附　　则

本法自公布之日起施行。[1]

---

〔1〕 昭和三十八年(1963 年)法律第百五十四号,令和二年(2020 年)法律第五十八号修正。

日本中小企业事业再生等指引

刘子巍* 译

译者按:2022 年 3 月 4 日,日本"中小企业事业再生等相关问题研究会"(以日本全国银行协会为牵头单位,成员包括来自金融机构、产业界、律所等各方面的专家学者)正式公布了《中小企业事业再生等指引》,[1]并于 4 月 1 日发布了"实务问答 Q&A",本指引自 4 月 15 日起实施。本指引的发布是对 2021 年 6 月日本政府《成长战略实行计划》的具体落实,对日本中小企业摆脱新冠疫情影响有着深远意义。本指引区分中小企业发展阶段为"日常""危机""后续跟进"等不同阶段,并分别明确了中小企业、金融机构等不同主体的作用,强调各方的通力协作,重申了庭外债务清理的基本理念,并设立了准则型的庭外重组程序,即"以中小企业事业再生等为目的的庭外重组程序"。中小企业重整是当前我国破产法理论研究与实务探索的热点,日本中小企业庭外重组的实践探索无疑能为我们带来参考。

一、指引的目的等

(一)序言

关于中小企业事业再生、歇业(以下简称事业再生等)这一问题,在 2021 年 6 月日本政府公布的《成长战略实行计划》的基础上,为了实现利害关系人之间的共识,并将事业再生等相关制度的综合思考与具体流程等汇总为指引,2021 年 11 月

---

* 刘子巍,京衡律师事务所律师。本文系浙江省委政法委、浙江省法学会 2022 年度法学研究重点课题(编号:2022NC03)"共同富裕背景下浙江中小企业破产重整模式探索"的阶段性成果。

〔1〕 原文参见中小企業の事業再生等に関する研究会「中小企業の事業再生等に関するガイドライン」,载"一般社团法人全国银行协会"网 2022 年 3 月 4 日,https://www.zenginkyo.or.jp/news/2022/n030401。

5 日,“中小企业事业再生等相关问题研究会”正式成立。本研究会汇集了来自金融界、产业界的代表,同时也引发了专家、学者等群体的热烈讨论,本指引的发表即为其成果之一。

2016 年,日本的中小企业数量约有 357.8 万家,占据了全国企业数量的 99.7%,中小企业的从业者数量约有 3220 万人,占据全体从业人员的 68.8%。2020 年以来全世界范围内扩散的新冠疫情给日本经济带来重大影响,中小企业尤甚。帮助致力于改善经营的中小企业渡过难关并朝着可持续成长的目标前进,实现作为债务人的中小企业与作为债权人的金融机构等的相互理解,并将事业再生等相关措施一体化推进,是很有意义的。本指引致力于实现中小企业维持、发展和事业再生等,期待有益于激活日本全国和地方的经济发展。

(二)目的

目的之一,中小企业有“日常”“危机”“事业再生计划成立后的后续跟进”等不同阶段,因此,本指引致力于明确中小企业、金融机构各自的角色,揭示中小企业事业再生等相关制度的基本要点。通过灵活运用本指引以及《经营者保证指引》,[1] 中小企业与金融机构之间的持续性的良好信赖关系得以建立并强化,在中小企业的金融促进、中小企业的发展阶段(包括初创、成长/发展、事业调整、早期事业再生、开始事业清算、灵活的事业继承、新事业的开始等)等方面,中小企业采取相关拯救措施的意愿得以强化、中小企业的活力显著增强,这是本指引的一个目的。本指引第二部分虽无法律约束力,但我们期待作为债务人的中小企业和作为债权人的金融机构等群体以及其他利害关系人能够自发尊重并遵守本指引。

目的之二,为了尽快摆脱 2020 年以来世界范围内流行的新冠疫情的影响,同时使中小企业能够更加迅速、灵活地进行事业再生,本指引制定了新的准则型的庭外重组程序,即“以中小企业事业再生等为目的的庭外重组程序”。该程序的目标是,通过基于中立、公平、公正立场的第三方专家对中小企业制定的事业再生计划和清偿计划的适当性、经济合理性等进行查证,以促进中小企业和金融机构等主体迅速、灵活地启动庭外重组程序。本指引的第三部分介绍了在该程序中,中小企业、金融机构可以采取的新的应对措施。

---

[1] 《经营者保证指引》的中文译文,参见王卫国、郑志斌主编:《法庭外债务重组》(第 1 辑),法律出版社 2017 年版,第 361 页以下。

另外要补充说明的是,本指引第二部分、第三部分均以实现中小企业事业再生等为共通的理念,鉴于第三部分具有为了准则型庭外重组程序的实施而独立存在的内容,第二部分并非适用第三部分的前提条件。

(三)本指引适用的对象企业、对象金融机构等

本指引中作为适用对象的"中小企业"的定义,参照《日本中小企业基本法》第2条第1项的规定(含稳定职工数量在300人以下的医疗法人)。"小规模企业"的定义,参照《日本中小企业基本法》第2条第5项的规定。本指引中设有专门针对"小规模企业"的内容,在业务规模和实际状况等条件基本相符的情况下,即便不属于"小规模企业"的其他中小企业也能够适用相关的条文。

第二部分的"金融机构",是指对中小企业享有金融债权的银行、信用金库、信用合作社、劳动金库、农业协同合作社、渔业协同合作社以及其他官方金融机构。

第三部分的"对象债权人",原则上是指银行、信用金库、信用合作社、劳动金库、农业协同合作社、渔业协同合作社、其他官方金融机构、信用保证协会(若实施代位清偿,在行使求偿权的场合,也包括担保公司)、债权回收公司(从银行等机构收购债权)以及贷款机构等。但是,为了使以第三部分所规定程序为基础的庭外重组程序能够顺利开展,在必要的时候,也可以包括其他债权人。

二、关于中小企业事业再生等程序的基本要点

(一)日常阶段中小企业和金融机构的措施

1."日常"的重要性

在中小企业与金融机构的日常交易中,双方采取适时、适当的措施并构筑起信赖关系,这是极为重要的,而且这使中小企业从一开始就避免陷入危机。在日常采取适时、适当的措施,不仅具有防止中小企业陷入危机的功能,而且,假如中小企业确实陷入了危机,鉴于双方已经在日常交易中构筑起信赖关系,来自金融机构的迅速、灵活的支援就成为可能,对中小企业尽早事业再生进行资助的效果值得期待。为此,中小企业与金融机构各自应当在日常交易中努力做到以下内容。

2.作为债务人的中小企业应当努力采取的措施

(1)提高盈利能力,强化财务基础

中小企业应以根本上提高盈利能力为目标,制订营业计划并实施、评价、改善该计划,强化财务基础和信用。由此,中小企业在事业维持、发展时所需的适时、灵

活的资金筹措就变为可能。

(2)通过适时、适当的信息公开等方式确保经营透明性

关于经营状况、盈亏情况、财产(资产负债)状况(包括保证人等信息)、事业计划、业绩预期以及实施情况等(以下简称经营情报等),不论是自发的还是应金融机构的要求,中小企业应当以正确且值得信赖的方式进行公示和说明,以此努力确保经营透明性。同时,若经营情报等发生重大变动,中小企业也应当对此进行适时、适当的公布和说明。

在提高信息公开可信度的方面,除了法定的必须具备的财务报告等,中小企业厅、金融厅组成的事务局组织的"中小企业会计相关研讨会"所制定的《中小企业会计相关基本要点》,[1]和"中小企业会计相关指南制作研究会"[2]所制定的《中小企业会计相关指南》,[3]也应当积极、灵活地适用。此外,公认会计师和税务师等专业人士对相关经营情报等的验证也是需要的,且应当一并公示。对于小规模企业,在与其业务规模相符的场合下,也应努力确保上述措施在可能的范围内适用。

(3)法人与经营者的资产的区分管理

关于法人的业务、治理、资产等,中小企业要对法人与经营者的关系进行明确区分,法人与经营者之间的资金流通(包括职工报酬、奖金、分红、与经营者发生的借贷等)应当在社会通行观念上适当的范围内进行管理,通过运用一系列措施,努力实现法人与经营者的资产等进行适当的区分管理。

(4)预防性措施

处于日常状态的中小企业往往是由于自然灾害、交易对手破产等事件而突然陷入危机,或者因无法有效应对业务环境、社会环境的变化等而逐渐陷入危机,对此,中小企业应当提前设想。为了避免向危机演变,中小企业对于事业环境、社会环境的变化应当努力采取切实的措施,除了上述(1)至(3)项的措施之外,还包括迅速告知金融机构,努力获得金融机构或外部实务专家、官方机构或各地的商工会议所等单位的建议和指导。总之,中小企业既要着眼于资金周转的安定,又要制作

---

〔1〕 中小企業廳 事業環境部 財務課「中小企業の会計に関する基本要領」,载日本中小企业厅网 2012 年 4 月 20 日,https://www.chusho.meti.go.jp/zaimu/kaikei/pamphlet/2012/kihon/index.htm。

〔2〕 2005 年由日本税务师联合会、公认会计师联合会、商工会议所、企业会计准则委员会四家单位组成。

〔3〕 日本公認會計士協會、日本税理士會連合會、日本商工會議所、企業會計基準委員會「中小企業の会計に関する指針」,载日本税务师联合会网 2022 年 12 月 22 日,https://www.nichizeiren.or.jp/taxaccount/sme_support/guide/#guide。

且实行能够从根源上改善盈利能力的事业改善计划。同时,计划制订过程和实行过程中,遇到问题的时候,能够尽早得到金融机构或实务专家的建议和指导,也是很重要的。

3. 作为债权人的金融机构应当努力采取的措施

(1)经营问题的把握、分析等

金融机构在致力于构筑与中小企业信赖关系的同时,在中小企业公布、说明的经营情报等基础上,要努力把握中小企业的经营目标和问题,并且对此进行分析,识别中小企业的发展阶段、事业维持与发展的可能性等。另外,金融机构也要帮助中小企业充分认识到自己的经营目标和问题,敦促中小企业采取措施实现目标、解决问题。

(2)提出最合适的解决方案

为了中小企业能够实现目标、解决问题,暂且不论主要与非主要交易方的区别、固有融资与信用保证协会担保贷款的区别,在准确识别中小企业发展阶段等问题之后,针对该发展阶段,金融机构应站在中小企业的立场,适时、能动地提出最适当的解决方案。此时,如有必要,在与其他金融机构、实务专家、外部机构等方面密切协作的同时,也要灵活运用国家和地方公共团体的中小企业支援政策。

(3)真诚对待中小企业

在敦促中小企业通过适时、适当的信息公开等方式确保经营情报等的透明性的同时,金融机构基于已掌握的事实和内容,应当采取真诚的措施对待中小企业。

(4)先兆管理

处于日常状态的中小企业往往是由于自然灾害、交易对手破产等事件而突然陷入危机,或者因无法有效应对业务环境、社会环境的变化等而逐渐陷入危机,这是完全可以设想的。金融机构在致力于把握相关先兆的同时,应根据需要,推动中小企业加深对可能发生的危机的认知,敦促其制定事业改善计划并加以实施。另外,当收到中小企业请求指导的时候,金融机构在协助制定事业改善计划(包括后续的跟进)、支持事业重建的同时,对于这一过程中发生的问题,应当提出有助于解决问题的方案。

(二)危机阶段中小企业和金融机构的措施

中小企业在盈利能力低下、债务过剩等引发财务指标和资金周转恶化的同时,陷入经营困境或者有陷入经营困境之虞(本指引中所称的"危机"),为有效应对此种情况,中小企业应尽早改善经营,同时考虑启动事业再生等程序。

基于这样的考虑,2001 年《法庭外债务重组指引》[1]制定以来,应对危机的各种准则型庭外重组程序逐渐完备,在程序推进过程中,中小企业和金融机构也有各自的考量。在处于危机阶段的中小企业力图顺利推进事业再生等程序的同时,在充分理解中小企业、金融机构双方立场之上,构建一体化的面向事业再生等程序的各类措施是很重要的。因此,为了致力于中小企业迅速、顺利启动事业再生等程序,本指引揭示了中小企业与金融机构在推进事业再生等程序时的一些基本要点。

1. 作为债务人的中小企业应当努力采取的措施

(1)经营状况、财务状况的适时、适当公开等

中小企业在力求事业再生时,应当将经营情报等对金融机构进行正确、慎重、可信地公开和说明。另外,关于信息公开的可信度,应该附上公认会计师、税务师等专业人士的查证结果。若经营情报等发生重大变动,中小企业也应当对此进行适时、适当的公布和说明。

(2)从根本上恢复盈利能力

根据 2021 年 6 月日本政府发布的《成长战略实行计划》,事业再生有多种方法。金融支援是其中之一,在危机阶段,从根本上恢复盈利能力是很重要的。在事业再生的推进过程中,对于中小企业自律的、可持续的成长,从根本上恢复盈利能力的相关措施是必要的。

(3)事业再生计划的制订

中小企业为了认识自身本质的经营问题并采取事业再生措施,根据需要,在向实务专家求助并获得支持的同时,应自行完成事业再生计划的制订。

关于事业再生计划的内容,根据中小企业所处的不同状况,在金融债务减免等措施确有必要的场合,内容可行性、申请金融支援的必要性与合理性、金融债权人之间的平衡以及对于金融机构的经济合理性乃至经营者责任和所有者责任的明确化,都是应当具备的。

(4)危机阶段的不同应对

危机阶段的措施,除了要考虑中小企业所处的事业环境之外,也要考虑到,事

〔1〕 相关介绍,参见王卫国、郑志斌主编:《法庭外债务重组》(第 1 辑),法律出版社 2017 年版,第 270 页以下。

业再生计划的具体内容、金融支援等是多种多样的,各自的形态和发展是不同的,未必是按照下述记载①至④的顺序进行推演,以下仅仅是一些典型的阶段性措施供参考。

① 延期清偿等有条件缓和确有必要之场合

中小企业通过事业改善计划的制订和实施,自力实现根本上的盈利能力改善、非主营业务资产的变价处置等,而债务本金清偿仍旧困难,在不得已的情况下,为了资金周转的安定性,可以考虑申请金融机构对本金清偿的缓和或者其他债务清偿条件的缓和(以下简称有条件缓和),另外在防止资金急剧流失确有必要的时候,申请本金清偿的暂时停止、暂时缓和也是可以考虑的。

中小企业得到上述有条件缓和时,既要接受金融机构、实务专家的支持和指导,同时要探明陷入危机的原因,通过事业再生计划的制订和实施,努力实现盈利能力的恢复。

② 债务减免等彻底的金融支援确有必要之场合

中小企业在得到有条件缓和、努力实现盈利能力恢复但金融债务全额清偿仍有困难时,在不得已的情况下,为了实现事业再生,应考虑在必要且合理的范围内采取金融债务减免或者其他债务资本化等(包括债转股,以下简称债务减免等)措施。此时的中小企业,应当明确经营者责任和所有者责任。

③ 采取上述①、②措施后事业再生仍有困难之场合

在此种场合下,通过投资者的支持、经营的共同化等使事业再生得以迅速、切实推进,这些对策是值得认真考虑的。在投资者支持确有必要的场合,既需要金融机构、实务专家的支援和指导,也需要努力实现投资者选定程序的透明性。

④ 采取上述①、②、③措施后事业再生仍有困难之场合

中小企业在得到有条件缓和、债务减免等金融支援,努力实现盈利能力恢复,但赤字仍然继续、资金流失仍然无法停止的场合,就要考虑事业废止(歇业)。具体而言,在通过投资者支持能够摆脱赤字实现事业继续的场合,需要考虑向投资者进行事业转让等,而在投资者支持难以企盼的场合,需考虑尽早歇业并实施清算。

2. 作为债权人的金融机构应当努力采取的措施

(1)事业再生计划制作的支持

陷入危机的中小企业在制订事业再生计划时,中小企业对经营问题形成深刻

认识并采取改善经营的相关措施是必要的。此时的金融机构,既要提供实现计划制作中政府认为必须具备的支援,又要帮助中小企业评估事业再生计划的合理性和可行性。另外,在中小企业无法自主制定事业再生计划的场合,既要得到中小企业的理解,也要为事业再生计划的制订提供积极、持续的支持。

(2)专家的灵活运用

在金融机构单独提供制作事业再生计划所必需的支援确有困难之时,以及支援过程中债权人之间复杂的利益调整确有必要之时,从提高该支援的切实性、实效性的角度来看,实务专家、第三方外部机构的观点、专业知识和积极作用,无疑能够为计划的制定提供积极的支持。另外,如有必要,对中小企业享有直接融资债权的金融机构,应当与信用保证协会一道,共同对计划的内容和措施进行协作。

(3)危机阶段的不同应对

中小企业在经营情报与财务情报的公开、根本上恢复盈利能力、为事业再生计划的制订付出真诚努力的场合下,根据不同中小企业所处的具体状况,以下的措施是金融机构可以考虑采用的。

①中小企业提出的有条件缓和申请得以接受之场合

在有条件缓和使事业再生可能性、必要性与合理性得到认可的场合,应当真诚考虑有条件缓和等的申请。

②中小企业提出的债务减免等的申请得以接受之场合

在金融债务减免使得事业再生可能性、债务减免等的必要性与金融机构的经济合理性得到认可,金融机构之间的平衡得以确保,经营者责任与所有者责任得以明确化的场合,在对客观经营规律和道德风险进行充分考量后,应当真诚考虑债务减免等申请。

③采取上述①、②措施后中小企业事业再生仍有困难、中小企业提出投资者支持的意向申请得以接受之场合

基于中小企业的意向,金融机构在可能的范围内为寻找适当的投资者支持提供帮助,是值得期待的。

④中小企业提出的歇业申请得以接受之场合

在中小企业提出歇业申请时,金融机构需要考虑向投资者进行事业转让带来的事业继续可能性,应当为中小企业自身、经营者等利害关系人所期待的解决方案

(包括第三部分中的"歇业型庭外重组程序")的制定提供帮助,包括适于中小企业再建的适当建议、中小企业在选择歇业时交易对手应当采取的灵活处理等。

(三)考虑适用庭外重组程序时应留意的问题

1. 保证债务的清理

在对中小企业的债务进行庭外重组的场合,在对该债务人相关的保证人的保证债务进行清理之时,保证人对《经营者保证指引》的灵活运用,以及与主债务的一体清理,都是可以努力的方向。另外,在中小企业庭内债务重组的场合,对《经营者保证指引》的灵活运用,以实现对该等保证债务的整理,也是值得期待的。

2. 各种程序的选择以及不同程序间的切换

中小企业、金融机构在考虑庭外重组程序和庭内重组程序时,应当保持真诚沟通并选择适用于中小企业实际情况的程序。

另外,中小企业庭外重组程序有可能因进展不顺而最终转入庭内重组程序或者其他类型的庭外重组程序。这种场合下,为了实现事业再生,中小企业与金融机构之间应当真诚协作以实现程序间的顺利转换。此外,在转换后的民事再生程序、公司更生程序或者其他的庭外重组程序中,对于转换前的庭外重组程序中达成的合意事项或同意事项,中小企业与金融机构应当予以尊重并确保其不违反法律的宗旨。

(四)事业再生计划成立后的跟进

1. 作为债务人的中小企业的措施

(1)推动事业再生计划的实施

中小企业应当最大限度活用自身经营资源、努力达成并实施以债务有条件缓和/债务减免等为前提的事业再生计划。

(2)向金融机构适时、适当的情况报告

在事业再生计划实行期间,中小企业应当正确、慎重、可信地公布、说明相关经营情报等,同时,在公布、说明的过程中,若事业再生计划、业绩预期等发生重大变动时,应当主动地进行适时、适当的公布与说明。

2. 作为债权人的金融机构的措施

在债务有条件缓和、债务减免等实行过程中,如有必要,金融机构不仅可以寻求实务专家等的帮助,还可以在事业再生计划达成与实施过程中进行持续性的监督,同时,可以进行业务沟通与指导、进度管理等。另外,如果发生了再生计划制订时未能预见的外部环境重大变化,根据需要,就再生计划是否需要修改等问题,在与中小企业、实务专家等进行讨论的同时,也可以采取各种妥当的协助,使中小企业能够认识到修改再生计划的必要性并最终协助其完成修改。

3. 计划与实施出现严重偏离时的措施

即便陷于危机的中小企业与金融机构、实务专家等进行真诚的沟通并达成事业再生计划,此后的发展也未必会严格按照计划进行。由此,自事业再生计划实施起的三个会计年度内,中小企业与金融机构等应当就事业再生计划的实施状况进行评估。

若经过评估,事业再生计划与实际情况发生严重偏离,中小企业应当与金融机构共同协作,对偏离的真正原因进行分析,并商议如何能够使计划顺利实施。经过商议,预计该计划的达成确有困难的情形下,在对客观经营规律和道德风险进行充分考量后,应当采取措施,对事业再生计划进行根本性改变或者向庭内重组、歇业等转换。

三、以中小企业事业再生等为目的的庭外重组程序(中小企业版庭外重组程序)

(一)作为对象的庭外重组程序

1. 本指引第三部分的以中小企业事业再生等为目的的庭外重组程序(以下简称本程序)是准则型庭外重组程序的一种,即不同于破产程序、民事再生程序、公司更生程序或特别清算程序等庭内重组程序(以下简称庭内重组程序),对于陷入经营困难的作为债务人的中小企业,在作为债务人的中小企业与作为债权人的金融机构达成合意的基础上,本程序通过采取债务(主要是金融债务)延缓清偿、债务减免等方式,在以中小企业顺利实现事业再生或歇业为目标的庭内重组程序中,基于下述第(四)、(五)点内容制作的事业再生计划(再生型的场合)或清偿计划(歇业型的场合)得以达成,对中小企业享有金融债权的债权人以及其他对象债权人(另,歇业型场合,不限于第一部分的规定,还包括租赁债权人)的相关权利得以调整。

2. 本程序的制定,既考虑了中小企业的特点,同时也得到了与面向中小企业的准则型庭外重组程序相关的金融界、产业界的共识。关于中小企业制定的事业再生计划或清偿计划的内容、成立要件、成立流程、金融机构的应对措施以及计划成立后的监督等事项,若其他的准则型庭外重组程序中没有具体规定的,中小企业及对象债权人可以参照并灵活适用本程序的规定。本程序也是以中小企业能够更广泛地运用准则型庭外重组程序为目标。

(二)本程序的基本要点

1. 本程序的准则是促进中小企业公正、迅速地开展庭外重组,在金融界、产业界代表和中立、公正的专家学者的共同努力下进行磋商。虽然不具有法律约束力,但是期待作为债务人的中小企业和作为债权人的金融机构以及其他利害关系人能够自发地尊重并遵守本程序的规定。

2. 与庭内重组程序相比,本程序中的中小企业事业再生等属于庭外重组程序,减少对事业价值和资产等的毁损,实现基于中小企业和对象债权人双方立场的适当性与合理性,是本程序的前提。

3. 本程序以对象债权人债务清偿延缓、债务减免等的协助为前提,当然,中小企业为了实现再生的自身努力也是必不可少,同时也要考虑到自然灾害、疫情等影响,也要对经营者责任和所有者责任进行明确。另,本程序主要适用于株式会社等,虽然规定了程序中的各种要件,但是对于个人的中小企业者,在不违反本程序宗旨的限度下,可以在适当、必要的范围内参照适用(例如,所有者责任的适用与否)。

4. 本程序以尊重公正衡平、确保公开透明为宗旨。

5. 对象债权人中,对债务人享有金融债权额占比靠前的债权人(按照金融债权额占比从高到低排序,单独或共同占比合计超过50%时的对象债权人。对于歇业型程序,也包括租赁债权人。以下简称主要债权人),可以与中小企业就是否申请进入本程序进行真诚而迅速地探讨,为了程序的顺利推进而互相协助。另外,在程序初期,主要债权人也可以与信用保证协会进行紧密沟通与协作。

6. 对象债权人应真诚助力本程序的实施。

7. 对象债权人与中小企业就本程序适用过程中所共享的相关情报互负保密义务。

(三)作为本程序适用对象的中小企业

1. 本程序中,当中小企业完全满足以下要件时,得适用"再生型庭外重组程序"。

(1)在盈利能力低下、债务过剩等引发财务指标和资金周转恶化的同时,陷入经营困境,仅通过自身努力进行事业再生存在困难。

(2)中小企业能够向对象债权人适时、适当、真诚地公开经营状况、财产状况等相关经营情报等。

(3)中小企业以及为中小企业提供保证的保证人,与反社会势力及其相关人员毫无牵连或牵连的可能。

2. 本程序中，当中小企业完全满足以下要件时，得适用“歇业型庭外重组程序”。

(1) 债务负担过重，在当前或者可见的将来确实无法清偿既存债务（在中小企业是法人的场合，也包括在当前或者可见的将来确实存在资不抵债的情形）。

(2) 在按照计划顺利推进歇业过程中，若中小企业有确保职工安置机会的可能、经营者能灵活运用《经营者保证指引》、创业或就业的再启动具有可能性等，尽早歇业的合理性应得以认可。

(3) 中小企业能够向对象债权人适时、适当、真诚地公开经营状况、财产状况等相关经营情报。

(4) 中小企业以及为中小企业提供保证的保证人，与反社会势力及其相关人员毫无牵连或牵连的可能。

(四) 再生型庭外重组程序

1. 程序的开始

(1) 中小企业在考虑运用本程序时，如有必要，可以向专家（包括律师、公认会计师、税务师、中小企业诊断师等专家，以下简称外部专家）寻求帮助，可以从公开的第三方支援专家（律师、公认会计师等专家，对启动再生型庭外重组程序或歇业型庭外重组程序的适格性有无进行认定。以下简称第三方支援专家）候选名单当中选择第三方支援专家。

(2) 中小企业在向主要债权人表明希望就是否启动再生型庭外重组程序进行磋商时，关于第三方支援专家的选任，需要得到主要债权人的全员同意，且第三方支援专家与中小企业及对象债权人之间无利害冲突。另外，除了前述第(1)项之外，在对象债权人全员同意的场合，也可以在名单以外选择第三方支援专家。

(3) 第三方支援专家应当真诚对待中小企业发出的支援申请。第三方支援专家在听取主要债权人意向后，经判断认为中小企业具有再生支援的可行性时，即可开始对中小企业财务状况的调查验证和对事业再生计划制订的支持。

2. 暂时停止[1]的申请

在前述 1. (3) 启动后的任一时机，在确有必要稳定资金周转之时，中小企业可

[1] 暂时停止，是指只要全体债权人表示同意，在一定期间内，即可以禁止回收债权、设定担保或禁止申请法庭内倒产程序的制度。参见［日］山本和彦：《日本倒产处理法入门》，金春等译，法律出版社 2016 年版，第 32 页。

以向对象债权人发出暂时停止的申请。在完全满足下列要件的场合,对象债权人应当真诚对待暂时停止的申请。

(1)暂时停止申请以书面作成(但是,全体对象债权人同意的除外),并同时向全体对象债权人发出。

(2)自程序开始前,关于债务清偿、经营状况、财务状况等信息,中小企业应当真诚处理,与对象债权人形成良好的交易关系。

(3)在事业再生计划草案有可能包含诸如债务减免等申请时,应当向对象债权人公布再生的基本方针(在预计不会包括债务减免等申请的事业再生计划草案制作过程中,也应该将这一情况披露在暂时停止的书面申请中)。

3. 事业再生计划草案的起草

(1)中小企业在自己或者外部专家的支持下,在适当期间内,应完成包含后续第4点所记载内容的事业再生计划草案。

(2)中小企业、外部专家、第三方支援专家以及主要债权人可以就与经营、财务、业务状况相关的调查分析报告和事业再生计划草案制作进展进行适当的磋商和探讨,此种磋商和探讨,如有必要,可以让主要债权人以外的其他债权人、意向投资人参加。

4. 事业再生计划草案的内容

(1)事业再生计划草案应包括以下内容。

①能够反映自身十分努力的信息,包括:

企业概况;

财务状况(资产、负债、净资产、收益)的变化;

保证人(若有)的资产与负债状况(在申请债务减免等的场合);

实际的资产负债表(在债务清偿缓和的场合并不是必需的);

陷入经营困难的原因;

为了事业再生而打算开展的具体措施;

今后的事业和财务状况的预期;

资金周转计划(包括债务清偿计划);

申请债务清偿延期或债务减免等(以下简称金融支援)所需的其他内容。

②在实质上资不抵债的情形下,预计事业再生计划成立后五个会计年度内化解实质性资不抵债(根据企业业务特点或其他特殊事项等合理因素,也不排除更长

的期间)。

③在经常利润为赤字的情形下,预计事业再生计划成立后三个会计年度内化解赤字(根据企业业务特点或其他特殊事项等合理因素,也不排除更长的期间)。

④事业再生计划实施完毕年度(原则上是指实质性资不抵债得以化解的年度),有息负债对现金流倍率约在十倍以下(根据企业业务特点或其他特殊事项等合理因素,也不排除更高的倍率)。

⑤在向对象债权人申请金融支援的场合,经营者责任应当明确。另外,在申请债务减免等场合,在所有者责任明确的同时,存在经营者保证的时候,保证人资产、保证债务的清理方式等也需要明确。

⑥事业再生计划草案中对权利关系的调整,应注意债权人之间的平等,关于债权人之间的负担比例,应从衡平性的观点进行个别商讨。

⑦在包含申请债务减免等内容的事业再生计划草案中,应具有优于破产程序清算保障价值的回收可能性,对于对象债权人而言具有经济合理性。另外,关于债务减免等必要的减免额度(包括债转股金额)的测算,应当以充分的信息公开为前提。

⑧如有必要,对地域经济发展、地方振兴的贡献,以及避免交易对手连锁破产等对地域经济有影响的因素,也应当有所考虑。

(2)除了上述(1)的规定之外,小规模企业在制作不包含申请债务减免等事业再生计划草案时,若具备以下① + ③或者② + ③的内容,则即便不具备前述(1)中②至④的内容也无妨。

①计划执行期间终结后业绩良好,并且财务内容不具有特别的问题。

②事业再生计划成立后第二个会计年度(不含事业再生计划成立的当年)起,持续三个会计年度,营业现金流为正。

③小规模企业的事业持续运营,对小规模企业经营者等的生活维持有益。

5. 事业再生计划草案的调查报告

(1)第三方支援专家基于独立于债务人和对象债权人的公平立场,对收益性和可预见性进行考虑,就事业再生计划草案的内容的适当性与可行性进行调查,原则上要制作调查报告书并向债权人提交。另外,在包含申请债务减免等内容的事业再生计划草案的情形下,调查报告书的制作是必须的,且此时第三方支援专家中必须有律师。

(2)关于调查对象,应包含以下①至④的内容。当事业再生计划草案中包含申请债务减免等内容的情形下,应包含以下①至⑤的内容。另外,若事业再生计划草案中有相关记载,则⑥也是需要的。

①事业再生计划草案的内容适当性。[1]

②事业再生计划草案的实施可能性。

③金融支援的必要性。

④金融支援内容的适当性与衡平性。

⑤与破产程序中清算保障价值相比的经济合理性(进行庭外重组程序的经济合理性)。

⑥对地域经济的影响。

6. 债权人会议的召开与事业再生计划的成立

(1)中小企业制作事业再生计划草案后,在中小企业、主要债权人以及第三方专家的共同努力下,原则上要召开面向全体对象债权人的债权人会议。在债权人会议上,债务人应当对全体对象债权人提交、说明事业再生计划草案,第三方支援专家要报告事业再生计划草案的调查结果,同时,对事业再生计划草案的说明、解答和意见交流也是必要的,且要明确债权人对再生计划草案表决的期限。另外,如果能够充分对事业再生计划草案进行说明等,则不开债权人会议也无妨。

(2)对事业再生计划草案持反对意见的债权人,也应该尽快将其理由如实告知第三方支援专家。

(3)中小企业、主要债权人与第三方支援专家在与对象债权人磋商后,根据需要,可以对事业再生计划草案进行修正,努力与对象债权人达成共识。

(4)征得全体对象债权人对事业再生计划草案的同意之后,第三方支援专家将其用文书进行确认之时点,即为事业再生计划成立之时。自此,中小企业应负担事业再生计划之义务,对象债权人之权利应根据事业再生计划的规定进行调整,金融支援等事项按照事业再生计划进行处理。

(5)在事业再生计划草案未征得全体对象债权人同意的场合,第三方支援专家宣布本程序终结,此时,债权人所受暂时停止的效果终止。

---

[1] 中小企业应满足前述(三)第1点的内容。

7. 保证债务的清理

在中小企业进行再生型庭外重组程序(仅限于包含申请债务减免等内容的事业再生计划)的场合,若对该债务相关的保证人的保证债务进行重组,则保证人应当如实公布资产状况,原则上,可以灵活运用《经营者保证指引》,努力将主债务与保证债务一并清理。

8. 事业再生计划成立后的监督

(1)事业再生计划实施状况的监督

①关于事业再生计划成立后的实施状况,外部专家和主要债权人可以定期监督。但是,在事业再生计划不包含申请债务减免等内容的场合,主要债权人在中小企业的配合下进行监督足矣。

②原则上以事业再生计划成立起的三个会计年度(包括事业再生企业成立当年)为监督期间,若基于企业状况和事业再生计划内容等方面的考量,可以进行必要的调整。

③根据监督的结果,主要债权人可以对中小企业实施事业再生计划提出建议。

④在监督期限终结时,根据事业再生计划实施状况,主要债权人得决定是否继续监督。

(2)事业再生计划的变更等

从前述的监督来看,若事业再生计划的实际实施情况出现了重大偏离,中小企业与主要债权人应当对偏离的真正原因进行分析。在尊重客观经营规律和避免道德风险的基础上,中小企业和主要债权人可以考虑相应的应对措施,包括:对事业再生计划进行变更、采取更加彻底的重建、庭内重组程序、歇业等。另外,在中小企业和主要债权人都认为选择歇业更为合适的情形下,中小企业和主要债权人应通力合作,考虑是否启动下文所述的“歇业型庭外重组程序”,并努力促成程序间的顺利转移。

9. 与歇业型庭外重组程序的关系

在考虑是否启动再生型庭外重组程序时,若第三方支援专家或主要债权人认为不具有继续经营的可能性,加之中小企业自身也希望转入歇业,则中小企业、第三方支援专家和主要债权人可以共同携手,朝着包括歇业型庭外重组程序在内的各种方向努力。在再生型庭外重组程序向歇业型庭外重组程序转换的过程中,若征得主要债权人全体同意,中小企业和外部专家可以就歇业型庭外重组程序中的一些事项(如清偿计划草案的制订等)开展工作,如有必要,参与再生型庭外重组程序的第三方支援专家可以继续提供帮助。

(五)歇业型庭外重组程序

1. 歇业型庭外重组程序的开始

(1)中小企业可以与外部专家一同向主要债权人提出启动歇业型庭外重组程序的意向,并进行磋商。

(2)外部专家在尊重主要债权人意愿的情况下,开始对中小企业的资产负债情况、收益情况进行调查验证,并为清偿计划制订的工作提供支持。

(3)如有必要,自前述(2)的时点以后,在征得主要债权人全体同意的情形下,中小企业和外部专家提出暂时停止的申请,在完全满足以下条件的情形下,债权人应真诚响应暂时停止的申请。中小企业和外部专家在适当期间内向对象债权人提交后述第3点的清偿计划草案,否则,应当向对象债权人提交适当的说明,若未得到对象债权人的谅解,则暂时停止的效果终止。

①暂时停止的申请应以书面形式作出(但是,全体对象债权人同意不必书面提交的除外),且应当同时向全体对象债权人提交。

②中小企业应当如实公开程序开始前的债务清偿状况、经营状况、财务情况等,努力与对象债权人建立良好的交易关系。

2. 清偿计划草案的起草

(1)中小企业在适当期间内自行(或者在外部专家的帮助下)制作包含以歇业为目的的资产变价等必要内容的清偿计划草案。

(2)中小企业、外部专家以及主要债权人可以就财务、经营、业务方面的调查分析以及清偿计划草案的制作进展等进行适当的磋商和讨论。如有必要,主要债权人以外的其他债权人也可以参加。

3. 清偿计划草案的内容

(1)清偿计划草案应包括以下内容。

①能够反映自身十分努力的信息,包括:

企业概况

财务状况(资产、负债、净资产、收益)的变化

保证人(若有)的资产与负债状况

实际的资产负债表

资产变价处置方案、对金融债务和金融债务以外其他债务的清偿方案

申请债务减免等所需的其他内容

②清偿计划草案中对权利关系的调整，应注意债权人之间的平等，关于债权人之间的负担比例，应从衡平性的观点进行个别商讨。

③应具有优于破产程序清算保障价值的回收可能性，对于对象债权人而言具有经济合理性。

④如有必要，对避免交易对手连锁破产等对地域经济有影响的因素，也应当有所考虑。

4. 清偿计划草案的调查报告

(1)中小企业与外部专家可以从公开的名单中选定第三方支援专家的候选人。

(2)关于第三方支援专家的选任，中小企业应当征得主要债权人的全员同意，且第三方支援专家与中小企业及对象债权人之间无利害冲突。另外，在对象债权人全员同意的场合下，也可以在前述名单以外选定第三方支援专家。

(3)第三方支援专家应真诚对待中小企业的援助请求。第三方支援专家基于独立于债务人和对象债权人的公平立场，对清偿计划草案的内容适当性、可行性等进行调查，制作调查报告书并向对象债权人提交、报告。另外，在包含申请债务减免等内容的清偿计划草案的情形下，第三方支援专家中必须有律师。

(4)关于调查对象，应包含以下内容。另外，若清偿计划草案中有相关记载，则⑦也是需要的。

①歇业的适当性。[1]

②清偿计划草案的内容适当性。

③清偿计划草案的实施可能性。

④债务减免等的必要性。

⑤债务减免等内容的适当性与衡平性。

⑥与破产程序中清算保障价值相比的经济合理性(进行庭外重组程序的经济合理性)。

⑦对地域经济的影响。

5. 债权人会议的召开与清偿计划的成立

(1)中小企业制作清偿计划草案后，在中小企业、主要债权人以及第三方专家

---

[1] 中小企业应满足前述(三)第2点的内容。

的共同努力下,原则上要召开面向全体对象债权人的债权人会议。在债权人会议上,债务人应当对全体对象债权人提交、说明清偿计划草案,第三方支援专家要报告清偿计划草案的调查结果,同时,对清偿计划草案的说明、解答和意见交流也是必要的,且要明确债权人对清偿计划草案表决的期限。另外,如果能够充分对清偿计划草案进行说明等,则不开债权人会议也无妨。

(2)对清偿计划草案持反对意见的债权人,也应该尽快将其理由如实告知第三方支援专家。

(3)征得全体对象债权人对清偿计划草案的同意之后,第三方支援专家将其用文书进行确认之时点,即为清偿计划成立之时。自此,中小企业应负担事业清偿计划之义务,对象债权人之权利应根据清偿计划的规定进行调整,债务减免等事项按照清偿计划进行处理。

(4)在清偿计划草案未征得全体对象债权人同意的场合,第三方支援专家宣布本程序终结,此时,债权人所受暂时停止的效果终止。

6. 保证债务的清理

在中小企业进行歇业型庭外重组程序的场合,若对该债务相关的保证人的保证债务进行重组,则保证人应当如实公布资产状况,原则上,可以灵活运用《经营者保证指引》,努力将主债务与保证债务一并清理。

7. 债务清偿计划成立后的监督

外部专家与主要债权人可以就中小企业清偿计划成立后的实施状况进行监督。

四、附则

1. 本指引自 2022 年 4 月 15 日起实施。

2. 为了本指引的顺利实施,中小企业、金融机构、行政机关等应加大对本指引的宣传,并进行必要准备。